A History of ILLUMINATED MANUSCRIPTS

泥金手抄本的历史

VERE LANGORES
NOSTR

Clementissime pr per i
hesum chrm filium tuum
dominu nrm supplices i
rogamus ac petimus. uti
accepta hrs et benedica
hec + dona + hec mune
ra + hec sca sacrificia il
libata. in primisqz tibi
offerimus pro ecclesia
tua sca catholica. quam
pacificare. custodire. a
adunare et regere digne
ris. toto orbe terrarum
una cum famulo tuo pa
pa nro. N. et antistite o
nro. N. et omnibz ortho
doxis atqz catholice et
apostolice fidei cultoribus.
Oratio pro uiuis.

Memento dne famu
lorum famularumqz
tuarum. N. et omnium
circumstantium quorum
tibi fides cognita e et no
ta devotio. pro quibz
tibi offerimus. uel qui offe
runt hoc sacrificium lau
dis pro se suisqz omni
bz pro redemptione aiar
suarum p spe salutis.
et i columitatis sue tib
qz reddunt uota sua et
no deo uiuo et uero.
Infra actionem.
Communicantes et me
moriam venerantes.
In primis gloriose sem
perqz uirginis Marie.

A History of

ILLUMINATED

MANUSCRIPTS

泥金手抄本的历史

［英］克里斯托弗·德·哈梅尔 著
王心悦 译

广西美术出版社

图书在版编目（CIP）数据

泥金手抄本的历史 /（英）克里斯托弗·德·哈梅尔著；王心悦译. -- 南宁：广西美术出版社，2023.4
书名原文：A History of Illuminated Manuscripts
ISBN 978-7-5494-2545-7

Ⅰ.①泥… Ⅱ.①克… ②王… Ⅲ.①抄本–历史–研究–西方国家 Ⅳ.① G256.23

中国版本图书馆 CIP 数据核字 (2022) 第 193617 号

Original title: A History of Illuminated Manuscripts © 1997 Phaidon Press Limited.

This Edition published by Guangxi Fine Art Publishing House Co. Ltd. under licence from Phaidon Press Limited, of 2 Cooperage Yard, London, E15 2QR, London（UK）, © 2018 Phaidon Press Limited.

All rights reserved. No part of this publication may be reproduced, stored in a retrieval system or transmitted, in any form or by any means, electronic, mechanical, photocopying, recording or otherwise, without the prior permission of Phaidon Press.Limited.

本书经英国费顿出版社授权广西美术出版社独家出版。
版权所有，侵权必究。

泥金手抄本的历史

NIJIN SHOUCHAOBEN DE LISHI

著　　者：〔英〕克里斯托弗·德·哈梅尔
译　　者：王心悦
特约策划：张　东
图书策划：韦丽华
责任编辑：韦丽华　卢明宇
助理编辑：苏昕童　黄恋乔　陈奕君　郭玲玲
装帧设计：陈　凌
美术编辑：李　力
校　　对：李桂云　韦晴媛　张瑞瑶
责任印制：黄庆云　莫明杰
审　　读：陈小英
外审专家：曾家华
出 版 人：陈　明
终　　审：谢　冬
出版发行：广西美术出版社
地　　址：南宁市望园路9号
邮　　编：530023
网　　址：www.gxmscbs.com
市 场 部：（0771）5701356
印　　刷：当纳利（广东）印务有限公司
版　　次：2023年4月第1版第1次印刷
开　　本：889 mm × 1194 mm 1/12
印　　张：24 4/12
字　　数：350千字
书　　号：ISBN 978-7-5494-2545-7
定　　价：336.00元

版权所有　翻印必究

导读

欧洲中世纪泥金装饰手抄本是世界上最美丽迷人的历史文物之一。这些通常金光耀眼、五彩斑斓的手写书籍内容包含宗教经文、政治宣言、深奥的哲学理论、情节生动的文学著作及许多其他主题。无论这些手抄本出自杰出的艺术家之手，还是出自谦卑的缮写士之手，书中的绘画作品都为这些手抄本增添了寓意、价值与名气。如今，任何有幸翻阅或欣赏这样一本书的人，都仿佛被带回到那个年代，都会与当年制作和使用这些书籍的人感同身受，都会对这些作品能够保留至今、供我们欣赏学习而感到莫大荣幸与欣慰。

作为研究欧洲中世纪泥金装饰手抄本历史的专家，我有幸向大学生们传授这方面的知识已经超过二十年了。在这个专业领域，我找不到比克里斯托弗·德·哈梅尔先生所著的这本书更好的阅读教材了。德·哈梅尔先生所研究过的中世纪手抄本的数量可能比任何在世的人研究过的都要多，但是使他如此与众不同的不仅是他广博的学识，还有他卓越的写作风格，扣人心弦的同时向读者传授他渊博的知识。德·哈梅尔先生是一位令人折服的学者，是一位无与伦比的作家，他能够把这些非凡的历史文物生动鲜活地呈现在我们面前。

2016年，我有幸在广州美术学院为研究生教授一节艺术史课程，我认为泥金装饰手抄本是最适合的课程研究主题，而且使用德·哈梅尔先生的这本书教授泥金装饰手抄本的内容不但可以吸引学生的兴趣，还可以使他们很清晰地了解手抄本的学术研究。这本书并非一部百科全书，它没有详尽地描述每一本中世纪泥金装饰手抄本——这也是不可能的，而且，书中没有提供目前学者们研究这些艺术品的所有学术理论与方法。德·哈梅尔先生按照时间顺序介绍了从五世纪至十五世纪后期的手抄本，并重点讲述了每个时期最具特色的彩绘书籍及其特点。欧洲的国王、贵族、牧师、修道士、学者、缮写士及艺术家们都以这些种类丰富的彩绘书籍的制作者和使用者的身份登上舞台。无论你对泥金装饰手抄本这个学术领域有所涉猎，还是第一次接触，我肯定你将欣赏到这位举世无双的作家在这一领域的独特学识。我希望这本书能激励你继续深入阅读与研究欧洲中世纪时期的泥金装饰书籍。

加拿大多伦多大学艺术史学教授　亚当·科恩

2020年6月

Contents
目录

中译本序

“书籍收藏家们一直都热衷于拥有历史上著名收藏家藏过的书籍。北美最文雅的爱书者协会取名为格罗列俱乐部（Grolier Club），是为了纪念鉴赏家让·格罗列（Jean Grolier，约 1489—1565 年）。如今拥有一本格罗列个人书房的藏书是一种殊荣，而格罗列自己则拥有一本甚至更为高贵的书籍：苏维托尼乌斯（Suetonius）作品的手抄本。这本手抄本来自法国国王路易十二（Louis XII of France）与米兰维斯孔蒂家族的图书馆。此前，它是弗兰切斯科·彼特拉克的藏品。”这是本书作者德·哈梅尔在结尾一章写的篇首导语。读到这里，再回顾一下作者为我们精选的手抄本插图，谁不奢望也有幸获得一本如此高贵的书籍，即使不是出自大名鼎鼎的文艺复兴之父彼特拉克的藏书，它也足以照亮我们的书房。

本书的书名有个单词“illuminated”，出自拉丁文，本义即是“照亮”。由它装饰的书，灿烂如天堂的光芒，有种无与伦比的美，倘若突然出现在人们面前，往往是先让人心动惊艳，继而又心静庄严，难以忘怀。所以我在写《艺术与文明》的时候，就想起手抄本艺术，并特意选用一页，那正是本书的第 214 图，彼特拉克收藏的维吉尔作品评注手抄本的卷首细密画。

手抄本艺术如此精美，早在十九世纪后期就是美术史家研究的对象。法国美术史家和中世纪专家洛埃（Philippe Lauer，1874—1953 年）出于对拉丁文抄本的兴趣，倾心研究了彩饰手抄本的历史，包括罗马式彩饰手抄本和中世纪后期法兰西的细密画，并主持出版了著名的两卷本《国家图书馆拉丁文抄本总目》（*Catalogue general des manuscrits Latins de la Bibliotheque nationale*，1935—1940 年）。德国出生的美术史家魏茨曼（Kurt Weitzmann，1904—1993 年）是拜占庭和中世纪艺术的学者，他对手抄本的研究，特别反映在五次访问西奈山后撰写的几部权威性著作中，其中包括《西奈山圣凯瑟琳修院的彩饰手抄本》（*Illustrated Manuscripts at St. Catherine' s Monastery on Mount Sinai*，1973）。维也纳美术史学派对手抄本艺术的研究大概最为典范，从维克霍夫（Franz Wickhoff，1853—1909 年）阐述罗马艺术的里程碑式著作《维也纳版本创世纪》（*Die Wiener Genesis Herausgegeben von Wilhelm Ritter von Haertel und Fran's Wickhoff*，1895）开始，就不断地为抄本研究注入新的观念，他还写有《奥地利彩饰手抄本的描述性目录》（*Beschreibendes Verzeichnis der Illuminierten Handschriften in Oesterreich*），出版于 1905—1915 年，有七卷之多；维克霍夫的晚辈学者扎克斯尔（Fritz Saxl，1890—1948 年）对中世纪图像中的星相学与希腊神话关系作了长期探索，二十五岁即出版了《罗马图书馆收藏的中世纪星相学和神话学的拉丁文彩饰手抄本目录》（*Verzeichnis Astrologischer und Mythologischer Illustrierte Handschriften des Lateinischen Mittelalters in Roemischen Bibliotheken*，1915）；帕希特（Otto Päecht，1902—1988 年）也是位研究抄本的美术史家，他主持过三次维也纳地区彩饰手抄本和摇篮本的编纂，并于 1969—1972 年期间领导奥地利国家图书馆手抄本部，还曾撰写过一本著名的英文本概论《中世纪的书籍彩绘》（*Book Illumination in the Middle Ages*，1986）；维也纳学派的最后一位传人贡布里希没有做过编目工作，但他为手抄本研究贡献了两个重要的概念：图画书写（Bilderschrift，picture writing）和秩序感（sense of order）。

没有任何一个时代像中世纪那样，抄本对数代人甚至数世纪的人，都是艺术制作，都是个人感受力和知觉表现的主要领域。抄本代表了中世纪艺术的主要特色，即通过有序的图式化图像（ordered schematic images）把画面安排得清楚直观；它用纯粹的装饰性方法安排人物和形状，让祭坛画辉耀的金色和闪亮的蓝色、彩色玻璃窗鲜明的红色和浓重的绿色，以及盾徽和旗帜的各种艳丽的色彩，在手抄本的页面上浮动、闪烁，传达出神圣的超自然的观念。因此，手抄本不论从塑造宗教生活和俗世生活，还是从委托订制、抄写、装饰以及使用而产生的风格特点和公认的价值上，甚至都可以让人夸张地说：中世纪的艺术是书籍的艺术，是手抄本的艺术。

瓦尔堡（Aby Warburg）有句名言：Das Wort zum Bild（文字融入图像）。这是美术史家的方法。抄本史学家或许会反向而行，故意隐藏起美术史的造诣，紧紧围绕着图像，提供语境和背景，让图像发出自己的声音。德·哈梅尔的这部史书就有这方面的用意，他引领我们从一座高山走向另一座高山，总是让我们注意山间掩映的林樾峡谷和溪水的流动潺湲，只是偶尔才指点一下高耸入云的峰顶，让我们别开眼界，用作者的话说："只有当我们弄懂了书籍制作的各种情况时，我们才可以退一步去评判艺术作品本身的价值。"由此出发，作者以高超的叙事手法，通过传教士来讲述七世纪的手抄本，并回答一个重要的问题——书籍为什么要装饰；通过宫廷和修道院来讲述八世纪到十二世纪的手抄本，以引入动物皮纸制作、颜料调制、抄写、贴金、校勘和装订等一系列的知识；通过学生和书商来讲述十三世纪的手抄本，借此讨论书价、缮写士、书帖借阅以及大学用书等职业性的问题；通过钟鸣鼎食之家来讲述十四世纪的手抄本，顺势让一连串的文学作品连翩出场，它们既有《特洛伊传奇》《亚瑟王传奇》《罗兰之歌》和《尼伯龙根之歌》那样的民族史诗，也有早期的近代作家但丁、让·德·梅恩和乔叟的不朽之作，尤其是用手抄本展示的拉丁语向地方语言的过渡（de latin en romans），还让人看到了女士对地方语言进入书籍的作用。讲述神父用书的一章，已进入十五世纪，那里有覼缕不尽的弥撒书、时祷书和著名艺术家开始参与绘图的书籍（painted book）；最后一章进入手抄本与印刷本交互并存的时期，已是中世纪结束，文艺复兴开始，像彼特拉克那样的人文主义藏书家、皮耶罗·德·美第奇那样酷嗜手抄本的权贵、格罗列那样既藏书又赞助出版的雅宦，一一现身，书籍艺术的历史将揭开新的一章。这三位，彼特拉克就像中国藏书史上的钱谦益，是惊世的传奇；皮耶罗就像中国的皇家贵胄，可望而不可即；格罗列实实在在，成为后世藏书家艳羡的榜样，不由得让人想起中国藏书史上的黄丕烈。西方有格罗列情结，有胡厄（Robert Hoe III）、德·维内（Theodore L. De Vinne）、德雷克（A. W. Drake）等人秉承他的格言 Io. Grolierii et amicorum（让·格罗列和他的朋友们分享）于 1884 年建立的格罗列爱书者俱乐部；中国有黄丕烈情结，有潘祖荫、缪荃孙、吴昌绶等人从 1884 年起接二连三编辑的黄丕烈题跋。

德·哈梅尔的讲述让我们浮想联翩，而他这部书的真正精华，也许在于他用如数家珍、尾尾相含的文笔，把书写手抄本的历史和产生的情境，变成了一种独创的论述方式，一篇图文互注的笺释，一首活跃着生命的书籍赞美诗：插图精美，却不是随随便便翻阅的普通画册；它的生命，只有沉酣在它的文字当中，细细体味作者那种意存万象的观察方式，才能领略；那是作者缅求往昔，怏然有得，用文字烘托出的中世纪手抄本的纯粹的美。由于中世纪手抄本的美不能复制，不要说它的质地、用纸、光色、厚度、味道和触感无法复制，就连时光在书页上留下的磨洗之痕，即美术史家非常看重的 Age Value，在复制品中也荡然无存。所以作者的主旨，就是通过不同角度的描述唤起我们对美的惊奇感，唤起我们去亲眼看一看那些伟大手抄本的意愿。

这个意愿，也是德·哈梅尔曾经渴望实现的意愿，早在新西兰的少年时代就在他心中萌发了，那是在达尼丁市立公共图书馆第一次与中世纪手抄本的邂逅。从此他的这个意愿结出一系列硕果：《缮写士和彩绘者》（*Scribes and Illuminator*，1992），《圣经的历史》（*The Book: A History of the Bible*，2001），《罗思柴尔德家族及其所藏的彩绘手抄本》（*The Rothschilds and their*

Collection of Illuminated Manuscripts, 2005),《中世纪手抄本的制作》(*Making Medieval Manuscripts*, 2018), 尤其是他的获奖作品 *Meetings with Remarkable Manuscripts* (2017), 中译本名为《非凡抄本寻访录》, 那是一本带领我们走上山巅、一览造化钟神秀的著作, 给书评家赞美为: "真是令人着迷, 它向我们证明, 真相往往比虚构更不可思议; 作者的学术探险穿梭于西方伟大的珍品抄本之间, 为读者带来了比埃科的《玫瑰之名》更优雅、更激动人心、甚至更具趣味的阅读体验。" 作者能写出如此优雅的书, 都是他的早期意愿在深培广蓄之后散发出的宏伟气魄。他用手抄本书写了人类伟大文明的一页。

读者手里的这部书中, 有作者的中译本前言, 德·哈梅尔满怀敬意地写道: "把西方泥金装饰手抄本介绍到中国, 我觉得自己就像中世纪手抄本细密画中所描绘的一位谦卑的缮写士一样, 跪在某位伟大的王子或艺术品赞助人的脚下, 谦逊而恭顺地献上他所制作的书籍……中国拥有悠久的书法与各种小型艺术绘画的文化传统, 而这两者也都是中世纪欧洲手抄本的特征。在这里, 中世纪西欧的泥金装饰书籍作为一面镜子与来自地球另一端的中国古代文化交相辉映。" 正像作者所说, 中西书籍可以交相辉映。尽管中国历史上没有相当于西方彩饰手抄本那样的一个时代, 那也许是中国文化更重视文字而且文字本身就带有图像性的原因, 但是这并不排斥中国也产生过伟大的彩饰书籍。《历代名画记》著录了数十种, 下面顺便列举一二:《三礼图》十卷, "阮谌等撰。又十二卷, 隋文帝开皇二十年勅有司撰。左武侯执旗侍官夏侯朗画"。《古今艺术图》五十卷, "既画其形, 又说其事, 隋炀帝撰"。《区宇图》一百二十八卷, "每卷首有图, 虞茂氏撰"。《白泽图》虽一卷, 却记载三百二十事。其他还有《尔雅图》《忠孝图》《职贡图》《本草图》和《汉明帝画宫图》等等, 都是彩饰的手抄本。可惜到了张彦远时代, 已固多散逸, 人间不得见, 兵火把它们吞噬了。我们现在能有传为宋人摹写顾恺之画的《列女传》, 虽说残卷, 也是万幸。由张彦远的"粗举领袖", 人们不难想象, 那必定都是非常精美的彩饰手抄本, 因为都是当作"名画"记录在书的。

由于中国的书籍与绘画从根本上是一种相同的形式, 这就给手抄本增加了一个独特的艺术维度: 即使不添彩饰, 它也能成为艺术品。在早期的卷轴形式中, 敦煌莫高窟幸存的大量抄本, 凭借书法本身就是艺术。后来册页出现, 我们看到一些名家的抄本, 甚至汲古阁的影抄本, 都成为人们赞美的作品。这也许是中国特有的, 然而我不能肯定。因为不同的文明之间, 常常是人同此心, 心同此理。试看一例, 德·哈梅尔告诉我们, 皮耶罗·德·美第奇的手抄本根据它们在图书馆中陈列的方式而用特别的书皮装订: 神学用蓝色, 语法用黄色, 诗歌用紫色, 历史用红色, 文艺用绿色, 哲学用白色。这使我们想起文艺复兴另一座了不起的图书馆的装帧, 乌尔比诺公爵花费三万达克特的巨资完成了宏伟的图书馆建筑工程, 决定给每一部书提供足以配得上其身份的最后一道润饰: 将这些手抄本用金色、鲜红色和银色封皮包装。中国书籍装潢也有类似情况, 而且可以追溯到更早: 隋炀帝把书分为"上品红琉璃轴, 中品绀琉璃轴, 下品漆轴" (《隋书·经籍志·序》)。唐代"集贤院御书, 经库皆钿白牙轴, 黄缥带, 红牙签; 史库钿青牙轴, 缥带, 绿牙签; 子库雕紫檀轴, 紫带, 碧牙签; 集库绿牙轴, 朱带, 白牙签" (《旧唐书·经籍志》)。李泌藏书楼三万余卷, 经部红牙签, 史部绿牙签, 子部青牙签, 集部白牙签。清代的《四库全书》分别是经部绿色, 史部红色, 子部蓝色, 集部灰褐色, 总目黄色; 按照乾隆的《文津阁作歌》, "经诚元矣标以青, 史则亨哉赤之类, 子肖秋收白也宜, 集乃冬藏黑其位", 它们是春夏秋冬色彩变化的岁华纪丽。不过, 唐代集贤院的装潢显然更为豪华, 更为璀璨夺目, 更为令人神往。

中西书籍的交互辉映中, 还让我们注意到中国书史中一个被忽略的现象: 在印刷术兴起后, 手抄本的艺术仍未完结, 而且往往由艺术家动笔。宋代的苏东坡据说抄过三部《汉书》, 元代的赵孟頫手抄的《汲黯传》有原物存世, 明代的钱穀的手抄本流传下来的更多。晚明的汲古阁主人毛晋除了在刻书上不断探索字体的创新和页面的设计，还专门用影写宋刻本的方法制作精美的手抄本，写下了手抄本历史上闪闪发光的一页，创造了所谓“毛抄”的艺术，从此把中国的手抄本艺术带入一个崭新的境地，与皇家宫廷的手抄本形成了鲜明的对比。后来的继承者，乾嘉年间秀水章全的《乐书》大概是规模最大的影抄本了，钱泰吉《曝书杂记》云：“益斋（即章全）年逾古稀，抄书不辍。二十年前，尝抄《乐书》全部，影宋精绝，共计一千二百余叶。”把一部如此巨大的著作影写得精绝，这就不仅需要心静如止水的毅力，还要有心明如秋水的眼力。受“毛抄”的启发，道咸年间的劳权、劳格兄弟还创造了一种方阔的细长楷书，所写的抄本书挥发着淡淡的娴雅的气息，“饮行夹注，细犹针缕，反复斠证……精诣绝人如此”，世称“劳抄”。近年影印的国家图书馆收藏的“劳抄”《典雅词》虽然精美，但还不够典型，还不够极致，若换成他手抄的《梦窗词》，那才艳动人心。民国年间的手抄本，大概要算汪景玉手录的《两宋十大家词》为妙绝，小字精写，字字珠玑，连收藏大家吴湖帆看了都爱不释手，萌生觎心。为此，他特意为收藏者陆鸣冈画了《十金炉斋图》，以作交换。陆氏易书前写下四绝，吟出“橡林雅笔定千秋，云壑深岩未可求”“蟾蜍泪滴我迴肠，余馥空留翰墨香”之句，用米元章蟾蜍之泪的典故，明示心意，且恋恋，且怅怅也。以上所述，还未及写经，如果把写经也纳入视野，精品将数十百倍地增加。此举一册晚清的《金刚经》，书写者是一位女子，名董慧尼，时间为光绪己丑（1889）季春。文本二十二开，用正红色丝绢，金字书写；跋文八开，用紫色丝绢，银字书写；上下天地都用宽边金绢装饰，有非凡的华丽。董氏的跋文曰：“自受持此经，日课数卷，暇辄手书不辍。计十余年来，金书者四百余部，朱书墨书者百数十部，延人书写者亦百数十部，共六七百部。”又说：“此部金经尤书写中之极诚敬者。书时，严净坛场，种种香华，以用供养。然后，衣冠整肃，执笔跪书，书一句礼一佛，全经书完而千佛之名亦俱礼毕。”跋后又作《金刚三十二赞》，又写《金刚三十二偈》，末尾又云：“余前后书写金经，积成数百部，而此卷则庄严第一，精诚第一。”因之又发二愿，一愿此经常住在世，一愿弥勒成道时，其与此经同现。由此可知，这部写经乃性命至契、生死不遗的手抄本，若放在美第奇的图书馆，不论从哪方面说，都毫不逊色。

菲拉雷特（Antonio Filarete）曾经讲过皮耶罗·德·美第奇的消闲生活，说他：“非常乐意在书房打发时间，他看着屋里的书，好像它们是一片黄金。有时，他的遣兴就是让眼睛扫过那些书，以此来消磨时光，为眼睛提供愉悦。”我们至今还能在洛伦佐图书馆中看到不少专为皮耶罗绘制的书，他收藏的普鲁塔克《名人传》（*Vitae*）、普林尼《博物志》（*Historia Naturalis*）、约瑟夫斯《犹太战争史》（*De Bello Iudaico*）、亚里士多德《论解释》（*De Interpretatione*），都是让人耳目一新的彩饰抄本，都是“为眼睛提供愉悦”。皮耶罗大概也有费代里科·达·蒙特费尔特罗（Federigo da Montefeltro）那样的怪癖，不愿让书房有一本印刷的书。他对金子和贵重物品的迷恋有种达农齐奥（d'Annunzio）的作派，喜欢沉浸在具有强烈感官意味的气氛中。如果我们真的能穿越一下，回到唐代，拿出几卷集贤院插架的彩饰抄本，放到皮耶罗的面前，想必他会兴奋得忘掉疾病带来的关节疼痛，欢喜得凫趋雀跃。而我们这些可能会欣赏皮耶罗的读者，宁可在服装和珠宝上花钱谨慎，有时让肚子挨饿也想多收藏一些精雅书籍的人，阅读了德·哈梅尔这部手抄本历史，以欣以颂，必定会发自内心地感谢王心悦女士，正是她不惜宝贵的时光，在暖日凉星中不畏艰难地翻译，激活了原作的潜能，让我们在知识和审美上都获得了愉悦。

中国美术学院教授　范景中

2022 年 7 月

中译本前言

得知拙著很快就会与广大中国读者见面，我既感开心，又觉荣幸。此书的第一版，当然是以英文写就的，想来，那已是二十世纪八十年代初的事了，而我亦虚度半生矣。我们那个时代，根本没什么文字处理软件，所有的文本，都是用钢笔一笔一画写出来的；而所有的校正与修改，都是在原文上贴贴补补来完成的。我现在意识到：这种写书的方式倒更贴近于中世纪，而不是现代社会。那时，我在苏富比伦敦的拍卖公司工作，是负责销售泥金装饰手抄本方面的鉴定专家。每年，数以百计的中世纪各个时期的手抄本都会陆续摆到我的办公桌前，而我的工作就是鉴别这些手抄本，并为它们撰写拍卖图录中的介绍。不断接触与研究各式各样的西方中世纪手抄本使我获得了撰写本书的重要资本。这本书涵盖了欧洲中世纪时期最广泛的书籍种类的历史介绍。

之后，我成为剑桥大学内一座中世纪时期建立的学院——基督圣体学院的图书管理员，负责十六世纪马修・帕克（Matthew Parker，1504—1575 年）所收集整理的手抄本，这也是英国最精美、最古老的中世纪手抄本收藏之一。本书中介绍的中世纪早期手抄本，包括六世纪时制作的《福音书》（图 6）忽然间来到了我的管辖地盘内。我的这份工作为我提供了极其与众不同、令人激动的手抄本研究机会，由此，我也有幸结识了来自世界各地的专业同行及爱好者们。

实际上，对中世纪手抄本的兴趣始于我还是一个孩子的时候，我在新西兰长大并在那里读了中学和大学。新西兰和中国一样，离中世纪的欧洲非常遥远。现在新西兰图书馆中的中世纪手抄本是由收藏家带过去的，这些收藏家包括十九世纪到达那里的早期定居者。这些来自中世纪的藏品稀少而珍贵，并且它们以一种不同寻常的方式激发着我的想象力。在英国有许多清晰可见的欧洲中世纪遗迹，比如房屋、城堡和大教堂，以及像牛津和剑桥这样的大学，而在邻近太平洋的国家中，除了少数像手抄本这样可携带的藏品，没有中世纪历史的遗存。很难向我在欧洲的同事充分表达我十几岁时，在新西兰亲眼看到中世纪书籍在我面前时的那种无比激动的心情。这些书籍不仅在时间上穿越了几个世纪，而且在空间上也被带到了一个完全不同的世界。这种令人欣喜的体验和与中世纪欧洲的遥远距离感同样也可以在中国体会到。

但是，中国与新西兰的一个非常大的不同点在于新西兰在大约 1800 年之前没有书面文学历史，然而中国却拥有或许是最悠久的历史。在大多数欧洲人还不会书写的数个世纪前，手抄书籍就已经在中国开始制作了。中国人发明了墨、纸张和印刷术。把西方泥金装饰手抄本介绍到中国，我觉得自己就像中世纪手抄本细密画中所描绘的一位谦卑的缮写士一样，跪在某位伟大的王子或艺术品赞助人的脚下，谦逊而恭顺地献上他所制作的书籍。就像图中的缮写士一样，我希望这份呈献的作品也会被接受。中国拥有悠久的书法与各种小型艺术绘画的文化传统，而这两者也都是中世纪欧洲手抄本的特征。在这里，中世纪西欧的泥金装饰书籍作为一面镜子与来自地球另一端的中国古代文化交相辉映。

方济各会的托钵修士卢布鲁克的威廉 (William of Rubruck) 身为比马可・波罗更早的一位欧洲人在 1253—1254 年来访中国。我对他的游记十分熟悉，因为写有其游记的现存手抄本中，有两本收藏于剑桥大学马修・帕克图书馆。这次旅程中，他从欧洲携带了三本泥金装饰手抄本，其中一本是由法国王后普罗旺斯的玛格丽特 (Margaret of Provence) 赠予他的《诗篇集》，另外两本是由这次远征的赞助人路易九世国王送给他的《圣经》与每日祈祷书。这些书籍想必非常精美。1253 年，威廉将这些珍贵的书籍展示给了蒙哥汗。根据威廉自己的描述记载，蒙哥汗“仔细看了”这些书籍，并“认真地询问了书中图画的意思”。750 年后，我们也在尝试做同样的事。我很高兴可以一直关注王心悦翻译这本书的进展，这最初始于她想要翻译此书的心愿，最终我们像卢布鲁克的威廉一样，将这本著作呈现给你们。如果此书的内容可以帮助大家解开类似蒙哥汗所提出的关于手抄本图画意思的疑惑，我将感到非常欣慰。

克里斯托弗・德・哈梅尔

2020 年 4 月

译者前言

在这篇文章中，我将对本书中一些手抄本专业用词的翻译做以下解释和说明。后面，我将分享自己翻译这本书时的一些感悟。

现在，先让我向读者推荐一本介绍手抄本专业用词的书籍。这是著名手抄本研究学家米歇尔·布朗（Michelle Brown）所著的《了解泥金装饰手抄本：专业用词指南（修订版）》（*Understanding Illuminated Manuscripts: A Guide to Technical Terms, Revised Edition*；洛杉矶，2018）。另外，读者可以在大英图书馆网站（www.bl.uk）的泥金装饰手抄本图录部分(Catalogue of Illuminated Manuscripts) 关于术语的解释 (Glossaries) 中查找到这本书专业用词的解释。我向读者推荐的书籍及网站都是英文版本的，在大英图书馆网站上的众多专业用词条目均有配图说明，可以使读者更有效地理解这些术语。

其次，我将对一些手抄本词语的概念在这里加以解释。手抄本页数的计算方法与现代书籍页数的计算方法不同。“leaf ”与“folio”这两个词语代表手抄本中的一张动物皮纸，它包括正反两面，正面的那页被称为 recto，反面的被称为 verso，因此，一本手抄本中第一页的正面被称为 1r（1recto 的缩写，我翻译为“第 1 正页”），第一页的反面被称为 1v（1verso，我翻译为“第 1 反页”）。如果使用现代书籍页数的计算方法，那么反面的那页则被称为第二页。本书英文版中 leaf 一词我翻译为“一叶动物皮纸”与“单页”，以便于理解。本书的图片说明中经常会给出这幅图片的手抄本页数，例如“fol. 76r”，这之中的“fol.”就是 folio 一词的缩写（这个词的复数形式 folios 的缩写为 fols.），这个例子说明这幅图是这本手抄本的第 76 正页。缮写士将要制作的书籍尺寸通常决定了一张新加工制作的动物皮纸的折叠方式与折叠次数。书中介绍的例如像诵经台式《圣经》这样巨大的手抄本，其页面尺寸就是将几乎和整张动物皮一样大的皮纸沿中间对折一次所形成的。任何大小的动物皮纸对折过一次之后再打开，这张皮纸则被称为 bifolium（复数为 bifolia），因它现在已经形成一对儿或两张，以现代书籍页数的计算方法来计算的话一共为四页。读者在阅读手抄本历史的相关信息时，需特别注意其页数的计算方式。

书中如果展示了某本手抄本的图片，其说明中也会给出这本手抄本现在的收藏机构。例如，图 4 介绍的《林迪斯法恩福音书》现收藏于大英图书馆（London, British Library, Cotton MS. Nero D.IV, fol. 211r）。这个图片说明提供了这个机构的所在城市与名称（伦敦与大英图书馆），后面的信息“Cotton MS. Nero D.IV”为这本手抄本在这个收藏机构的编号。不同收藏机构的编号系统不同，但读者可以通过书中所给的编号对相应的手抄本进行进一步的研究。如果手抄本现在不在公共收藏机构中，而是在私人收藏中，这本手抄本现在就没有编号。本书中对于两所机构名称使用了英文缩写：一为坐落于伦敦的大英图书馆 (British Library)，其缩写为 B.L.，二为坐落于巴黎的法国国家图书馆（Bibliothèque Nationale de France），其缩写为 B.N.。

在这里，我也想为大家解释两个专业词汇：手抄本与细密画。

本书的主题——泥金装饰手抄本（illuminated manuscripts）中的 manuscript，我把它译为“手抄本”（有些学者也称之为“手稿”；英文缩写为 MS.，复数缩写为 MSS.。）。英文中 manuscript 这个词来源于拉丁文 manuscriptum，意思是“用手书写的内容”，不同于印刷书籍。这里的“书写”不仅可以表示一位作者在全新创作时的实际书写过程，也可以指某位缮写士对一本已经写好的书籍的抄录。众所周知，“手抄本”中的“抄”字，在中文里有“抄写”的意思，也有“抄录”甚至“抄袭”的意味。虽然很多中世纪书籍的内容确实是缮写士照着样本的内容抄写的，但缮写士的这种书写工作并不是对眼前内容一味机械化地复制或临摹。正如本书作者克里斯托弗·德·哈梅尔先生所说，这是一种“充满人性思想的工作”。有些缮写士，特别是修道士缮写士的抄写工作，其本身几乎可以被看作是一种精神修炼、信念磨砺的过程；有些缮写士也在书中留下自己的姓名与希望后人为其祈祷的诉求。通过这些留言，我们可以深切感受到当年耗尽心血书写这些书籍的那些中世纪缮写士的诚心。书中很多的艺术创作也都可以称之为独一无二的。每本书卷都堪称举世无双的艺术作品，拥有它自己的制作历史与故事。直观且具有鲜明亮丽的视觉冲击，能带来难得一见的艺术享受，可令本书读者们不虚此行、一饱眼福。

本书中对于手抄本专业词“miniature”，有些译者使用“细密画”作为其翻译，斟酌再三，我也沿用了这一译法。根据上面提到的大英图书馆网站中泥金装饰手抄本图录部分的术语解释，miniature 指手抄本中一幅独立的绘画，并且这幅绘画与页边绘画和首字母中的绘画是不同的。英文词语 miniature 来源于拉丁文 miniare，其意思为“用红色进行绘画”，因为部分早期的欧洲手抄本是用红色来加以装饰的。由于英语单词“miniature”的本意为“微型”，因此，这个词在手抄本学领域中也被翻译为“袖珍画”。手抄本中细密画的大小不一，有整页、半页或更小的。因此，细密画是此类插图的统称。本书中介绍的细密画来自约五世纪至十五世纪后期欧洲制作的手抄书籍，其重点为中世纪时期的泥金装饰手抄本。

有趣的是，中世纪的泥金装饰手抄本研究领域中的许多课题，在中国艺术史上都能找到共通之处。例如：书籍中字体风格与书籍装饰的发展、书籍在宗教或宗族伦理传播中的重要意义、不同时代中人们的读写能力与书籍发展的关系等等。此书在书籍艺术和书籍发展史研究方面或许也有一定的借鉴或参考价值。

14 岁时我开启了北美留学之旅。对于西方中世纪艺术的热爱始于 2012 年我在纽约大学读大二时开始系统地学习西方艺术史课程。最受益的经历是教授把我们的很多课程带到纽约各大博物馆中，让我们能近距离感受艺术带给我们心灵的启迪和精神的震撼。2016 年我有幸在纽约皮尔庞特・摩根图书馆与博物馆研究一本中世纪《诗篇集》。当我第一次触摸到它时，我可以感受到每张动物皮纸正反面触感的细微差别，看到页边为了设计版面而刺的一排小孔，书中的黄金装饰闪闪发亮，这些使我想象到那时缮写士与艺术家细心地准备这些动物皮纸，孜孜不倦地抄写《诗篇集》的每一个字，并为其添加装饰。这些书中的遗迹正是自己与西方中世纪时期最切实的联系。

随着艺术史课程的学习和深入，我接触到了中世纪艺术中的泥金装饰手抄本领域。这些书籍色彩艳丽、构思巧妙，我惊艳于它们的艺术魅力。中世纪手抄本展现了那个时期优秀的制作者们的才情。每一页精美的插图或彩饰，完全是缮写士与艺术家一笔一画抄写并绘制完成的，他们的极度专注与恒心让我们敬仰与折服。

记得读大四时，在泥金装饰手抄本的课程上第一次有幸接触到这本书，而这本书正是我们课程所使用的教科书。巧合的是，没过多久，在纽约有幸遇到和结识了本书的作者——克里斯托弗・德・哈梅尔先生（Christopher de Hamel）。随后的暑假，德・哈梅尔先生邀请我和我的母亲到他当时的工作机构——剑桥大学马修・帕克图书馆参观与学习。德・哈梅尔先生真诚与耐心地向我们讲解了图书馆中重要的手抄本书籍收藏。他渊博的知识、专业的学术功底、仁厚的心怀，足以让我们产生敬意！也就是在这次与他的会面中，我心中萌生了翻译这本书的想法。

这也是我第一次做翻译书籍的工作，整个任务都是一个学习的过程。在这过程中，最大的挑战是手抄本专业词语的翻译。有些词语在中文中没有完全吻合的翻译方式。有时，某些词语需要查询几个小时的资料，但这也不一定能找到合适的翻译方式。我希望能尽量给出准确的中文翻译，并把专业词语的概念解释清楚，我也希望我做到了这一点。翻译原书中作者摘录的一些中世纪文献内容时，我也尽力找到这些中世纪文献的原文，以便可以更精准地把握原文的语言和语境，将内容更准确地呈现给大家。翻译此书的过程也似乎把我带到了中世纪时期，像缮写士在制作一本手抄本一样，从加工和准备动物皮纸，到为页面排版、写作、绘画再到书籍的装订，这其中每一道工序，每一个过程都是创作的一部分，而我也跟随中世纪缮写士和泥金装饰艺术家的脚步，在心智的磨炼与考验中，努力完成这个任务。我希望可以分享这份感动，通过这本书，读者朋友们可以系统地了解中世纪泥金装饰手抄本的学术知识。

本书不但适用于手抄本领域的初学者，业界的学者也可受益良多。泥金装饰手抄本在德·哈梅尔先生的笔下被描绘得绘声绘色、妙笔生辉。例如，作者通过雷丁隐修院的图书馆目录，带领我们在这个隐修院的回廊与各个房间中穿梭，我们仿佛可以身临其境去寻找每个房间中可能会存放的书籍。作者以故事性极强的生动方式传达这些离我们久远的人文历史信息，犹如带领我们回到了中世纪那充满神秘感的年代。

2018 年 9 月，我在加拿大多伦多大学开始了我的艺术史博士学习。我的学习和研究方向是西方艺术史中世纪艺术。我今后研究的侧重点是泥金装饰手抄书籍。

2020 年 2 月，我荣幸地受到美国纽约大都会艺术博物馆策展人海伦·埃文斯（Helen Evans）的邀请，参加了中世纪艺术国际研究中心 (International Center of Medieval Art) 在芝加哥举办的学术研讨会。在这个以“中世纪学术研究领域的拓展”为主题的学术研讨会上，我介绍了此书的翻译工作，并收到了与会学者不错的反响。希望在今后的学习和研究中能继续向读者分享更多关于中世纪艺术的专业知识。

书籍是历史、智慧、文化艺术的载体。手抄本是中世纪留给人类的重要瑰宝。

在此，我非常诚挚地感谢本书的作者德·哈梅尔先生与我的博士导师亚当·科恩 (Adam S. Cohen) 先生在我翻译此书时给予的支持与帮助。

感谢 Nancy Wu（吴宜信）学者与 Jenny Purtle（裴珍妮）教授在手抄本专业词语的中文翻译部分给予的支持与帮助。

同时，我也感谢以下教授与学者给予的支持与帮助：Barbara Drake Boehm、Christopher Cannon、Jill Caskey、Helen Evans、John Haines、Elizabeth Harney、Carol Krinsky、C. Griffith Mann、Robert Maxwell、Heba Mostafa、Lawrence Nees、Linda Safran、Kathryn Smith、Leslie Tait。

感谢广西美术出版社给予的大力协助，感谢编辑韦丽华女士与各位审阅者的付出，在此向他们表达我的感激之情。

最后，感谢我的母亲为出版此书付出的努力，并感谢家人和朋友的支持。

诚望各位前辈与读者朋友们提出宝贵意见。

王心悦

2020 年 6 月于多伦多

前　言

手抄本（manuscript）一词的字面意思是“亲手书写”。当我们谈及中世纪手抄本时，我们指的是从大约五世纪到十五世纪后期的文艺复兴人们用手书写的书籍，所有这些书籍都是由人亲手书写，有些还配有华美的装饰。

中世纪这个历史时期拥有比较明确的时期划分点，而中世纪手抄本的外部限制则取决于书籍制作方式的两个重大转变：第一个转变是书籍本身被设计为一个形状类似长方体并且有页数的物体。最早有可考的书写载体包括：黏土印记、雕凿石刻、用于做暂时性记录的蜡版以及保存时间长久的莎草纸卷轴。绝大多数古罗马文献作品最早被书写在卷轴上。另一个伟大的转变发生在公元后最初的几个世纪，此时卷轴逐渐被书籍或册子本（codex）取代，这种册子本在现代意义上是具有不同书页并可以逐页翻阅的书籍。缮写士开始使用经过处理的动物皮纸（羊皮纸或犊皮纸）而不是莎草纸进行写作，因为与莎草纸相比，这些犊皮纸即使被频繁翻阅也不易损坏。卷轴对于诵读具有连贯性的文献实用且便于保存（也许卷轴以缩微胶卷的形式在当今又被使用了），但是像《圣经》或法律类的书籍不适合在卷轴上阅读，因为读者往往需要引用在书中不同地方的内容进行对比学习。当基督教文化在四世纪时超越了古希腊、古罗马文化，古老的罗马法律也最终被收集与编纂成册，卷轴在罗马帝国后期逐渐被犊皮纸的册本所取代。这种演变恰逢中世纪的伊始，也为我们的故事拉开了序幕。

印刷术的发明标志着手抄本时代的结束。西方印刷术最初在十五世纪四十年代的德国莱茵兰（Rhineland）进行尝试研究，而复杂精细的活字印刷术在1465年从德国被引进到意大利，1470年又被介绍到法国，随后迅速地传入低地国家、西班牙与英国。到1510年左右，大多数的欧洲书籍都是印刷出来的。不可否认，印刷术的发明对于文学作品与书面文字的发展有着巨大影响，但也标志着手抄本制作的结束，而且这与中世纪时期的结束时间相重合。并非所有缮写士都对手抄书籍的消逝感到遗憾，相反，许多缮写士因书籍终于可以被更迅速、精准地制作出来而欢欣鼓舞。我们也将会谈到，在数百年前，缮写士曾尝试如何更高效、精准地制作书籍。书籍印刷拥有极大的优势，而且图书生产是一项实用性很强的业务，有些缮写士自己也成了印刷员，更有效率地做着同样的事，并能获得更多利润。

我们所关注的是中世纪时期欧洲制作的手抄书籍，其研究时期跨度非常大，超过一千年（手抄书籍的历史时长是印刷书籍的两倍），并且在地理上涵盖中世纪欧洲各国。从古典到中世纪时期，手抄本是《圣经》、宗教礼拜仪式、历史、文学、法律、哲学与科学的呈现方式，这些书籍保留了一大部分中世纪绘画、书法创作以及书籍装订与出版方式方法。若形容所涉及领域很“广泛”的话，那么得以留存下来的书籍数量便可以说是“浩瀚”了。泥金装饰手抄本通常被笼统地包含在“古籍善本”类中（“古籍

2 上图

美国，马里布，J. 保罗・盖蒂博物馆，细节图

Malibu, J. Paul Getty Museum, MS. Ludwig XV.5, fol. 148r, detail

《英勇的特里斯坦骑士传奇》（*Roman du Bon Chevalier Tristan*）是一部关于亚瑟王骑士的散文版本传奇故事。细密画描绘了特里斯坦带领一位少女进入森林，在那里他们发现亚瑟王被两个骑士囚禁在一座堡垒的底部。这本手抄本很可能是在1330年左右的巴黎由一位富有的非神职人员委托制作。

1 前页图

奥地利，维也纳，艺术史博物馆，用象牙雕刻的书籍封面

Vienna, Kunsthistorisches Museum, ivory panel

这个书籍封面描绘了格列高利一世在桌前写作的情景。他受到圣灵的启发（圣灵由他肩上的鸽子象征），正在写下感恩经，在他下方三位缮写士正在抄写礼拜文。这个书籍封面制作于850—1000年的北欧，是同一位艺术家创作的三幅作品中的一幅，且一定是为圣事手册（Sacramentary）之类礼仪书籍所制作的。

善本”的英文为 rare books，字面直译为罕见稀有的书籍），但手抄本的稀有度并非它们最具代表性的特点，因为幸存下来的中世纪书籍数量无疑比同时期的其他艺术品要多。书籍本身是易于保留的，即使在今天也体现了这个特质，从儿时保存下来的不是玩具飞机和三轮车，而是书籍，即使可能已破旧磨损，但却仍然存在。遥远的过去所制作的书籍以同样的方式被保留下来，仅仅是因为它们从来没有被丢弃。坎特伯雷的圣奥古斯丁隐修院（St. Augustine's Abbey）作为英格兰的第一座修道院在几百年前就已成为遗迹，但其250本以上的中世纪书籍由藏家们代代相传，保存至今。在第一章和第三章中，我们会欣赏到这些藏品中的一部分。欧洲历史上的伟大人物，如圣卜尼法斯（St. Boniface）、查理曼大帝（Charlemagne）、奥托三世（Otto III）、托马斯・贝克特（Thomas Becket）、圣路易（St. Louis）、乔万尼・薄伽丘（Giovanni Boccaccio）与伊拉斯谟（Erasmus），他们的什么个人资产得以保留至今呢？答案就是书籍。正是由于他们的阅读与珍藏，书籍才得以永续流传。

中世纪书籍如今被保存在世界各地，成千上万得以幸存的手抄本仍然被充满热情的收藏家们收藏。它们许多被保存在国立馆藏中，如伦敦的大英图书馆、巴黎的法国国家图书馆与慕尼黑的巴伐利亚国家图书馆。另外，许多国家与城市的大学、博物馆和图书馆也藏有精美的手抄本。我对它们的研究是从新西兰的达尼丁（Dunedin）开始的。许多人的周围都能找到中世纪手抄本的影子，并且如果有一点耐心和良好的说服力，几乎所有人都可以找到一本来翻阅。这一定是一种令人陶醉的体验。

手抄本涉及的知识领域非常广泛，因此很难笼统地在一本书中加以介绍。此外，不同种类的手抄本都各不相同。比如说，一本在七世纪由一位维罗纳（Verona）的牧师书写的语法论著手抄本与一本在1480年左右由一位巴黎布料商人的妻子定制的配图装饰的时祷书相比较，除了两本都是手抄本之外，并无很多其他的共同点。举另一个例子，一本卡洛林帝国时期制作的《福音书》与一本十四世纪的波西米亚歌谣集，不仅看起来相当不一样，而且两本手抄本的最初用途以及制作环境也几乎完全不同，而唯一相同的是：这两本手抄本都需要缮写士进行其文字的书写。即使在同一时期，为科西莫・德・美第奇（Cosimo de' Medici）采用泥金工艺装饰一本李维（Livy）作品手抄本的方法，与在同一年，一位在爱尔福特大学的学生为他自己的《诗篇》手抄本添加注评的装饰方法也截然不同。这应该不会使任何人感到惊讶，因为教科书的用法是不同的。想要尝试用同一种叙述形式讲述中世纪各种书籍不仅不切实际，而且也会令人费解，因为无数的手抄本风格与书籍类别发展各异，并相互影响。书籍各式各样的风格与彼此的相互影响就如同整个中世纪文化发展一样的广泛而丰富。

本书在出版商英国费顿出版社的诚恳建议下，命名为《泥金手抄本的历史》（*A History of Illuminated Manuscripts*）。“泥金”（illuminated）这个词曾困扰到阅读本书第一版的一些评论家。这个词专指用金或银对书籍的彩绘进行装饰，这些装饰在光照下会反射亮光或闪闪发光，但许多中世纪手抄本几乎没有任何装饰，甚至许多装饰华丽的手抄本都没有含金饰。使用术语“泥金手抄本”（illuminated manuscripts）虽并非完全准确，但用其来指代所有欧洲中世纪的书籍是方便而又可引起共鸣的，我们这里只用它作为统称。这本书绝对不是讲述手抄本的泥金装饰历史，而是中世纪书籍的发展史。只因在中世纪，除了手绘装饰之外，几乎没有其他已知的方法来制作书籍，故此称这些书籍为手抄本。

有几种不同的方法可以帮助我们整理归纳关于中世纪书籍的大量历史信息和手抄本本身。传统的方法是介绍最具特点和最著名的手抄书籍，这种方法尽管能使我们学习到最杰出的作品，但用一句恰当的比喻来讲：只探索山峰的最高点并不能完全了解整座山的特点。贝里公爵（Duc de Berry）的《豪华时祷书》（*Très Riches Heures*，图 151）是一部伟大的杰作，但即使我们知道这本手抄本的一切信息（我们目前还没有做到这一点），也不会帮助我们全面地了解十五世纪的书籍贸易，这就像只利用国王传记来讲述社会历史一样。

第二种整理归类手抄本的方法基于利用手抄本的某些特征，比如书写字体与彩绘装饰，这种方法一般只适用于研究制作时间或地理位置相近的手抄本。然而，许多手抄本虽没有任何彩绘装饰，但它们也非常珍贵。虽然所有手抄本内都写有文字，但字体风格的演化并不遵循一个固定和通用的规律，读者也不一定想读一本长篇累牍、解释说明字母“g”字体形状变化的著作（虽然我推荐这类研究）。比利时手抄本专家曾绝妙地尝试以像植物学家一样的精确度来分类中世纪手抄本字体。在课堂学习中，这种方法或许极为有趣，但它很难被运用在手抄本的研究中。中世纪的缮写士水平参差不齐，技能拙劣的缮写士不会遵守很多书写规范，但一位技术精湛的缮写士可以根据他所制作的书籍种类和用途而使用十几种不同的字体。

如果我们必须要对比《凯尔经》（*Book of Kells*，图 17、图 18）与贝里公爵的《豪华时祷书》，它们最大的差异不会在于两本手抄本中的内容（偶然的是，书中部分内容是相同的），甚至装饰风格（这当然是不一样的，两本手抄本的制作时间相差约 600 年），而是在于两本手抄本的制作意图。由修道士在诺桑比亚－爱尔兰岛上一座很小的修道院制作的《凯尔经》，其制作原因绝对不同于十五世纪初在法国国王的弟弟贝里公爵的宫廷中委托富有的、非圣职人员的林堡兄弟（Limbourg brothers）所制作的高贵手抄本。这两本手抄本不同的制作目的体现在它们的材质、尺寸、颜色、排版设计、彩绘装饰以及书籍的装订上。只有当我们弄懂了书籍制作的原因与目的时，我们才可以退一步去评判艺术作品本身的价值。

因此，尝试找出一些中世纪书籍制作的根本原因与目的才是合适的手抄本整理归类方法。本书中，每个主要的书籍制作原因会形成一个独立的章节，而且每一个章节只是整个中世纪手抄本研究主题的一部分。如果我们以手抄本所有者对书籍的需求作为出发点来研究某些类别的书籍，可以更便于我们在更广的研究范围内进行讨论，并且跨越不同时期与风格，也不会偏离主题。通过细致地研究若干手抄本，我们可以概括出与这些手抄本有着同样用途的其他手抄本的特质。当然，没有任何分类是极为精确的，而且每个主题之间也会有共通点，但使用这种方法并以不同的时间段作为节点，我们可以从不同的角度去观察每个时间段的主题。现在，我们就简短地介绍这些主题。

第一个主题是传教士所需书籍。基督教是通过书面形式给予教徒启示的宗教。早期部落在犹太（Judea）就建立了文明社会，并提供了文学知识教育，并且这种文明在罗马得以发扬。书籍是传教信息可触知的证据，传教士展示并在宗教礼拜中诵读这些书籍，利用它们传授文化。在第一章中，我们将看到这些是如何发生的，这里我们将研究在英国进行并从英国向德国推进的传教运动，用于说明传教用书这个主题，这是一个非常有意义的视角。当时英格兰和爱尔兰均未被真正笼罩在黑暗时代中，虽然欧洲在七世纪遭受一些部落的劫掠，但诺森伯兰郡和爱尔兰的修道士仍以精湛的技艺制作了拉丁文手抄本。基督教通过英国被再次传播到低地国家及德国。在英国诞生了两本世界上最伟大的艺术作品：《林迪斯法恩福音书》（*Lindisfarne Gospels*）与《凯尔经》。但必须强调的是，这只是公元 650 年与九世纪之间在欧洲缮写室制作的其中两个例子而已。在意大利、北非、西班牙大部分地区以及法国南部，都有精通文学的人。即使我们知道诺桑比亚的本尼狄克特・比斯科普（Benedict Biscop）从意大利获得了他的书籍，但这并不能使我们找到所有问题的答案，读者一定要意识到，在这之前古罗马拥有巨大的文化遗产作为积淀。对于一些声名显赫的手抄本，比如现收藏于梵蒂冈的两本五世纪的维吉尔（Virgil）作品手抄本或来自博比奥（Bobbio）和维罗纳的古典文学作品手抄本，我们只能忍痛割爱；原因在于，这样做更有利于简单明了地勾勒出远离地中海的非基督教国家在传教士的影响下，其文化素养的发展源流与脉络（这当然也包括罗马文化素养的发展，表

3 上图

荷兰，私人收藏

The Netherlands, private collection, s.n., Vol. II, fol. 76r

这幅在一本时祷书出现的细密画是为文艺复兴时期的枢机主教与选帝侯勃兰登堡的阿尔布雷希特（Albrecht of Brandenburg，1490—1545年）所制作，它由著名艺术家西蒙·贝宁（Simon Bening）在大约1522—1523年的布鲁日进行泥金装饰。图中描绘了圣亚哥尼斯（St. Agnes）手中托着自己的书的场景，这本书被大"衬衫"一样的蓝色书套所包裹。

现在安色尔字体的使用上）。

在公元800年的罗马，查理曼大帝被教皇加冕为"罗马人的皇帝"。他的统治带领我们进入一个引人入胜的时期，这个时期融合了粗犷的北部日耳曼传统与新引入的南部罗马文化。这个新神圣罗马帝国刻意仿效古希腊、古罗马文化，并使用皇家紫色作为手抄本页面的颜色。但是，他的臣民在战争中成长，视战利品为战争的酬劳，以王室的保护作为其忠诚的回报。然而，现在泥金装饰的手抄本取代了野蛮掠夺的战利品，书籍是价值连城的珍宝，它们几乎可以成为帝国财政资源的一部分。帝王的手抄本是一个我们将要探讨的主题，可以让我们欣赏四个世纪法国和德国帝王的珍宝，包括以下这些国王的手抄本：查理曼大帝、奥托三世、亨利二世（Henry II）及狮子亨利（Henry the Lion，约1129—1195年）。这些手抄本可以列入有史以来最豪华的书籍行列中，这同时也是它们被制作的原因。

显然，必须强调的是，帝王的手抄本并非那几百年中的唯一，它们只是一种卓越非凡的手抄本类别。与此同时，欧洲各地都有不同书籍的制作，其中最伟大的贡献来自修道院，这毫不奇怪，因为我们很容易把修道士与历史悠久的手抄本联系到一起。但很少人知道，修道院手抄本制作的兴盛时期结束于1200年左右，在这之后的中世纪时期最后的三百年中，手抄本通常是由职业手抄本制作者制作，而并非修道士。因此，本书中介绍为修道院图书馆制作书籍的主题集中于十二世纪，并且可以根据修道士对书籍需求的改变来了解书籍制作方式的嬗变。本书挑选了英格兰作为范例来解释说明这种现象，法国也很适合作为范例，相比之下德国与意大利的修道院制作的杰出书籍可能就显得相形见绌。书籍的制作工艺与修道院的生活息息相关，在英格兰，可能再没有这么精致的书籍被制作出来了。在修道院的环境下，我们可以最直观地了解到手抄本普遍的制作过程：动物皮纸的制作、版面设计、书写、颜料调制及贴金装饰。在这一章里，我们将看到修道院沉着稳重的书籍制作过程。

大学的迅速发展使得修道院不再是学习知识的唯一途径。我们以巴黎的大学作为主要的研究对象，因为学校和学生都需要大量的书籍，因此十三世纪初的巴黎就有了专门设计与销售教科书的组织有序的书商。大学图书贸易使我们对学术研究的需求与出版书籍的方法有了更深入的认识。对于大学书籍的使用有着非常清晰的标准，而且这些标准直接反映在为学生制作与装饰的书籍中。出人意料的是，大学书籍的制作在中世纪手抄本的学习与研究中被忽视，但正是这一主题将带领我们探寻图书制作与销售这一职业的源头。

我还在上学的时候，有两个简洁的说明似乎可以解释任何历史事件的发生：一个是民族主义的崛起（现在学校可能不教这个主题了），另一个则是中产阶级的发展。从伯罗奔尼撒战争（Peloponnesian War）到魏玛共和国（Weimar Republic），这两者中必定有一个可以解释几乎所有事情发生的原因，这两个主题将在第五章进行讨论。世俗文学作品是中世纪不朽的杰作。伟大的民族史诗，包括《特洛伊战争》《亚瑟王传奇》《罗兰之歌》《尼伯龙根之歌》和早期的近代作家但丁（Dante）、让·德·梅恩（Jean de Meun）与杰弗里·乔叟（Geoffrey Chaucer）的作品，都在有读写能力、富有的平信徒（或者可以说，基本上有读写能力的人，因为我们会发现，图片也可以帮助理解）这类人群的出现后，变得举世闻名。那时，朴素的地方语言文学故事有了自己的市场，因此很多这类书籍被制作出来。这类文学主题可以追溯到十二世纪，在十四世纪时最为流行。直到现在，这类文学仍是书籍制作与出版中很有特色的一种题材。

到十五世纪时，希望拥有与使用书籍的人多到似乎已经不计其数。虽然我们不能忽视像法国与勃艮第皇室家族这样的书籍赞助者，但书籍的大众化普及是中世纪末期非常典型的特点，直到手抄本最终被印刷书籍所取代的时候，这一点在书籍贸易中也没有很大改变。其中最受欢迎的书籍类型是时祷书（Book of Hours），这是迄今为止幸存的手抄本中最为常见的，我们有时甚至会想象，在十五世纪时每个人都拥有一本。每本时祷书都有标准的祈祷文和诗篇选读，供读者每天从夜祷到睡前祷这八个礼仪时辰（canonical hours）诵读。这些祈祷书实际上被使用的次数就另当别论了。对书籍前所未有的需求使书籍制作者寻找到许多大规模生产和销售时祷书的新方法。我们所讲的时祷书的例子主要来自法国，但我们也会提到佛兰德斯（Flanders）与低地国家富裕的中产阶级城镇。时祷书在德国比较罕见，而在英格兰，这类手抄本的品质通常不是很高。提到手抄本制作，如果我们只能想象这些书籍是年老的修道士在爬满常春藤的修道院辛劳绘制，而难以想象比较廉价的时祷书是通过类似生产线的方法制作出来的话，那我们要强调，这是一个重要的历史事实，而且这对于研究当时的艺术形态与大众教育的普及都有着重要的意义。大多数人从时祷书中学习阅读，如英文中 primer 一词的意思是初级读物，这个词来源于每个早晨人们从时祷书中阅读的第一时辰的日课（office of Prime）。

虽然时祷书是一本用于祷告的书籍，但它却是用于家中阅读，而不是在教堂。在欧洲各地的堂区圣堂（parish churches）中，神父有他们专用的书籍来主持弥撒与日课。在十六世纪的宗教改革运动之前，中世纪西欧的所有国家都属于天主教会。神父使用弥撒书（Missals）、日课经（Breviaries）、升阶曲集（Graduals）、日课交替合唱集（Antiphoners）、诗篇集（Psalters）、特殊礼拜仪式用书（Manuals）、礼拜游行用书（Processionals）、示范布道书（model sermons）及堂区圣堂神父的职务手册，许多手抄本都还尚存，虽然这些手抄本并非都有精美的装饰，但却非常实用。中世纪后期，神父对这些书籍的用法都非常熟悉，但对于现在的学者来讲，这些书籍的类别经常难以辨别。十九世纪的书籍收藏者会把这些不同的手抄本都命名为“弥撒书”，但这是不正确的。因此在第七章我们将探讨十五世纪时神父在教会所使用的这些手抄本。

文艺复兴在欧洲南部的开始标志着中世纪的结束。当巴黎的手抄本工作坊仍在为与贝里公爵同时代的人制作哥特式的时祷书时，佛罗伦萨和罗马的缮写士已经开始用他们所认为的古罗马风格来制作精致的古典文学著作手抄本，为此他们设计了圆润整洁的字体和由白藤蔓装饰组成的美丽首字母。新一代的人文主义手抄本收藏家对于寻找古典文学作品有极大的兴趣（书商在巧妙地满足收藏家的兴趣与需求的同时也使自己变得富足）。当印刷术提供了比手绘更精确的书籍制作方法时，以书籍装饰艺术家、书籍装订人员和书商组成的专业并高效的书籍制作网络也已组成。这种变化是直接的，意大利的第一批印刷人员复制了这种小型圆形字体（正因为这样，我们仍称这种字体为“罗马”字体）。古罗马文化又一次从意大利传播开来，仿佛带领我们回到一千多年前，传教士刚开始他们任务的时候。但这时，印刷成为主要的图书生产方式，书籍不再是手绘制作。

本书是 2014 年第二版，距 1986 年的首次出版已时隔多年。时至今日，对于手抄本历史的研究也已取得许多新的进展。该英文修订版仍沿用早期版本的结构，同时也添加了许多新的图片和参考书目，许多内容经过修改、更新和重新拟稿，这些都使得本书焕然一新。

第一章

传教士与手抄本

当坎特伯雷的圣奥古斯丁（St. Augustine of Canterbury）与其他传教士在597年来到英格兰东南部时，他们请求与肯特的埃塞尔伯特国王（King Ethelberht of Kent）见面，并希望向其传达如何获得永恒生命这一重要消息。神学家比德（Bede）回忆道："这个会面被安排在露天的地方进行，并有观众随同。当传教士走向国王时，他们举着银质的十字架和救世主耶稣的画像。"几天后，当这些传教士到达埃塞尔伯特国王在坎特伯雷（Canterbury）给他们安排的住所时，比德再次描述道："他们遵循传统，第一次进入这个城市时高举十字架和耶稣像。"尤为重要的是，这些修道士从一开始就用视觉图像来呈现这新的宗教，这些图像足以在传教士讲述《圣经》信息之前，吸引人们的目光，使人萌生好奇之心。

当圣奥古斯丁向罗马教皇传达他传教任务的成功之后，第二波传教士代表团被派到英格兰巩固新成立的教会。601年，由默利图斯（Mellitus）带领的传教士到达英格兰时，据比德记载，他们带来了"礼拜仪式以及教会服事所需的所有用品，包括圣器、圣坛布和教堂饰物、神父与神职人员的祭衣、使徒与殉教者的圣物，而且还有很多书籍"（"很多书籍"拉丁文原文为"codices plurimos"）。这些书籍便是我们的主要研究方向。和传统以口述作为传教方式的宗教不同，基督教通过书籍传递信息与教徒拥有读写能力是密不可分的，这对于英格兰的新教徒来说是一个崭新的概念。不管是当时还是现在的传教士，都可能会面临公众的怀疑与猜测，而基督教的《福音书》作为帮助教徒得到救赎的手册指南，里面的文字深深地折服了那些几乎没有受过教育的人。

我们不知道具体哪些手抄本在601年被带到了英格兰。阿尔弗雷德大帝（Alfred the Great）称，圣奥古斯丁拥有一本格列高利一世教皇（Gregory the Great）所著的《牧灵指南》（*Pastoral Rule*）手抄本，英格兰传教的任务正是这位教皇所委派的。圣奥古斯丁拥有这本书是极有可能的事。比德也称此书卓越超群，对传教士有很大的价值。坎特伯雷圣奥古斯丁隐修院的中世纪晚期图书目录中记载，这所隐修院拥有十本《牧灵指南》与格列高利一世所著的其他书籍，有些书被形容为老旧和残缺不全，并因使用而磨损。教皇赠给圣奥古斯丁的那本《牧灵指南》如果能幸存下来，将会是一本很有意义的圣物，它会与现收藏于法国特鲁瓦（Troyes）的另一本古老的《牧灵指南》手抄本（Bibliothèque Municipale, ms. 504；特鲁瓦市立图书馆）相似。几乎可以确定，这本现藏于法国的手抄本在600年左右写于格列高利一世教皇自己位于罗马的缮写室中，该手抄本运用了杰出的安色尔草写体（uncial script），单词之间没有空格分隔，羽毛笔绘制的装饰性首字母使用了深红色、深绿色和棕黄色。虽然这本手抄本在近代被粗糙地修复过，但它仍是一本厚重与珍贵的手抄本，这种手抄本就是从罗马来的传教士在英格兰使用的书籍。

中世纪晚期，圣奥古斯丁隐修院的修道士认为有一些书籍是属于圣奥古斯丁本人的，这些书籍被埃尔门的托马斯（Thomas of Elmham）在1414年至1418年间细心地研究过。他绘制的一张隐修院教堂圣坛的图片描绘了两排立着的书籍与圣徒的圣物摆放在一起（图5）。据托马斯记载，书籍中有一套添加了紫色书页的两卷《圣经》、一本《赞美诗集》、一本《福音书》[被称为《圣米尔德里德文稿》（*Text of St. Mildrid*），托马斯说一位农民在萨尼特（Thanet）用这本书发假誓，已经双目失明]，还有一本银质装订、手抄本封面描绘耶稣与《福音书》作者图像的《诗篇集》。这套两卷《圣经》据说在英格兰天主教徒手中被视为一件显现圣迹的圣物，它被隐蔽地保存到至少1604年，但之后就消失不见了。那本银质装订的《维斯帕先诗篇集》（图7）幸存了下来，现收藏于伦敦的大英图书馆中。这本书在圣奥古斯丁隐修院被解散之后，到了伯利勋爵威廉·塞西尔（William Cecil, 1520—1598年）手里，之后又被罗伯特·科顿爵士（Sir Robert Cotton, 1571—1631年）收藏。1753年，科顿珍贵的图书馆藏品进入了新成立的大英博物馆馆藏中。遗憾的是，经由叙述的历史并非研究调查的真相。这份手抄本品质一流，像收藏在特鲁瓦的那本格

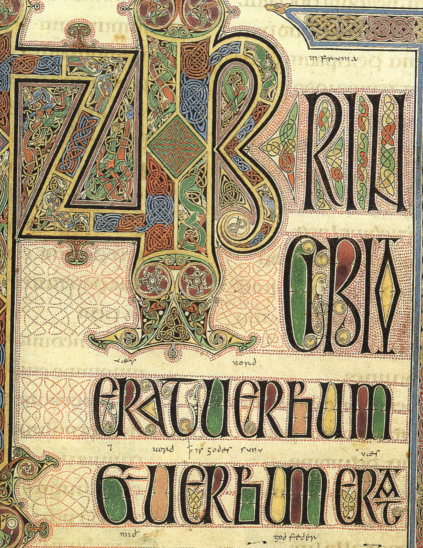

+ Iohannis aquila

Incipit euangelium secundum Iohan̄

IN PRINCIPIO ERAT UERBUM ET UERBUM ERAT APUD DM̄

列高利一世著作手抄本一样，都是用安色尔字体书写的，但它制作于英格兰，因此将此手抄本的制作时间定为730年的前后十年左右。圣奥古斯丁在604年去世，这部被称为《维斯帕先诗篇集》（*Vespasian Psalter*，图 7）的手抄本几乎可以确定是按照意大利的手抄本范本所绘制的，但它却制作于英格兰当地。最重要的一点是修道士记得圣奥古斯丁把这些手抄本带到英格兰，而且他们把这种方形的安色尔字体与最早的传教任务联系到一起。在此书制作的800年后，他们所一直崇敬的并非是其想象中的书卷，而我们也不必因此责怪他们。

然而，其实有一本《福音书》有可能是圣奥古斯丁所带来的，这本书属于坎特伯雷大主教马修·帕克（Matthew Parker，1504—1575年），他把它送给了剑桥大学基督圣体学院，直到现在，这本书还保留在这个学院的图书馆里（图6）。这本书也来自圣奥古斯丁隐修院，而且在至少一千年前，这本书就已经在那里了。然而它其实制作完成于六世纪的意大利，其制作时间也基本上与最早的传教任务时间相吻合。在七世纪晚期或八世纪早期，书中有很多修正的地方由一位英格兰缮写士所书写。这本书翻阅率很高，直到现在，坎特伯雷新任大主教宣誓就职时仍会用到此书。

4 前页图

英国，伦敦，大英图书馆

London, British Library, Cotton MS. Nero D.IV, fol. 211r

《林迪斯法恩福音书》是大约698年在英格兰东北海岸的林迪斯法恩岛屿隐修院中制作的，图中展示了《圣约翰福音书》的首页，文字由林迪斯法恩主教伊德弗里斯书写，写在原文行间的小型盎格鲁-撒克逊语的翻译注释由切斯特勒街（Chester-le-Street）的神父奥尔德雷德所书写。

5 左上图

英国，剑桥，三一大厅学堂，细节图

Cambridge, Trinity Hall, MS. 1, detail of fol. 77r

坎特伯雷圣奥古斯丁隐修院的史事记录者埃尔门的托马斯在1414至1418年间绘制了一张在他那个时期隐修院教堂圣坛的图片。图中，圣坛上的肯特的埃塞尔伯特国王的圣物两侧的小架子上共有六本用红墨水绘画的手抄本，它们被认为是由格列高利一世教皇在601年赠给圣奥古斯丁的。

6 左下图

英国，剑桥，基督圣体学院

Cambridge, Corpus Christi College, MS. 286, fol. 125r

一本六世纪的意大利《福音书》很有可能通过圣奥古斯丁的传教任务被带到英格兰，这本书是圣奥古斯丁隐修院中现存的一些重要手抄本中的一本，现收藏于剑桥大学基督圣体学院。这本手抄本中现存两幅整页细密画，本图为其中一幅，图中十二幅小型插图描绘了基督从进入耶路撒冷到耶稣背负十字架的受难故事，这样的绘画就是第一批传教士在向外教人与未受教育的听众解释《福音书》故事时会使用的。

7 对页图

英国，伦敦，大英图书馆

London, British Library, Cotton MS. Vespasian A.I., fols. 30v-31r

坎特伯雷的修道士认为这本用安色尔字体书写的华丽的《维斯帕先诗篇集》属于圣奥古斯丁本人，实际上，这本书制作于圣奥古斯丁去世一百多年后的英格兰八世纪上半叶，而且可能就制作于坎特伯雷。图中左边的细密画描绘了大卫王。

书中应该至少有六幅整页细密画，但现在仅存两幅（至少还有另外四页有反向的浅淡绘画印痕）。第一幅细密画描绘了十二个耶稣生平故事的场景，第二幅描绘了圣路加手持一本翻开的书，其周围还有另外六幅耶稣生平场景图。如果所有的细密画都幸存的话，这本书应该有一套非常详细的耶稣故事图画。这些幸存的细密画所传达的信息非常明确、直接易懂，这就是圣奥古斯丁所带领的传教士的传统，正如我们之前提到的一样，他们在传教之前先展示耶稣的画像，也可以高举这本书。毫无疑问，这个方法非常有效，这些彩绘插图起着非常直接、实用的传播效果。

圣奥古斯丁传教时带来的“许多书籍”当然不是早期基督教时代唯一被带到英国的意大利手抄本。在英国牛津大学博德利图书馆收藏的一本七世纪意大利的《福音书》（Bodleian Library, MS. Auct. D. 11. 14）在八世纪时就已经在英格兰了，而且有可能在利奇菲尔德（Lichfield）。据比德描述，“不计其数、各种各样的书籍”来到了诺桑比亚（Northumbria）的威尔茅斯（Wearmouth）和赫克瑟姆（Hexham）（他对带到坎特伯雷的书籍也有相似的描述）。这些很重要，比德和另外一位没有留下姓名的修道士记录了威尔茅斯与雅罗（Wearmouth and Jarrow）修道院院长们的生平，因此我们很了解这两位杰出的诺桑比亚管理者与藏书家：本尼狄克特·比斯科普和他的接任者西奥弗里思（Ceolfrith，642—716年）。本尼狄克特（约628—690年）一共去了五次罗马，在他的第三次旅途中，比德记录道：他收购了“众多书籍”。674年，他得到了诺桑比亚国王埃格弗里思（Egfrith）给予他的土地，在英格兰东北角威尔茅斯建立了一座修道院。他暂时存放在法国维埃纳（Vienne）的书籍，现在成为威尔茅斯藏书的核心。本尼狄克特与西奥弗里思在678年再次造访了罗马，返回时带着为这座新建的隐修院所收购的圣物与绘画作品，其中包括耶稣木版画，该画可能就像圣奥古斯丁当时举起的耶稣画像一样。最重要的是，他们似乎也带回了很多手抄本。对于他们在意大利书籍收藏领域的涉足，我们根据比德的记载可以了解到很多书籍是在本尼狄克特·比斯科普其中一次访问意大利时获得的，“一些是他购买的，除此之外还有一些则是朋友赠送的”。是否那时仍然像古罗马后期一样，有类似书店这种店面呢？不管怎样，本尼狄克特·比斯科普与西奥弗里思都已如愿以偿，可以说他们的购买成就了历史上最精彩的书籍收藏之一。他们很有可能购买了伟大的古罗马基督教教父、学者卡西奥多鲁斯（Cassiodorus，约485—580年）图

书馆中的二手书籍。当卡西奥多鲁斯退归林下时，他在意大利南部维瓦里乌姆（Vivarium）成立了两个修道会团体与一个类似学院一样的组织，用于推广宗教与非宗教知识的教学。在他的著作《制度》（*Institutes*）中，他详细地介绍了一些他为这些修道会团体与学院提供的不同类型的《圣经》相关手抄本，其中一本手抄本名为 *Codex Grandior*（直译为《更大的古抄本》），这是一本庞大的、编著于圣杰罗姆（St. Jerome）之前的古拉丁文单卷《圣经》。这本卡西奥多鲁斯的《圣经》手抄本在比德生活的时期确实在诺桑比亚。

有可能西奥弗里思与本尼狄克特购买了卡西奥多鲁斯的一套《九卷圣经》（*Novem Codices*）的所有或者其中一些卷册，我们知道这套《圣经》之前也曾在维瓦里乌姆。他们或许也收购了被卡西奥多鲁斯描述为“字体很小”的第三本《圣经》。他们购买的书籍中也可能包括卡西奥多鲁斯所著的《圣经》评论手抄本［类似于收藏在达勒姆大教堂图书馆的一本诗篇评论手抄本（Durham Cathedral Library，MS. B. II. 30）］，甚至也还可能有约瑟夫斯（Josephus）的古拉丁文著作与其他古典文学作品。无论如何，我们都知晓，本尼狄克特在威尔茅斯建立的修道院和在雅罗建立的第二座修道院都拥有丰富的书籍资源。

约 690—约 735 年之间，比德在雅罗工作并从未离开过英格兰北部。他的著作中提到了大约八十位不同作家的作品，这些作品一定曾被比德所过目。对英国进行的传教任务有着深远的影响，基督教与教育的密不可分尤其值得注意。传教士把古罗马时期与早期基督教作家的文明的拉丁语文献带到了已知世界的边境。

当修道士有了可以抄写的手抄本样本时，他们就开始制作自己的书籍了（图 8）。在威尔茅斯与雅罗修道院院长的生平记录中就有关于书籍制作的重要记载。西奥弗里思的传记尾声记载了他的丰功伟绩，并提到他定制了三本庞大的《圣经》手抄本［原文为“tres pandectes novae translationis”（三册新译本）］，其中两本分别在威尔茅斯与雅罗的教堂中使用，另一本西奥弗里思最终决定将其作为礼物送给教皇。可以想象西奥弗里思或许期待他可以向教皇证明（卡西奥多鲁斯的《更大的古抄本》与其他的书籍很有可能来自教廷），即使是遥远的英格兰在那时也可以制作出杰出的书籍，并且配得上收藏那些手抄本样本。他也可能在完成一个商业上的合作：也许，他获得卡西奥多鲁斯图书馆藏品的条件是交还一本精致的单卷《圣经》给罗马作为参考。据西奥弗

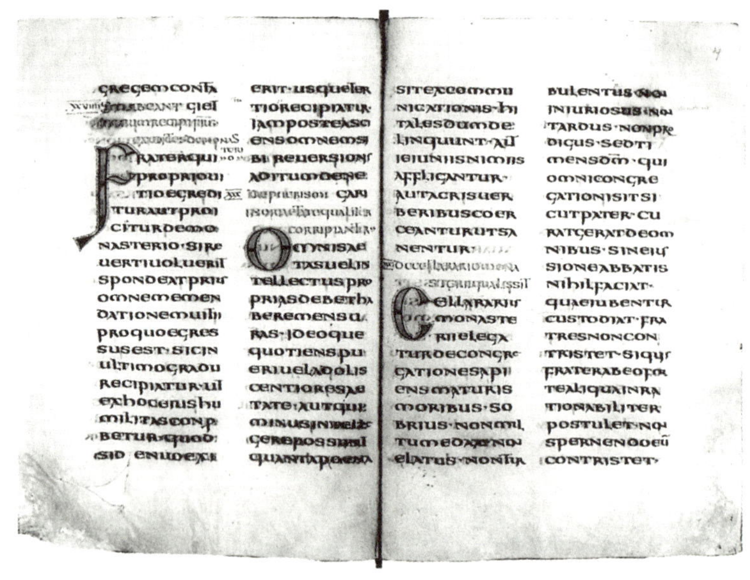

8 左图

英国，牛津，博德利图书馆

Oxford, Bodleian Library, MS. Hatton 48, fols. 38v–39r

圣本笃（St. Benedict，约 480—约 547 年）是西方修道院制度的创立者。这本在 700 年左右的英格兰制作的手抄本是现存最古老的他为修道士所著的《圣本笃会规》手抄本，根据意大利手抄本样本，以非常精美的安色尔字体进行书写，它一定属于坐落于英格兰的最早的罗马修道士团体之一。

9 对页左图

意大利，佛罗伦萨，美第奇劳伦佐佐图书馆

Florence, Biblioteca Medicea-Laurenziana, MS. Am. I, fol. Iv

制作于大约 700—716 年诺森伯兰郡的《阿米提奴抄本》中，奉献题词提到这本庞大的手抄本是从地球最远端献给教皇的礼物。奉献题词的第五行提到了书籍捐赠者“伦巴第人的彼得”（Petrus Langobardorum），但这是手抄本最初的捐赠者名字被涂抹并篡改后的结果。最初捐赠者的名字仍依稀可见，为“盎格鲁的西奥弗里思”（Ceolfridus Anglorum），这本手抄本是 690—716 年在威尔茅斯与雅罗任修道院院长的西奥弗里思想要送给教皇的礼物，但西奥弗里思在前往罗马的途中去世了，而这本书也未曾献给教皇。

10 对页右图

意大利，佛罗伦萨，美第奇劳伦佐佐图书馆

Florence, Biblioteca Medicea-Laurenziana, MS. Am. I, fol. Vr

《阿米提奴抄本》的大型卷首细密画引起了人们的极大兴趣，图中标明了所画的人物或为《旧约》先知以斯拉，但很有可能这整幅图是根据一幅意大利原作复制而来的，这幅原作可能是之前卡西奥多鲁斯的《九卷圣经》的卷首细密画。图中描绘了一位作家坐在一个具有古希腊、古罗马风格的书柜前，伏在腿上写一本手抄本，书柜的架子上摆放了九本书。

里思的传记记载，这本要送给教皇的《圣经》还添加了奉献题词，提到修道院院长西奥弗里思把从地球最远端献书给教皇看作信仰的标志，当时，英格兰的确被看作“地球最远端”［extremis de finibus（边界之边）］。修道院院长西奥弗里思携带这本手抄本亲自踏上去罗马的旅程，他在716年6月4日出发，这是我们所知的在英格兰制作的书籍运出英格兰的最早日期。不幸的是，西奥弗里思在9月25日去世于途中的朗格勒（Langres），这本书最终没有到达罗马。直到一百多年前，我们对这本书才有了新的了解。

在佛罗伦萨的劳伦佐图书馆（Laurentian Library）收藏着一本举世闻名的八世纪初期的拉丁文《圣经》，它号称是世界上已知最古老、完整的拉丁文《圣经》。出版于1590年的拉丁文《圣经》曾参照这本八世纪的《圣经》进行修订。这本最古老的《圣经》从阿米亚塔山隐修院（abbey of Monte Amiata）来到佛罗伦萨，被命名为《阿米提奴抄本》（*Codex Amiatinus*，图9—10）。书中的奉献题词注明它来自一位被称为“伦巴第人的彼得”的人，因此，它也一直被认为是一部来源于意大利的作品。然而，1886年，G. B. 德·罗西（G. B. de Rossi）发现奉献题词中的几个名字曾被涂抹并篡改，他把这本书最初的捐赠者名字拼凑了出来，为“盎格鲁的西奥弗里思”（Ceolfridus Anglorum），但那时他并没有联想到威尔茅斯与雅罗。第二年，F. J. A. 霍特（F. J. A. Hort）指出这个最新发现的奉献题词与西奥弗里思传记中提到的记载完全匹配。《阿米提奴抄本》确实是英格兰缮写士在威尔茅斯或雅罗以《更大的古抄本》作为范本制作的那本《圣经》，由于西奥弗里思在旅途中去世，所以这本书从来没有到达罗马。书中的带有图表设计的插图精确地复制了卡西奥多鲁斯所描绘的《更大的古抄本》中的装饰，《阿米提奴抄本》中奇特的卷首插图描绘了老年的先知以斯拉（又或许是卡西奥多鲁斯，或更有可能这幅画像同时代表了他们两个人）坐在一个打开的书柜前，书柜中摆放了被精心加以标记的、卡西奥多鲁斯送给维瓦里乌姆修道会团体的《九卷圣经》。毫无疑问，这幅插图也是从六世纪的意大利原作中复制而来。

《阿米提奴抄本》被确定为西奥弗里思委托制作的手抄本在十九世纪末引起了极大轰动，特别是英国爱国的古典艺术爱好者，他们非常高兴世界上已知的、最古老的完整版拉丁文《圣经》是在英格兰制作的。1889年，来自达勒姆的威廉·格林威尔（William Greenwell）咏礼司铎在纽卡斯尔（Newcastle）的一位书商那里买了

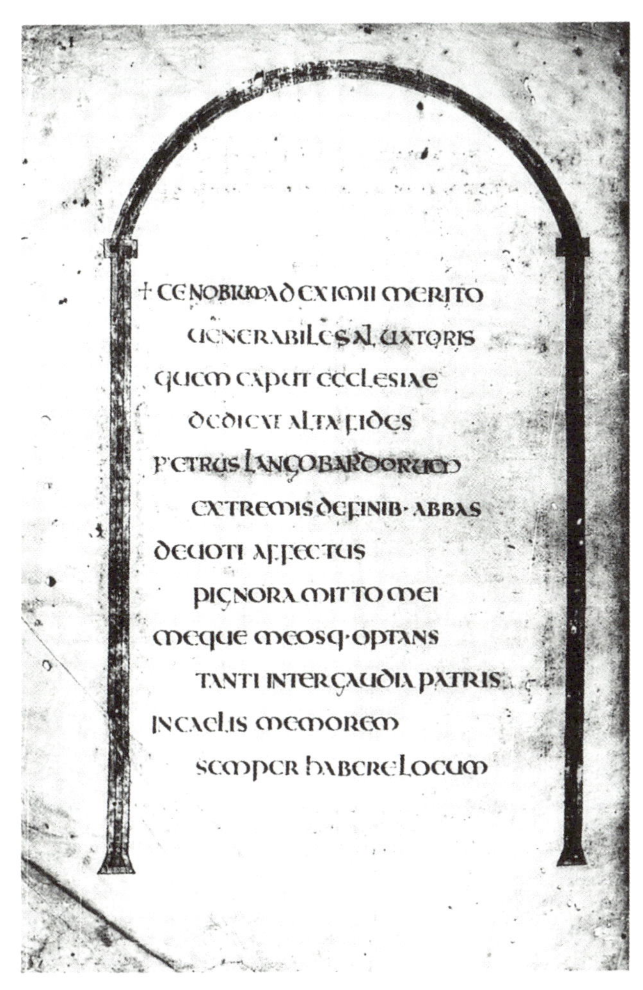

ET NON MINUAS PRIMITIAS
MANUUM TUARUM
IN OMNI DATO HILAREM
FAC UULTUM TUUM
ET IN EXULTATIONE SCIFICA
DECIMAS TUAS
DA ALTISSIMO SECUNDUM
DATUM EIUS
ET IN BONO OCULO ADINUENTIONĒ
FAC MANUUM TUARUM
QUONIAM DNS RETRIBUENS EST
ET SEPTIES TANTO REDDET TIBI
NOLI OFFERRE MUNERA PRAUA
NON ENIM SUSCIPIET ILLA
ET NOLI INSPICERE SACRIFICIUM
INIUSTUM
QUONIAM DNS IUDEX EST ET NON
EST APUD ILLUM GLORIA
PERSONAE
NON ACCIPIET DNS PERSONAM
IN PAUPEREM
ET PRAECATIONEM LAESI EXAUDIET
NON DISPICIET PRAECES PUPILLI
NEC UIDUAM SI EFFUNDAT
LOQUELLAM GEMITUS
NON NE LACRIMAE UIDUAE
AD MAXILLAM DESCENDUNT
EXCLAMATIO EIUS SUPER
DEDUCENTEM EAS
A MAXILLA ENIM ASCENDUNT
USQUE AD CAELUM
ET DNS EXAUDITOR NON DELEC
TABITUR IN ILLIS
QUI ADORAT DM IN OBLECTATIONE
SUSCIPIETUR
ET PRAECATIO ILLIUS USQUE
AD NUBES PROPINQUAUIT
ORATIO HUMILIANTIS
SE NUBES PENETRAUIT
ET DONEC PROPINQUET
NON CONSOLABITUR
ET NON DISCEDIT DONEC
ASPICIAT ALTISSIMUS
ET DNS NON ELONGAUIT

SED IUDICABIT IUSTO ET FACIET
IUDICIUM
ET FORTISSIMUS NON HABEBIT
IN ILLIS PATIENTIAM
UT CONTRIBULET DORSUM IPSORŪ
ET GENTIBUS REDDET UINDICTĀ
DONEC TOLLAT PLENITUDINEM
SUPERBORUM ET SCEPTRA
INIQUORUM CONTRIBULET
DONEC REDDAT HOMINIBUS
SECUNDUM ACTUS SUOS
ET SECUNDUM OPERA ADAE
ET SECUNDUM PRAESUMPTIONĒ ILLIUS
DONEC IUDICET IUDICIUM
PLEBIS SUAE
ET OBLECTAUIT IUSTOS
MISERICORDIA SUA
DEPRAECATIO AD DM
SPECIOSA MISERICORDIA DI
IN TEMPORE TRIBULATIONIS
QUASI NUBES PLUUIAE
IN TEMPORE SICCITATIS
MISERERE NOSTRI DS
OMNIUM ET RESPICE NOS
ET OSTENDE NOBIS LUCEM
MISERATIONUM TUARUM
ET IMMITTE TIMOREM TUUM
SUPER GENTES QUAE NON
EXQUISIERUNT TE
ET COGNOSCANT QUIA NON EST DS
NISI TU UT ENARRENT
MAGNALIA TUA
ALLEUA MANUM TUAM SUPER
GENTES ALIENAS UT UIDEANT
POTENTIAM TUAM
SICUT ENIM IN CONSPECTU EORŪ
SCIFICATUS ES IN NOBIS
SIC IN CONSPECTU NOSTRO
MAGNIFICAUERIS IN ILLIS
K UT COGNOSCANT TE SICUT
ET NOS AGNOUIMUS
QUONIAM NON EST DS PRAETER
TE DNE
INNOUA SIGNA ET INMUTA MIRABILIA

一本老旧的登记册，他发现用于装订这本书封面的是一张古老的犊皮纸，上面的内容是拉丁文的《列王记》选段，其字体与《阿米提奴抄本》中的字体几乎相同。他把他的发现告知大英博物馆（现在藏品编号为 B. L., Add. MS. 37777；伦敦大英图书馆）。不久之后，另外十张（和另一张残片）从米德尔顿勋爵（Lord Middleton）的档案资料中被整理出来。从 1909 年讲述格林威尔的发现的出版物中可以看出，它们来自同一本分解的手抄本。大英博物馆在 1937 年时收购了它们（现在藏品编号为 B. L., Add. MS. 45025；伦敦大英图书馆）。1982 年 7 月，一张装订另一本书的抄叶在金斯顿·莱西庄园被发现（Kingston Lacy House，那时金斯顿·莱西庄园刚被英国国民信托组织收购，图 11），并且很有可能还有其他抄叶残片有待发现，这些发现非常重要，因为它们一定来自西奥弗里思委托制作并委派在威尔茅斯或雅罗使用的另外两本《圣经》中的其中一本。这两座修道院在九世纪后期被维京人所摧毁，在之后的两百年都一直是废墟。修道院的圣物被收藏到了达勒姆大教堂（Durham Cathedral），这所教堂的修道士声称他们拥有几本比德亲笔书写的手抄本（"de manu Bede"，事实上，这是个过于乐观的看法）。在十六世纪的宗教改革之后，至少有一本达勒姆大教堂收藏的《圣经》被转移到了之后成为米德尔顿勋爵的威洛比（Willoughby）家族图书馆中。很有可能的是，威洛比家族拥有西奥弗里思手抄本中的一大部分，并且在几个世纪前使用书中这些很大的抄叶装订他们在诺丁汉附近的沃莱顿府邸（Wollaton Hall）或在塔姆沃思附近的米德尔顿府邸（Middleton Hall）中的藏书。

在达勒姆大教堂的收藏中，一张更小的残片也与这个故事有关。这张写着一小段《圣经》（《玛加伯上》6—7 章）的残叶又被作为扉页重新用在了达勒姆大教堂收藏的另一本手抄本中（MS. B. IV. 6）。它只有 8 ½ 英寸 ×5 英寸（216 毫米 ×127 毫米）。这张残片和明信片大小相仿，能确定其为六世纪意大利的作品，那么它有可能是卡西奥多鲁斯《九卷圣经》中的残片吗？这张残片的文字内容有两处非常罕见的遣词方式或词语拼写方式，其中一处还与《阿米提奴抄本》的遣词方式或词语拼写方式相同，它无疑是西奥弗里思的缮写士所使用的样本。这些缮写士至少使用了《更大的古抄本》与《九卷圣经》作为范本。通过达勒姆大教堂的残片来计算一张单叶上可以写多少内容，我们可以得出推论：如果这本《圣经》确实是完整的，那么它会厚达两千多叶，如果分成九卷，每一卷约有 240 叶，这对于书籍制作来讲还是可以办到的。除此之外，我们很难再继续猜测。

本章目前提到的所有手抄本，无论是出自英国还是意大利，手抄本中的字体都是安色尔体（uncial）。这是在古典时代晚期使用的全大写字母的字体，以优雅带弧形的笔触组成（图 8、9、11）。在肯特（Kent）传教的传教士对于他们罗马根基的依赖和威尔茅斯与雅罗修道院对于罗马教皇的忠诚不仅体现在历史文献记录中，也体现在安色尔字体的使用中。这种字体与罗马息息相关：最早的图书馆藏书目录描述使用安色尔体书写的手抄本"以罗马字体书写"（Romana litera scriptum）。

我们现在必须要给这个故事添加一个全新的要素。令来自罗马、在英格兰的使徒感到尴尬和困惑的是，他们的这次传教任务并不是唯一的一次，甚至都不是第一次将基督教传到英国。自五世纪中期以来，基督教在圣帕特里克（St. Patrick，又名圣博德）与其他人的领导下，就已经在爱尔兰发展起来了。563 年时，圣高隆巴（St. Columba，约 521—597 年）在苏格兰西海岸的爱奥纳岛（Iona）建立了著名的修道院，这比圣奥古斯丁的传教任务早了三十多年。这是一项伟大传教任务的开始。635 年时，圣爱登（St. Aidan）将这爱尔兰凯尔特基督教（Celtic Christianity）横跨大片区域带到了在诺桑比亚东海岸的林迪斯法恩，并建立了修道院。爱尔兰人热爱岛屿，当西奥弗里思希望把《圣经》献给教皇时，他认为自己住在了一个偏远的地方，但与极其偏远、孤立、原始的爱尔兰小型修道院团体所在的岛屿相比，似乎就不值一提了。本尼狄克特·比斯科普睿智地在罗马收购古典文献的行为看起来富有涵养，与早期爱尔兰关于书籍的传奇故事形成了鲜明对比：

11 对页图

英国，金斯顿·莱西庄园，英国国民信托组织，班克斯家族收藏，手抄本单页

Kingston Lacy House, National Trust, Bankes Collection, single leaf, recto

这张手抄本书页被发现于 1982 年，那时它是另一本制作时间比其晚很多的书籍的封面。这张书页内容为《德训篇》（*book of Ecclesiasticus*）的一部分。比德曾描绘道：西奥弗里思在大约 700—716 年间委托制作了一些《圣经》手抄本，用于诺森伯兰郡的威尔茅斯与雅罗修道院。这张书页是比德所提到的这些大型拉丁文《圣经》手抄本的其中一本的现存残页之一。

据说圣高隆巴从圣芬尼安（St. Finnian，约 495—579 年）那里借了一本手抄本，晚上留在教堂中抄写它时，他的手指像蜡烛一样闪闪发光，照亮了整个教堂。圣芬尼安反对说，他的手抄本从不应该被这样使用。圣芬尼安的信使在打断圣高隆巴非法抄写的时候，还被圣高隆巴的宠物鹤啄坏了眼睛。这两位争执的圣徒向当地的国王申诉，国王反对圣高隆巴，命令他交出他所抄袭的复制品，"像每只幼崽属于母牛一样，每本书的复制品也属于原作"（"to every cow her offspring, and to every book its transcript"）。为了予以反击，圣高隆巴聚集了国王的敌人迎战圣芬尼安，并在 561 年的 Cul Dremhe 战役（又名书籍之战）中击败了他。在这个传说中，圣高隆巴所抄写的七世纪手抄本被称作 *The Cathach of St. Columba*（直译为《圣高隆巴的战士》手抄本），现收藏于爱尔兰皇家学院（图 12）。可以想象它与《阿米提奴抄本》非常不同：书本很小且由羽毛笔绘制的首字母带有螺旋形的图案作为装饰，它幸存于中世纪早期藏书的圣物盒中（这种圣物盒被称为 cumdach），手抄本的拥有者会携带藏有手抄本的圣物盒上战场并高呼胜利，甚至"Cathach"在古爱尔兰语中的意思是"战士"。跟西奥弗里思的故事相比，我们已然来到了另一个世界。

从比德时期开始，历史学家就已经开始描述早期爱尔兰基督徒与第一批罗马传教士之间激烈的竞争和两者对其宗教传统不同的侧重点。其中，两者对各自传统的竭尽忠诚使他们之间的分歧变得更加繁琐。不同传统文化的一个重点表现在于他们计算复活节日期方法的差异，以注重节日庆典和季节规范而闻名，但仍是异教徒的英国人饶有趣味地观看这些争执。最终在 664 年，基督徒们出席了在约克郡的惠特比（Whitby）由奥斯维国王（King Oswy）主持的宗教会议，由代表爱尔兰的科尔曼（Colman）与代表罗马的威尔弗里德（Wilfrid）进行辩论。辩论的焦点集中在圣彼得（St. Peter）与圣高隆巴谁在天堂拥有更大的权威，最终罗马教会的主张取得了胜利。几乎所有追随爱尔兰那方观念的信徒，包括国王在内，都宣布他们会效忠罗马教会，但科尔曼带着质疑的态度回到了爱尔兰。

拥有读写能力和以书面形式给予教徒启示的信仰是爱尔兰与罗马基督教徒最基本的教义，并且他们都拥有书籍。我们可以从幸存下来的手抄本了解他们的宗教理念。神圣、孤立、苦行的爱尔兰基督徒与罗马相互独立，他们不使用安色尔字体，而是使用了异乎寻常的爱尔兰大写与小写字体。最开始他们的手抄本是用质量差的犊皮纸书写，书中的文字通常没有规律，密密麻麻难以辨认，这些与他们原始的特征相一致。《圣高隆巴的战士》手抄本是一本爱尔兰作品，制作时间也远远早于惠特比宗教会议。虽然犊皮纸的剪裁与文字的书写都不整齐，但这本文物是非常珍贵的。《班格尔日课交替合唱集》（*The Bangor Antiphonary,* Milan, Biblioteca Ambrosiana, MS. C. 5. inf.; 米兰安布罗西安图书馆）制作于科尔曼任北爱尔兰班格尔修道院院长期间（680—691 年）。这本手抄本非同寻常，书中的犊皮纸上有许多犊皮本身的瑕疵小孔。爱尔兰修道士苦行的修行作风体现在八世纪爱尔兰袖珍《福音书》手抄本中：可能在蒂珀雷里郡（County Tipperary）制作的《迪马之书》（*Book of Dimma*, Dublin, Trinity College, MS. A. IV. 23；都柏林三一学院）与《莫灵之书》（*Book of Mulling*, Dublin, Trinity College, MS. A. I. 15; 都柏林三一学院）中。《莫灵之书》中的手抄本末页记录将其与圣莫灵（St.Moling，卒于约 692—697 年）联系在一起，这本手抄本可能是由圣莫灵八世纪的修道院院长继任者在卡娄郡（County Carlow）的泰克 – 莫灵修道院（Tech-Moling）所制作。

在这个早期阶段，出现了一本有争议的书——《杜若经》（*Book of Durrow*），这本现收藏于都柏林三一学院的伟大福音书（图 13 与图 15）横边很窄，竖边很长，尺寸为 9 ½ 英寸 × 5 ½ 英寸（241 毫米 × 140 毫米）。书中包括十二个带有编织状线条设计的首字母、五幅象征《福音书》作者的整页图画、六页"地毯页"（"carpet" pages）——这个名称使人联想起地毯设计，指书中由抽象编织状的线条构成的五彩缤纷的整幅页面装饰，这是早期爱尔兰艺术的特征。任何人都会认为这是一本杰出的手抄本，它也吸引了许多学者对其进行研究。这本书的结尾有个对读者的请求，那就是希望所有拿起这本书的人都会记得缮写士圣高隆巴以及他用了 12 天抄写这本书，但是这个题跋是被改写的。如果题跋中的缮写士真的指爱奥纳岛修道院的创始人圣高隆巴，那么这本手抄本充其量是根据传教士圣高隆巴所抄写的手抄本在一个世纪后复制的，它极有可能来自七世纪下半叶圣高隆巴所建立的某一修道院（杜若是其中之一）。学者一直在争论这本书的由来，这些猜测包括它来自爱尔兰（约 650 年）、爱奥纳岛（约 665 年），甚至是爱奥纳岛对面的林迪斯法恩（约 680 年）。这本书的尺寸使人推测：它很容易被装在旅行者的包里，也许被用于不同的传教任务中。当弗朗国王（King Flan，卒于 916 年）在为这本书制作藏书的圣盒时，它被带回了爱尔兰，至少从十二世纪早期开始，它可能就已经在离都柏林（Dublin）约 50 英里（约 80 千米）的杜若了。

在 664 年后，当爱尔兰传统与罗马传统相融合时，许多手抄本在制作风格上反映了这种属于两地的双重特征。"Insular manuscripts"（直译为"海岛风格手抄本"）这个词组用于形容在英伦群岛制作的手抄本（这区别于在欧洲大陆制作的手抄本），但是无法明确地指出手抄本制作地点为英格兰还是爱尔兰。还有一个概括性的词语为"Northumbro-Irish"（直译为"诺桑比亚 – 爱尔兰的"）。我们之前提到来自坎特伯雷圣奥古斯丁隐修院中的《维斯帕先诗篇集》，书中的字体为安色尔字体，基于罗马传统，中世纪晚期的修道士们把它看作圣奥古斯丁本人的手抄本，并把它放置在圣坛上。的确，细密画中大卫王和他的乐师画像可能是直接从一本六世纪的意大利手抄本中复制过来的，但画中上方宽大的拱形设计完全是由精美的爱尔兰风格漩涡状交织的线条构成（图 7），这本书与现收藏于斯德哥尔摩的一本福音书密切相关，这本福音书被称作《奥里斯手抄本》（*Codex Aureus*），直译为《黄金之书》（图 16）。这本被认为是在八世纪中期制作的手抄本也

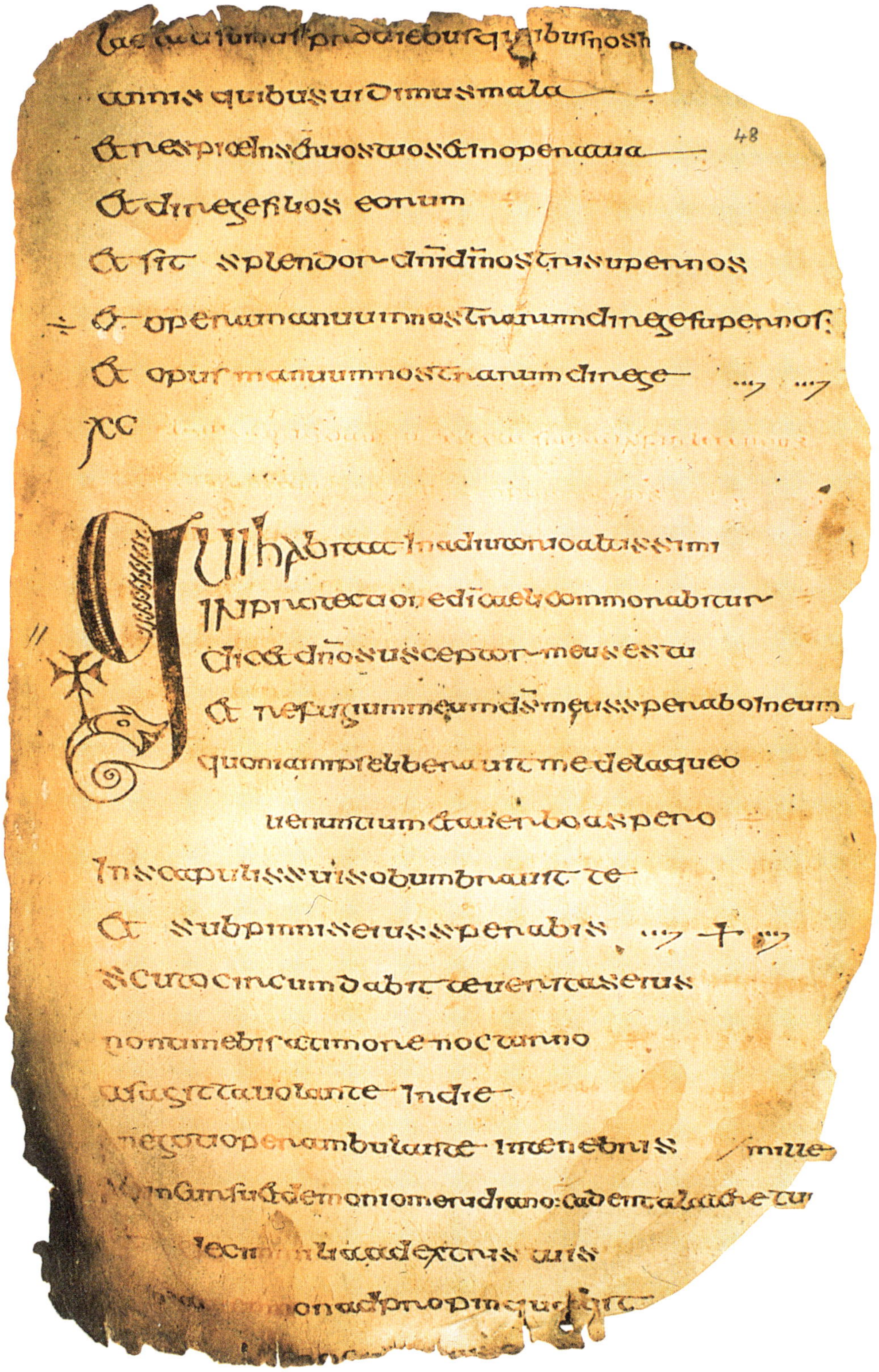

12 左图

爱尔兰，都柏林，爱尔兰皇家学院

Dublin, Royal Irish Academy, s.n., fol. 48r

《圣高隆巴的战士》是最早的爱尔兰手抄本之一，可能制作于七世纪早期。这是一本诗篇集，“Cathach”（战士）一词代表它曾作为一种神奇的护身符被带入战场。这本手抄本现在已不再完整，并且其边缘也已破损，但仍显示出典型的爱尔兰特色：在每首诗篇的起始处，字母尺寸会从大型华丽装饰的首字母逐渐缩小到小型字体。

是用安色尔字体完成，书中的部分文字是用金色墨水在被染成紫色的纸上书写的。书中也有由编织状线条与动物图案设计而成的、精致的爱尔兰风格首字母。与《维斯帕先诗篇集》相似的是，几乎可以肯定它也是在以罗马传统为中心的坎特伯雷制作完成。由此可见，八世纪时的坎特伯雷就已经有诺桑比亚－爱尔兰风格的手抄本了。之后，这本《奥里斯手抄本》历经辗转，以一种非常戏剧化的方式把书中的艺术风格带到不同的地方。九世纪中期，这本手抄本被异教的斯堪的纳维亚人在突袭中盗走，后来被埃尔弗雷德郡长（Aelfred）和他的妻子维尔宝（Werburg）用黄金赎回，并在大约 871 年至 889 年间献给了坎特伯雷的基督教堂，这个著名的捐赠记录用盎格鲁－撒克逊语写在了手抄本第 11 正页的天头和地脚。（译者注：手抄本计算页数的方法为一张纸的正面为这一页的正页，背面为其反页）十六世纪时，这本手抄本在西班牙先后被历史学家赫罗尼莫·苏里达（Jerónimo Zurita，1512—1580 年）、萨拉戈萨（Saragossa）附近的奥拉－德加尔都西会教士（Carthusians of Aula Dei）与古兹曼（Guzmán）家族收藏。1690 年，约翰·加布里尔·斯帕文菲尔德（John Gabriel Sparwenfeldt）在马德里为瑞典皇家收藏购买了此书。于是，八百年后，本着收藏基督教书籍与学术研究的目的，它又回到了斯堪的纳维亚人手中。

如果凯尔特（Celtic）艺术风格悄无声息地被融合在安色尔字体手抄本的制作中，那么虽然爱尔兰教会在惠特比宗教会议中落败了，但其字体成功的运用其实取得了更持久的影响力。这是英伦群岛《福音书》（*insular Gospel Books*）的鼎盛时期，这些手抄本都是用爱尔兰半安色尔草写体（Irish half uncial script）（像《杜若经》）与爱尔兰小写字体（Irish minuscule）［像《阿尔马经》（*Book of Armagh*），约 807 年，制作于爱尔兰］书写的。最著名的手抄本当然是《凯尔经》，但是它其实是最后以这种风格制作的手抄本之一，之前还有许多其他著名的作品，例如《林迪斯法恩福音书》（约 698 年）、《埃希特纳赫福音书》（*Echternach Gospels*，约 700 年，可能制作于诺桑比亚）、《达勒姆福音书》（*Durham Gospels*，约 700 年，可能制作于诺桑比亚）、《圣查德经》又名《利奇菲尔德福音书》（*Book of St. Chad* 或 *Lichfield Gospels*，八世纪，可能制作于威尔士，图 14 与图 30）、《赫里福德大教堂福音书》（*Hereford Cathedral Gospel Book*，八世纪晚期，可能制作于英格兰西部或威尔士）、《阿尔马经》以及众多其他杰作。

关于《凯尔经》的历史众说纷纭，任何研究手抄本的书籍都不可以将它排除在外。它是杰作中的杰作（图 17、图 18）。在都柏林的大街小巷都可以看到指引游客欣赏这本手抄本的路标，除了《凯尔经》，世界上没有哪本手抄本有这样的待遇。在都柏林大学三一学院，陈列这本手抄本的玻璃箱外几乎永远有仰慕者的身影。这本书极度奢华的装饰与巧夺天工并富有想象力的创作技巧令人叹为观止。威尔士的杰拉尔德（Giraldus Cambrensis）大约在 1185 年时评论一部作品为“天使的作品，不是凡人可以完成的”（the work of an angel, not of a man），可能指的就是这本手

13 对页上图

爱尔兰，都柏林，三一学院

Dublin, Trinity College, MS. A.4.5, fol. 125v

《杜若经》制作于七世纪下半叶，手抄本中有六页由编织状的线条构成的设计繁丽的"地毯页"，图中显示的这一页，是在《路加福音》开篇之前。这本手抄本在十一世纪末或十二世纪初时一直收藏于杜若隐修院。

14 对页下图

英国，利奇菲尔德，大教堂图书馆

Lichfield, Cathedral Library, MS. 1, p. 221

《圣查德经》又名《利奇菲尔德福音书》，可能制作于725—750年之间、今日被称为威尔士的地区。在九世纪时，阿里修德（Arihtiud）的儿子盖尔希（Gelhi）用他最优秀的马进行交换而得到了这本手抄本。至少在过去的一千年里，它一直被收藏在利奇菲尔德的大教堂里。

15 右图

爱尔兰，都柏林，三一学院

Dublin, Trinity College, MS. A.4.5, fol. 86r

《杜若经》中《马可福音》的起始页呈现了早期爱尔兰艺术精妙绝伦的特点，比图12中提到的不到一个世纪前制作的《圣高隆巴的战士》手抄本更加精细与复杂。图中字母"I"和"N"合并在一起（《马可福音》开头为"Initium evangelii …"，"《福音书》的开始……"），这种设计类似于凯尔特金属制品。

16 第36—37页图

瑞典，斯德哥尔摩，皇家图书馆

Stockholm, Kungliga Biblioteket, MS. A. 135, fols. 9v 与 11r

这本十分华丽的《奥里斯手抄本》（即"黄金之书"）可能制作于八世纪中叶的坎特伯雷，图中左侧页面圣马太细密画的大体风格可以与《维斯帕先诗篇集》中的大卫王细密画相比较（图7）。图中右侧页面天头和地脚用盎格鲁－撒克逊语记录了这本书在九世纪如何被埃尔弗雷德郡长和他的妻子从斯堪的纳维亚人手中用黄金赎回。

LIBER GENERATIONIS

In nomine dni nri ihu xpi. Ic aelfred aldormon ond Werburg min gefera begetan ðas bec æt haeðnum herge mid uncre claene feo ðæt ðonne wæs mid clæne golde ond ðæt wit deodan for godes lufan ond for uncre saule ðearf

Aelfred

Werburg

Alhðryð

Ond forðon ðe wit noldan ðæt ðas halgan beoc lencg in ðære haeðenesse wunaden, ond nu willað heo gesellan inn to Cristes circan gode to lofe ond to wuldre ond to weorðunga ond his ðrowunga to ðoncunga, ond ðæm godcundan geferscipe to brucen ðe in Cristes circan dæghwæmlice godes lof rærað, to ðæm gerade ðæt heo mon arede eghwelce monaðe for aelfred ond for Werburge ond for Alhðryðe heora saulum to ecum lecedome, ða hwile ðe god gesegen haebbe ðæt fulwiht æt ðeosse stowe beon mote. Ec swelce ic aelfred dux ond Werburg biddað ond halsiað on godes almaehtiges noman ond on allra his haligra ðæt nænig mon seo to ðon gedyrstig ðætte ðas halgan beoc aselle oððe aðeode from Cristes circan ða hwile

抄本。但是，这本书在中世纪手抄本制作史中的具体位置我们不能确定（即便有很多研究，但有些学者还抱有爱国主义的心态），因为我们对它最初的创作时间与地点所知甚少。它可能制作于爱尔兰、苏格兰或英格兰，它的创作时间也被不同学者推测为从八世纪早期到九世纪早期之间，因此它在英伦群岛手抄本的制作史中是非常晚的。也有些人认为这本书是在爱奥纳岛创作，806 年爱奥纳岛被维京人劫掠，86 名修道院成员被杀害的时候，被逃亡的修道士带到了爱尔兰。幸存者逃到了都柏林西北部约 30 英里（约 48 千米）的凯尔斯（Kells），爱奥纳岛的修道院院长卡拉赫（Cellach）在 815 年被葬在了那里。唯一可以确定的是《凯尔经》在十二世纪时在凯尔斯。

《林迪斯法恩福音书》（图 4、图 19）的制作时间有可能比《凯尔经》早一百年左右，相对来讲，它的文献记载要比《凯尔经》的丰富很多。我们知道它的制作地点与原因，还有缮写士、装订者、手抄本封面的装饰者以及为正文添加注评的人的名字，对此书不同制作者的了解足够使我们相当接近地推测出这本书大概的制作时间。一位牧师在十世纪时为最初书写的拉丁文添加了盎格鲁－撒克逊语的翻译注释，并添加了这本手抄本的制作信息，虽然这距离此书最初的制作时间有些久远，但是我们没有理由去怀疑这些信息的准确性。他的记载译文如下：“林迪斯法恩岛教堂的主教伊德弗里思（Eadfrith）最初为上帝与圣卡斯伯特（St. Cuthbert）以及在这岛上所有圣物所属的圣人抄写了此书。林迪斯法恩岛岛民的主教爱尔瓦尔德（Ethelwald）以他擅长的方式装订了这本书。隐修士比尔弗里思（Billfrith）用黄金、宝石、镀金的纯银为这本书的封面锻造了装饰。以及卑微的、最可怜的神父奥尔德雷德（Aldred）在上帝与圣卡斯伯特的帮助下，用英语为原文添加了注释……”

据记载，抄写《林迪斯法恩福音书》的缮写士伊德弗里思在 698 年成为主教，721 年由爱尔瓦尔德继任此职位，爱尔瓦尔德就是这本书的最初装订者。爱尔瓦尔德在林迪斯法恩曾为初学修士，但从大约 699 年或 705 年至他 721 年回来继任主教的这段时间内，他曾在梅尔罗斯隐修院（Melrose Abbey）做过修道院院长副手及院长。因此，如果这两人共同在林迪斯法恩制作此手抄本，那么可以确定它的制作时间大约为 698 年。描绘圣马太正在写作的画像与在《阿米提奴抄本》中、约 700—716 年画于诺桑比亚的以斯拉画像一定是遵照同一样本创作的（图 10 与图 19）。《林

17 对页左图

爱尔兰，都柏林，三一学院

Dublin, Trinity College, MS. A.I.6, fol. 200r

可能制作于九世纪早期的《凯尔经》或许是世界上最著名的手抄本，图中这一页展示了基督祖先的名字（《路加福音》第3章第23—26节），每一行的首字母都给予了复杂的装饰。

18 对页右图

爱尔兰，都柏林，三一学院

Dublin, Trinity College, MS. A.I.6, fol. 124r

《凯尔经》的装饰极其华丽，福音书中许多重要的内容都用整页装饰加以强调。图中《马太福音》第27章第38节（“Tunc crucifixebant duo latrones…”，“当时，有两个强盗和他一同钉十字架”）的内容被融合到类似像“地毯页”一样的设计中，挤在一起的黄发小型半身人像也被画在图中的边框外侧。

19 右图

英国，伦敦，大英图书馆

London, British Library, Cotton MS. Nero D.IV, fol. 25v

《林迪斯法恩福音书》中圣马太的画像与几乎同一时间在诺桑比亚制作的《阿米提奴抄本》中以斯拉的画像（图10）显然出自同一幅样图。图中左上方描绘了《福音书》作者圣马太的艺术象征——带翅膀的人，正吹着号角，其上方写有标题“人的图像”（Imago hominis）。

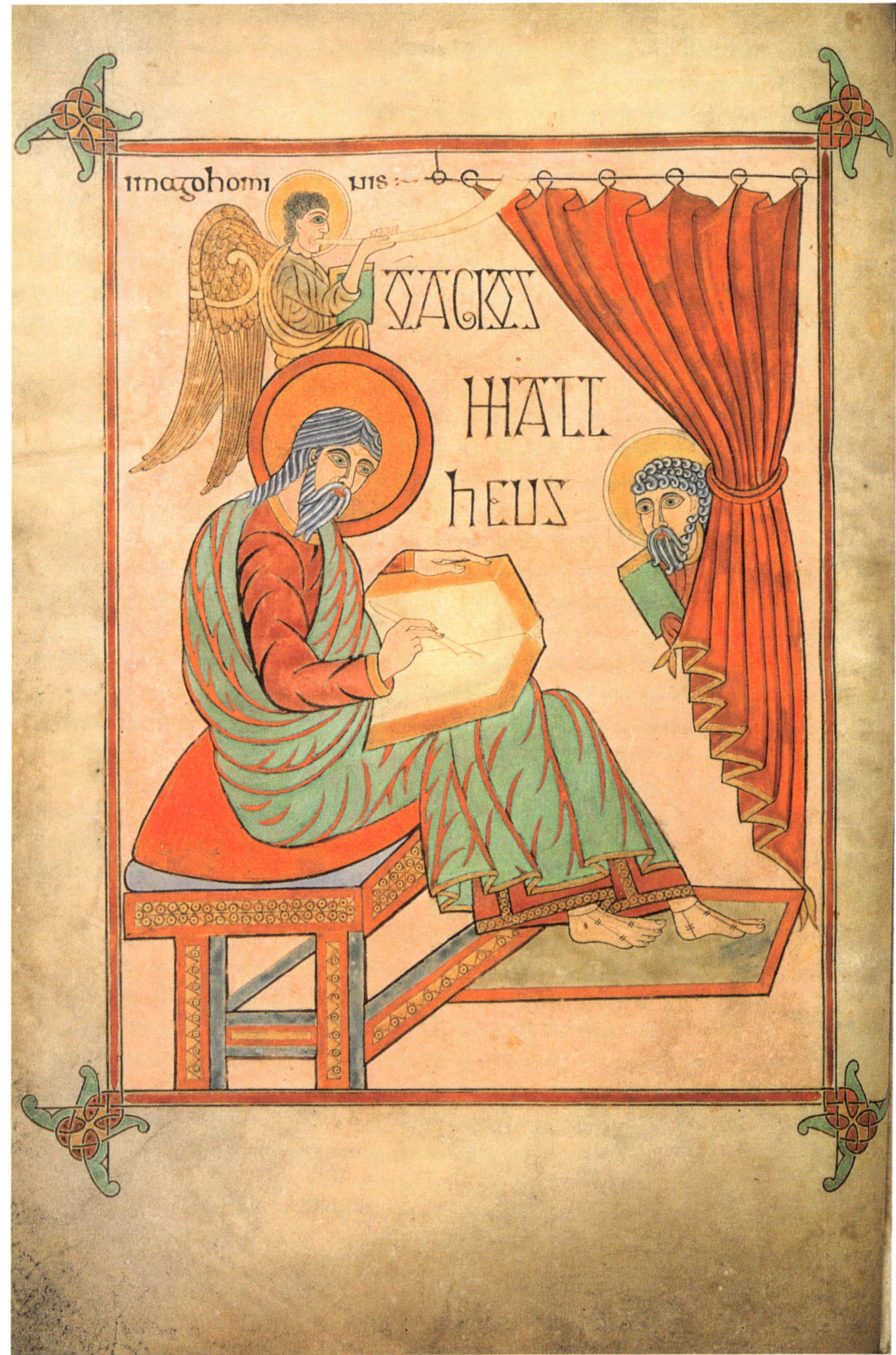

迪斯法恩福音书》的制作目的是为了加以展示。698 年，林迪斯法恩的修道士们把圣卡斯伯特的遗体重新安葬在了一个精心制作的木质圣骨匣中，这吸引了许多朝圣者来拜访这所隐修院。这本手抄本恰好属于这一时期，并且记载中也提到此书是为了上帝与圣卡斯伯特所制作。这本书可能被展示了一百年左右，但是，大约在爱奥纳岛被突袭时，林迪斯法恩也遭到维京人的袭击。793 年时，岛屿的修道院被入侵者劫掠，最终在 875 年修道士带着他们最珍贵的物品逃到了大陆，这其中包括圣卡斯伯特的圣物与《林迪斯法恩福音书》。十二世纪早期达勒姆的西缅（Symeon of Durham）记录了这样的一个故事：像爱奥纳岛的修道士一样，很多避难的修道士想要逃到爱尔兰，但当他们出海时，一场可怕的风暴降临，并把一本由黄金与珠宝所装饰的、写有四福音的华丽手抄本卷到了海中，修道士们立即放弃了他们的航程，并在圣卡斯伯特奇迹般的帮助下在退潮时找到了这本依旧完好无损的手抄本。这个故事中的手抄本很有可能指的就是《林迪斯法恩福音书》。如果没有这场暴风雨，那些修道士就会把这本书带到爱尔兰，如此便不会有奥尔德雷德在书中添加详细的制作记录，甚至我们可能永远无法得知这本手抄本的出处了。如果是这样，学者有可能还在争论这本书究竟出自英格兰还是爱尔兰。

虽然这些修道士曾尝试把《林迪斯法恩福音书》向西带到爱尔兰，但这期间很多其他手抄本因不同原因被带到了北海以东，英伦群岛教会最伟大的成就之一就是把圣言（Word of God）传入欧洲大陆。惠特比宗教会议之后，科尔曼回到了爱尔兰，而得胜者威尔弗里德则在 677 年把他对传教的热情转向了弗里西亚（Frisia）。690 年，维赫伯特（Wihtberht）在那里开始讲道，传教的任务在七世纪末达到高潮。当林迪斯法恩岛的修道士在制作《林迪斯法恩福音书》时，圣威利布罗德（St. Willibrord，658—739 年）与比他年轻的同时期传教士圣卜尼法斯（St. Boniface，680—754 年）从英国出发前往德国。698 年，圣威利布罗德在埃希特纳赫（Echternach）建立了著名的修道院。742 年之前，这些传教士在乌特勒支、维尔茨堡、埃尔福特、艾希施泰特与其他地方都建立了教区。744 年，圣卜尼法斯建立了伟大的富尔达隐修院（abbey of Fulda）；747 年，他将美因茨（Mainz）大教堂作为自己的主教堂。在圣威利博尔德（St. Willibald）与其他人的传教工作下，他们已经在弗里西亚、萨克森、图林根与巴伐利亚的绝大部分地区和丹麦的部分地区传福音。

回到本章节的主题，基督教传教士需要书籍，书籍是至关重要的工具，它们可以使异教徒感到震撼，并用于教育新教徒，而且最能体现盎格鲁 – 撒克逊传教士对德国文化生活的深远影响。诺桑比亚 – 爱尔兰手抄本被分散在欧洲北部各地，甚至经历了许多战争，直至一千二百多年后的今日亦是如此。例如，现收藏于法国国家图书馆的华丽的《埃希特纳赫福音书》（图 20、图 21）可能是在诺森伯兰郡甚至可能在林迪斯法恩制作，因为同一位缮写士也可能书写了另外一本杰出的、现收藏于达勒姆大教堂

20 右图

法国，巴黎，法国国家图书馆

Paris, Bibliothèque Nationale, ms. lat. 9389, fol. 18v

图中描绘了《埃希特纳赫福音书》中圣马太的艺术象征——“人的图像”（对比图 19），图中描绘的人物也像把这本手抄本带到欧洲各地的盎格鲁 – 撒克逊传教士一样，举起打开的手抄本，展示书中的福音。

21 对页图

法国，巴黎，法国国家图书馆

Paris, Bibliothèque Nationale, ms. lat. 9389, fol. 116r

《埃希特纳赫福音书》制作于 700 年左右的诺桑比亚，它可能是圣威利布罗德与其他传教士从英格兰带到卢森堡的埃希特纳赫隐修院的书籍之一。图中描绘了《路加福音》的开篇。

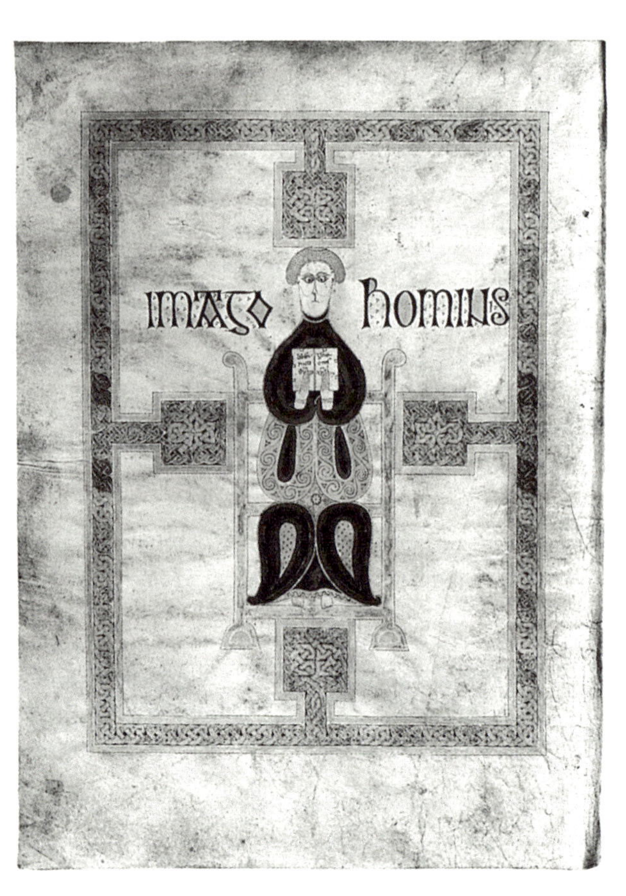

INCIPIT EUANGELIUM SECUNDUM LUCAM

QUONIAM QUIDEM MULTI conati sunt
Ordinare narrationem
quae in nobis conple-
tae sunt rerum
Sicut tradiderunt
nobis
Qui ab initio ipsi uiderunt
et ministri fuerunt
sermonis
Uisum est et mihi
adsecuto a principio
omnibus
Diligenter ex ordine
tibi scribere optime
theofile

Ut cognoscas eorum
uerborum de quibus
eruditus es ueritatem

FUIT in diebus
herodis regis
iudeae
Sacerdos quidam
nomine zacharias
de uice abiae
et uxor illi de filiabus
aaron
et nomen eius elisabeth
Erant autem iusti am-
bo ante deum
incedentes in omnibus
mandatis
et iustificationibus domini
sine querela
et non erat illis filius
eo quod esset elisabeth
sterilis
et ambo processissent
in diebus suis

abia

22 上图

瑞士，圣加尔，隐修院图书馆

St. Gall, Stiftsbibliothek, Cod. 1395, p. 418

这幅圣马太的细密画是一本八世纪或九世纪已经遗失的爱尔兰福音书中仅存的一页，在此页的背面有一些用古爱尔兰语写的魔法咒语。这一页来自遵循爱尔兰传统的圣加尔隐修院的古老手抄本残页集。

23 对页图

瑞士，圣加尔，隐修院图书馆

St. Gall, Stiftsbibliothek, Cod. 51, p. 7

建立于八世纪的圣加尔隐修院位于瑞士博登湖上方的山丘上，此处正是七世纪早期爱尔兰隐修者加尔隐修的住所。这本爱尔兰福音书可能在八世纪下半叶制作于爱尔兰，并且可能在九世纪时到达了圣加尔隐修院，直到今日仍在那里。

图书馆的《福音书》（Durham Cathedral Library, MS. A. II. 17）。圣威利布罗德来到埃希特纳赫传教时把《埃希特纳赫福音书》带来也并非完全不可能，而这本手抄本只是埃希特纳赫的大量英伦群岛手抄本（insular manuscripts）的其中之一。当埃希特纳赫隐修院在法国大革命中被世俗化后，这些手抄本被收藏在法国国家图书馆中（例如手抄本编号 mss. lat. 9527、9529、9538、10399、10837 等等）。还有大量类似的英伦群岛手抄本收藏在盎格鲁－撒克逊传道士建立的以下修道院的图书馆中：德国富尔达（Fulda，其中许多手抄本现收藏于瑞士巴塞尔大学图书馆与德国卡塞尔大学图书馆）、德国维尔茨堡大教堂（Würzburg Cathedral，其手抄本现收藏于德国维尔茨堡大学图书馆中，图 24）与瑞士圣加尔（St. Gall，其手抄本仍在老隐修院的图书馆中，图 22、图 23）。许多书籍以不同方式幸存下来，我们通常不知道它们是如何来到欧洲大陆的，只知道它们自古以来就已经在那里了。这其中包括以下这些福音书手抄本：也许来自巴伐利亚的尼德拉尔泰希（Niederaltaich）的手抄本（Leipzig, Universitätsbibliothek, MSS. Rep. I. 58a and Rep. II. 35a；德国莱比锡大学图书馆），但 E.A. 罗尔学者（E. A. Lowe）提出，这本手抄本有可能书写于诺桑比亚；收藏于马塞克（Maeseyck）圣凯瑟琳教堂（St. Catherine）的两本手抄本中的一部分；梵蒂冈精美的《巴贝里尼福音书》（*Barberini Gospels*，图 26），手抄本中缮写士请求读者“为乌伊戈尔德祈祷”（Ora pro uuigbaldo），乌伊戈尔德可能是指在 781—802 年间任林迪斯法恩主教的海格博德（Hygebeald）；一本收藏于圣彼得堡的珍贵手抄本（St. Petersburg, Publichnaja Biblioteka, MS. F. v. I. 8；圣彼得堡公立图书馆），它与《林迪斯法恩福音书》在文本内容上有相似之处；一本在爱尔兰制作的手抄本（图 23），它在中世纪时期一定已经在圣加尔了。这些制作昂贵的福音书手抄本被传教士分散到各地。

在教皇格列高利一世 601 年交给圣奥古斯丁的传教用品目录中，这些物品被称为“礼拜仪式以及教会服事所需的所有用品”，我们会发现书籍与圣器、祭衣和使徒与殉教者的圣物有同等的价值。当本尼狄克特・比斯科普在为诺桑比亚的修道院提供所需物品时，他也获取了礼拜仪式物品、圣物与书籍。像圣物与祭衣一样，书籍手抄本是基督教必不可少的用品。这些英伦群岛的《福音书》在今日被收藏于图书馆中，而不是放在教堂法衣室或圣坛上（甚至都不在博物馆中），但这不应该影响我们把书籍看作礼拜仪式用品的看法。因为后人保护了图书馆藏，这些书籍得以幸存，但如果我们能知道穿越欧洲大陆的盎格鲁－撒克逊传教士的车上还载着哪些物品，那就太棒了。一小段现仍保存在瑞士圣莫瑞斯隐修院（abbey of St. Maurice）大约 4 ½ 英寸（114 毫米）长的条带牛皮纸或许可以给我们一些提示，这段牛皮纸曾缠绕着一个圣物，上面用八世纪英伦群岛小写字体（又称“海岛小写体”，insular minuscule）写着“de terra aeclisiae in qua sepultus est petrus primo”（来

SIC ERAT

自埋葬彼得的教会的土地），说明这个圣物是圣彼得在罗马最初的坟墓中的一小块土。本尼狄克特·比斯科普特地从罗马收集圣物，而且正是圣彼得本人的杰出地位使得罗马教会在惠特比宗教会议中胜出。这个袖珍但可以唤起宗教情感的圣物一定来自罗马并来到了英伦群岛的传教士的手中，他们对圣物加以标注并将其带到欧洲大陆的教堂。

在一些手抄本中也可以找到它们从意大利来到英格兰，之后再到欧洲北部的痕迹。一本收藏于德国富尔达州立图书馆中的《四福音》合参手抄本（*Gospel Harmony*, Fulda Landesbibliothek, Cod. Bonifat. I；富尔达州立图书馆）为卡普亚（Capua）主教维克多（Victor）在六世纪中期制作于意大利南部，但书中有使用英伦群岛小写字体书写的注释，有学者认为这些注释出自747年创建富尔达隐修院的圣卜尼法斯本人。两本来自盎格鲁－撒克逊人建立的维尔茨堡教堂的手抄本有可能最先从意大利被带到了英格兰，之后又被带到了德国，其中一本有些遗失的书页在诺森伯兰郡被补上了，另一本有一位女修道院院长的签名，而她与700年左右的伍斯特（Worcester）有关。

坐落于欧洲大陆的盎格鲁－撒克逊人建立的修道院可能有三种方式获取书籍：通过修道院院长本人或到此拜访的盎格鲁－撒克逊传教士获得书籍；修道院本身亦可制作手抄本；从英国获取手抄本。如果修道士有手抄本样本，那么第二种方法可以很容易完成，有很多“英伦群岛”手抄本就是由盎格鲁－撒克逊人在欧洲大陆书写制作的（图24）。判断这些八世纪手抄本的国家出处需要谨慎，例如，一本由盎格鲁－撒克逊缮写士托马斯（Thomas）署名的《福音书》（图25）可能是他在埃希特纳赫隐修院（Echternach Abbey）时书写的。另外一本《福音书》（Vienna, Österreichische Nationalbibliothek, Cod. 1224；维也纳奥地利国家图书馆）是由英伦群岛缮写士卡特伯克特（Cutbercht）在萨尔茨堡（Salzburg）时署名的。第三种方法最值得深思，因为这种方法暗示着英国或许存在着某种手抄本制作与出口活动。

24 右图

德国，维尔茨堡，大学图书馆

Würzburg, Universitätsbibliothek MS. M.p.th.q.28b, fol. 43v

这本伊西多的《同一性》（*Synonyma*，又名《罪恶灵魂的哀歌》）手抄本制作于大约800年，它来自古老的维尔茨堡大教堂，这个教堂由爱尔兰传教士圣基利安(St. Kilian）建立于七世纪，建立后也一直在征用来自英伦群岛的神职人员，并以英伦群岛的传统教育当地的皈依者。因此，尽管此手抄本用盎格鲁－撒克逊字体书写，但它很可能制作于维尔茨堡。

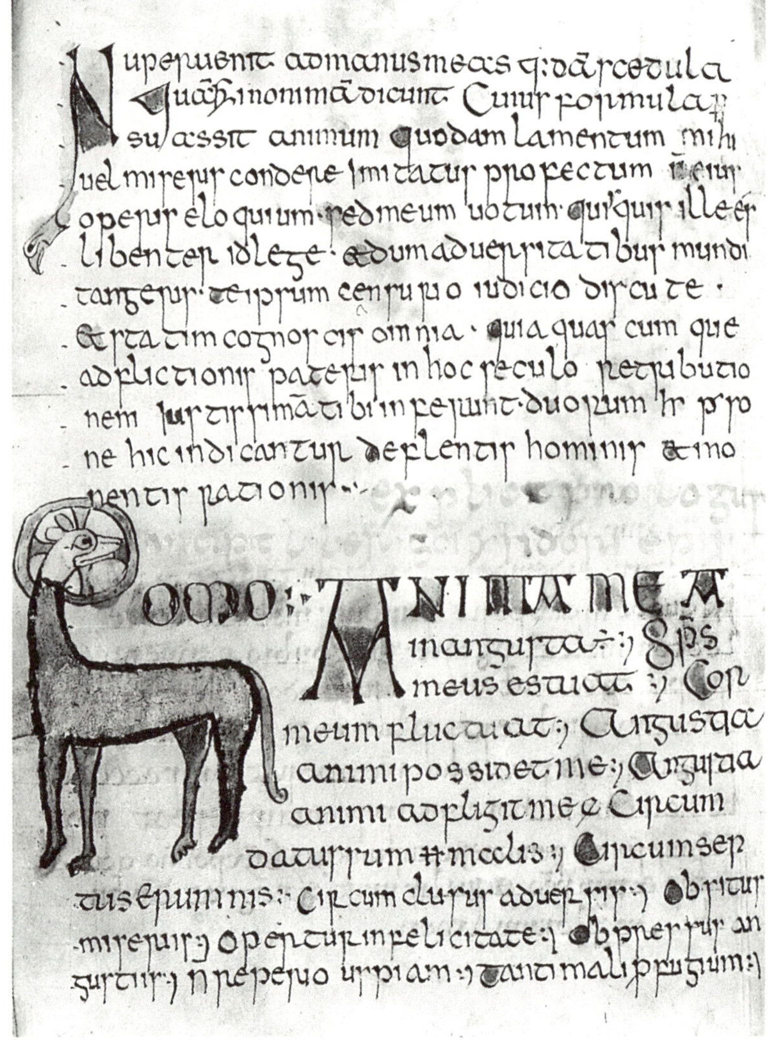

有几张妙趣横生的书信存留下来，美因茨大主教圣卜尼法斯与他的继任者卢（Lul）都在大约740年至760年间从德国写信给英格兰约克大主教和威尔茅斯与雅罗的修道院院长，试图获得比德的作品手抄本。在德国的传教士解释道，他们对于所涉及的任何麻烦深表歉意，但还是直白地列出了他们所需的书籍名称。圣卜尼法斯写道：“我们请求你们可以仁慈地把所需书籍抄写后寄给我们。”其中一本746年左右准备从英国出口的比德作品手抄本一定是现收藏于圣彼得堡的手抄本（图29）。如果我们可以想象本章节之前提到的圣彼得墓中圣物被包装的情景：也许那个人把墓中的土分配在不同包裹并为每个包裹添加标记以寄送到不同地方，那么也许我们也可以想象当时修道士繁忙地为传道士供应手抄本时的情景。圣卜尼法斯请求获取比德著作手抄本是因为“这样我们也可以从上帝给予你的光芒中受益”（so that we also may benefit from that candle which the Lord bestowed on you）。威尔茅斯与雅罗的修道院院长在763—764年时几乎绝望地写信给卢，说他的修道院已经竭尽全力了，但寒冷的冬日阻碍了缮写士的进度，甚至说道“如果我们还活着”（si vixerimus），仍然会尽力提供所有需要的书籍。中世纪手抄本学者M. B. 帕克斯（M. B. Parkes）说道：“我们几乎可以想象他焦虑地紧握双手。”

我们现在认识到爱尔兰基督教最不朽的成功之处：早期的安色尔字体甚至在坎特伯雷威尔茅斯与雅罗都不再被使用，而英伦群岛字体（或海岛字体，insular script）成为豪华的福音书与朴素的传教书籍的标准字体。在爱尔兰，这种字体仍或多或少保留至今，从最后一次使用安色尔字体开始计算，至今为止英伦群岛字体的使用已经远远超过了一千年之久，成为欧洲使用时间最持久的字体。这种字体与凯尔特传统有非常密切的联系，以至于九世纪圣加尔的图书馆目录把一些传教书籍归并在一起，并统称为“用爱尔兰字体书写的书籍”（libri scottice scripti），其他的修道院图书编目员也因为手抄本中的英伦群岛字体而使用“scottica”这个词来指代爱尔兰和盎格鲁-撒克逊手抄本。

25 右图

德国，特里尔，大教堂珍宝馆

Trier, Domschatz, Cod. 61, fol. 1v

这是一本在725—750年间可能制作于埃希特纳赫隐修院的《福音书》，书中至少有一部分内容出自盎格鲁-撒克逊缮写士托马斯之手。这幅来自这本《福音书》的卷首细密画描绘了四本《福音书》作者的传统艺术象征：人代表圣马太，狮子代表圣马可，牛代表圣路加，鹰代表圣约翰。

26 左图

意大利，罗马，梵蒂冈图书馆

Rome, Biblioteca Apostolica Vaticana, MS. Barb. lat. 570, fol. 124v

《巴贝里尼福音书》是八世纪下半叶的英格兰作品。这幅细密画描绘的圣约翰可能在户外，他一只手拿着笔，另一只手拿着刀（这里的刀用于刮掉纸上的书写错误），正在书写他腿上的一本手抄本。我们对于此书早期的制作历史尚不清楚，但它很可能在制作完成不久后就被带到了欧洲大陆。

27 对页左图

英国，伦敦，大英图书馆，前封面

London, British Library, Add. MS. 74, upper cover

《圣卡斯伯特的圣约翰福音书》（又名《斯托尼赫斯特福音书》）精美绝伦的手抄本装订得以保留至今，这也是迄今为止现存最古老的欧洲装饰性书籍装订。这本手抄本制作于七世纪晚期的诺桑比亚，它可能与圣卡斯伯特的圣体在698年时一起被埋葬，随着这位圣徒的棺材被抬到诺桑比亚，这本手抄本也在棺材中保存了长达四百年之久。圣卡斯伯特的圣物在1104年被安放在达勒姆大教堂，当棺材被打开后人们发现这本小型福音书奇迹般地被保存下来，从那时起，它就一直被当作圣物珍藏。

28 对页右图

英国，伦敦，大英图书馆

London, British Library, Add. MS. 74, fol. 27r

《圣卡斯伯特的圣约翰福音书》用精美的小型安色尔字体书写，图中的书页有一个用英伦群岛小写字体书写的注释“为死者”（pro defunctis），这个注释可能暗示这本手抄本于698年被用于将圣卡斯伯特的圣物放入圣髑龛的仪式中。

我们现在回顾为传教士制作的手抄本，并提出几个问题。这些问题在之后的章节也会再被提出，但我们会得到不同的答案。谁制作了这些书籍？这些书籍的用途是什么？书中为什么会有装饰？表面上，我们对英伦群岛的缮写士颇有了解，甚至我们知道他们的名字，书籍中有以下缮写士的署名：西格贝特（Sigbert）、伊德弗里思、本金达（Burginda）、本瑞弗里德的儿子艾迪贝里克特（Edilbericht son of Berichtfrid）、威格巴尔德（Wigbald）、卡德马格（Cadmug）、卡特伯克特、迪尔梅德（Diarmait）、菲尔东纳赫（Ferdomnach）、麦格瑞戈（MacRegol）与达布塔赫（Dubtach）等，但对于幸存的十五世纪法国时祷书来说，我们也许无法列出那么多缮写士的名字。许多缮写士留下希望后人为其祈祷的诉求，不管他们是否写下自己的姓名，都足以证明书籍的抄写并非像机械化地搭建一面墙那样，而是一种充满人性思想的工作。在之后的中世纪时期，人们不太在乎是谁制作了他们的手抄本，但英伦群岛的缮写士们却重视这一点。当威尔士的杰拉尔德称《凯尔经》为天使之作，而不是凡人的作品时，这表明他也在考虑同样的问题。

英伦群岛的缮写士究竟是在缮写室工作，还是在专门为写作而设的地方工作，我们不得而知。已知的几位缮写士也同时是主教，这至少说明他们不是全职缮写士。七世纪的主教不像之后的主教，他们不只是行政人员，也是被挑选出来的精神领袖，而且其工作并不排除（例如书籍制作这样的）劳动工作。用金属为《林迪斯法恩福音书》锻造封面装饰的比尔弗里思是一位隐修士，我们推测他没有在团体性的缮写室中工作。实际上，我们甚至没有明确的证据证明缮写士是在书桌上写作的，一些英伦群岛手抄本中的福音书作者画像描绘他们像缮写士一样在自己的大腿上书写一本打开的书，在《林迪斯法恩福音书》、《马塞克福音书》（*Maeseyck Gospels*）与《巴贝里尼福音书》（*Barberini Gospels*）中都有这样的例子。在《巴贝里尼福音书》中，细密画似乎描绘了缮写士坐在鲜花围绕的草地上（图 26）。763—764 年间威尔茅斯与雅罗修道院的缮写士们因寒冷的天气而耽搁了手抄本抄写工作，他们或许在户外工作。一位爱尔兰缮写士在为九世纪的《圣加尔普里西安拉丁语语法书》（*St. Gall Priscian*）手抄本添加注解时称自己在绿林荫下书写，并可以听到布谷鸟在灌木丛中穿梭时那清脆的叫声。

书写前，中世纪缮写士需要为每一页排版，这意味着要在页面上划上很浅的横线用来保持每一行字的平行与页面的整齐，而且在同一本书中，他需要在每一页上复制同样的排版设计。首先，他需计算一沓未曾书写的犊皮纸中第一张的行距尺寸，并用尖锐的工具按照计算出的尺寸在页面边缘刺个小孔，并刺穿整沓纸，之后他会将这沓纸中的每一张纸上两侧的小孔连接起来，便能复制与首张同样的页面设计，使整本书的页面设计保

持一致。这方法闻名于世并盛行于整个中世纪时期。但英伦群岛手抄本与欧洲大陆手抄本页面排版的不同在于前者页面两侧都有小孔，而后者页面上的刺孔只存在于外部边缘。这个很好解释：英伦群岛的缮写士是将犊皮纸对折之后页面未打开的情况下在其左右两端刺孔并划线，而欧洲大陆的缮写士可能在对折后但打开的大型长方形页面上书写。我们可以继续讨论手抄本的制作。小型的《圣卡斯伯特的圣约翰福音书》（*St. Cuthbert Gospel of St. John*，又名《斯托尼赫斯特福音书》“*Stonyhurst Gospel*”，图 27、图 28）是唯一幸存的仍保留其最初书籍装订的英伦群岛手抄本，而且有证据表明，在此书被正式装订之前，不同的书帖被松散地缝在一起（将几张已经对折并打开的犊皮纸一张叠在另一张的里面，形成一组书帖），在《林迪斯法恩福音书》与《利奇菲尔德福音书》（*Lichfield Gospels*）中也可以发现类似的缝纫小孔。将手抄本暂时缝纫起来可以固定书页使其便于书写，一本其书帖被暂时缝纫在一起的小型手抄本几乎可以在任何地方进行书写。英伦群岛书籍有时就是在这种临时缝在一起的书帖形式下保存的。据比德记载，圣波西（St. Boisil，卒于约 664 年）与圣卡斯伯特每天读《圣约翰福音书》的一组书帖，强烈地暗示着每一组书帖被看作独立的个体。如果没有为手抄本制作的繁重的封面装订的话，那么传教士穿越欧洲时所携带的书籍就会轻很多。在圣加尔的图书馆目录中，接近三分之一的“用爱尔兰字体书写的书籍”，被形容为“quaterno”或“in quaternionibus”，即按裁成的刀数缝缀，但这些书帖并未被装订成完整手抄本。现幸存于图书馆的中世纪书籍有着各自的装订方式但并不代表它们一直都是这样的。

就像英格兰早期盎格鲁－撒克逊缮写室没有幸存下来一样，图书馆所需的任何设备也没有保存下来，对于那时书籍是如何保存的，我们几乎一无所知。《阿米提奴抄本》中的以斯拉画像描绘了一个被图案装饰的柜子，柜子左右两个门向两侧打开，柜子中的书架上放着平躺的、书脊方向朝外的书籍。一本七世纪的圣杰罗姆著作手抄本富有爱尔兰风格，但可能制作于博比奥，书中有一个当时书写的题文“在修道院院长阿塔兰纳斯盒子中的书籍”（“Liber de arca domno atalani”，Milan, Biblioteca Ambrosiana, MS. S. 45. sup.；意大利米兰安布罗西安图书馆），“arca”这个词意思为箱子或盒子，这使我们推测题文指 615—622 年任修道院院长的阿塔兰纳斯（Atalanus）有个摆放物品的箱子或盒子。但是，福音书可能被保存在圣坛上或者与其他礼拜仪式物品放在一起，而并非在图书馆中（我们之前已经强调了书籍与祭衣和圣物之间的重要联系）。尤其在爱尔兰，福音书可能会有一个专门为其定做并可以携带的圣盒，这个盒子被称为“cumdach”，像《圣高隆巴的战士》手抄本、《杜若经》与《莫灵之书》都有这样的圣盒。必须要强调的是，他们认为，福音书本身就是一本被敬仰并可以使人得到拯救的神圣物品。一位达勒姆的修道士在 1104 年因不虔诚地损坏了《斯托尼赫斯特福音书》而后身上出现了严重的肿胀。还有一个传奇故事讲述了一位生前抄写过福音书的爱尔兰缮写士乌尔坦（Ultan）在死后，他的手指骨行奇迹的事情。似乎特别是在爱尔兰，福音书具有近乎神奇的护身作用。比德在赞扬爱尔兰时说到他的一些见闻：他听说被蛇咬的受害者在饮用了水与爱尔兰手

29 右图

俄罗斯，圣彼得堡，公立图书馆，细节图

St. Petersburg, Publichnaja Biblioteka, MS. lat. Q.v.I.18, fol. 26v, detail

历史学家比德死于 735 年，这本他的《教会历史》手抄本曾经被认为是由其亲笔书写的。尽管这本手抄本可能制作于比德去世的十年后，但几乎可以肯定它是由比德所在的威尔茅斯与雅罗的修道院的修道士制作的。图中这个故事化的首字母是已知的最早制作的这类首字母之一，它描绘了一位圣徒手持十字架和手抄本。这位圣徒被错误地认为是坎特伯雷的圣奥古斯丁，但他其实是圣格列高利一世。

30 对页图

英国，利奇菲尔德，大教堂图书馆，细节图

Lichfield, Cathedral Library, MS. 1, p. 220, detail

在可能制作于 725—750 年的《圣查德经》中，《路加福音》的开篇展示了一幅设计繁丽、以盘绕的龙与其他装饰所组成的“地毯页”。

抄本碎片组成的混合物后被治愈了。直到十七世纪，仍有《杜若经》被浸在水中的记录，而这种圣水被用来治愈生病的牛。

福音书显然是传教士最需要的书籍。按现存手抄本的数量来讲，在福音书之后最受欢迎的书籍由塞维利亚的伊西多（Isidore of Seville）、比德与格列高利一世教皇所著，这些书籍都有很实用的传教意义。伊西多与比德提供了简明的科学知识与教会日历的细致解读，这对于把基督教呈现给英国还未信教的人们有很大的价值，因为英国人对于自然秩序，特别是对编年表有很强的独到见解，甚至至今还在使用基督教以前的名称来命名一周的七天和像“Yule”（耶鲁节）与“Eostre”（厄俄斯特节）这些重要节日。我们难以想象，在计算复活节日期时的争吵会使基督徒感到多么尴尬，而可以使用这样的教科书又会是多么令人欣慰。比德的《教会历史》（*Ecclesiastical History*）是一本很有价值的使教徒皈依基督教的指南，而且它在欧洲大陆的传教士当中非常受欢迎。格列高利一世教皇很受尊敬，因为就是他将圣奥古斯丁送到了英格兰，他的《牧灵指南》就是最基本的传教手册。被称为《圣彼得堡的比德》（*St. Petersburg Bede*）的《教会历史》手抄本在第26反页上有个在西方艺术史有时被看作最早的故事化的首字母（historiated initial，其描绘内容通常与首字母旁的文字内容相关）（图 29）：这幅小型朴素的图画描绘了圣格列高利一世的半身像，他手中握着一个十字架与一本书，没有人会遗忘圣格列高利一世将基督教与书本知识带到了英国。

当然，最著名、最复杂且精致的装饰在福音书中。我们现在回顾中世纪手抄本，会认为手抄本中的泥金装饰是理所当然的，但我们必须思考为什么福音书手抄本（最初）被这么复杂精心地装饰，而在其他种类的书籍中却几乎没有装饰。对于这个问题肯定有几个答案：首先，最实际的一个功能就是这些装饰更便于人们阅读福音书，因为书中的文字供读者参考查阅，而八世纪时福音书中并没有章节号或者页面顶部的标题。直到现在，当我们翻阅一本英伦群岛手抄本时，通常翻到手抄本反页上鲜艳的“地毯页”是帮助找到每部福音的开头的最快方法，不同大小的首字母便于在视觉上把文字分成不同部分。其次，福音书手抄本被装饰是出于神学原因。福音书包含了上帝的启示，而精心的装饰可以表达对这些启示的尊敬，而且对圣言的奥秘与复杂性的赞美也可以从非凡的泥金装饰中体现出来。在英伦群岛福音书手抄本中，最辉煌灿烂的整页装饰不仅在每部福音书的开头，而且也在《马太福音》第一章第 18 节，这里讲述了耶稣基督道成肉身，通常用巨大的希腊字母“XPI”来指代耶稣的圣名（译者注：“XPI”是希腊文中基督这个词语的前三个字母，作为基督圣名的缩写）：极其神圣而不能被轻易解读的圣名可以通过艺术呈现出来，供信徒所尊敬。再次，书中的十字架与象征福音书作者的图像被装饰在每部福音的开头可能有着保护手抄本的作用，它们可以作为护符使邪恶远离书中宝贵的圣言。有许多流传下来的故事记录了幸存的英伦群岛福音书如何被近乎奇迹般地保留下来。

最后一个装饰书籍的原因，使我们回到本章的主题——书籍作为传教的装备。我们可以发现，在英伦群岛福音书中有两种不同的设计：一种是轮廓分明、颜色鲜明的大型绘画，另一种是极其精致、千奇百异的植物般编织状线条设计。任何人都可以做一个简单的实验：将《林迪斯法恩福音书》与《凯尔经》的复制本固定在某处并向后倒退，几英尺的距离后首字母失去了它原本的清晰度，但在 20 步的距离却仍能看到福音书作者非常华丽的画像。我们记得，当圣奥古斯丁来到英格兰时，他在露天的地方高举宗教绘画作品，比德也讲述图画在威尔茅斯教堂中的影响：“（图画）的目的是让所有人……即使是不识字的人，也有可能沉思与端详……永远赋有恩典圣洁的基督面容与他的圣徒。”这些巨大的书籍属于一个传教群体，书籍的意义是向缺乏教育的人展示上帝的启示。毫无疑问，这些大型图画确实达到了这个目的，将传教士派往英格兰的格列高利一世教皇写道：对于没有受教育的人来讲，图画就是文字。不过，是对于可以近距离接触手抄本的信徒与牧师来讲，图画的效果是完全不同的。威尔士的杰拉尔德对于 1185 年访问爱尔兰写下了以下描绘：“如果你敏锐细致地观察它，你就会进入艺术的殿堂。你可以看到的错综复杂的细节是如此精致与微妙，如此精准与紧凑，充满了线结与链接，颜色极其清新与鲜艳……对我来说，我越经常看这本书，就会越仔细地研究它，而这样我也越容易迷失在不曾感受过的惊艳中，因此我在书中看到更多奇妙。”这是精通文学的牧师看到这些手抄本时流露的颇有智慧的感受，而且是非常合理的，他的感受很有可能就是今日艺术史学家的感受。

英伦群岛的福音书是为传教士制作的，当传教工作完成之后，这些书籍的作用就变得非常不同了。最后一本杰出的爱尔兰福音书是制作于九世纪后期的《麦克度尔南福音书》（*Macdurnan Gospels*，图 31）。它在十世纪时被作为礼物赠给了坎特伯雷的基督教堂（Christ Church），然而赠书者不是传教士，而是威塞克斯和麦西亚（Wessex and Mercia）国王埃塞尔斯坦（Athelstan，约924—939 年在位）。我们现在已经离开圣奥古斯丁、圣高隆巴、威尔弗里德、西奥弗里思与圣卜尼法斯的时期，开始进入国王与政治的时代。

31 右图

英国，伦敦，兰贝斯宫图书馆

London, Lambeth Palace Library, MS. 1370, fol. 172r

《麦克度尔南福音书》可能制作于九世纪晚期的爱尔兰，它与阿尔马的修道院院长麦布里特·麦克度尔南（Maelbrigt Macdurnan，卒于927年）有些关联。这本手抄本由威塞克斯和麦西亚国王埃塞尔斯坦（卒于939年）赠予坎特伯雷的基督教堂。图中展示了《约翰福音》的开篇。

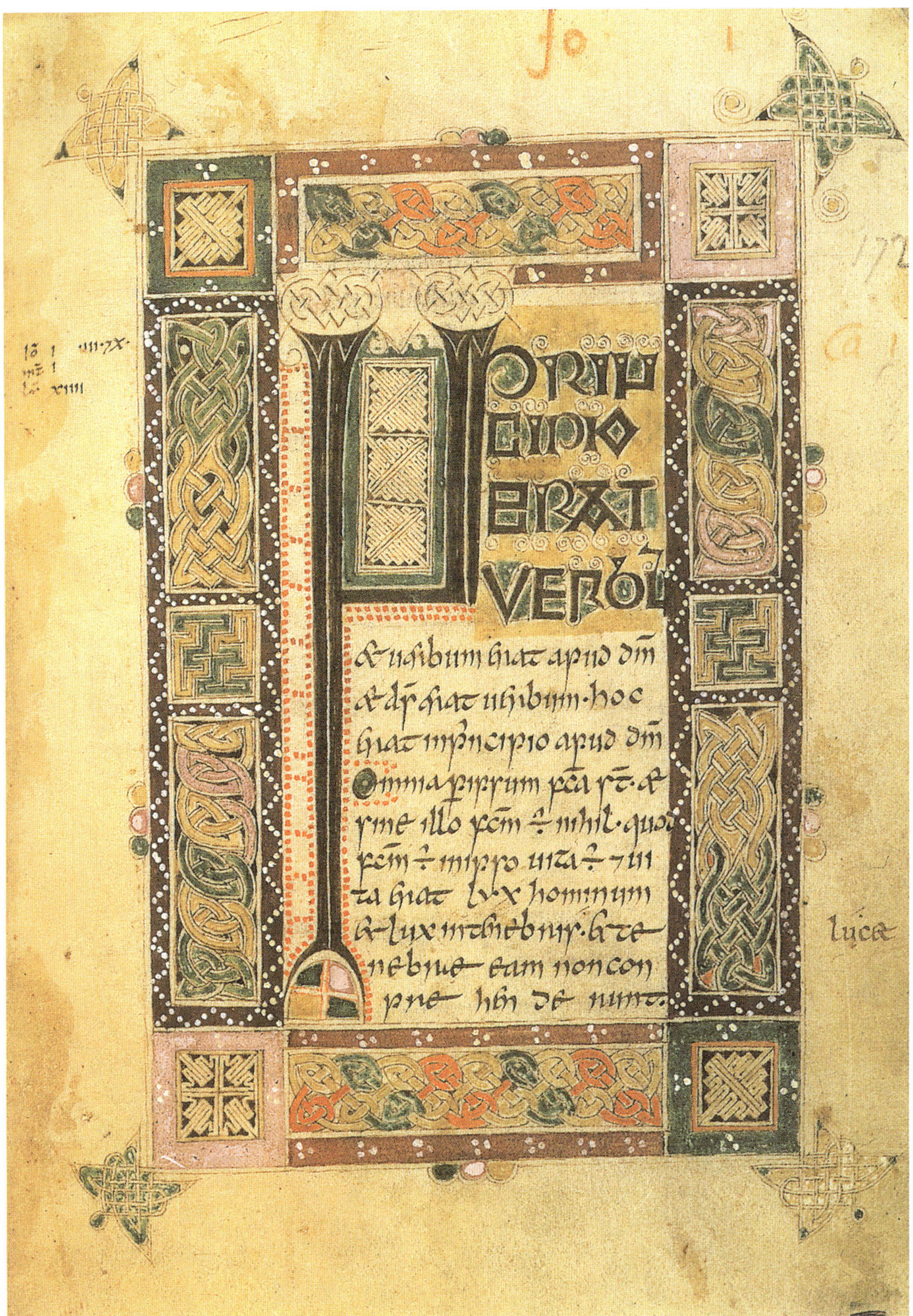

第二章

帝王与手抄本

传说在公元 1000 年，奥托三世国王还是一位非常富有的二十岁左右的男孩，他下令在亚琛（Aachen）打开查理曼大帝之墓，这位伟大的前辈在将近两百年前的 814 年去世。据说他们发现查理曼大帝的身体几乎完好无损，并且衣冠整齐地坐在一把椅子上，手上拿着权杖，脖子上戴着黄金项链，（这个故事声称）在他的大腿上放着一本华丽的泥金装饰手抄本。奥托三世国王收藏了这些宝物以及查理曼大帝的牙齿并将它们作为圣物。手抄本作为帝国统治的象征之一这一点在书籍发展史上至关重要，这本书并非传教书籍，但却是基督教国王王权的一个象征。

这本在查理曼大帝墓中的手抄本被精心保存着，它在传统上被认为是《维也纳加冕福音书》（*Vienna Coronation Gospels*），现在收藏于维也纳帝国珍宝馆（Vienna Schatzkammer）（图 33）。它是一本很大的正方形书籍，书中色彩鲜艳、浓重且色块分明的绘画风格与印象派风格相似，完全不同于我们上一章见到的西部群岛制作的福音书中精心绘制的复杂几何图形般的装饰。《维也纳加冕福音书》中的细密画更像是壁画，犊皮纸也染成了紫色，这种风格源于拜占庭艺术，也因此可追溯到古希腊、古罗马时期。实际上，《维也纳加冕福音书》中《圣路加福音》第一页的页边空白处用黄金大写字母写着希腊名字“Demetrius presbyter”（狄米特律斯牧师），可以推测在查理曼大帝的宫廷中可能有来自拜占庭的艺术家。至少还有其他三本于八世纪晚期或九世纪早期的中世纪西欧绘制的手抄本属于这种古希腊风格，它们是在布鲁塞尔的《克桑滕福音书》（*Xanten Gospels*, Bibliothèque Royale, ms. 18723；布鲁塞尔比利时皇家图书馆）、在布雷西亚的一本《福音书》（Biblioteca Civica, Queriniana cod. E.II.9；意大利孔日尼阿纳市政图书馆）与现在仍收藏于查理曼帝国首都的亚琛大教堂珍宝馆的《亚琛福音书》（*Aachen Gospels*, 图 35）。这些书籍可能都是在亚琛绘制完成，或者至少是在查理曼大帝的宫廷中，（以法兰克人原始的方式）跟随查理曼游历了欧洲大部分地区不同的皇室宫殿。国王游历过程中都会带着装满了黄金、宝藏、档案文件与书籍的皇家车队。

查理曼大帝的帝国地域辽阔，从充满舒适别墅和橘子果园以及古典知识文学从未完全消失的南欧延伸到德国北部的广袤荒原，在那里，狼在森林游荡，古罗马文化的象征标志也只有被遗弃的要塞废墟。毫无疑问，查理曼大帝是一位非常杰出的人，他精通文学又富有修养，（我们得知）他最喜欢的书籍是希波的圣奥古斯丁（St. Augustine of Hippo）所著的《上帝之城》（*City of God*），他也看得懂一些希腊文，与教皇和神职人员都保持很好的关系，并聚集了欧洲最博学、有教养的人在他身边，包括比萨的彼得（Peter of Pisa）、执事保罗（Paul the Deacon）、西哥特人提欧杜夫（Theodulf the Visigoth）与伟大的阿尔琴（Alcuin，约 735—804 年）。查理曼大帝在 1165 年被列入圣徒身份。同时，他也是一位喜欢北方的人，他的首都亚琛现在属于德国。他是法兰克部落统治者的后裔，这些统治者不但军事力量强大而且非常富有，他们利用欺诈与暴行把王国看作自己的私有财产，并按照自己的意图治理王国。古代的部落首领依靠他们的军队保卫不稳固的王国，并用黄金与战利品回报这些将领。尽管查理曼大帝举办优雅的古典文化宴会，但不管怎样他仍是一位日耳曼军事领袖，他的战略成就被看作传奇也不夸张。

查理曼大帝的祖先战胜了竞争对手，获得了墨洛温王朝帝国。从七世纪早期开始，他的祖先已经是法兰克国王的官员。后来他的家族成为宫相，并在八世纪二十年代由查理·马特（Charles Martel）掌握了政权。751 年，查理·马特的儿子丕平三世（又称矮子丕平，Pepin the Short）设法由圣卜尼法斯任命自己为国王。在机智的外交往来后，教皇斯德望二世（Pope Stephen II）在 754 年穿过阿尔卑斯山在圣丹尼隐修院（Abbey of St. Denis）为丕平三世抹膏油并加冕，以及为他与他的两个儿子查尔斯（Charles，未

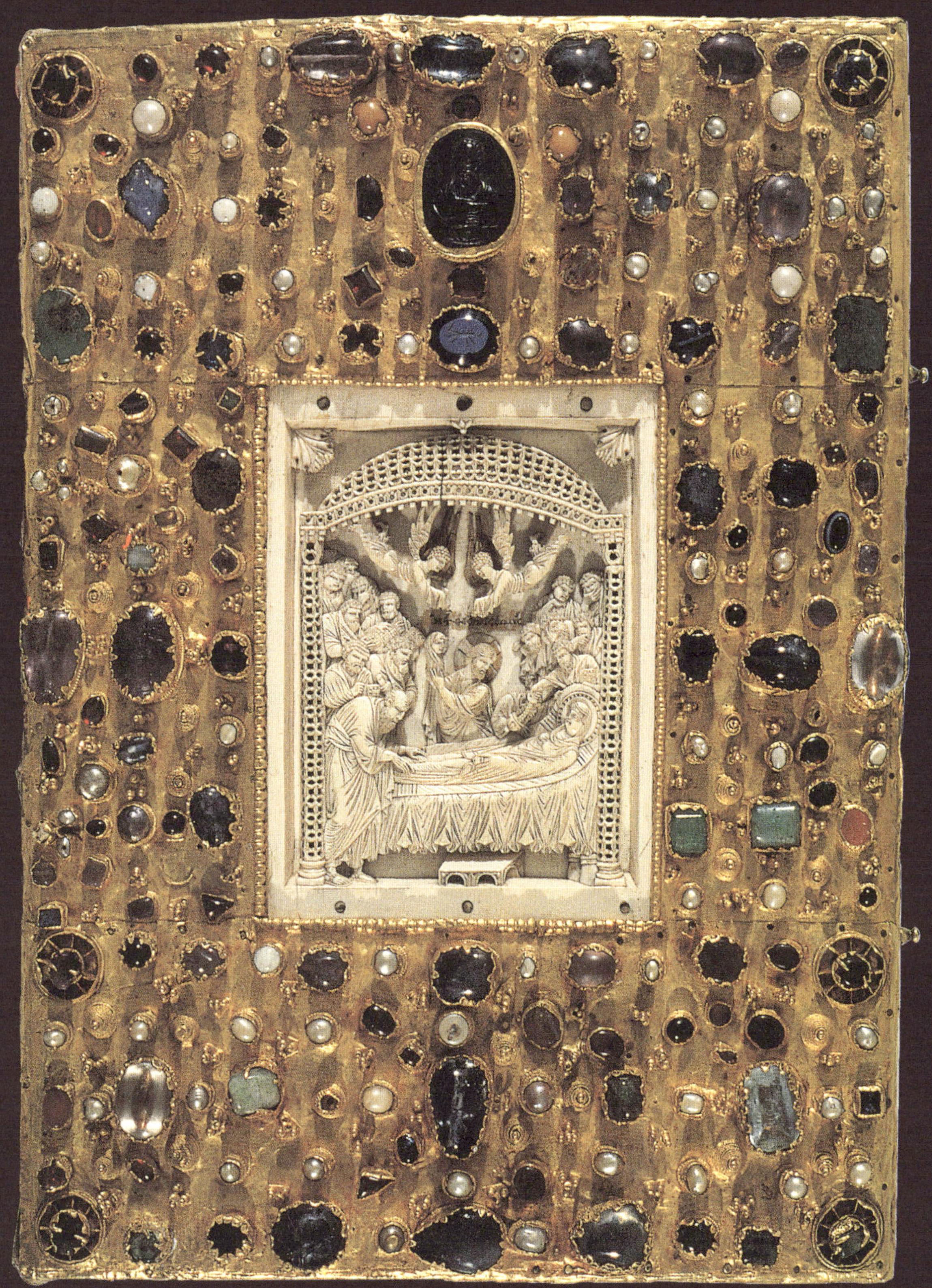

来的查理曼大帝，那时他大约十岁）与卡洛曼（Carloman）举行祝圣礼。丕平三世与卡洛曼分别在768年与771年去世，使查理曼大帝成为法兰克王国的唯一国王。

查理曼大帝统治时期最早制作的杰出手抄本包括一套名为《摩拉图纳斯圣经》（*Maurdramnus Bible*）的庞大六卷本书籍，它由摩拉图纳斯在772年至781年间担任亚眠附近的科尔比隐修院（Corbie Abbey）院长时在那里制作完成，其中一部分现藏于亚眠市立图书馆（Bibliothèque Municipale in Amiens，mss. 6—7、9、11—12），另一部分收藏于巴黎法国国家图书馆（ms. lat. 13174）。这部宏伟的著作用于在八世纪最伟大的隐修院之一进行展示，有时也被认为，像这么大规模的项目与费用需要皇家国库的资助。《摩拉图纳斯圣经》只包括《圣经旧约》，因为《圣经旧约》中包括了适合当时政治思想的主题，如有关国王的选举；用战争维护权威；由牧首指定国王，并为其抹膏油及授予其王权的正统性；上帝赋予某个部落社会立于不败之地的特殊庇护。这些主题都是八世纪卡洛林（Carolingian）王朝的统治者最钟爱的主题。

大卫王取得以色列人的统治权一定使查理曼大帝感到欣慰。毫无疑问，查理曼大帝把他自己看作《圣经旧约》中的国王与诗篇的作者（大卫王传统上被认为是诗篇作者之一）。查理曼大帝和同伴们私下有一些自己的玩笑，假装自己是所崇拜的古典时代英雄：阿尔琴是贺拉斯（Horace）、圣里基耶（St. Riquier）修道院院长安吉尔贝（Angilbert）是荷马（Homer）、查理曼大帝的儿子丕平是尤利乌斯（Julius），而查理曼大帝自己对他的朋友来讲则是大卫王。阿尔琴在公开场合称他为大卫，因此这个称号变得众所周知。一本迷人的小型卡洛林早期诗篇集手抄本（《达格尔夫诗篇集》，*Dagulf Psalter*）由查理曼大帝亲自下令为教皇阿德利安一世（Hadrian I，772—795年任职）所制作，它现在收藏于坐落在维也纳的奥地利国家图书馆（图34）。这本手抄本以黄金书写的献词页（第4正页）作为开头，说明《诗篇》是大卫王的金玉良言，而查理曼大帝则是他璀璨夺目的继承者。虽然没有证据表明这本书确实离开了德国，但查理曼大帝把他亲自下令为教皇制作这本书的信息公开化，既展示了他的政治抱负，也表明了他的礼貌准则。他无情地操纵了教皇对他自己、他的王国与神圣罗马帝国的支持（在800年圣诞节他在圣彼得大教堂被加冕为“罗马人的皇帝”）。为教皇阿德利安一世所制作的《诗篇集》手抄本中有缮写士达格尔夫（Dagulf）的署名（第4反页），这个名字在当时的其他文献中也出现过。在一封789年至796年间阿尔琴写的信件中达格尔夫被称为“Dagulfus scrinarius”，类似档案管理员，为皇室工作。这本《诗篇集》手抄本具有精美的彩绘装饰，尊贵的首字母和标题用金与银绘成，页面也特意选择了代表皇家颜色的紫色作为底色，书中的内容以达格尔夫所使用的优雅小写字体进行书写。

32 前页图

德国，慕尼黑，巴伐利亚国家图书馆，前封面

Munich, Bayerische Staatsbibliothek, Clm. 4453, upper cover

《奥托三世的福音书》（奥托三世国王，983—1002年在位）是所有帝国手抄本中最壮观最豪华的手抄本之一。这本手抄本还保留着它最初镶嵌珠宝与宝石的封面装订的面貌，封面中间还嵌入了描绘圣母安息场景（Dormition of the Virgin）的十世纪拜占庭象牙雕刻。

33 对页上图

奥地利，维也纳，帝国珍宝馆

Vienna, Kunsthistorisches Museum, Weltliche Schatzkammer, Inv. XIII.18, fol. 76v

这本动物皮纸被染成紫色的杰出手抄本传统上被认为是奥托三世在亚琛的查理曼大帝墓中发现，这本被称为《维也纳加冕福音书》的手抄本可能制作于八世纪末的亚琛，图中圣马可的画像有着古希腊、古罗马和拜占庭绘画的风格。

34 对页下图

奥地利，维也纳，奥地利国家图书馆

Vienna, Österreichische Nationalbibliothek, Cod. 1861, fols. 67v–68r

《达格尔夫诗篇集》由查理曼大帝下令为教皇阿德利安一世所制作。此手抄本的文字用金与银绘成，许多页面以代表皇家色彩的紫色作为底色，这或许是查理曼大帝的选择，他希望教皇为其加冕。

35 右图

德国，亚琛，大教堂珍宝馆

Aachen, Domschatzkammer, s.n., fol. 13r

这幅《亚琛福音书》中的整页细密画描绘了身旁各有其象征标志的四位福音书作者坐在富有古希腊、古罗马绘画风格的荒野中。《亚琛福音书》制作于八世纪晚期的亚琛，像《维也纳加冕福音书》（图33）一样，它的绘画风格受到了古希腊、古罗马艺术的启发。

这里我们需要介绍一个卡洛林书籍制作的基本主题——字体的改变与小写字体的运用。研究手抄本的历史学家热衷于不断地争论引起字体变革的确切原因。法国墨洛温王朝（Merovingian dynasty）运用了许多由罗马书写风格发展出来的不同字体，有时这些字体非常怪异，以至于学者可以利用它们的特点确定八世纪手抄本的制作地点。有些地区性的字体，比如“科尔比 a/b”（Corbie a/b）与“吕克瑟伊小写字体”（Luxeuil minuscule）只有在特定的修道院及其周边地区才会使用。为了配合查理曼大帝精心策划的教育、语法学与宗教仪式的改革，一种易于掌握的新字体被以极高的效率在卡洛林王朝所有地区广泛推广，这种字体叫作“卡洛林小写体”（Carolingian 或 Caroline minuscule）。它小巧圆润，字母的上伸与下伸部分比较长，而且字母与字母之间结构紧凑，这样毫无疑问可以快捷书写并易于阅读。这个新字体的推广非常成功，几乎所有卡洛林时期的手抄本都是用这种著名的字体书写的。

如果我们提前提及第八章的内容，就会了解到绝大多数古典文学著作在十五世纪被人文主义学家重新发现，这些人文主义学家错误地认为这些手抄本来自古罗马时代，但其实它们制作于卡洛林王朝时代，所以也使用了其字体。这些人文主义学家遗弃了那时盛行的哥特体，并且开始模仿卡洛林小写体进行书写。在当时（我们还在讨论 700 年以后），印刷术传播到了意大利，最早的意大利印刷商也采用了这种精美圆润的字体：它被称作“罗马”字体（‘Roman’ type）。印刷具有使字体标准化的显著效果，并且从那以后，这种字体一直未曾有很大变化。直到现在，我们仍在使用查理曼大帝的字体，这或许是卡洛林文明最有影响力的成就。由于十五世纪的人文主义学家对这些八、九世纪手抄本错误的时间判定，卡洛林小写体沿用至今（例如本书的英文原版就是用卡洛林小写体印刷的）。

《歌德士加福音书选集》（*Godescalc Evangelistary*）通常被认为是第一本使用了卡洛林小写体书写的手抄本，它现在收藏于巴黎的法国国家图书馆（图 37）。查理曼大帝与他的王后希尔德加德（Hildegard）在 781 年 10 月 7 日下令制作此书，并在 783 年 4 月 30 日完成。这本手抄本由缮写士歌德士加书写，献词记录这本书是为了纪念查理曼大帝任法兰克国王的第十四年与教皇阿德利安一世在罗马为他的儿子丕平举行的圣洗礼而进行制作。我们猜测查理曼大帝对他儿子的圣洗礼感到非常自豪，因为书中有一幅细密画描绘了生命的源泉，这有可能指罗马拉特朗大殿洗礼堂（Baptistery of the Lateran church），因此生命源泉的图像进入了卡洛林艺术传统。《歌德士加福音书选集》与《达格尔夫诗篇集》中的泥金装饰属于同一风格，它们都属于一系列密切相关的被称为“艾达”（Ada）的宗教仪式手抄本，因为其中一本手抄本（Trier, Stadtbibliothek, Cod. 22；德国特里尔市立图书馆）中有对上帝的仆人艾达的献词，艾达据说是查理曼大帝的姊妹。这

36 上图

意大利，罗马，梵蒂冈图书馆

Rome, Biblioteca Apostolica Vaticana, MS. Pal. lat. 50, fol. 8r

豪华的《洛尔施福音书》由查理曼大帝的宫廷泥金装饰于九世纪初期，其制作地点可能为亚琛。这本用黄金书写的手抄本献给了卡洛林时期伟大的洛尔施隐修院，830 年左右，这本书在那里被称为“黄金之书”。之后这本书来到了在海德堡的普法尔茨选帝侯的图书馆中，1623 年时该图书馆的藏品被梵蒂冈获得。

37 对页图

法国，巴黎，国家图书馆

Paris, Bibliothèque Nationale, ms. nouv. acq. lat. 1203, fol. 1r

《歌德士加福音书选集》在 781 年 10 月由查理曼大帝与他的王后委托制作，并在一年半后制作完成。图中的手抄本首页细密画描绘了圣马太似乎坐在几个坐垫上，正在书写福音书。

n. acq. lat. 1203
1
SCS MAT
Bibliothèque du Roi (Louvre)
1404

本献给艾达的手抄本中有几页似乎也是由歌德士加书写。这一风格的其他手抄本包括：《圣里基耶福音书》（*St. Riquier Gospels*, Abbeville, Bibliothèque Municipale, ms. 4；法国阿布维尔市立图书馆），这本书可能由查理曼大帝送给了 790 年至 814 年担任圣里基耶修道院院长的安吉尔贝；来自巴黎圣马丁德尚隐修院（abbey of St. Martin-des-Champs）的《查理曼大帝的黄金福音书》（*Golden Gospels of Charlemagne*, Bibliothèque de l' Arsenal, Paris, ms. 599；巴黎阿瑟纳尔图书馆）；《哈利黄金福音书》（*Harley Golden Gospels*, B. L. , Harley MS. 2788；伦敦大英图书馆）；《洛尔施福音书》（*Lorsch Gospels*，手抄本一部分收藏于梵蒂冈图书馆，图 36；另一部分收藏在罗马尼亚阿尔巴尤利亚的图书馆）；827 年由虔诚者路易（Louis the Pious）送给苏瓦松（Soissons）圣梅达尔（St. Médard）修道院院长安吉尔贝的《圣梅达尔福音书》（*St. Médard Gospels*, Paris, B. N., ms. lat. 8850；法国国家图书馆）。

这些都是非常豪华的手抄本。书中有些由缠绕曲线组成的首字母设计体现了凯尔特风格，但是这些手抄本整体呈现地中海风格，书中描绘有类似罗马硬币一样的圆形图案与古希腊、古罗马风格的大理石圆柱和山形墙，至少有部分文字用黄金在底色被染成紫色的页面上书写，查理曼大帝的缮写士一定知道，这些独特的特征可以追溯到罗马帝国时期。苏维托尼乌斯（Suetonius）曾提到一首尼禄（Nero）创作的诗用黄金书写，据说 235 年至 238 年在位的罗马帝国皇帝马克西米努斯（Maximinus）下令在染成紫色的牛皮纸上用黄金书写荷马的著作。对于用金或银在紫色页面上书写的古老书籍，圣杰罗姆在为《约伯记》所著的序言中批判了喜欢这种书籍的人。这种风格可能通过其在君士坦丁堡（Constantinople）的使用而延续到查理曼大帝时期。我们可以理解这种风格对查理曼大帝的重要性，因为他将罗马帝国作为建设自己帝国的典范，以传播自己素有涵养的帝王形象，而书籍的展示正是（至今仍是）代表自身修养的标志之一。这些在紫色牛皮纸上用黄金书写的手抄本象征着帝国文化的推广，这也是查理曼大帝下令绘制华丽手抄本并将其广泛传播到他的基督教帝国不同地区的目的之一。

这些手抄本用大量的黄金绘制也许还有一个更原始、更直接的理由，而这也确实是法兰克手抄本创作中的一个新发展。查理曼大帝的手抄本看起来很昂贵，《歌德士加福音书选集》的献词以“黄金的”作为开头［“Aurea purpureis pinguntur …”（黄金的字母写在了紫色的页面上）］;《达格尔夫诗篇集》的献词也以“黄金的”作为开头（“Aurea daviticos …”）。不仅手抄本文字是黄金的，整卷手抄本都可以看作是由黄金构成的。对日耳曼民族来讲，部落首领奖励下属黄金是传统的惯例。查理曼大帝经常将土地和战利品作为他世俗军队服兵役的回报，士兵们都了解这一点，但是宗教组织，例如科尔比、洛尔施（Lorsch）与其他帝国隐修

38 上图

比利时，布鲁塞尔，比利时皇家图书馆

Brussels, Bibliothèque Royale, ms. II.2572, fol. 1r

本图显示了一本九世纪早期手抄本的扉页，上面记录了查理曼大帝下令抄写这本内容为执事长彼得著作的手抄本。这本手抄本之后收藏于列日附近的斯塔沃洛隐修院（Stavelot Abbey）。

院的修道士也以同样的方式获得他们宗教工作的回报。从最简单的层面来讲，法兰克帝王分配黄金，而书籍即是黄金。

从查理曼大帝的传记作家艾因哈德（Einhard）的描述可以推断出这位国王似乎对书籍有很大的兴趣，他提到了查理曼大帝为自己的图书馆收集了大量书籍，并观察得出这位国王喜欢阅读圣奥古斯丁的著作以及历史书籍和名人事迹。一本大约790年制作的图书馆目录残篇保留至今，它曾被认为记录了科尔比隐修院的部分书籍名单（Berlin, Staatsbibliothek Preussischer Kulturbesitz, MS. Diez B. Sant. 66, fol. 218r；柏林国立博物馆），但已故的伯恩哈德·比肖夫教授（Bernhard Bischoff）指出它很有可能是查理曼大帝宫廷私人图书馆的书籍目录。这个令人钦佩的图书目录包括很多古典作品，其作者包括卢坎（Lucan）、斯塔提乌斯（Statius）、泰伦提乌斯（Terence）、尤维纳利斯（Juvenal）、提布鲁斯（Tibullus）、贺拉斯、克劳狄安（Claudian）、马提雅尔（Martial）、塞尔维乌斯（Servius）、西塞罗（Cicero）与萨卢斯特（Sallust）。这其中对提布鲁斯作品的提及尤其令人激动，因为其已知现存的最早的手抄本不早于十四世纪晚期。这个书籍目录包含在一本内容是数篇关于拉丁文语法的简短论文的手抄本中，这些论文出自多纳图斯（Donatus）、庞培（Pompeius）与其他作者之手。我们可以想象查理曼大帝学习古典文学语法时的忧虑，就像一位白手起家的现代百万富翁暗自查阅关于礼仪教养书籍时的心情一样。

另一本大约800年可能由宫廷缮写室制作的语法手抄本（图38）有一个壮观的起始页，上面包含八行用大写字母书写的记录，说明它是查理曼大帝下令让缮写士从执事长彼得（Peter the Archdeacon）所写的原版作品中抄录下来的。也有记载声称查理曼大帝渴望学习写作，以至于他把写作用具放在自己的枕头下。试着想象这伟大的国王试图跟上自己所发起的文化复兴的脚步，也许他在半夜还会练习书写这种新的小写体，这是相当令人感动的。789年推出的关于基督教礼拜仪式改革的法令规定只有技艺娴熟或资历丰富的缮写士才能有足够资格抄写最值得尊敬的书籍，“如果这本书是福音书、诗篇集或弥撒书，抄写它的缮写士需要达到可以勤奋书写的最佳年龄”。

查理曼大帝对教育和学习书籍的提倡也包括邀请世界上最著名的学者进入其宫廷，其中一位是出生于英格兰约克，与传教士、主教圣威利布罗德（St. Willibrord）是亲属的阿尔琴。当阿尔琴在780年去意大利行使大使职务会见查理曼大帝时，他已经是约克主教学校的校长了，查理曼大帝用两个重要的隐修院院长职位吸引并说服他来到法国。在之后的十年里，他在查理曼大帝的宫廷中带领并倡导古典文化的复兴。796年他退隐到法国图尔（Tours），并在那里担任圣马丁隐修院（St. Martin's Abbey）院长。在那里他开展了书籍制作运动，直到九世纪很长一段时间这个工作仍一直持续着，而这也使图尔成为世界上《圣经》制作与卡洛林小写体

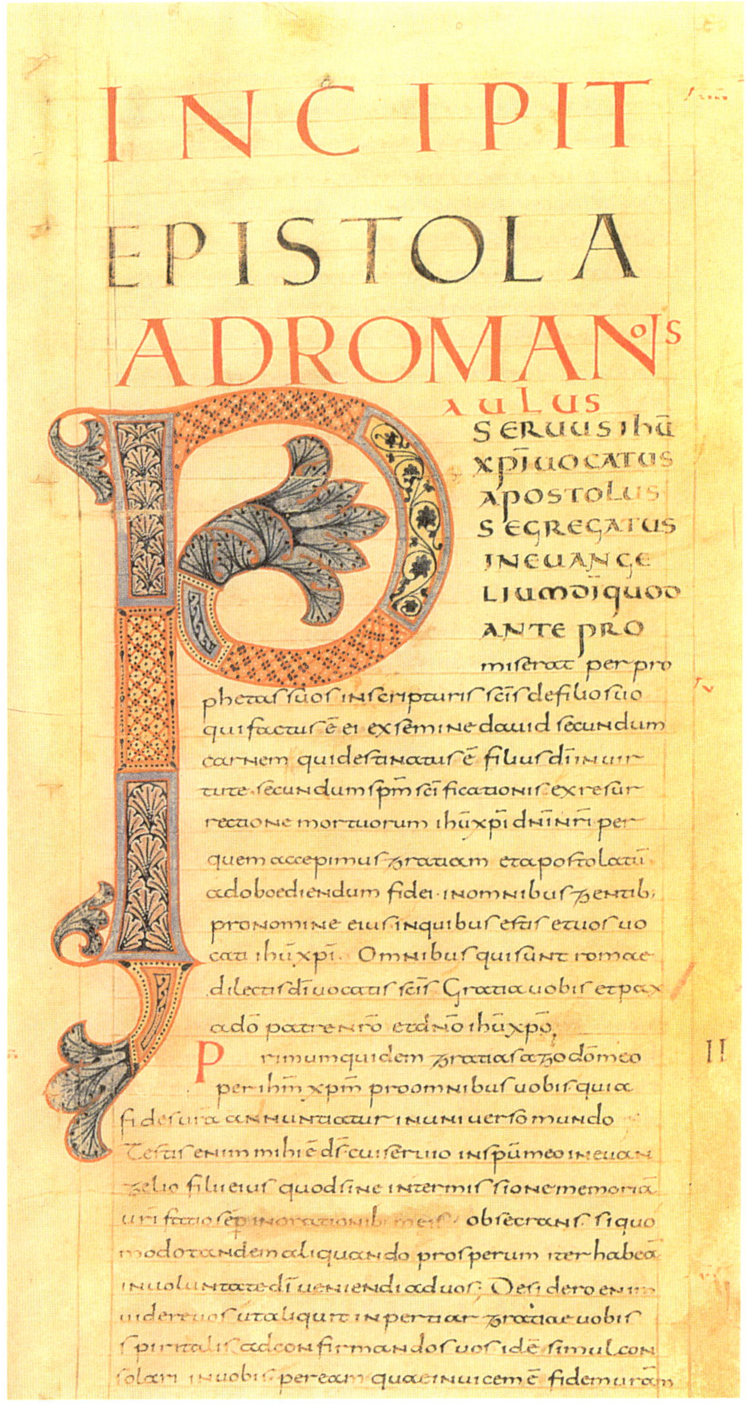

39 上图

美国，马里布，J. 保罗·盖蒂博物馆

Malibu, J. Paul Getty Museum, MS. Ludwig I.1, fol. 7r

九世纪时，图尔成为制作与传播大量《圣经》手抄本的重要中心之一，它向卡洛林帝国许多地区的修道院供应这种《圣经》手抄本，其中一本制作于大约845年的手抄本残页与残片后来在特里尔的圣马克西姆隐修院（abbey of St. Maximin）因被用于手抄本装订而得以保存下来。图中显示了《罗马书》的开篇。

使用的中心（图 39）。

法兰克帝国的手抄本制作方法在九世纪初期从宫廷缮写室传播到了许多伟大的皇家修道院中，这些修道院包括巴黎附近的谢勒（Chelles）与圣丹尼、弗勒里（Fleury）、兰斯（Rheims）、图尔、洛尔施、苏瓦松的圣梅达尔以及其他地方的修道院。最精致的手抄本往往造价昂贵并且装饰华丽。兰斯是九世纪最著名的书籍制作中心，曾经担任查理曼大帝图书馆馆员的艾波（Ebbo）自 816 年起任职兰斯大主教，其任职期间绘制出这些皇家品质的手抄本。现存最非凡的兰斯手抄本是著名的《乌特勒支诗篇集》（*Utrecht Psalter*，图 40），手抄本中充满极其生动、带有活力的素描式笔触插图，这种风格似乎可以追溯到古希腊、古罗马与拜占庭艺术，并由亚琛的宫廷艺术家将其运用到查理曼大帝的手抄本中。一本九世纪早期来自圣丹尼隐修院的手抄本（图 41）中的一个奇特的装饰特征是帮助确定手抄本年份的论据之一。这本制作于圣丹尼的手抄本内容是卡西奥多鲁斯为诗篇所著的评论，手抄本风格与 793 年至 806 年间担任隐修院院长的法尔杜弗斯（Abbot Fardulphus）的风格相关，书中的一个大型首字母描绘了几个虚构的怪兽，还有一个插图描绘了精准度惊人的印度象象头（图 41、图 42）。中世纪艺术家了解象牙，但很多人没有亲眼看过大象，而这位泥金装饰艺术家（illuminator）可能看到过一头在 802 年由哈里发哈伦·拉希德（Haroun-al-Rachid）献给查理曼大帝的大象，这头名叫艾布拉贝斯（Abulabaz）的大象活到了 810 年，因此这本包含卡西奥多鲁斯著作的手抄本其制作日期不会早于 802 年。我们还知道，艾布拉贝斯的长牙被保留了下来，并用于制作华丽的卡洛林手抄本象牙封面以装饰最豪华的《洛尔施福音书》（图 44）。

查理曼大帝于 814 年 1 月 28 日在亚琛去世。他的遗愿包括下令把国库中四分之三的金与银分发给帝国的 21 座都会主教座堂，并且出售他的图书馆馆藏，把其收益捐给贫困的人（他可能是第一位留下这一命令的人）。这些再次证明，分发珍宝是法兰克帝王的品性之一，并且表明书籍具有金钱价值。查理曼大帝的克劳狄安作品手抄本被送给离亚琛只有 65 英里（约 101 千米）的让布卢隐修院（Gembloux Abbey）。他的李维著作手抄本被送

40 左图

荷兰，乌特勒支，国立大学图书馆
Utrecht, Bibliotheek der Rijksuniversiteit, Cat. Cod. MS. Bibl. Rhenotraiectinae, I, Nr.32, fol. 83r

《乌特勒支诗篇集》在 816 年至 835 年间在兰斯书写并装饰，这是所有卡洛林手抄本中最具有古希腊、古罗马风格的手抄本之一。此书使用俗大写体（rustic capital）书写，且全书充满了如同古罗马壁画一样极其生动、富有活力与生命力的素描式笔触插图。1000 年左右，这本手抄本被带到了坎特伯雷，在那里它得到了人们的赞赏，被作为样本加以模仿。几番周折后，乌特勒支在1716年获得了此手抄本。

41 对页左图

法国，巴黎，国家图书馆，细节图
Paris, Bibliothèque Nationale, ms. lat. 2195, detail of fol. 9v

查理曼大帝在 802 年获得了一头名叫艾布拉贝斯的印度象，这引起了许多人的关注。一本在 800 年至 810 年间写于圣丹尼的卡西奥多鲁斯作品手抄本中的一个首字母非常精准地描绘了一个大象头，也许这位艺术家见过艾布拉贝斯。

42 对页右图

法国，巴黎，国家图书馆，细节图
Paris, Bibliothèque Nationale, ms. lat. 1, detail of fol. 328v

当艾布拉贝斯于 810 年去世后，人们对于大象的了解像对龙与美人鱼的了解一样，又回到了民间故事对其的描述。图中的大象绘画来自约 846 年在图尔制作的《秃头查理的第一本圣经》手抄本（图 46），艺术家应该并未亲眼见过大象，而是根据对大象的描述绘制了这幅图。由于象牙是非常珍贵的商品，图中对象牙刻画得非常清晰。

到了法兰克帝国更远的地方，有可能先到了科尔比，之后到了图尔。查理曼大帝独有的提布鲁斯作品手抄本有可能被送到了卢瓦尔（Loire）的弗勒里隐修院（Fleury Abbey），也有可能从那里被送到了奥尔良（Orléans）。814 年后他的图书馆馆藏的分发反映了他并未打算在他死后仍把其帝国保持完整，这位粗犷的政治家将他的帝国分配给不同的继承人，而这些继承人死后又把已经分散的帝国再次分配，直至一个世纪之后，他的帝国已经无法辨识了。

下令制作珍贵手抄本的习惯在查理曼大帝的后裔中延续下去，他的私生子、826 年至 855 年间任梅斯（Metz）主教的卓戈（Drogo）至少拥有两本完全用黄金书写的《福音书》（Paris, B. N., mss. Lat. 9383 与 9388；法国国家图书馆）与一本华丽的《卓戈圣事手册》（*Drogo Sacramentary,* ms. lat. 9428；法国国家图书馆），这本《卓戈圣事手册》中绘制了 41 个充满古典艺术藤蔓设计特色和充满活力的小型人物以及带有故事化的大型首字母。然而，与宫廷手抄本最接近的是查理曼大帝的孙子——虔诚者路易的儿子秃头查理（Charles the Bald，图 43）所制作的手抄本。秃头查理在与自己同父异母的兄弟们激烈的交战后，在 843 年签署的凡尔登条约（Treaty of Verdun）中分得了法兰克帝国西部地区，并最终于 875 年获得了卡洛林王朝皇帝的称号，但两年后他去世了。他的一生反映了为争夺王权而进行的不顾一切的部落斗争，并标志着卡洛林王朝王室粗犷的一面。我们可以看出秃头查理就像一位分发金条的部落首领一样为他的神职人员准备珍贵的手抄本。

为秃头查理制作的华丽泥金手抄本包括一本祈祷书（现在收藏于慕尼黑王宫珍宝馆）与一本诗篇集（现收藏于法国国家图书馆，图 43），这两本都在 869 年之前制作，以及有可能还包括一本名为《城外圣保禄大殿圣经》的著名手抄本（*Bible of San Paolo fuori le Mura*，现收藏于罗马城外圣保禄大殿隐修院，MS. f. I. m. 337）。这是一本巨大的手抄本，其尺寸大约为 17 ½ 英寸 × 14 ¼ 英寸（444.5 毫米 × 362 毫米），由 336 张皮纸组成。书中有 24 幅整页插图，至少有 7 幅描绘了《圣经》中的国王，所罗门王的画像看起来极其像秃头查理本人。手抄本最后有一幅描绘了秃头查理坐在王位宝座上的画像，他左手拿着一个金色圆盘，上面刻着的红色字母

CUM SEDEAT KAROLUS MAGNO CORONATUS HONORE
EST IOSIAE SIMILIS. PARQUE THEODOSIO

43 对页图

法国，巴黎，国家图书馆

Paris, Bibliothèque Nationale, ms. lat. 1152, fol. 3v

秃头查理（卒于877年）是查理曼大帝的孙子，他在843年成为法兰克帝国国王，875年成为卡洛林王朝皇帝。这幅细密画来自一本约850至869年间在圣丹尼可能为其制作的诗篇集，图中他坐在一个镶满珠宝的宝座上。

44 右图

英国，伦敦，维多利亚和阿尔伯特博物馆

London, Victoria and Albert Museum, Inv. No. 138-1866

艾布拉贝斯于810年去世后，它的象牙到哪里去了呢？它们可能被用于制作雕刻。图中的象牙封面是在大约810年制作的《洛尔施福音书》封面上的一块（参考图36）。

组合图案可以理解为“查理国王［与］帝王，保护查理与瑞其迪斯（Richildis），这［是］新罗马的所罗门王”，可能是为了纪念秃头查理与瑞其迪斯在 870 年 1 月 22 日结婚。

但这本非凡的书籍与另一本比起来会显得黯然失色，后者被称为《圣埃梅拉姆金典》（*Codex Aureus of St. Emmeram*，Codex Aureus 译为黄金之书，书中使用了大量黄金，确实名不虚传），为秃头查理的国库制作，现收藏于慕尼黑巴伐利亚国家图书馆（图 45）。这本手抄本异常奢华，而且我们非常幸运，因为它仍保留着最初的装订，其黄金封面上镶嵌着丰富的珠宝与黄金凸纹图像。如果秃头查理把自己比作所罗门国王，那么他一定很熟悉《列王记上》第 6 章第 21—22 节中对所罗门在耶路撒冷建造圣殿的描绘：“所罗门用纯金贴了殿内的墙……全殿都贴上金子，直到贴完；内殿前的坛，也都用金包裹。”手抄本中第 5 反页是秃头查理的一幅画像，描绘了在一个带穹顶的圣殿中，他坐在镶满宝石的宝座上，上帝之手与天使在他之上。秃头查理的两侧站着武装的士兵与两位分别代表法兰西（Francia）与哥特王国（Gotica）的人物，在页面的上下方都有黄金题词指出这富有的国王是查理，路易的儿子，查理曼大帝、大卫（这也是对秃头查理的称呼）与所罗门的后裔，在其祖先的照拂下，此书金光闪闪。这本书中的绘画一页接着一页，让人应接不暇，还有四部福音书经文对照索引（canon tables）与带图画装饰的大型首字母，全部用泥金装饰，璀璨夺目。可以推测秃头查理为可能在圣丹尼隐修院工作的艺术家提供黄金制作了此书。867 年，这座隐修院的一位院长去世，秃头查理国王将这座隐修院纳入自己的掌控中。制作时间为 870 年的《圣埃梅拉姆金典》由两位缮写士博任加（Beringar）与卢特哈德（Liuthard）署名。当时有记录显示秃头查理的手抄本都存放在他的国库，可以肯定的是，《圣埃梅拉姆金典》并非日常使用，但它可以作为国王展示他国库财富的华丽用具。在秃头查理 877 年去世后，这本手抄本到了他远房堂兄巴伐利亚的阿努尔夫国王（Arnulf of Bavaria）手中，在 893 年后不久，它被传到了雷根斯堡（Regensburg）的圣埃梅拉姆隐修院，因此，这本手抄本的名称来源于这座得到这份皇室礼物的隐修院。

我们可以从奢华手抄本被盗的记录得知它们在九世纪具有金钱价值。一本用黄金书写、封面饰满珍珠的《诗篇集》手抄本由虔诚者路易（卒于 840 年）送给在列日（Liège）附近的圣休伯特隐修院（abbey of St. Hubert），隐修院院史录记载这本书被盗走后由盗贼卖给了一百多公里以南的图勒（Toul）的一个女子。费里埃的卢坡斯（Lupus of Ferrières）在 858 年写给兰斯大主教欣克马尔（Hincmar）的信中提到，他很遗憾无法将一本内容为比德与奥古斯丁著作的杰出手抄本送给后者，因为他担心手抄本在路途中被盗贼抢走，因为盗贼也一定会被这本书的精美所吸引。

帝王级别手抄本的巨大财富价值是双向的：国王既收到手抄本，也把手抄本作为礼物送给别人。一位非神职人员的统治者可能把一本奢华的手抄本送给一座修道院，作为回报，修道院将为他的救赎而祈祷。这种手抄本馈赠是非常正式的，而且它对双方都有极大的价值。一座修道院也有可能制作一本顶级的手抄本送给国王，并希望得到国王的经济赞助与保护，这一定不只是单方面的付出，书籍所具有的外交功能强调了当时人们对手抄本巨大价值的重视。当然我们现在可以从手抄本中使用的黄金与珠宝装饰看出它们的价值，但这也提醒我们，为了得到修道院的祷告或国王的军事保护，制作豪华手抄本所花费的每一分钱都是值得的投资。一个很好的例子是国王与一座在图尔的隐修院之间的结盟，我们之前提到查理曼大帝的顾问阿尔琴退隐到图尔的圣马丁隐修院。在这里，阿尔琴与他的继任者弗德基塞斯（Fridugisus，804—834 年）、阿德拉德（Adalhard，834—843 年）与维维安（Vivian，约 844—851 年）发起了一项伟大的手抄本制作工程。这些隐修院院长都由皇室任命：阿德拉德是虔诚者路易的总管大臣，而维维安是一位伯爵，也是秃头查理的宫廷官员。在图尔，皇家赞助制作的手抄本被送到整个卡洛林王国，其中有两本书可能送给了秃头查理同父异母的兄弟、统领查理曼帝国意大利领土的洛泰尔一世国王（Lothair，卒于 855 年），这两本其中一本为《福音书》（Paris, B. N., ms. lat. 266；法国国家图书馆），另一本为《诗篇集》（B. L., Add. MS. 37768；伦敦大英图书馆）。对图尔的缮写室做过研究的历史学家 E. K. 兰德（E. K. Rand）称这本《福音书》为“完美的、绝伦超群的，……在图尔的书籍中，（这本手抄本的）字体与装饰都堪称无法超越的完美”。这些修道士想必决心想要得到洛泰尔一世的钦佩。

有一本在图尔制作的更著名的手抄本被称为《秃头查理的第一本圣经》（*First Bible of Charles the Bald*），有时也被称作《维维安圣经》（*Vivian Bible*），它现在收藏于巴黎的法国国家图书馆，在图书馆其手抄本编码为“1”（ms. lat. 1；图 46，图 42 为细节图）。它由隐修院院长维维安委托制作，用于在 846 年左右献给秃头查理国王。手抄本开头与众不同的插图描绘了将《圣经》翻译为拉丁文的圣杰罗姆的生平，画面分为上中下三部分。中间部分描绘了圣杰罗姆向一群缮写士口述其作品，而下面的第三部分刻画了圣杰罗姆分发其新《圣经》译本的场景，这幅插图可能也有另一个寓意，指阿尔琴修改与更正《圣经》文本，并把这些手抄本从他位于图尔的隐修院传播出去。值得仔细研究的是图中圣杰罗姆分发手抄本所用的盒子：这些是典型的藏宝箱，带有围绕在其外侧的木条与巨大的金属锁。书籍被认为具有巨大的财富价值，而上帝之道更是无价之宝，因此图中这些手抄本的受赠者带着这些奢侈的礼物匆匆离去。这本手抄本与财富之间的联系从画着两枚皇家硬币的献词页中再次表现出来，其中一枚硬币写着“统治者大卫”（David rex imperator），另一枚写着“法兰克国王查理”（Carolus

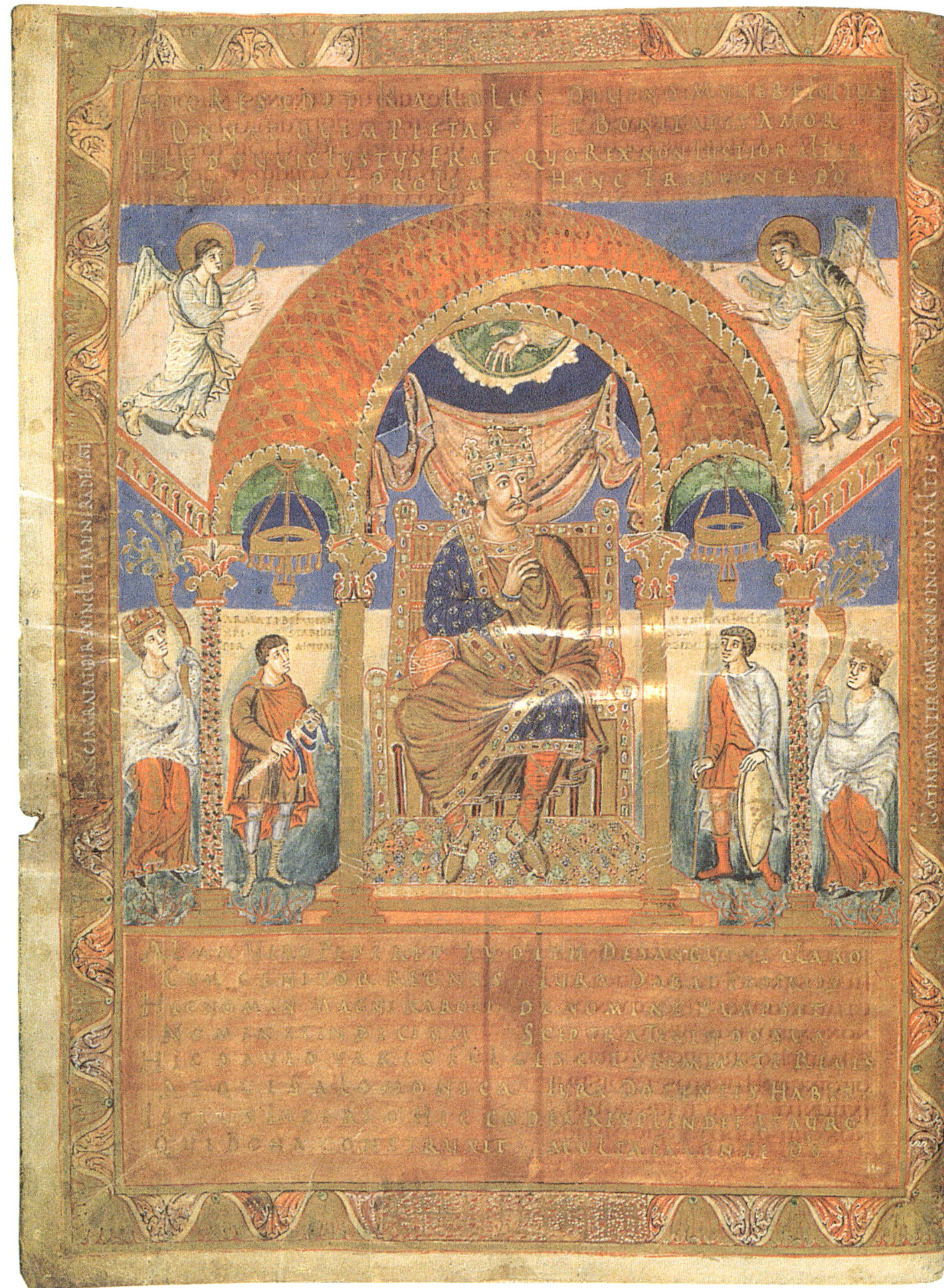

45 左图

德国，慕尼黑，巴伐利亚国家图书馆

Munich, Bayerische Staatsbibliothek, Clm. 14000, fol. 5v

《圣埃梅拉姆金典》在大约870年的法国为秃头查理制作，图中秃头查理的两侧站着士兵与两位分别代表法兰西与哥特王国的人物。这本手抄本在十一世纪收藏于雷根斯堡，在那里它得到众人赞赏，并被亨利二世作为样本复制（参见图51）。

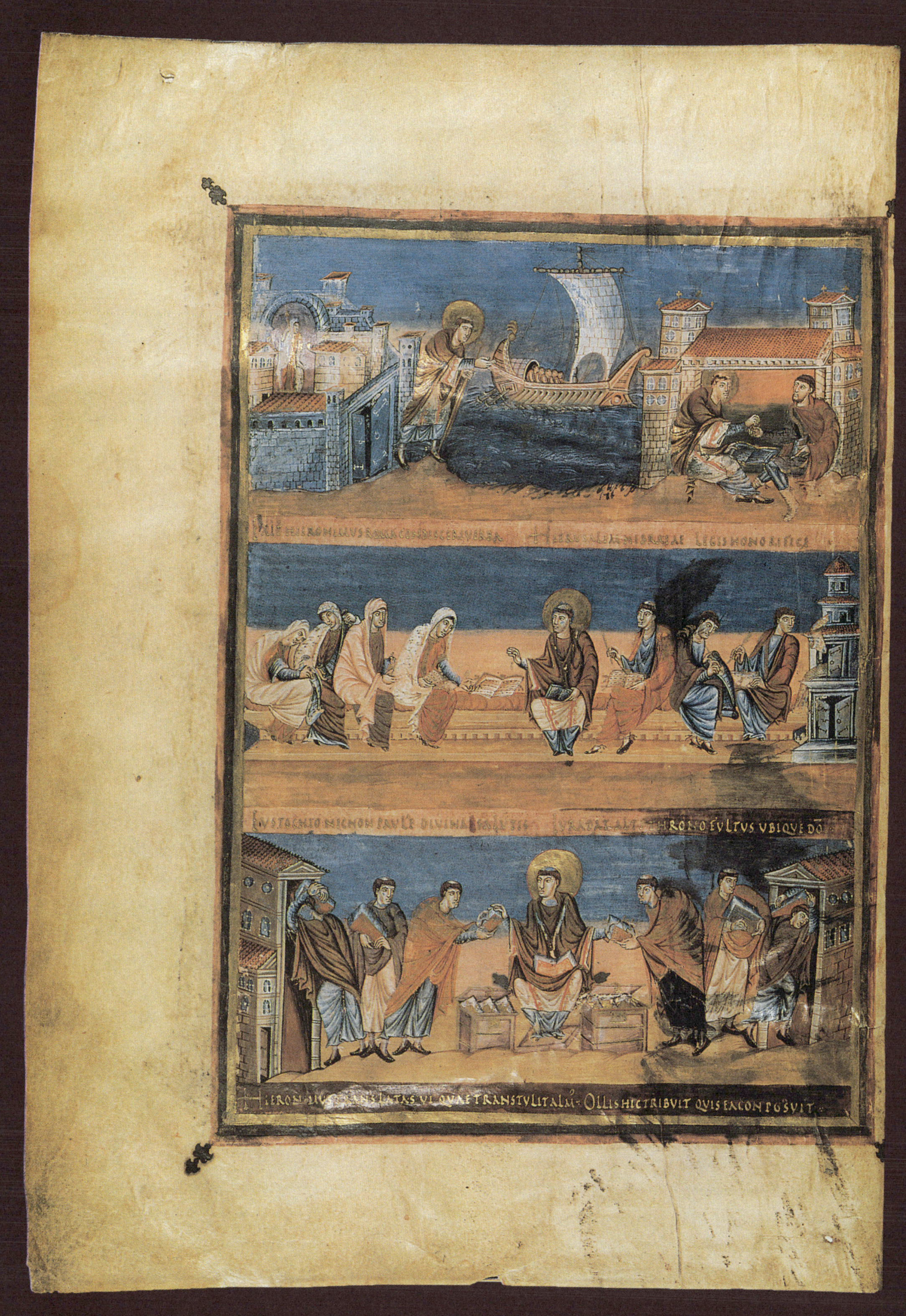

rex Francorum），把《圣经》中的大卫王与法兰克国王查理联系到了一起。用金币表示这一点很重要，因为这反映出人们对这本《圣经》手抄本的理解。在福音书中，耶稣照着一枚皇家硬币问上面的肖像与铭文是什么，众人回答是恺撒的，耶稣跟他们说："恺撒的物当归恺撒。"《秃头查理的第一本圣经》中的献词页细密画描绘秃头查理完全像收税员一样接受贡品，他坐在行政官员与手握武器的士兵之间，画面左边，一群看起来紧张不安的修道士手持一部分还被白布包裹的巨大《圣经》，国王伸出右手接受即将进入其国库的新藏品。

秃头查理去世于 877 年，当时他在跨越阿尔卑斯山，对阵巴伐利亚与意大利国王、查理曼大帝的曾孙卡洛曼，这似乎是卡洛林王朝无休止的纷争之一。事实上，卡洛曼的儿子与继承人阿努尔夫（Arnulf）继承了《圣埃梅拉姆金典》以及很有可能继承了秃头查理图书馆中的其他手抄本。阿努尔夫的儿子、900—911 年任法兰克国王的孩童路易（Louis the Child）是最后一位统治他高祖查理曼大帝庞大帝国东部地区的直系后裔。当孩童路易去世并且没有后代继承王位时，法兰克尼亚公爵康拉德（Conrad）成为国王。去世于 918 年的康拉德任命捕鸟者亨利（Henry the Fowler）为他的继承人。这看起来非常复杂，实际上在查理曼大帝之后，皇位继承权极其模糊，而且继承人的转换也非常快。最终捕鸟者亨利的儿子奥托大帝（Otto the Great）成为国王，继承权才再次变得清晰，历史学家很乐意用这位著名的国王的名字来命名这段时期——"奥托王朝"。十世纪在帝国史上毋庸置疑是一个伟大的时代，伴随着政治与宗教改革的热情，它带来了最接近查理曼帝国黄金时代的复兴，并产生了许多杰出的手抄本，因此这一时期通常被称为奥托王朝文艺复兴。

936 年，奥托大帝在查理曼大帝亚琛的王宫教堂中登基为王。在激荡的军事环境与谨慎的联婚后，他重新控制了德国与意大利的大部分地区，甚至教皇最终也臣服于他，这个精明的政治举措在很大程度上稳固了他的皇权。962 年 2 月 2 日，奥托大帝在罗马被加冕为神圣罗马帝国皇帝，他活到了 973 年。

奥托大帝稳固了皇位后，他向往历史上的文明帝国，开始将他的统治与宗教合并成一个强大的新政权。奥托大帝的弟弟布鲁诺（Bruno，925—965 年）被任命为皇室大臣、大司铎，之后担任科隆大主教。他唤起了人们对古典文献的兴趣（他从赖兴瑙的修道士那里学习了希腊语），以及对文法学、修辞学、几何学、音乐、天文学、商学与其他优雅学术文化的复兴，教育再次成为王室的首要任务。埃克哈德（Ekkehard）所著的瑞士圣加尔隐修院（abbey of St. Gall）院史录中记载了在 972 年，奥托大帝曾带着他的儿子（之后的奥托二世国王，当年他只有大约 17 岁）参观这个隐修院，并在那里停留了几天。当年的奥托二世在隐修院的宝库中发现了一个带锁的箱子，并要求将其打开。箱子中装满了手抄本，修道士站在他身旁，但无法拒绝年轻的奥托二世带走其中最珍贵的一些书籍。之后，（通过隐修院的外交请求后）一些书被归还，但其中一本可能是《诗篇集》的手抄本（这本现收藏于德国班贝格州立图书馆）从来没有被归还。这本手抄本在 909 年为圣加尔隐修院院长扎洛莫三世（Salomo III）所制作，其内容包含两种拉丁文版本与希伯来语和希腊语版本的平行文本。这位日耳曼皇子会主动寻找一本拥有三种古代语言的手抄本说明了奥托王朝皇室教育中的某些方面。

在他们访问圣加尔的那一年，奥托大帝为他的儿子安排了婚姻，新娘是拜占庭帝国的公主狄奥凡诺（Theofanu）。这是一次政治上的成功联姻，在整个卡洛林与奥托王朝时期，拜占庭帝国一直被看作先进文明的终极标志，所以来自东方帝国的公主与德国统治者的继承人联姻在西方看来是极具威望的［在离家 1200 英里（约 1931 千米）的欧洲北部，这个可怜的女孩心里是如何想的没有被重视过］。狄奥凡诺与奥托的结婚章程原件仍保留至今，现被陈列在德国沃尔芬比特尔的下萨克森州立档案馆的一间

46 对页图

法国，巴黎，国家图书馆
Paris, Bibliothèque Nationale, ms. lat. 1, fol. 3v

这是《秃头查理的第一本圣经》（有时也称《维维安圣经》）中的第一幅整页细密画，描绘了圣杰罗姆的生平，其中包括制作与分发《圣经》手抄本的场景。《秃头查理的第一本圣经》制作于大约 846 年的图尔，这个时间也正是维维安在约 844—851 年任职隐修院院长期间。

特殊房间内。这份巨大而威严的帝国卷轴颁布于972年4月14日，其内容以安色尔体与小写字体用黄金书写在紫色的牛皮纸上，其背景以古典和神话动物图案的圆形和涡卷状图案作为装饰，是一幅杰出的艺术作品。这些本是部落首领的欧洲统治者们终于可以将他们的名字与古罗马帝国元首奥古斯都的家族传承联系在一起。

973年5月，奥托二世继承了神圣罗马帝国，但之后他只活了十年，他死于罗马，葬于圣彼得教堂的地宫中。在他的统治时期，手抄本的复兴主要归功于977年起任职特里尔（Trier）大主教的爱格伯特（Egbert），他既是一位教士，同时也是帝国文秘署的一员。在爱格伯特任职期间，特里尔的一次圣徒圣物迁移活动的记录提到这位大主教的游行队伍展示了“十字架、蜡烛、香炉、封面由宝石装饰的福音书与各种神圣的美”。这位大主教拥有一本《福音书选读集》（*Gospel Lectionary*），现被称为《爱格伯特手抄本》（*Codex Egberti*, Trier, Stadtbibliothek, Cod. 24；德国特里尔市立图书馆），手抄本中有坐落于博登湖的富有的赖兴瑙岛屿隐修院（Reichenau Abbey）两位修道士克勒尔德（Kerald）和黑里贝特（Heribert）的署名。这本手抄本有51幅大型插图，到这本手抄本的制作时间为止，它是所有目前已知的手抄本中，拥有最丰富的基督生平插图的手抄本。手抄本装订奢侈，使用了黄金与珐琅，并保存到了十八世纪。爱格伯特很有可能雇用了中世纪最伟大的泥金装饰艺术家之一，其名为《格列高利一世书信集》画师（Master of *Registrum Gregorii*），他可能从大约980年到至少996年间在特里尔工作。现存大约有6本手抄本由这位艺术家绘制或润饰，其中一本《福音书》制作于奥托二世去世之前，400多年后法国国王将其送给巴黎的圣礼拜堂（Sainte-Chapelle）（Paris, B. N., ms. lat. 8851；法国国家图书馆）。这位艺术家还绘制了爱格伯特送给特里尔大教堂的《格列高利一世书信集》（*Epistles of St. Gregory* 或 *Registrum Gregorii*）中的两幅细密画（这也是这位艺术家名字的由来），但它们已经从原本中脱离出来，其中一幅现仍收藏于德国特里尔（图48），另一幅现收藏于法国尚蒂伊孔代博物馆（Musée Condé at Chantilly，图47）。幸存的残本中包含一首哀悼奥托二世于983年去世的诗，尚蒂伊收藏的那幅细密画描绘了手握权杖与宝球、头戴王冠的国王，这幅画无疑是为了纪念爱格伯特已故的赞助人。画中还刻画了奥托国王坐在由古希腊、古罗马风格的圆柱支撑的瓦片屋顶下，在他的两侧，代表日耳曼尼亚（Germania）、法兰西、意大利（Italia）和阿勒曼尼亚（Alamannia）的人物手持礼物献给国王，表示对国王的尊敬。这是一幅非凡的作品。

从983年奥托三世（Otto III）成为国王到他1002年早逝的这段时间，奥托王朝对书籍的热爱达到了高潮。奥托三世以前的导师、狄奥凡诺所任命的皮亚琴察主教（bishop of Piacenza）约翰

47 上图

法国，尚蒂伊，孔代博物馆

Chantilly, Musée Condé, ms. 14bis

这幅单页插图与图48最初出自同一本手抄本。这本豪华手抄本的内容是《格列高利一世书信集》，它在大约983年绘制于特里尔，由977—993年间任职特里尔大主教，也是奥托二世顾问的爱格伯特送给特里尔大教堂。这幅细密画描绘了一位帝王接受其帝国四个地区的敬仰，可能用于纪念享年28岁，去世于983年12月的奥托二世。

48 对页图

德国，特里尔，市立图书馆，手抄本单页

Trier, Stadtbibliothek, MS. 171a, single leaf

这幅插图是十世纪最杰出的绘画作品之一，出自《格列高利一世书信集》画师（这位艺术家因这本手抄本名称而得名）。图中描绘了一本放在讲台上正在被使用的手抄本，一位修道士正在用他的尖笔在蜡版上记录他所听到的内容。

内斯·菲拉格托斯（Johannes Philagathos）可能在997年前给予奥托三世几本现藏于德国班贝格（Bamberg）的手抄本，这其中包括两本奥罗修斯（Orosius）、两本李维、一本波尔修斯（Persius）的作品手抄本以及其他书籍，均是一个充满古典作品的图书馆的优秀核心藏品。这一章的开头，我们讲述了奥托三世打开查理曼大帝的墓，在象征王权的诸多物品中找到了一本《维也纳加冕福音书》。奥托三世因为来自拜占庭帝国的母亲和来自日耳曼的父亲的联姻，认为自己有双重的帝国血统。他拥有无穷的财富和至高的权力，年轻的他带有一种几乎渎神的高傲（他父亲在他不到5岁时就去世了，他母亲狄奥凡诺在991年去世，那时他也只有11岁）。对于年轻人来讲，拥有无限的财富没有什么好处。996年时，他提拔了他的堂兄、当时29岁的布鲁诺为教皇，布鲁诺成了格列高利五世（Gregory V）。作为第一位德国教皇，他任职之后迅速加冕了奥托三世为神圣罗马帝国皇帝。这位新教皇下令让赖兴瑙（Reichenau）的隐修院向罗马送一些手抄本，以肯定他教皇的身份，并要求赖兴瑙隐修院院长寄送给他一本圣事手册、一本在弥撒中诵读的《书信集》（*Epistolary*）和一本《福音书》，这些无疑都是非常杰出的作品。格列高利五世在三年后的999年去世，奥托三世委任了他以前的导师欧里亚克的葛培特（Gerbert of Aurillac）为新教皇，葛培特成了西尔维斯特二世（Sylvester II）。奥托三世甚至将教皇都置于自身的统治之下，在国王的手抄本中，他的画像几乎和上帝的画像处于同一等级。现收藏于亚琛、大约在他996年被加冕时制作的《福音书》描绘了这位国王坐在天堂散发着圣光的椭圆形光轮中，他的双臂像耶稣展示光辉一样向两边伸展，在他两侧描绘着四位福音书作者的象征标志（马太为长有翅膀的人；马可为长有翅膀的狮子；路加为长有翅膀的牛；约翰为鹰）。修道士会愿意画这幅插图是有些令人惊讶的。另外一本《福音书》中《马太福音》起始页上四次刻画了奥托的画像（John Rylands University Library，MS. lat. 98, fol. 16r；曼彻斯特大学约翰·瑞兰德图书馆），并标注了题词“奥托，基督教与罗马人的国王”，这幅绘画作品位于叙述耶稣的家谱追溯到大卫与亚伯拉罕的那一页上。它虽然不一定是在特里尔绘制，但同样出自《格列高利一世书信集》画师之手。

这其中最杰出的手抄本应当为现收藏于德国慕尼黑的《奥托三世的福音书》（*Gospels of Otto III*；图32、图49、图50）。它可能是在大约998年至1001年间的赖兴瑙为奥托制作的千福年之书，以现代经济价值来讲，它一定是世界上最有价值的书籍之一（图49、图50）。这本手抄本还保持它最初镶嵌着宝石的黄金封面装订，其封面中间还嵌入了十世纪的拜占庭象牙雕刻（图32）。这本手抄本无论打开还是合上，都极其华丽与神圣。书中

49 右图

德国，慕尼黑，巴伐利亚国家图书馆

Munich, Bayerische Staatsbibliothek, Clm. 4453, fol. 24r

这幅画像描绘了983—1002年在位的奥托三世国王，它来自约998年在赖兴瑙进行泥金装饰的《奥托三世的福音书》。国王右侧站着两位神父，他们可能是意大利国务大臣黑里贝特与未来的韦尔切利主教利奥，左侧站着两位武装的士兵。在绘制这幅细密画时，年仅18岁左右的奥托三世实际上已经是欧洲的统治者。

50 对页图

德国，慕尼黑，巴伐利亚国家图书馆

Munich, Bayerische Staatsbibliothek, Clm. 4453, fol. 139r

这是《奥托三世的福音书》中的另一幅细密画，可能在998年左右于赖兴瑙进行泥金装饰。画面描绘了圣路加腿上堆积着许多手抄本（注意观察这些手抄本的封面似乎还镶嵌着珠宝），他将荣耀给予所有在《旧约》中预言过耶稣降临的先知们。

LVC
FONTE PATRŪ DUCTAS BOS AGNIS ELICIT UNDAS

充满了至高无上的帝王品质的奢华装饰，包括充满整幅页面的泥金装饰首字母、《福音书》作者画像及 29 幅整页的耶稣生平故事细密画。最主要的是，书中一个跨页上有两幅描绘了世界各族人民向奥托三世表示崇敬的插图，这些敬拜者就像《圣经》中的东方博士给圣婴耶稣献礼一样。她们是四位戴着黄金与珠宝的女性，她们各自的头上都用大写字母标注了名称：深红色头发的东欧女子代表斯克拉文尼亚（Sclavinia）、纤细金发的白皮肤女子代表日耳曼尼亚、黑发的法国女子代表高卢（Gallia）、对国王鞠躬身体弯得最低的卷发女子代表罗马（Roma）。奥托被描绘在对折页面上，他居高临下地坐在宏伟的宝座上，右侧站着两位手持书籍的神父，他们可能是意大利国务大臣黑里贝特（Heribert，卒于 1021 年）与未来的韦尔切利（Vercelli）主教利奥（Leo，卒于约 1026 年）。国王左侧站着两位武装的士兵，其中一位可能是萨宾人（Sabine）的伯爵、国王的护身侍卫杰勒德（Gerard，图 49）。奥托三世在罗马的阿文提诺山建造了一座宫殿，他的图书馆不可思议地收藏了一本其内容为李维的《罗马史》的五世纪手抄本，这很有可能是约翰内斯・菲拉格托斯送给奥托三世的两本李维作品手抄本中的一本，国王下令按照这本手抄本所抄写的副本现仍保留在德国班贝格。奥托三世的印章文字为：罗马帝国的复兴（Renovatio Imperii Romanorum），他把自己看作至少像古罗马帝国元首奥古斯都一样伟大。

将奥托帝国手抄本与查理曼大帝和秃头查理的手抄本进行比较是很有意思的。有时候可以很明显地看出奥托时代的泥金装饰艺术家在模仿已知的卡洛林时期手抄本，其中一个例子是为

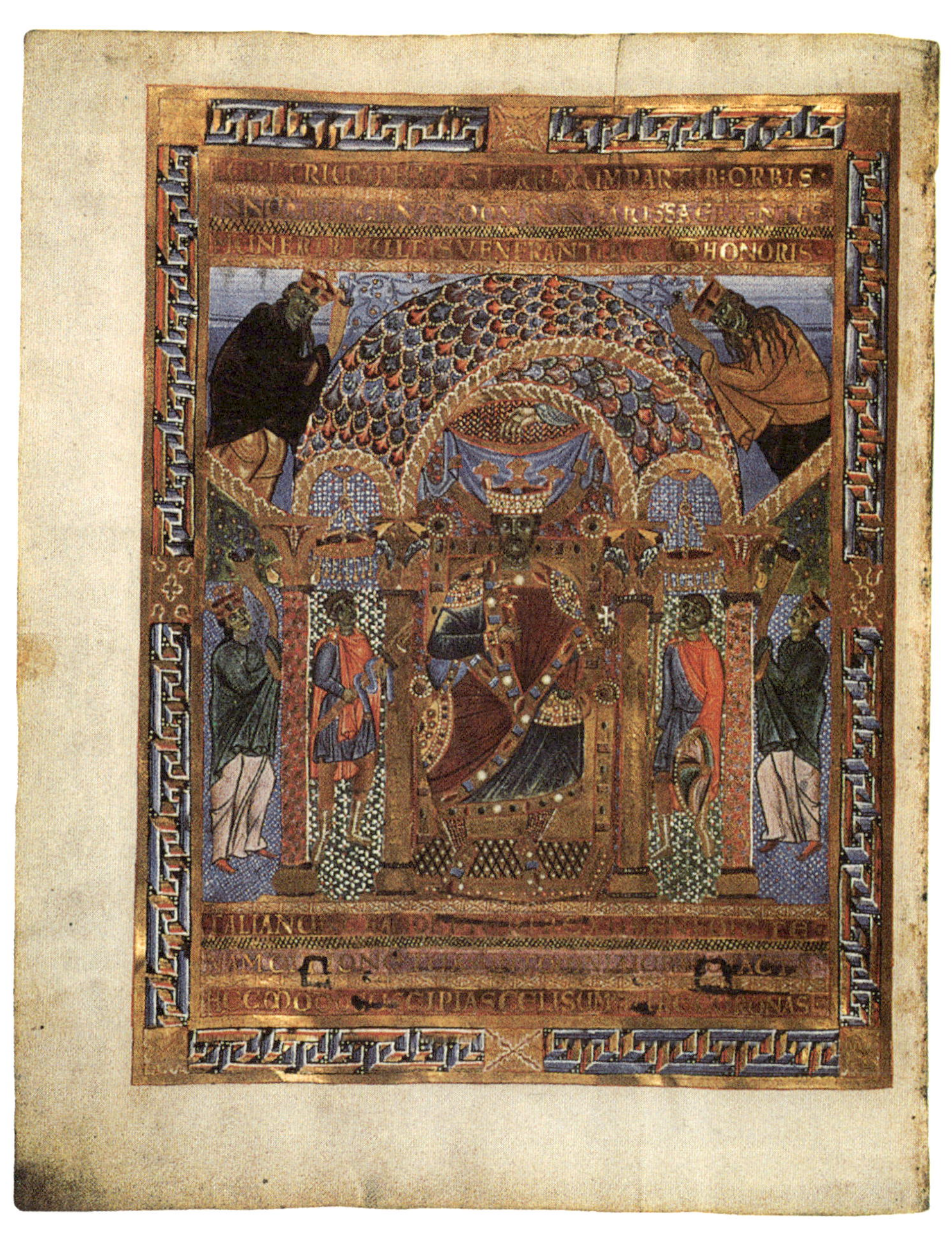

51 右图

德国，慕尼黑，巴伐利亚国家图书馆
Munich, Bayerische Staatsbibliothek, Clm. 4456, fol. 11v

雷根斯堡圣埃梅拉姆隐修院的修道士们想必将《圣埃梅拉姆金典》展示给了于 1002—1024 年在位的国王亨利二世，因而他也以其作为样本委托制作了另一本手抄本。本图中的细密画是根据 140 年前的细密画（参照图 45）进行绘制的，图 45 中卡洛林时期的国王画像被换成了本图中的亨利二世画像，而且这本大约在 1010 年的雷根斯堡制作的手抄本是一本新晋受到青睐的圣事手册，而并非福音书。

即将成为科隆大主教的格罗（Gero）在969年制作的《福音书》（Darmstadt, Hessische Landes-und Hochschulbibliothek, MS. 1948；德国达姆施塔特工业大学与州立图书馆）：这本手抄本中的四位福音书作者画像与基督赐福插图几乎完全是从九世纪早期查理曼大帝宫廷学院制作的《洛尔施福音书》中复制的。

更值得注意的是对我们之前已经描述过的九世纪著名手抄本、在奥托时期被保存在雷根斯堡的圣埃梅拉姆隐修院中的《圣埃梅拉姆金典》的使用（图45）。首先，两位在圣埃梅拉姆隐修院的修道士阿里波（Aripo）与阿达尔佩图斯（Adalpertus）试图为这本手抄本添加一幅描绘了奥托时期隐修院院长拉姆沃尔德（Ramwold，975—1001年）的卷首插图，之后，亨利二世国王复制了这本书供自己使用。亨利二世是奥托三世的远房表亲，当奥托去世没有继承人的时候，亨利在1002年获得了皇位，并在1014年被加冕为神圣罗马帝国皇帝，他去世于1024年。他根据《圣埃梅拉姆金典》绘制的手抄本制作于1021年的前不久，现幸存于慕尼黑（图51）。书中很多泥金插图几乎是原封不动地复制下来，献词页的细密画描绘了亨利坐在秃头查理的宝座上（图51）。然而，这本书并不是《福音书》，而是一本在弥撒中使用的《圣事手册》。从阅读《圣经》故事内容转变成参与最庄严与壮观的基督教礼拜仪式，这也许代表了皇室对于书籍种类喜好的改变。奥托帝国的宗教礼拜仪式改革使《圣事手册》与《福音书选读集》盛行起来，而这与国王对宗教所持的庄严态度，以及他们把自己既看作神父又看作强大统治者的观念是一致的。亨利二世很自豪地把自己的画像绘制在弥撒书中，而查理曼大帝对于这种做法可能会感到恐

52 右图

德国，慕尼黑，巴伐利亚国家图书馆
Munich, Bayerische Staatsbibliothek, Clm. 4452, fol. 17v

亨利二世为在班贝格的大教堂委托制作了一系列豪华手抄本，本图所展示的就是其中一本，其手抄本种类为《福音书选读集》（*Gospel Lectionary*，也称为*book of Pericopes*），它可能于十一世纪早期的赖兴瑙进行泥金制作。画面描绘了三位东方博士（又称“东方三王”）手持珍贵的礼物（向圣婴耶稣献礼），也许亨利二世把自己想象为那位献黄金给基督的国王。

惧。

卡洛林王朝与奥托王朝制作手抄本的另一个不同之处在于：奥托帝国统治时期，似乎没有泥金装饰手抄本的宫廷学院，查理曼大帝在他的皇室中雇用了缮写士与艺术家，而奥托三世与亨利二世则将手抄本制作工作派给了修道院。他们主要使用了在特里尔的隐修院，然后很有可能也使用了在赖兴瑙的隐修院（图 52、图 55、图 56）与在雷根斯堡与埃希特纳赫的隐修院。奥托三世拥有一些之前制作的来自意大利的手抄本（比如九世纪在诺南托拉泥金制作的内容为圣西尔维斯特一世生平的手抄本），但似乎奥托王朝的国王并没有在那里委托制作手抄本。他们使用修道院制作手抄本并不代表所有的艺术家都是修道士，但这些艺术家都在修道院的体系下制作书籍。有一本现收藏在德国不来梅的《福音书选读集》正反映了这一点（图 53），插图中描绘了在埃希特纳赫隐修院的回廊中，一位平信徒与另一位修道士正忙于制作手抄本，其对折页描绘了他们在 1039—1040 年左右向亨利三世呈上他们所制作的手抄本。

亨利二世（图 54）想要拥有手抄本有个特殊的原因。其他帝王建立图书馆或许主要因为书籍是珍品，而且书籍可以为国王塑造相配的文化形象，但亨利二世不一定是这么想的。他计划在班贝格设立教区，并为其提供他所收集的手抄本。在 1007 年，他宣布，因为他自己没有孩子，所以他选择耶稣作为他的继承者，他几乎称基督为他的亲属了。他所捐赠的书籍不仅包括古籍［（比如奥托三世图书馆中的五世纪李维作品手抄本与像《圣埃梅拉姆金典》一样，当时可能保存在圣埃梅拉姆隐修院中的秃头查理的波伊提

53 右图

德国，不来梅，州立与大学图书馆

Bremen, Staats- und Universitätsbibliothek, MS. b.21, fol. 124v

奥托王朝的帝王在许多不同的地方委托制作他们的手抄本，这幅插图来自一本为亨利三世在 1039—1040 年左右的埃希特纳赫隐修院进行泥金装饰的《福音书选读集》手抄本，它描绘了在埃希特纳赫隐修院回廊的工作场景，但两位工匠中只有一位是修道士。也许平信徒缮写士与艺术家比我们想象中的更为普遍。

54 对页图

德国，班贝格，州立图书馆

Bamberg, Staatliche Bibliothek, Msc. bibl. 95, fol. 7v

这幅细密画的拱上面写着拉丁文题文“虔诚的国王亨利”，拱下面描绘了亨利二世手中托着一本他委托制作于 1020 年左右、用于献给班贝格的《福音书》手抄本，这本手抄本现在仍收藏在那里。

HEINRICUS REX PIUS

乌(Boethius)的算术学著作],也包括来自他父亲图书馆中的书籍，比如非凡的《班贝格启示录》(*Bamberg Apocalypse*)与一本富有插图的《以赛亚书》评论手抄本(Bamberg, Staatliche Bibliothek, Msc. bibl. 140 and Msc. bibl. 76；德国班贝格国立图书馆)，以及一些专为他自己制作的手抄本，包括一本与《奥托三世的福音书》手抄本绘制风格相关的、有可能在赖兴瑙制作的《福音书选读集》(图52、图55)。再一次强调，这些书籍都用泥金工艺制作，华丽非凡，许多页面上的插图都有富有光泽的金色背景，翻页的时候画面会在光线下闪烁。《班贝格启示录》手抄本中的绘画精致地呈现了当时很多人预测会发生在1000年的世界末日景象(图56)。这本《亨利二世的福音书选读集》开篇描绘了耶稣加冕亨利二世与他的皇后康根达(Cunegund)(图55)，或许这幅细密画的设计也是其政治宣传的表现。亨利与康根达分别在1146年与1200年被列为圣徒，这对皇室夫妇现在是班贝格的主保圣人。

没有什么可以比奥托帝国制作的手抄本更清楚地显示其帝国的财富与权势了，这些是奥托帝王们不朽的杰作。卡洛林帝王归根结底是法兰克人的首领，他们把书籍作为财政资产，甚至会把查理曼大帝的金制星图熔化成金块。相比之下，奥托帝国建立者作为威望的象征至今已经有一千年的历史了，而且如今看来仍非凡卓越。查理曼大帝制作奢华手抄本是为了影响他同时代的人，而对于亨利二世来说，或许可以推测他制作手抄本是为了后人。黄金既是天堂国度的代表，也是俗世帝国宝库的象征。从神学的意义上讲，带插图的《启示录》手抄本只有在世界末日来临之际才能真正被使用，没有人可以比这更提前计划未来了。

如果没有提到为1039年至1056年在位的亨利三世(Henry III)所制作的十一世纪奥托帝国书籍，那么任何介绍昂贵的皇

55 左图

德国，慕尼黑，巴伐利亚国家图书馆

Munich, Bayerische Staatsbibliothek, Clm. 4452, fol. 2r

这本《亨利二世的福音书选读集》手抄本中描绘了在基督面前的亨利二世及其皇后康根达，基督将皇冠戴在他们头上并接受世人的敬仰。这幅细密画可能绘制于十一世纪早期的赖兴瑙。

56 对页图

德国，班贝格，州立图书馆

Bamberg, Staatliche Bibliothek, Msc. bibl. 140, fol. 59v

《班贝格启示录》可能是在大约1001年的赖兴瑙为奥托三世所制作，在图中他被圣彼得和圣保罗加冕。在1007年班贝格教区成立后不久，这本手抄本的继承人亨利二世将其献给了这个教区。

57 第78—79页图

瑞典，乌普萨拉，大学图书馆

Uppsala, Universitetsbibliotek, Cod. C. 93, fols. 3v–4r

1039—1056年在位的国王亨利三世延续了奥托王朝制作豪华《福音书》的惯例。左图中他与他的妻子阿格尼斯伏身在身在天堂的基督面前，右图中圣徒西蒙与犹大正在国王坐落于戈斯拉尔(Goslar)的宫殿中。这本手抄本大约在1050年绘制于埃希特纳赫。

NTERE TERRENO · CAELESTI POSTEA REGNO
DISTINCTE GENTES FAMULANT DONA FERENTES

PERMEREGNAN
TES. VIVANT
HEINRICVS
ETAGNES.

HEINRICVS CESAR SVBLI
MXLV
NIA GOSLAR.
MATMOE
SCS SYMON
SCS IVDAS

家手抄本的概览都不会是完整的。其中第一批书籍制作于埃希特纳赫隐修院，很有可能包括一本大约在 1039 年至 1040 年制作、现收藏于德国不来梅的《福音书选读集》（图 53、图 59）；一本大约在 1050 年制作、现收藏于乌普萨拉（Uppsala）的福音书（图 57）；大约在 1053 年至 1056 年制作的著名的《埃希特纳赫金典》（*Codex Aureus of Echternach*，Nuremberg, Germanisches Nationalmuseum, MS. 20. 156. 142; 德国纽伦堡日耳曼国立博物馆）；当然还有大约在 1043 年至 1046 年制作的《亨利三世黄金福音书》（*Golden Gospels of Henry III*，El Escorial, Real Biblioteca de San Lorenzo, Codex Vitr. 17；西班牙埃斯科里亚尔圣洛伦索皇家修道院）。《亨利三世黄金福音书》中有一幅精致的细密画（第 3 正页）描绘了亨利与他的妻子阿格尼斯（Agnes）跪在圣母玛利亚面前，然而，奇怪的是，这并不是一幅展示帝王形象的作品，亨利并没有像奥托三世那样展示自己为世界的主宰者，而是像我们一样，作为普通人向天主之母献上尊敬。

奥托时代最后一本辉煌的手抄本来自一百年后，它又像之前制作的一些书籍一样，被特意用来展示统治者的权威。这本福音书在大约 1185 年至 1188 年由修道士赫利曼（Herimann）在黑尔马斯豪森隐修院（Helmarshausen Abbey）为萨克森与巴伐利亚公爵、慕尼黑的建立者狮子亨利制作（图 58、图 60）。这是对傲慢的政治权力的最终刻意表现。像其奥托王朝的祖先一样，狮子亨利一生大部分精力都花在不顾一切地维护自己的领土上，尤其是与他表兄神圣罗马帝国皇帝红胡子腓特烈（Frederick Barbarossa）的斗争。狮子亨利娶了英格兰国王的女儿，曾到过拜占庭帝国以及更远的地方，并领军去了斯堪的纳维亚、俄罗斯与伦巴第，然而，尽管如此，他仍不是皇帝。这本福音书对狮子亨利来讲似乎是一本极其昂贵的政治宣言。像早期卡洛林王朝的手抄本一样，这本手抄本开篇的献词页使用富有光泽的黄金大写字母书写，其开头为“Aurea testatur”（“以黄金为证”——犹如只有黄金可以增加可信度一样），把亨利称作查理曼大帝的后裔。手抄本中有 17 页四部福音书经文对照索引与 24 页复杂的整页细密画，这其中包括一幅描绘了狮子亨利与他的妻子玛蒂尔达（Matilda）在天堂王国，在其皇室祖先面前被上帝加冕的细密画（第 171 反页），这完全是奥托时期的艺术形式。这本书闪烁着金光［献词中提到“这本书闪耀着金色的光芒”（fulgens auro liber iste）］，象征着极度的奢华与权力。当这本书在 1983 年的伦敦被拍卖时，它成了直至那时最昂贵的拍卖作品，这个最高纪录直到几年后被凡·高的《向日葵》打破。这个奢华的价格提醒我们，即使是在今天，这些珍贵的皇室手抄本仍然极其昂贵，而这也是它们当时被制作的原因。

58 对页图

德国，沃尔芬比特尔，奥古斯特公爵图书馆与慕尼黑巴伐利亚国家图书馆

Wolfenbüttel, Herzog August Bibliothek, Cod. Guelf. 105 Noviss. 2°，and Munich, Bayerische Staatsbibliothek, Clm. 30055, fol. 20r

《狮子亨利的福音书》（*Gospels of Henry the Lion*）在大约 1185—1188 年的黑尔马斯豪森隐修院为红胡子腓特烈的表弟、身为萨克森公爵（1142—1195 年在位）的狮子亨利通过泥金工艺制作，这是奥托时代最后一本辉煌的手抄本。图中描绘了东方博士拜见圣婴与咨询希律王的场景。1983 年，这本手抄本成了当时最昂贵的书籍，现在它由两座德国国家图书馆共同拥有，其中一座在亨利公爵的领地（沃尔芬比特尔），另一座在亨利建立的城市——慕尼黑。

59 上图

德国，不来梅，州立与大学图书馆

Bremen, Staats- und Universitätsbibliothek, MS. b. 21, fol. 21r

这幅插图与图 53 来自同一本手抄本，这本《福音书选读集》为亨利三世在 1039—1040 年左右制作于埃希特纳赫隐修院，本图描绘了一些劳动者在葡萄园工作并领取他们的报酬的场景。

SPS SAPIENTIE Z INTELLECT. SPS CONSILII S FORTITUDINIS. SPS
IOHEL PPHETA
EFFUNDA DE SPU. MEO.

60 左图

德国，沃尔芬比特尔，奥古斯特公爵图书馆与慕尼黑巴伐利亚国家图书馆，细节图

Wolfenbüttel, Herzog August Bibliothek, Cod. Guelf. 105 Noviss. 2°, and Munich Bayerische Staatsbibliothek, Clm. 30055, fol. 112v, detail

这幅来自《狮子亨利的福音书》的细节图描绘了圣灵降临时聚在一起的耶稣的使徒与圣母玛利亚。

第三章

修道士与手抄本

翻找别人的私人物品是一件既吸引人但又无礼的事情，我们都知道，一位熟人家中摆放的书籍可以透露出这位朋友的品位、兴趣、背景、旅行以及他的弱项和其冲动性的购买行为。社交礼仪会打消我们翻阅他的书籍以及阅读夹在书中的私信和笔记的念头，但研究中世纪手抄本的学者则不需要有这种顾虑。

中世纪藏品所具有的巨大魅力再怎么强烈地推荐给别人都不为过。可以试着联想，如果我们花大约一小时在一座十二世纪的修道院中一本接一本地浏览修道士的所有书籍，探索他们拥有哪些书籍以及这些书籍的出处，哪些书籍看起来经常被使用，或者我们可以搜寻他们的橱柜与衣柜，按照我们自己的好奇心查看那时的艺术品，我们将会对中世纪修道士有更多的了解。与考古学家用铲子与刷子在这座修道院的旧址花多年时间探索相比，我们可以在几分钟之内找到更多发现。我们可以通过阅读中世纪图书馆目录而体验这种寻宝的经历，数量可观的目录得以幸存，这其中有神秘的书籍名目与清单（如上一章提到的八世纪晚期查理曼大帝宫廷制作的书籍目录），也有详细的带书架索引的目录，例如在十五世纪九十年代中期坎特伯雷的圣奥古斯丁隐修院的书籍目录。如果我们把这些书籍目录的研究工作与尝试辨认中世纪图书馆的现存手抄本的出处的工作结合起来，我们将学到许多关于中世纪文化生活的知识。或者仅仅去探索八百年前别人的图书馆也是一次妙趣横生的体验。

英格兰修道院在十二世纪达到鼎盛，每座修道院都有自己的藏书，但并非所有的修道院都为其图书馆编制藏书目录，而且有些书籍目录还没能保留下来。比较完整的十二世纪图书馆目录来自以下这些修道院与教堂：彼得伯勒隐修院（Peterborough Abbey）、达勒姆大教堂、林肯大教堂（Lincoln Cathedral）、惠特比隐修院（Whitby Abbey）、雷丁隐修院（Reading Abbey）、特伦特河畔伯顿隐修院（Burton-on-Trent Abbey）与罗切斯特大教堂（Rochester Cathedral）。现存不完整的十二世纪图书馆目录来自阿宾顿（Abingdon）、坎特伯雷基督教堂、沃尔瑟姆（Waltham）、伍斯特与其他地方的修道院。让我们来重点研究一份在伯克郡（Berkshire）的雷丁隐修院所编制的图书馆目录，这份目录是十二世纪晚期的一个典型例子。隐修院现在的遗迹在这座城镇中，被一座十九世纪的监狱三面包围［奥斯卡·王尔德就是在这里写下《雷丁监狱之歌》（*Ballad of Reading Gaol*）］，原隐修院教堂的大部分变成了一座市政花园，原隐修院回廊的地方变成了一座现代办公楼。隐修院的遗址现在还存留一些损坏的碎石（在伦敦与牛津的火车经过雷丁的时候可以看到），但这些遗迹无法展示当年这座隐修院建筑群的辉煌。这里是英格兰国王亨利一世的安葬之地，大约在这份目录编制的时期，英格兰亨利二世国王、圣托马斯·贝克特与耶路撒冷牧首赫拉克利乌斯（Heraclius）都曾在这座隐修院议事。在原先隐修院会议厅遗留下来的墙上有一个关于书籍的纪念碑，为了纪念唯一一本含有最著名的早期英格兰歌曲《夏天来了》（*Sumer is icumen in*）的十三世纪手抄本，这本手抄本有可能来自雷丁隐修院。

雷丁隐修院的十二世纪图书馆的书籍目录以一种奇特的方式保留了下来，它是雷丁契据集（cartulary）的其中一篇。契据集是一本含有契约文件的书册，这本书册在1790年左右被一位砖匠在拆除雷丁附近的辛菲尔德故居（Shinefield House）的一堵墙时发现。它于1888年出版，当时这本手抄本还属于辛菲尔德的土地所有者芬戈尔勋爵（Lord Fingall）家族，现收藏于大英图书馆（图63）。

这份图书馆目录的开头有一个用拉丁文书写的标题（图63）：“这些是在雷丁的教堂中的书籍。”其开头记录了四本《圣经》，每本都有两到三卷。不言而喻，拉丁文版本的《圣经》是每座中世纪修道院中必要的书籍。重要的是（这一点在下一章还会再提到），在修道院使用的古老《圣经》通常尺寸都非常大。我们之前也讨论过早期的大型书籍，像约700年制作的《阿米提奴抄本》与870年左右制作的《城外圣保禄大殿圣经》，而十二

SCRIPTOR. SRIPTORUM PRINCEPS EGO · NEC OBITURA DEINCEPS LAUS MEA NEC FAMA · QUIS
SUM MEA LITTERA CLAMA · LITTERA · TE TUA SRIPTURA QUEM SIGNAT PICTA FIGURA
PREDICAT EADWINUM FAMA PER SECULA VIUUM · INGENIUM CUIUS LIBRI DECUS INDICAT HUIUS
QUEM TIBI SIQUE DATUM MUNUS DEUS ACCIPE GRATUM

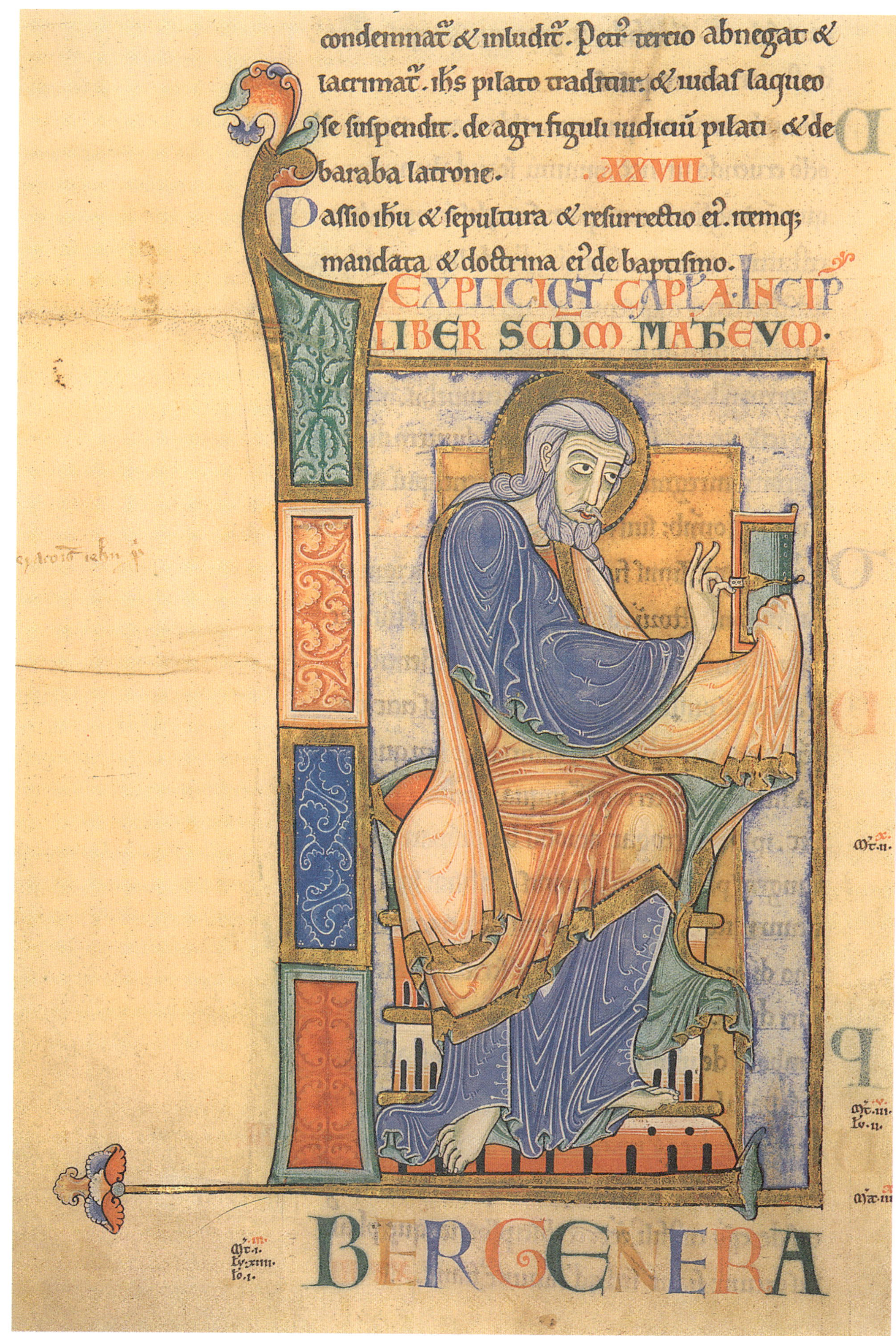
condemnat' & inludit'. Petr' tercio abnegat &
lacrimat'. ihs pilato traditur. & iudas laqueo
se suspendit. de agri figuli iudiciu pilati & de
baraba latrone. XXVIII.
Passio ihu & sepultura & resurrectio ei'. itemq;
mandata & doctrina ei' de baptismo.
EXPLICIUNT CAPL'A. INCIP
LIBER SCDM MATHEUM.
BERGENERA

世纪的《圣经》也非常巨大，制作它们都是极其庞大的工程。现存最著名的例子有《贝里圣经》（*Bury Bible*，现在只有一卷幸存）、《多佛尔圣经》（*Dover Bible*，图 62）、《兰贝斯圣经》（*Lambeth Bible*）、《温彻斯特圣经》（*Winchester Bible*）与《“Auct”圣经》（“*Auct*”*Bible*）。这些圣经现在或曾经以两卷装订，规格至少有 20 英寸 × 14 英寸（508 毫米 × 355.6 毫米）。在达勒姆的《圣经》由四卷组成，而圣奥尔本斯隐修院（St. Albans Abbey）拥有一本异乎寻常的单卷本《圣经》（图 65），这些大型《圣经》都在诵经台上使用，并非用于个人学习。《圣经》通常用漂亮的黑色字体书写，有时还会标注重音符号以方便大声阅读。雷丁隐修院的图书目录是非常清晰的，上面记录了三本两卷套的《圣经》与一本三卷套的《圣经》。这本三卷套的《圣经》在两百年以后又被提及，这套书被保存在修道士的宿舍中，作为在餐厅用餐时朗读的备用书籍，也许那时候这套书已经因为磨损太严重而无法作为日用书籍使用。这份十二世纪的图书馆目录还记录了最小的两卷套《圣经》之前属于名字缩写为 R. 的伦敦主教，这位书籍的捐赠者 R. 有几个人选，最有可能的是理查德·德·贝尔玛斯（Richard de Belmais，1152—1162 年在职）或理查德·菲茨尼尔（Richard FitzNeal，1189—1198 年在职）。主教捐赠礼物在那个时期是常见的，而且主教赠送《圣经》手抄本也是一种惯例，例如在 1153 年至 1195 年间任达勒姆大教堂主教的休·德·普约赛特（Hugh de Puiset）曾捐赠给达勒姆大教堂一套在诵经台上使用的《圣经》。雷丁隐修院的那套《圣经》很有可能是主教自费精致装饰制作的，也许它并不用于日常使用。图书目录中记录的最后一套《圣经》可以让我们了解到普通修道士对于书籍的使用，目录上说明：“一位名叫 G. 的乐监（cantor）要求把这第四本同样是两卷套的《圣经》放在修道院的回廊中。”修道院的回廊（cloister）是修道士散步与默想的地方，乐监（或领唱者，主要负责修道士的教育培养）为修道士们准备了这第四套《圣经》。

雷丁隐修院的图书馆目录还记录了不同的加注评的《圣经》手抄本，实际上，这是《圣经》在十二世纪被研究学习的主要方式：《圣经》中的章节以独立的手抄本方式呈现，每本书的页面边缘空白处都有用较小的文字书写的注释与评论（比较图 86），这些被称为《圣经》注评（Gloss）的内容是标准化的。图书目录中可以找到以下书名：《摩西五经》《利未记》《民数记》《申命记》《约书亚记》《士师记》《列王记》《马太福音》《马可福音》《路加福音》《约翰福音》及其他书籍名称，这些书籍大多数都独立装订。有几本以上提到的雷丁隐修院手抄本仍保留至今：《利未记》与《列王记》现收藏在英国牛津大学博德利图书馆中（手抄本编号分别为 Bodleian Library, Oxford, MS. Auct. D. 3. 12 与 Bodleian MS. Auct. D. 3. 15）；《路加福音》现收藏在牛津大学皇后学院（Queen's College, Oxford, MS. 323）；一本仍保有最初手抄本装订

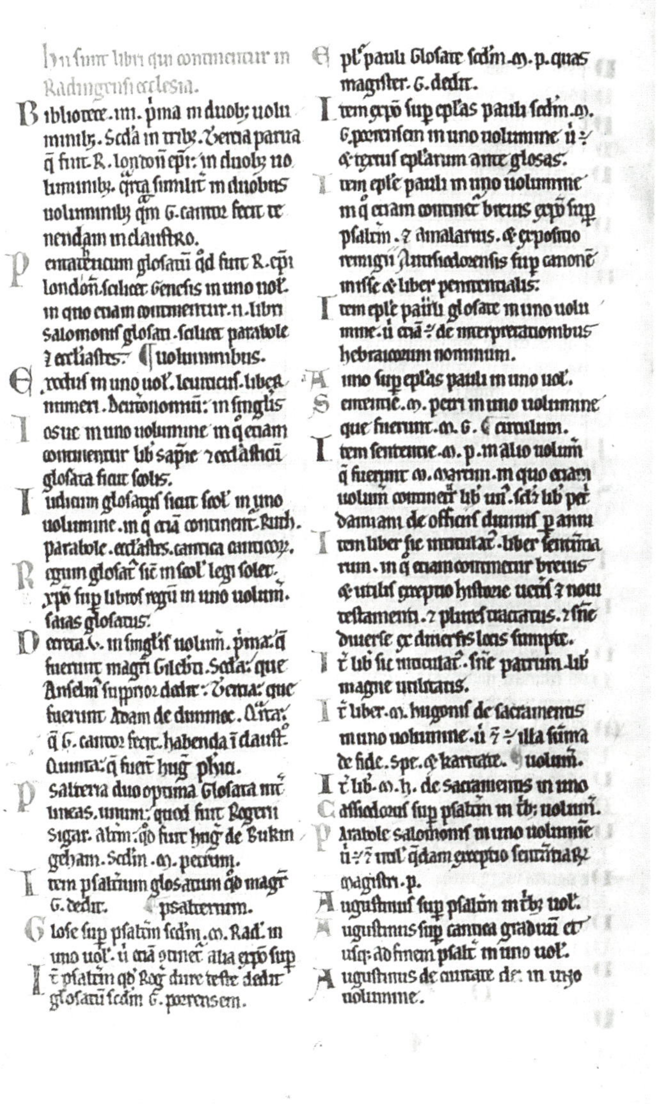

61 前页图

英国，剑桥，三一学院

Cambridge, Trinity College, MS. R. 17.1, fol. 283v

这幅在题词中被称为“缮写士王子”的修道士埃德温（Eadwine）的十二世纪中期整页画像来自一本奢华的带注评的诗篇集手抄本，它书写于坎特伯雷基督教堂隐修院。埃德温正在用一支笔和一把刀进行书写（刀用于刮掉纸上的书写错误）。这幅著名的图画曾被认为是一幅自画像，但它也有可能是为了纪念一位坎特伯雷过去著名的缮写士。

62 对页图

英国，剑桥，基督圣体学院，细节图

Cambridge, Corpus Christi College, MS. 4, fol. 168v, detail

这幅《多佛尔圣经》手抄本中《马太福音》的开篇描绘了马太左手用长袍小心翼翼地托起手抄本，并用右手解开手抄本的扣钩，可能是想要打开手中的这本书。《多佛尔圣经》制作于十二世纪中期的坎特伯雷，十四世纪时，它被记录在多佛尔隐修院的图书馆目录中，手抄本编号为 MS. A. 1。

63 上图

英国，伦敦，大英图书馆

London, British Library, Egerton MS. 3031, fol. 8v

雷丁隐修院的图书馆书籍目录在十二世纪晚期由修道士编写，上面记录了大约 300 本隐修院当时所拥有的书籍，目录以《圣经》手抄本及《圣经》评论手抄本作为最先记录的条目，有时还记载了手抄本提供者的名字。

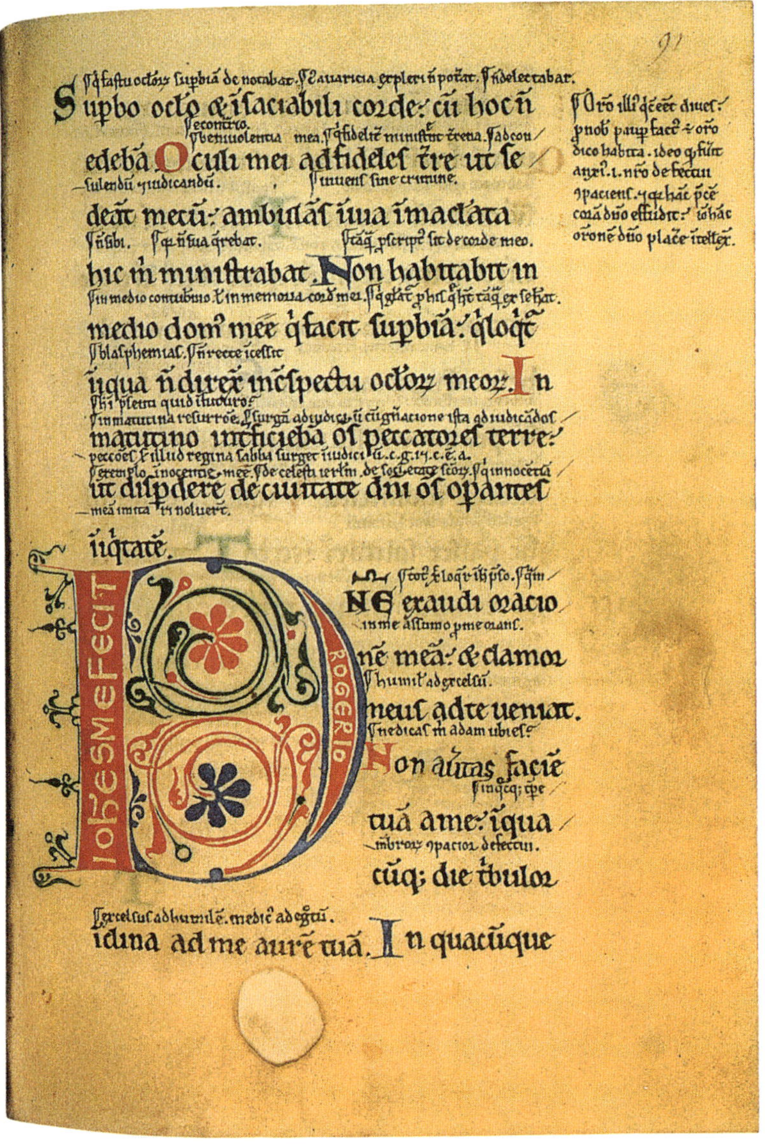

64 上图

英国，牛津，博德利图书馆

Oxford, Bodleian Library, MS. Auct. D.4.6, fol. 91r

图中的首字母写道："Joh[ann]es me fecit Rogerio。"［"约翰为了罗杰制作了我（此书）。"］它来自一本普瓦捷的吉尔伯特为《诗篇集》所写的注评作品手抄本，该手抄本制作于1160年左右的雷丁隐修院。雷丁隐修院图书馆目录记录了一本可能由1158年至1164年间任雷丁隐修院院长的罗杰委托制作的带吉尔伯特注评的《诗篇集》手抄本，或许就是图中的这本。

65 对页图

英国，剑桥，基督圣体学院

Cambridge, Corpus Christi College, MS. 48, fol. 201v

这是《四福音书》经文对照索引，早期的《四福音书》的章节编号被排列在不同的柱形栏里，读者可以将四部福音书中的平行经文进行比较。图中这幅《四福音书》经文对照索引来自一本在1170年左右为圣奥尔本斯隐修院的修道士所制作的《圣经》，图中这些柱形栏设计近似于罗马式建筑风格。

的，并且其内容是《士师记》与其他作品的手抄本可能是大英图书馆中珍藏的一本书（B. L., Add. MS. 54230；伦敦大英图书馆）。如果拿所有的《圣经》书籍与雷丁隐修院的图书目录相比对，我们会发现，雷丁隐修院的修道士还差七本就能集齐整套《圣经》注评，中世纪时期的图书编目员也会计算他们拥有的带注评的《圣经》手抄本数量，查看他们还差几本就可以拥有整套。坎特伯雷的圣奥古斯丁隐修院从院长罗杰（Roger，1176—1216年）的叔叔那里收到了一套21本带注评的《圣经》，这份捐赠被描述为"除了《历代志》《玛加伯记》与《启示录》之外"的一套完整的《圣经》。这些带注评的《圣经》书籍极大地吸引了十二世纪的修道士们，彼得伯勒隐修院（Peterborough Abbey）的图书馆目录记录了本笃（Benedict）在1177—1194年担任隐修院院长期间获得一些带注评的《圣经》手抄本，《圣奥尔本斯隐修院院史录》（*St. Albans Chronicle*）也记载了西蒙（Simon）在1167—1183年担任隐修院院长期间，那里的修道士获得一套带注评的《圣经》，他们说从来没有见过比这更高贵的书籍了。下一章，我们将会再谈论带注评的书籍，因为它们在早期大学的教学中非常受欢迎。雷丁隐修院的图书目录实际上把这其中几本书描述为"加了注评，像学校中的书一样"。最新的《圣经》注评作品是由普瓦捷的吉尔伯特（Gilbert de la Porrée，卒于1154年）与彼得·伦巴都（Peter Lombard，卒于1160年）所编辑校订的，这两部作品雷丁隐修院也都拥有，这个隐修院的图书馆经常随着新著作的推出而更新其收藏。这两部作品的其中一本是普瓦捷的吉尔伯特为诗篇集手抄本所写的注评，据记载，这本手抄本可能由1158年至1164年间担任雷丁隐修院院长的罗杰（Roger）赠送，它被认为是现收藏于牛津大学博德利图书馆的一本其主要内容为吉尔伯特注评的诗篇集手抄本，书中中世纪的注释指向了雷丁，一个华丽装饰的首字母上署着艺术家的名字"Joh［ann］es me fecit Rogerio"［"约翰为了罗杰制作了我（此书）"］（图64）。

十二世纪雷丁隐修院图书馆的很大一部分藏书显然是由早期教父的著作组成，第一本是卡西奥多鲁斯为诗篇所写的注评。目录还列出了十八本圣奥古斯丁著作的手抄本、十本圣安波罗修（St. Ambrose）的著作手抄本、七本格列高利一世的著作手抄本、八本比德的著作手抄本（这些手抄本内容是他对《圣经》的评论，并不是我们第一章提到的他所记载的历史事件），以及一些不错的圣杰罗姆和奥利金（Origen）的著作手抄本。值得强调的是，这些作家的著作是任何一个十二世纪修道院图书馆的核心（比较图66、图67、图73、图75、图78、图83、图89与图91）。罗马式时期每个称职的图书馆都有义务拥有以下这些非常古老的、基本的书籍：圣奥古斯丁为诗篇所写的三卷套注评、格列高利一世的两卷套《约伯记的道德论》（*Moralia on Job*）与被装订在一起的圣安波罗修的《论责任》（*De Officiis*）及他的

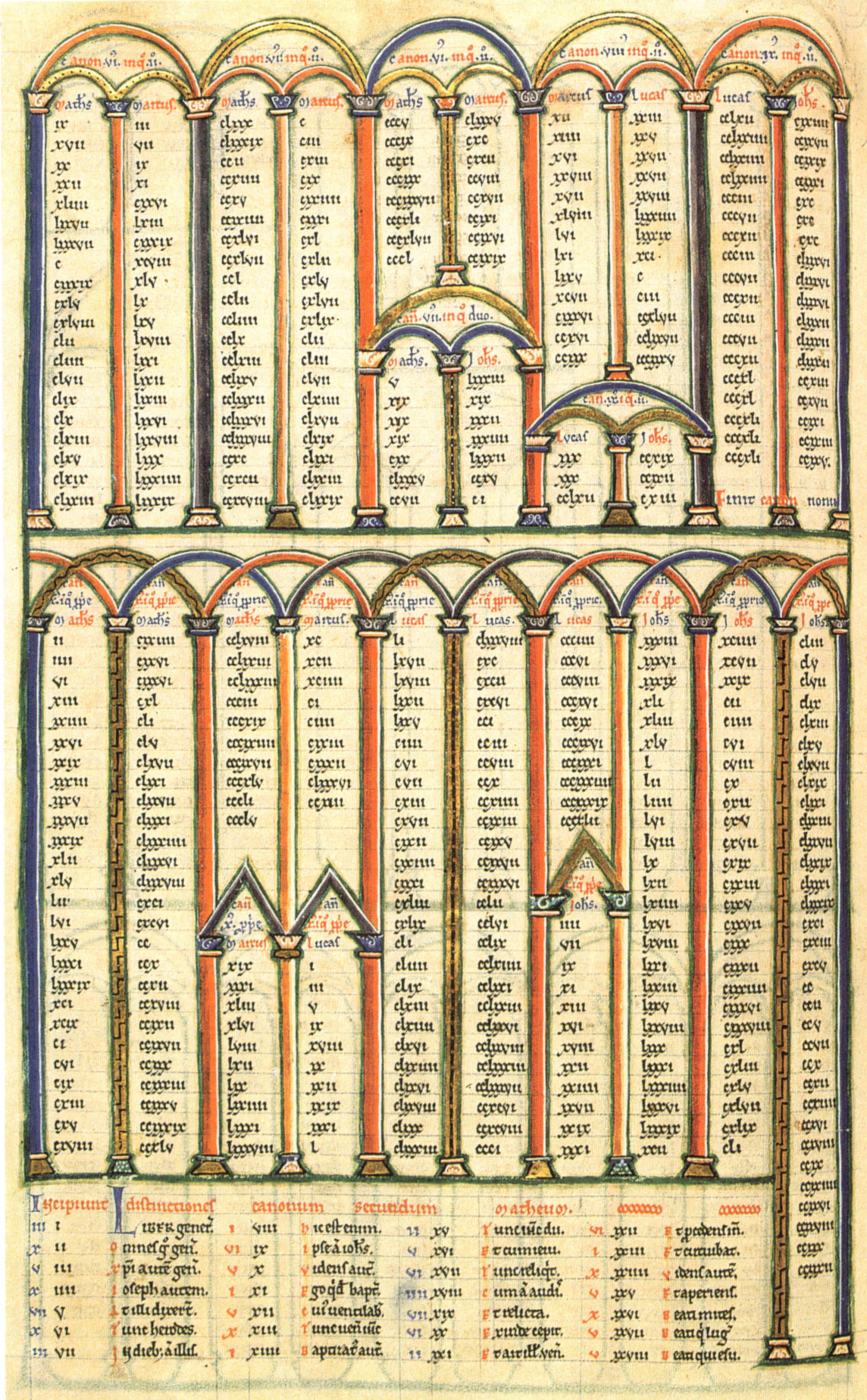

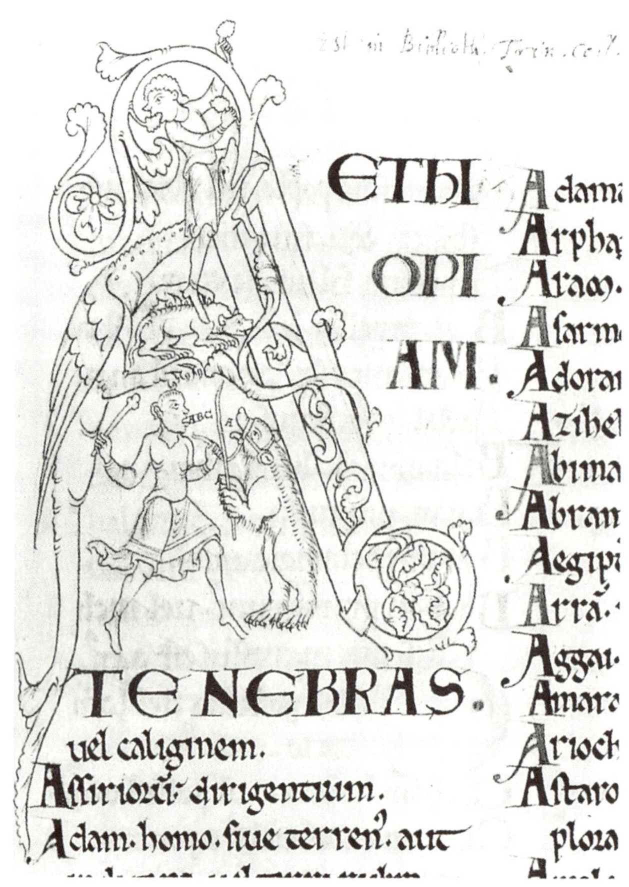

66 上图

英国，剑桥，三一学院，细节图

Cambridge, Trinity College, MS. O.4.7, fol. 75r, detail

图中首字母的草图描绘了一个人正在教一只熊认识字母表，他说"ABC"，熊也咕哝着"A"。这个首字母来自一本内容为圣杰罗姆评论著作的手抄本，这本手抄本在1120年左右为肯特的罗切斯特大教堂隐修院制作。

67 对页图

美国，芝加哥，纽伯利图书馆

Chicago, Newberry Library, MS. 12.1, fol. 1r

这本十二世纪中期的圣奥古斯丁著作的手抄本来自雷丁隐修院图书馆，图中页面顶端有一句手抄本所有者的恐吓题词，任何把它从修道院拿走的人都会受到诅咒。

《手册》（*Enchiridion*）。当时的雷丁隐修院图书馆与其他大多数图书馆都藏有这些书籍。然而在英格兰，这种对收藏古老神学经典著作的热情是相对比较新的，在 1066 年诺曼人征服英格兰之前，修道院可能会因为巧合或者需求而拥有几本这类书籍，但是在诺曼人统治下的修道院则系统性地丰富了图书馆的藏书。这些修道院经常在一起抄写书籍，并细心保存这些成套的书籍。巧合的是，雷丁隐修院图书馆目录中的七本十二世纪制作的圣奥古斯丁著作手抄本在十六世纪宗教改革后的 1577 年到了一位名为J. 雷诺（J. Reynoldes）的人手中，在 1748 年与 1822 年，这套书籍相继成为詹姆斯·鲍恩（James Bowen）和托马斯·菲利普斯爵士（Sir Thomas Phillipps）的收藏品，之后在 1937 年被芝加哥纽伯利图书馆整套一起购买（Newberry Library, MSS. 12. 1–7）。这套书籍的其中三本手抄本有中世纪时期雷丁隐修院拥有此书的记录与对任何拿走这些书籍的人的诅咒："这本雷丁的书来自圣玛利亚，拿走此书的人，愿他受到诅咒。"（"Liber sancte Marie Radying[ensis] quem qui alienaverit anathema sit"，图 67）。

早期教父的著作许多是庞大的手抄本，不方便阅读，上面提到的收藏于芝加哥的不同手抄本加起来共有 762 张以拉丁文写得密密麻麻的内容。这些书籍是否被修道士所使用呢？如果不是，一位持怀疑态度的人则会问道，谁又拥有它们呢？在这个恐惧基督教异端的时代（在英格兰基本上是第一次），那时的观念是把修道院看成宗教知识的宝库，尤其是那些令人敬仰已久的宗教知识。此外，也许在十二世纪以后不再有人认为人类的知识是有限的，但在十二世纪时这却是有可能性的看法。《圣经》学者吉尔伯特（Gilbert，他曾在欧塞尔任教，在 1128 年至 1134 年间成为伦敦主教）被称为"博识者"（"The Universal"），这个绰号并没有讽刺的意味，因为大家都认为他无所不知。若以当时存在的书籍总数为基础，修道士马姆斯伯里的威廉（William of Malmesbury，卒于约 1143 年）可能是有史以来最博学的英格兰人了。直到十九世纪，图书馆详尽的收藏才又被赞赏。雷丁隐修院拥有一本圣杰罗姆的《名人传》（*De Viris Illustribus*）手抄本，它是一本介绍著名作家及他们的作品的百科全书，中世纪的图书管理员可以用它作为当时所有书籍的清单，它对丰富馆藏来讲是一本非常有用的书目手册。雷丁隐修院图书馆藏有少数古典著作，其作者包括塞内卡（Seneca）、维吉尔、贺拉斯与尤维纳利斯，这也许正隐晦地反映了图书馆希望拥有详尽收藏的理想目标。这些书籍是否被经常使用可以从图书目录上偶然标记的形容词中体现出来：在将近 300 册书籍的列表中，图书编目员四次添加了评论词"实用的"（utilis）与"非常有用的"（magne utilitatis）。这些评论词形容了以下这些作品：一本《圣经》历史节选集、一本早期教父语录、彼得·伦巴都《四部语录》（*Sentences*）的节选与一本圣徒传记，这些都不是最重要的作品。令人感动的是，雷丁的修道士们在目录上标注有用的作品却是这些著有摘要

Liber Sancte Marie Radyng[ensis] que [illegible]

Aurelii augustini de uera religione liber incipit.

CUM omnis uite bone ac beate uia in
uera religione sit constituta in qua unus
deus colitur et purgatissima pietate cogno-
scitur principium naturarum omnium a quo uni-
uersitas omnis et inchoatur et perficitur et continetur:
hinc euidentius error deprehenditur eorum po-
pulorum qui multos deos colere quam unum uerum deum et dominum omni-
um maluerunt. quod eorum sapientes quos philosophos uocant
scolas habebant dissentientes et templa communia. Non
enim uel populos uel sacerdotes latebat de ipsorum deorum na-
tura quam diuersa sentirent. cum suam quisque opinionem publice
confiteri non formidaret: atque omnibus si posset persuadere
moliretur. Omnes tamen cum sectatoribus suis diuersa et aduersa
sentientibus: ad sacra communia nullo prohibente ueniebant.
Nunc non agitur quis eorum senserit uerius. sed certe illud sa-
tis quantum mihi uidetur apparet: aliud eos in religione susce-
pisse cum populo. et aliud eodem ipso populo audiente defendis-
se priuatim. Socrates tamen audacior ceteris fuisse perhibetur: iuran-
do per canem quemlibet. et lapidem quemlibet: et quicquid iuraturo
esset in promptu. et quasi ad manum occurrisset. Credo intelli-
gebat qualiacumque opera nature que administrante diui-
na prouidentia gignerentur. multo quam hominum et quorumlibet
opificum esse meliora: et ideo diuinis honoribus digniora. quam
ea que in templis colebantur. Non quod uere lapis et canis essent
colenda sapientibus: sed ut hoc modo intelligerent qui possent.
tanta superstitione demersos esse homines: ut emergenti-
bus huic esset tam turpis demonstrandus gradus. Ad quem ueni-
re si puderet: uiderent quanto magis pudendum esset in
turpiore consistere. Simul et illos qui mundum istum

与语录的书籍，而他们图书馆中珍藏的早期教父的多卷套著作却没有添加任何评论。

雷丁隐修院的图书馆目录与其他图书馆目录相比显得与众不同，因为它记载了礼拜仪式所用的书籍，这些书籍被保存在隐修院的法衣室与小礼拜堂里，而不是与其他图书馆书籍存放在一起。通过阅读雷丁图书馆的图书目录，我们可以联想到图书编目员在隐修院的各个角落系统性地搜寻书籍。显然他会从图书馆开始，我们不知道图书馆建在哪里，它在十二世纪不会是一间特定的房间，而很有可能是在隐修院的回廊中（图 68）。在雷丁隐修院回廊废墟的东面墙上有一些可能曾是装书柜的凹槽，但也有可能书籍被放在独立的箱子，而这些箱子则可能被放置在回廊或者隐修院会议厅与教堂之间、在回廊东南角的宽敞走廊中。稍加想象，并借助雷丁隐修院废墟平面图的帮助，我们可以猜想这位图书编目员在不同的房间穿梭。他首先记录最主要的书籍，然后介绍在回廊附近小礼拜堂（他并没有走很远）的一本两卷套的日课经，之后他以顺时针方向走在回廊中，直到通过一段走廊（走廊的废墟仍保留至今），来到隐修院的客人招待所、医务室与隐修院院长的住所（他又记录了四本日课经）。随后他回到隐修院回廊，从其南边进入餐厅（这里有三本在用餐时朗读的书籍，包括一套两卷的《圣经选读集》），接着往右从隐修院教堂大门进入，他找到三本杰出的弥撒书（其中两本的书籍装订极其珍贵，另一本用于清晨的礼拜仪式）与十七本较小的弥撒书（供修道士们每天在教堂与小礼拜堂中使用）。另外，他还记录了十五本升阶曲集，这些书中包含弥撒所使用的音乐，其中两本在隐修院院长的私用小圣堂。除此之外，还有六本完整的礼拜游行用书（Processional）和七本特殊场合使用的小本礼拜游行用书（当修道士绕着隐修院回廊诵经时，这些小本书籍方便携带），另外还有七本日课交替合唱集，这些体积非常庞大的书籍包含日课礼仪所使用的音乐。有三本供见习修士使用的诗篇集（他们很可能用这些书籍来学习阅读），还有四本诗篇集被链子拴在教堂与医务室，这是书籍被链子拴住的做法的一个早期记载。通过目录记载的《圣经选读集》、在弥撒与日课圣歌部分加入的音乐与文字的附加书（Troper）、日课所需的集祷经集（Collectar）与其他一些在特殊礼拜仪式使用的书籍，我们对雷丁隐修院日常使用的书籍有了一定的了解。这些信息非常有价值，因为起辅助作用的礼拜书籍很少从十二世纪保存至今：不断地被使用、被淘汰与宗教改革等原因导致现在只幸存少量珍贵的英格兰罗马式礼拜仪式书籍（比较图 69）。当我们研究中世纪书籍制作历史时，很容易忽略对某些种类手抄本的研究，仅仅因为有些手抄本已经不存在了。雷丁隐修院并没有完整的礼拜仪式书籍幸存下来，现在伯克郡的杜艾隐修院保存着 1943 年收购的可能来自雷丁的礼拜仪式书的残页（Douai Abbey in Berkshire, MS. 11），这四张残页在十二世纪上半叶书写并装饰，

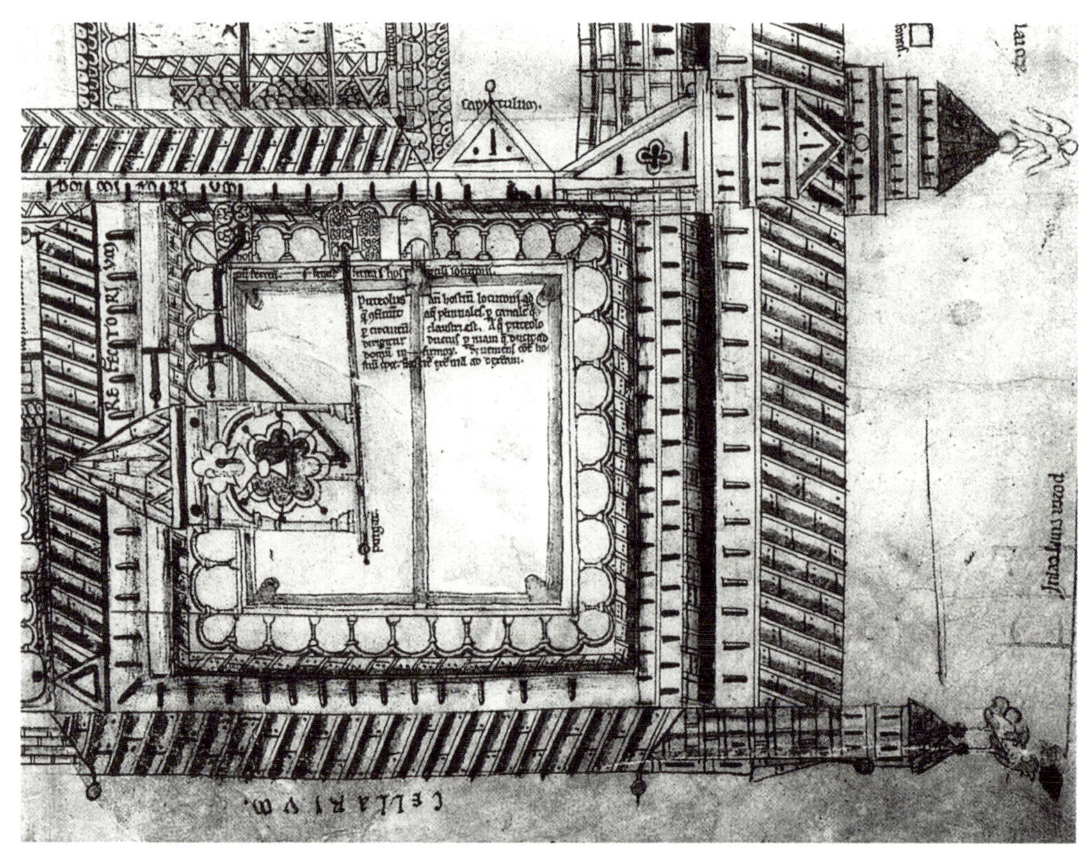

68 对页图

英国，剑桥，三一学院，细节图

Cambridge, Trinity College, MS. R. 17.1, fol. 285r, detail

隐修院的回廊可能是十二世纪修道士通常存放与阅读书籍的地方，很多手抄本也可能是在回廊中制作完成。这幅大约在1165年绘制的颇具艺术风格的平面图展示了坎特伯雷基督教堂隐修院的大型回廊，那时回廊里确实有装满书籍的柜子。

69 右图

英国，伦敦，大英图书馆

London, British Library, Royal MS. 2.A.X, fol. 2r

每一座十二世纪英格兰隐修院必定都有许多礼拜仪式用书，但这些书很少能幸存下来，因为在中世纪时期，频繁地使用使它们变得破旧不堪，剩下的也在宗教改革时期被系统地销毁了。这本日课经在约1150年制作于圣奥尔本斯隐修院，页面上端有一条记录，写着这本书被放在唱诗班席的柜子里，页面下端有一句诅咒任何把这本书从圣奥尔本斯隐修院带走的人的题词。

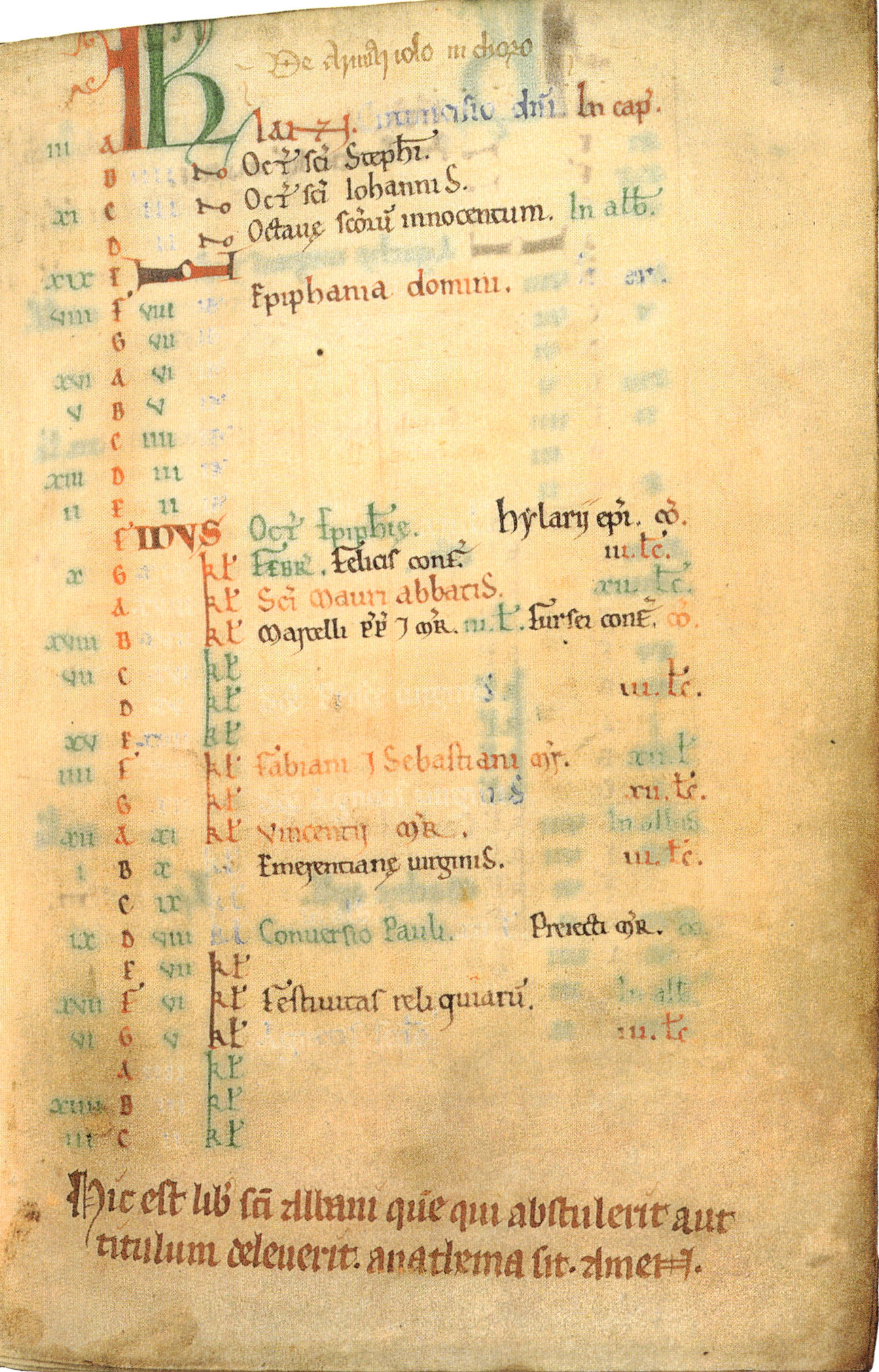

Explicit . . . in . . quatuor evangeli-
catio sev declaratio lib. iij.
Incipit lib. iiii.

uertis mortis: 7 sp̄c incorporeos posse
pena corporalis ignis affligi: J8 ignis
corporalis cruciabit demones: 7 hoies.
Jero. heliodoro: in ep̄la ad ephes.
Infernum sub t̄ra. ē: nemo ambigat

T. clui.

cū ꝯsūmasset ihc . M. cc. lxxiij.
sermones hos omīs: . R. c. l vi.
dix̄ discipłis suis. . L. cc. lx.
Scitis: q̄a p̄ biduū . A. x c vi.
pascha fiet. 7 filł hoīs tradet̄. ut
crucifigat̄: Consūmatis uerbo
7 op̄e sermonib; cunctis ab initio
euangelii. uł his cōpletis. de scd̄o
aduentu dn̄i. ū se uenturum in
claritate p̄dixit: passurum se
ostendit. ut sacramentū crucis
admixtū. ee. gl̄e et̄nitatis ammo-
neat. Erubescant q̄ putant salua-
torem. passionis pauore dixisse: pa-
ter si fieri pot̄: tn̄. a. me. ca. i. Nam
p̄sciuit se tradendū: nec tīuit fug.
p̄ biduum. i. p̄ duos dies celebra-
turi erant iudei suum pascha. ui-
delicet. xiiii. luna p̄ eq̄noctium.
h̄ sane int̄ uet̄ pascha 7 azima di-
stat. q̄d pascha solus dies appella-
t̄. in quo agnus occidebatur ad
uespam. hoc. ē. xiiij. luna primi
mēsis. xv. aū luna. q̄n egressus. ē.
pp̄ ille de egypto: succedebat fes-
tiuitas azimoꝝ. Cui. vii. dieb;.
. i. usq; ad uigesimam p̄ma eiusdem

.hyl. cap. xxi.
. S. cap. xxxv.
In cap. pximo.

. I.

. B.

mensis die. ad uesp̄a: ē. statuta sol-
lempnitas. Verū euangelii sc̄p̄ta in-
different̄. 7 die azimoꝝ p pascha:
7 p dieb; azimoꝝ pone pascha solet.
Vn̄ lucas. dies festi azimoꝝ: q̄ dr̄
pascha. It̄e iohs. Cū p̄mo azimorū
die. i. xv. luna res agerēt̄: ait. Et
ipsi n̄ intierūt in p̄toriū. ū n̄ contami-
narent̄: s; manducarent pascha. q̄
7 pasce dies azimorū. ē. celebrari p̄cep-
t̄. Vnam q̄ppe diem agno imolato ad
uesp̄a: vij. ex ordine dies secunt̄ azi-
moꝝ. q̄ ihc semel p nob̄ passus. p oē
temp̄ q̄. vij. dieb; agit̄: in azimis
sinceritatis 7 ūitatis p̄cipit. ee. ui-
uendum. . M. cclxxv.
Tvnc ꝯgḡati sunt . R. c l vii.
p̄ncipes sacerdotū. 7 seniores pp̄. in
atrium. p̄n. sac. q̄. dice. cayphas: 7 ꝯsi-
lium fecerūt. ut ihm dolo. te. 7. oc. Di-
cebant aū. n̄ in die. fe. ne forte tu-
mult̄ fieret in. po. Qvi debuāt
uicino pasca uictimas parare: pa-
rietes templi leuigare: pauimenta
uerrere: uasa mundare: ineunt ꝯ-
siliū: q̄m occidant dn̄m. Jo aū no-
lebant in die festo ꝯsentire neci eī.
q̄ tn̄ fecerūt. ne pp̄s q̄ diligebat eū:
insurgeret ill̄. 7 defenderet innocentē.
Tvnc abiit un̄ de. xij. M. cclxxiiii.
q̄ dr̄ iudas scarioth: . R. clx
7 locut̄. ē. ad p̄ncipes . L. cc L xiii.
sac̄dotū. 7 magistratib;: 7 ait illis.
q̄d uultis m̄ dare. 7. e. uo. eū. t̄: qui
audientes gauisi st̄. 7 ꝯstituer̄t ei. xxx.
. argen. 7 exinde q̄rebant. oport: ū eū
tra. sine turb̄. Ivdas un̄ de. xij. nu-
mero: n̄ mīto. corpe: n̄ aīo. a p̄ncipi-
b; n̄ inuitat̄. nulla necessitate ꝯstri-
git̄. s; p̄p̄a sponte scelerate mentis
init consiliū. Nec in uenditione
magistri certā p̄tulat sūmā: ū de
cara re. s; q̄i uile tradens mancipi-
um: in potestate posuit euentuū.
Multi hodie iude scelus exhorrent:
nec tn̄ cauent. Nā cū p munib; falsū
testimoniū dīc: p̄fecto ūitatem ne-
gando: dn̄m uendunt. Cū societate
fr̄ernitatis discordie peste cōmaculāt:

其内容是三一主日之后的几个主日礼拜的答唱咏，其中之一的答唱内容与众不同，属于本笃会（Benedictine order）改革后的克吕尼修会（Cluniac Order），而雷丁那时正是属于克吕尼修会。残页中的字体也与已知的其他雷丁手抄本字体相似，并且这些残页所属的礼拜仪式书籍绝对是雷丁修道士会制作与使用的手抄本类型。

在十二世纪，对书籍进行保存与制作都是修道院的特点，修道士需要书籍，根据雷丁隐修院的书籍目录来判断，他们需要大量的礼拜仪式用书。更重要的是，在十二世纪，修道院是知识与艺术生活的中心，只有极少的手抄本制作是与修道院或宗教体系完全无关的。对我们来说，在多年以后的今日，想要了解修道院在十二世纪的无比重要性是困难的，修道院的蓬勃发展是欧洲罗马式时期的显著特点之一。在诺曼人征服英格兰时，英格兰大约有三十五座修道院，这些包括英格兰独有的机构：主教座堂隐修院（cathedral priory）（比如温彻斯特、达勒姆与坎特伯雷基督教堂），这些主教座堂隐修院由本笃会的修道士而非神父和咏礼司铎组成，而且它们也在十二世纪书籍泥金制作历史中占有重要地位，也许这些教堂比修道院更早渴望拥有完善的图书馆馆藏。很快，所有宗教机构都开展了庞大的宗教改革，这包括成立新的宗教修会与建造更大规模的新修道院。许多古老的修道院被重建，如温彻斯特、达勒姆和坎特伯雷基督教堂，有些甚至搬到了新的地点，如蒂克斯伯里（Tewkesbury）。克吕尼修会的修道士于1077年左右来到英格兰，英格兰国王亨利一世于1121年建立的雷丁隐修院就是克吕尼修会修道院之一。奥斯定修会（Augustinians）、西多会（Cistercians）、吉尔伯特修会（Gilbertines，英格兰本土修会）与加尔都西会（Carthusians）的修士们分别在1105年、1128年、1131年与1180年在英国发展，他们从地方人口中招募了许多新成员。虽然我们现在可以概括性地解释这些现象，但这场宗教精神运动在那时清楚地存在着。直到1200年，英格兰拥有500多座修道院和修会会院，而且所有这些几乎都建立于十二世纪。古老的盎格鲁–撒克逊生活方式受到国际化的影响。马姆斯伯里的威廉在十二世纪记录道："这些以前在英格兰各地都在衰退的宗教标准被诺曼人给予了新的生命，现在你可以在每个村庄、城镇和城市、教堂与修道院看到一种新的建筑风格。"

修道院需要书籍作为其必要装备。我们没有必要总是苦苦纠结于修道士是否经常使用所有的书籍（尽管一些修道士有时确实这样做），就像我们不必仅以实用性这一概念去解释礼拜仪式、祈祷文或建筑的作用。一座没有图书馆的修道院其设备是不完善的。一位瑞士的加尔都西会修士在后来写了一句名言："一座没有书籍的修道院就像是一个没有资源的国家、一个没有军队的营地、一个没有餐具的厨房、一个没有放食物的桌子、一座没有草的花园、一片没有花卉的田野、一棵没有叶子的树。"修道院的书籍从哪里而来呢？创建于1121年的雷丁隐修院在十二世纪晚期制定图书目录的时候已拥有将近300本书籍。英格兰大约有500座修道院在那时都需要书籍，在图书制作上的付出是相当可观的。这些修道院的努力非常成功，以至于英格兰十二世纪书籍是现今幸存数量相对较多的古老书籍。

这些书籍从何而来，最直接的答案就是修道士制作了它们，他们坐在修道院的回廊里抄写这些书籍，尤其在十二世纪，基本上可以说确实是这样的。但一般缮写士制作书籍并非这么简单，开始抄写前，他需要一本与将要抄写的书籍内容相同的样书，这本样书需要经过仔细修改使其内容清晰可理解，以作为新手抄本的范

70 对页图

英国，英格兰，私人收藏

England, private collection, s.n., fol. 139v

这本精致的内容为神学家扎卡赖亚斯·克莱索普力坦尼斯（Zacharias Chrysopolitanus）作品的十二世纪手抄本在1175年左右制作完成，属于坐落于多塞特郡（Dorset）阿伯茨伯里（Abbotsbury）的圣彼得与圣保罗修道院。它之前收藏于加利福尼亚卡马里洛（Camarillo）的多希尼图书馆（Doheny Library）。图中的首字母描绘了"最后的晚餐"。

71 左图

英国，牛津，博德利图书馆，细节图

Oxford, Bodleian Library, MS. Auct. D.2.6, fol. 169r, detail

坎特伯雷大主教圣安瑟伦死于1109年，他的《沉思录》（*Meditations*）成为中世纪精神慰藉方面伟大的书籍之一。这本十二世纪手抄本为一座献给圣彼得的修道院所制作，细密画描绘了基督把天国的钥匙给予了圣彼得，然后圣彼得把信徒的灵魂接进了天堂。

本。任何书稿，除非是作者亲笔书写或者缮写士已熟记书籍内容，否则在书籍的制作过程都需要一本范本，这一点是非常基本的，但却很容易被忽视。然而这些实际的执行过程却是难以知晓的。例如，在英格兰遥远的西南部，一座新建的修道院中的修道士听说了当时在意大利广为流传的格拉提安（Gratian）的《法规集》（*Decretum*），或听说了一位在贝桑松（Besançon）的名叫扎卡赖亚斯（Zacharias）的普利孟特瑞会（Premonstratensian）咏礼司铎在十二世纪四十年代编制的构思巧妙的《四福音》合参（图 70），甚至是当时已故的坎特伯雷大主教安瑟伦（Anselm of Canterbury）汇集的一本对修道士有极大帮助的灵修书籍（图 71），修道士都需要找到这些书籍的副本用于抄写。特别令我们好奇的是，如果这些修道士的会规并不鼓励他们自由旅行的话，缮写士们又是在何处得到这些书籍的样本的呢？我们对此所知甚少。

毫无疑问，修道院之间经常互借书籍，例如，由于西多会有效的集中管理，在西多会修道院中我们可以很容易地想象这种现象的发生。罗切斯特大教堂（Rochester Cathedral）与坎特伯雷基督教堂之间邻近的地理位置以及密切的关系很有可能可以解释这两个地方在书籍收藏上一些非凡的相似之处，伯里圣埃德蒙兹（Bury St. Edmunds）的缮写士似乎也使用在坎特伯雷基督教堂的书籍。一本在九世纪的赫里福德（Hereford）制作的卡西奥多鲁斯作品手抄本是一本十一世纪晚期在索尔兹伯里（Salisbury）制作的手抄本的样本。已故的 N. R. 科尔（N. R. Ker）博士研究了十二世纪藏于特伦特河畔伯顿（Burton-on-Trent）的一本九世纪制作的圣奥古斯丁作品手抄本，科尔博士发现它是在索尔兹伯里、赫里福德、罗切斯特和其他地方制作的手抄本的最初样本。

有时候，当一座修道院需要一本书的时候，一定会觉得派遣一位缮写士去样本所在地抄写此书更方便，而不是派一个信使去将这些宝贵的范本借回来抄写之后再归还。圣奥尔本斯隐修院院长与巴黎圣维克多（St. Victor）隐修院院长理查德在 1167 年至 1173 年期间的部分书信得以幸存，前者询问理查德是否可以获得理查德本人的著作清单，以及能否派人去圣维克多抄写任何圣奥尔本斯图书馆中没有的圣维克多的休（Hugh of St. Victor）的作品。一旦圣奥尔本斯的缮写士拥有这些书籍，其他英格兰的修道院也可以派人到此抄写，这样这个工作就可以重复地进行下去。雷丁图书馆目录上记录了四本圣维克多的休的作品手抄本（其中一本得以保存，Bodleian Library, MS. Digby 148；英国牛津大学博德利图书馆），当时的缮写士可能借用或使用了类似圣奥尔本斯隐修院的范本进行抄写。

拿到范本之后，制作手抄本的下一步就是准备空白的动物皮纸。动物外皮制作的动物皮纸无疑经常是修道院屠夫留下来的副产品，像《温彻斯特圣经》这样的巨作可能需要大约两百五十只羊的羊皮，很难想象这么多动物仅仅为了供应动物皮纸而被宰杀。对于这些动物外皮的供应，我们可以从林肯的圣休（St. Hugh of Lincoln）同时期的生活简单地了解。从 1180 年至 1186 年，休是萨默塞特（Somerset）的威特姆（Witham）加尔都西会隐修院的院长。休与亨利二世国王认识，在他们的一次谈话中他提到在威特姆书籍很少的原因是缺乏动物皮纸。据记载，国王慷慨地给了他十马克白银用于购买一些纸张。这里有两个重点：第一个说明动物皮纸是可以购买的，但非常昂贵，十马克白银是一大笔钱（当然我们也不知道这些钱买了多少动物皮纸；图 72）；第二个重点是威特姆的修道士没有动物皮纸，这很重要，因为这些修道士是加尔都西修会的。按照 1130 年加尔都西修会严格的习惯规定来讲，他们从不吃肉，因此，他们没有屠夫，而且（我们从中得知）也没有动物皮纸。相比来讲，本笃会的修道士也许很少会缺少动物皮纸。

可能写于德国北部的黑尔马斯豪森隐修院，由西奥菲利乌斯（Theophilus）所著的《论多种技艺》（*De Diversis Artibus*）记录着十二世纪修道院制作动物皮纸的方法。动物皮在流动的水中浸泡几天，之后把它们浸泡在石灰水溶液中最多两个星期就可以把所有毛发都刮掉（实际上，这些毛发很容易脱落），然后再把它们重新放回石灰水溶液中浸泡同样长的时间。接着将冲洗后的动物皮固定在架子上，并撑开在阳光下晾晒，之后再用浮石和水反复加以清洗，这期间重要的一点是动物皮在晾晒之后要用力地刮削，大量的流动清水是制作动物皮纸的关键。我们注意到十一世纪晚期在索尔兹伯里制作的手抄本使用了最差的动物皮纸：很厚，表面呈黄色，而且非常粗糙。有趣的一点是，那个在诺曼人统治下的索尔兹伯里有一座荒凉的山——现在被称为老塞勒姆（Old Sarum），它最终被遗弃的主要原因就是没有流动水源，有可能这就是索尔兹伯里动物皮纸很差的原因。然而对于西多会的修道士来讲，制作动物皮纸会容易很多，因为他们的修道院几乎一直建在河流旁。

伯里圣埃德蒙兹隐修院的院史录提到一个很有趣的关于动物皮纸的记载。当提及 1135 年左右为这个隐修院所制作，由艺术家雨果画师（Master Hugo）所绘的巨大《圣经》手抄本时，院史录中写道：“当泥金装饰艺术家无法在当地找到合适的动物皮纸时，他从爱尔兰获得了它们（in Scotiae partibus）。”这相当令人困惑，实际上，这套两卷《圣经》有一卷保留至今（Cambridge, Corpus Christi College, MS. 2；英国剑桥基督圣体学院），而且不出所料，所有的细密画与一些泥金装饰的首字母都被画在另外的动物皮纸上并粘贴到这本《圣经》中。事实上，在整个中世纪时期，这种把另外带有插图装饰的动物皮纸贴在手抄本中的做法也不乏其例，也许出于某些原因，有时泥金装饰艺术家对当地加工制作的动物皮纸页面并不满意。

一张新加工制作的动物皮纸的折叠方式取决于缮写士将要制作的书籍尺寸。一本巨大的手抄本，例如诵经台式《圣经》，

72 右图

哥本哈根，丹麦皇家图书馆，细节图

Copenhagen, Kongelige Bibliotek, MS. 4, 2° , fol. 183v, detail

动物皮纸是一种贵重的商品，图中这个十三世纪在德国绘制的首字母描绘了一位修道士正在检查一位职业动物皮纸制作者出售的皮纸，这位动物皮纸制作者胳膊下还卷着其他动物皮纸。在他们身后，一个木质的框架上有一张撑开的动物皮纸，架子前面还有一把刀刃呈曲线的新月形刮刀（lunellum），用于刮削动物皮纸。

uos nisi Christum Iesum et hunc crucifixum. Si ipse dominus descendit et ascendit, manifestum est quia et predicatores ipsius descendunt imitatione, ascendunt illuminatione; ascendunt et predicatione. Et si aliquanto uos diutius tenuimus, consilium fuit, ut importune hore transirent. Arbitramur iam illos peregisse uanitatem suam. Nos autem quoniam pasti sumus epulis salutaribus, que restant agamus, ut diem dominicum sollempniter impleamus in gaudiis spiritualibus, et comparemus gaudia ueritatis cum gaudio uanitatis. Et si horremus, doleamus; et si dolemus, oremus; si oramus, exaudiamur; si exaudimur, et illos lucremur.

Explicit omelia VII. Incipit octaua de nuptiis in chana galilee et aqua in uinum conuersa.

c ii

Miraculum domini nostri Iesu Christi quod de aqua uinum fecit, non est mirum his qui nouerunt quia deus fecit. Ipse enim uno illo die fecit in nuptiis in sex illis idriis quas impleri aqua precepit, qui omni anno facit hoc in uitibus. Sicut enim quod miserunt ministri in idrias in uinum conuersum est ope domini, sic et quod nubes fundunt in uinum conuertitur eiusdem ope domini. Illud autem non miramur, quia omni anno fit; assiduitas amisit ammirationem. Nam considerationem maiorem inuenit, quam id quod factum est in idriis aque. Quis est enim qui considerat opera dei quibus regitur mundus, et non obstupescat obruiturque miraculis? Si consideret uim unius grani cuiuslibet seminis, magna quedam res est, horror est consideranti. Sed quia homines in aliud intenti perdiderunt considerationem operum dei, in qua darent cotidie laudem creatori; tanquam seruauit sibi deus inusitata quedam que faceret, ut tanquam dormientes homines ad se colendum mirabilibus excitaret. Mortuus resurrexit, mirati sunt homines; tot cotidie nascuntur, et nemo miratur. Si consideremus prudentius, maioris miraculi est esse qui non erat, quam reuiuiscere qui erat. Idem tamen deus pater domini nostri Iesu Christi per uerbum suum facit hec omnia, et regit que creauit. Priora miracula fecit per uerbum suum deum apud se; posteriora miracula fecit per ipsum uerbum suum incarnatum, et propter nos hominem factum. Sicut miramur que facta sunt per hominem Iesum, miremur que facta sunt per deum Iesum. Per deum Iesum facta sunt celum, terra, mare, et omnis ornatus celi, opulentia terre, fecunditas maris. Omnia hec que oculis subiacent per Iesum deum facta sunt; et uidemus hec, et si est in nobis spiritus illius, sic nobis placent, ut artifex laudetur; non ut ad opera conuersi ab artifice auertamur, et faciem quodammodo ponentes ad ea que fecit, dorsum ponamus ad eum qui fecit. Et hec quidem uidemus, et adiacent oculis. Quid illa que non uidemus, sicut sunt angeli, uirtutes, dominationes, potestates, omnisque habitator fabrice huius supercelestis, non adiacens oculis nostris? quamquam sepe et angeli quando oportuit demonstrauerunt se hominibus; nonne deus et per uerbum suum, id est unicum filium suum dominum nostrum Iesum Christum fecit hec omnia? Quid ipsa anima humana que non uidetur, et per opera que exhibet in carne magnam prebet ammirationem bene considerantibus? A quo facta est, nisi a deo? Et per quem facta est, nisi per filium dei? Nondum dico de anima hominis. Cuiusuis pecoris anima quomodo regit molem suam, sensus corporis exerit, oculos ad uidendum, aures ad audiendum, nares ad percipiendum odorem, oris iudicium ad sapores discernendos, membra denique ipsa ad peragenda officia sua. Numquid hec corpus et non anima, id est habitatrix corporis agit? Nec tamen uidetur oculis; et ex his que agit ammirationem mouet. Accedat consideratio tua etiam ad animam humanam, cui deus tribuit intellectum cognoscendi creatorem suum, dinoscendi et distinguendi inter bonum et malum, hoc est inter iustum et iniustum. Quanta agit per corpus! Atten-

其页面尺寸就是将几乎和整张动物皮一样大的皮纸沿中间对折一次所形成的，之后将四张已经对折并打开的动物皮纸一张叠在另一张的里面，形成一组八张（或 16 页）的配项（gathering，图 73–1）。早期教父如圣奥古斯丁、卡西奥多鲁斯与约瑟夫斯的著作手抄本较大，所用的动物皮纸可能被对折了两次，纸的边缘被裁开后就形成了四张动物皮纸（或以现代方法计算页数为 8 页），每张纵向的长度不超过 14 英寸（355.6 毫米）。如果最初的动物皮纸被对折三次，成品就变成八张动物皮纸（或以现代方法计算页数为 16 页），尺寸大约是 10 英寸 ×7 英寸（254 毫米 ×177.8 毫米），对于许多十二世纪的手抄本来讲，这个尺寸是比较标准的。如果最初的动物皮纸被对折四次，那么对折后的皮纸就会变得窄而细长，与当时制作的许多小型语法书或简短的论述作品手抄本一样。值得一提的是，中世纪手抄本像现代的印刷书籍一样，通常纵向长度大于横向长度。这是不可避免的，原因是一开始未折叠的动物皮纸本身就是长方形的。因此当纸张（并非动物皮纸）第一次被用于书籍制作时，书籍制作者还是遵循同样的习惯，即使这些习惯不再是必要的。现在的书籍通常还是纵向长度大于横向长度，这是因为六百多年前欧洲的书籍是由天然的动物皮纸折叠所制成，而这一点影响了现在的书籍制作。

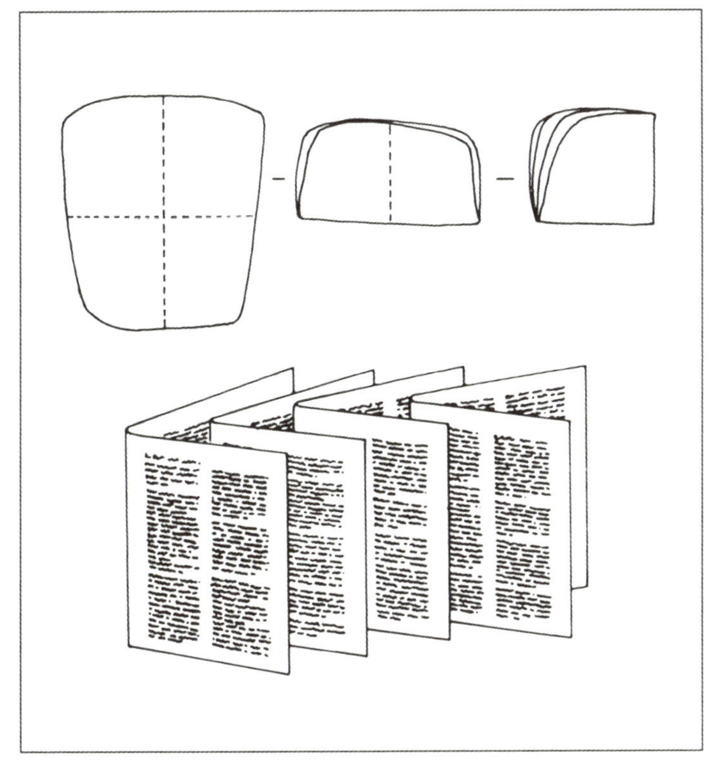

如果你用手指触摸一张动物皮纸，它的两面会使你体验到不同的触感：毛发被去掉的那面触感更粗糙、颜色更黄；与肉相连的那一面触感更光滑、颜色更白。像上段解释的一样，当缮写士把动物皮纸对折几次并做成不同的书帖后，每组书帖相对的页面有着相同的质地：粗糙的页面与粗糙的页面相对应，光滑的页面与光滑的页面相对应，这样排列起来比较整齐。每一组书帖的第一页都会是粗糙的那面，之后整本手抄本的每一个书帖都会按此规律排列。如果情况允许的话，中世纪缮写士一直都这样排列动物皮纸。大多数十二世纪手抄本中的每组书帖都由四张对折的动物皮纸所构成（或以现代方法计算页数，一个书帖有 16 页），这些书帖最终按顺序排列后被缝合成一本书。

过去通常认为缮写士在写字台上只放一张对折后的动物皮纸进行书写，也许他们是经常这样做的，我们可以想象这也是最简单的方法。然而，很奇怪的是，几乎所有中世纪描绘缮写士的插图（这其中也包括许多福音书作者作为缮写士的画像）都刻画了他们在一整本打开的书中书写，这可能只是一种惯用的艺术表现形式，但这种描绘缮写士的方法是惊人一致的（例如图 10、图 19、图 26、图 53、图 61 与图 101）。也有初步证据表明，十二世纪缮写士在松散缝合的书帖中进行书写，而不是在单张对折过的动物皮纸上书写，这些书帖似乎常常是用一针在其上部内侧把它们松散地缝在一起。对手抄本做研究的学者甚至认为对于（特别是十五世纪）小尺寸书籍的制作，缮写士也有可能在一大张未被剪裁的动物皮纸上书写，这张动物皮纸上面已呈现这个书帖中 16 个均等的页面，每个页面上有些字是正向的，有些是倒置的，当这张动物皮纸最终被反复折叠并裁剪完成后，书帖中的文字仍

73 对页图

英国，牛津，基督教堂学院

Oxford, Christ Church, MS. lat. 88, fol. 19v

这本内容为圣奥古斯丁讲道词的手抄本写于什罗普郡（Shropshire）的彼尔德沃斯隐修院（Buildwas Abbey），它是最早有确切制作日期的英格兰手抄本：它制作于 1167 年。彼尔德沃斯隐修院建立于 1135 年，属于西多会，这本手抄本正表现了这个修会简朴的特点，其制作的手抄本很少使用黄金或其他奢华的彩绘装饰。

73-1 上图

动物皮纸的折叠方式

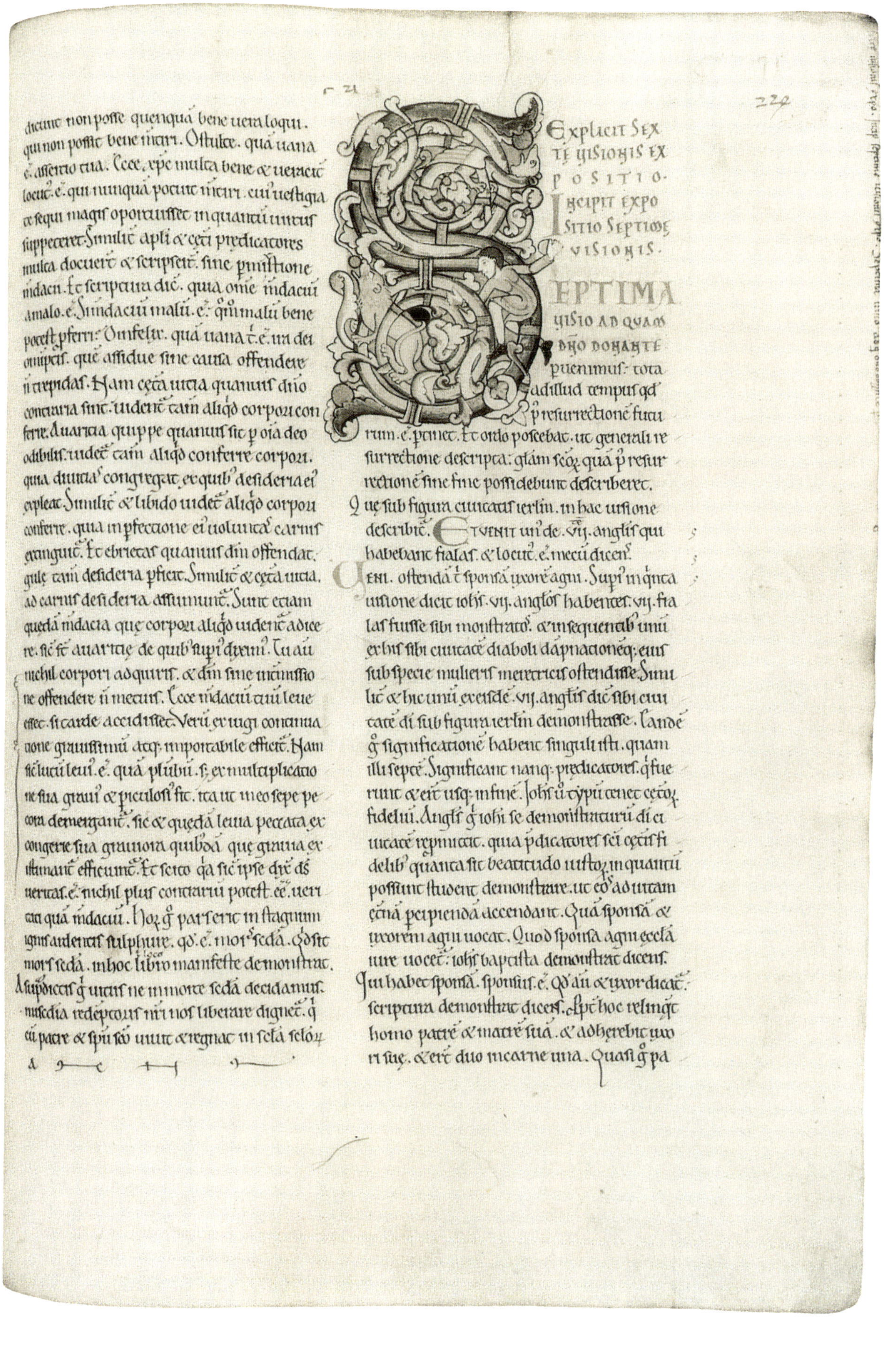

74 左图

英国，达勒姆，大教堂图书馆

Durham, Cathedral Library, MS. A.I.10, fol. 227r

这本内容为贝伦古斯（Berengaudus）对《启示录》的评论手抄本在十二世纪早期写于达勒姆大教堂隐修院。图中页面右侧边缘的文字指示缮写士如何将红色解释文字或标题进行排版。另外，页面边缘清晰可见的小孔也可以帮助缮写士在页面划上很浅的横线，这是为了在书写时保持页面的整齐。十五世纪时，这本手抄本在达勒姆大教堂隐修院的餐厅中使用。

是连贯的。

在缮写士开始书写之前，他必须仔细地为每一页排版，并在上面划上很浅的横线用来保持每一行字的平行与页面的整齐。他会决定文字是以单栏还是双栏的格式书写：在十二世纪初期，许多书籍仍以单栏格式书写，但在大约 1170 年，由于手抄本通常尺寸更大，文字在页面便常以双栏的格式书写，例如，我们可以比较十二世纪早期书写的（图 83）与 1167 年书写的圣奥古斯丁的著作手抄本（图 73）。到 1200 年，许多小尺寸书籍的文字也以双栏的排版方式书写。实际上，在每页设计排版并画横线以确保同样的行距，这样的操作是缓慢且令人疲倦的。缮写士只需计算一沓未曾书写的动物皮纸中第一张的行距尺寸，并用尖锐的工具按照计算出的尺寸在页面边缘刺个小孔，并刺穿整沓纸，之后把每张纸上两侧的小孔连接起来，便能复制与首张同样的页面设计，使整个书帖的页面设计保持一致。十二世纪书籍中的这些刺孔值得我们注意，即使并无其他重要性，但根据页面边缘的这些小孔，或许我们可以判断手抄本页面的外部边缘是否在装订时被裁掉了许多（图 74）。十二世纪早期，书籍中的刺孔只存在于外部边缘，对折后的动物皮纸是在页面打开时刺孔并划上很浅的横线。大约 1150 年时，人们注意到页面内部边缘也有刺孔，因此缮写士一定是将动物皮纸对折之后、页面未打开的情况下在其左右两端刺孔并划线的。用作划线的工具也有所不同，十二世纪以前，划线的工具几乎一直是小锥子或甚至可能是刀背。十三世纪中期，大多数英格兰缮写士用一种像现代铅笔一样的工具划线，很有可能坎伯兰郡的博罗代尔（Borrowdale in Cumberland）的石墨矿提供了这种新的材料，但尖锐的银，特别是铅，在像动物皮纸一样粗糙的表面上也会产生类似的效果。这些刺孔与划线的细节特别重要，因为这些特点可以作为线索帮助我们推断一本罗马式时期手抄本的制作时间。

还有一种推测手抄本制作时间的方法就是研究它的字体，甚至有时这是唯一可以推测书籍制作年代的方法。当然，这种方法无法确定手抄本非常精准的制作时间，如果仅根据一本十二世纪手抄本的字体而将其制作时间锁定在大约三十年以内，是非常鲁莽的。但是流行的字体在不断变化，就像当下流行的物品也一直在变化一样。例如，也许我们现在看到一张旧的明信片，可以以一定的精准度（比如离它真正的制作时间十年以内的偏差）猜测它的制作时间。这个猜测的时间有可能是基于一系列线索得来的：明信片的排版、尺寸、颜色、设计风格、插图的选择与书写字迹等都有可能帮助我们猜测其年份。这种通过经验对某物的主观判断可以应用到手抄本的研究中。有时候任何人都可能错得很离谱，我们也都知道过度自信的愚昧之处。有些十二世纪的英格兰字体的发展是独特的，笔触向左倾斜的这种字体风格不太可能早于十二世纪中期出现，波状的缩写符号线（在一个词上面所写的标记，代表“n”或“m”被省略）是一种早期特征，十二世纪下半叶及之后这个标记通常是一条直线。在字母 e 下面添加类似下加符这样的符号（例如 ę 的下加符）代表古典拉丁文中的“ae”（例如，在图 67 中第一行的文字“uitę bonę ac beatę”表示“uitae bonae ac beatae”），表明写作时间在大约 1175 年以前或大约 1450 年之后。如果单词中有两个小写字母“pp”，并且这两个 p 贴在了一起以至于融合成了一个双字母形式，那么这本手抄本则不会早于约 1140 年；如果这两个 p 明显分开，那么这本手抄本则不会晚于约 1180 年。这是一个非常有用的衡量标准。如果书中有“de”“be”和“ho”的圆形字母组合贴在一起书写，那么这本手抄本则书写于约 1166 年至 1200 年之间或之后。对于“et”这个词（拉丁语，意为：和、与）的表示，如果书中用了“&”符号，而非一个像“z”一样的符号，那么这本书很可能是十二世纪的而并非十三世纪的。

根据一本十二世纪英格兰手抄本的字体来确定其产地是极其困难的，实际上，甚至有时一本书出自英格兰还是法国都非常不确定。罗马式艺术与隐修会的发展都是非常国际化的，在 1066 年之后，许多在英格兰修道院的修士是诺曼人。有一本在过去一直被认为是最早带署名的英格兰手抄本之一来自十一世纪晚期，其内容是圣杰罗姆对《以赛亚书》的评论（图 75），手抄本中有一幅泥金装饰艺术家“名为休的画家”（“Hugo Pictor”）的彩色画像。这本书来自英格兰埃克塞特教堂（Exeter Cathedral），但我们有很好的理由推测休其实是一位在离诺曼底的鲁昂（Rouen）不远的瑞米耶日隐修院（Jumièges Abbey）的修士，其他可以归于休所创作的插图装饰手抄本包括一本来自诺曼底费康隐修院（Fécamp Abbey）的圣奥古斯丁著作（Rouen, Bibliothèque Municipale, ms. 464；法国鲁昂市立图书馆）与一本属于达勒姆大教堂图书馆的圣杰罗姆著作（Durham Cathedral Library, MS. B. II. 9）。1072 年至 1103 年在埃克塞特担任主教的奥斯伯恩・菲茨奥斯伯恩（Osbern FitzOsbern）与 1081 年至 1096 年在达勒姆担任主教的圣加来的威廉（William of St. Calais）都来自诺曼底，并且非常活跃，两位都在自己的家乡为各自在英格兰新建的大教堂图书馆委托制作书籍。于是，有一位为达勒姆大教堂图书馆抄写了一本精美《圣经》（MS. A. II. 4，这本手抄本中的题词记载它是主教的礼物）的缮写士也参与制作了埃克塞特教堂的兰弗朗克作品手抄本（Bodleian Library, MS. Bodley 810；英国牛津博德利图书馆），除此之外，这位缮写士还参与书写至少两本可以确定是为诺曼底贝叶大教堂（Bayeux Cathedral）所制作的手抄本，最直接的推测就是他在诺曼底工作，在那里制作的书籍之后会被拿到英格兰作为范本使用。在某种程度上，这种现象也发生在坎特伯雷。从 1070 年至 1089 年任坎特伯雷大主教的兰弗朗克从他之前生活的诺曼底贝克隐修院（abbey of Bec）携带了至少一本手抄本到坎特伯雷，这本《教令集》（*Decretals*）现在收藏于英国剑桥大学三一学院（Trinity College, Cambridge, MS. B. 16. 44）。书中有个当时书写的题词，上面说兰弗朗克实际上是以一定价格从贝克购买了此书［dato precio emptum（以给定的价格购买）］并把它带到英格兰送给坎特伯雷的基督教堂，（记录中还提到）拿走此书的人会受到地狱之苦的惩罚。坎特伯雷的修士们显然很欣赏书中具创新特点、相当尖细的诺曼字体，在大约一代人的时间里，这种字体被坎特伯雷的修道士们模仿及演化着，它形成了一种可能只有在肯特才被使用的罕见字体（图 79）。

十二世纪英格兰修道院中的缮写士究竟都是谁呢？大多数可能就是修道士。我们刚提到的那位名为休的画家在其自画像中，头顶已削发，并且身着本笃会的会衣，手中拿着笔与墨水瓶，我们有充分的理由猜测他既是一位缮写士，又是一位艺术家（我们也偶然发现，他描绘自己是一位左撇子）。修道院鼓励多样化的工作，为修道院制作书籍是一位修道士可能参与的许多工作之一，其他工作也包括园艺、修理家具或在学校教书。记录表明1078 年至 1099 年间担任索尔兹伯里主教的诺曼人圣奥斯蒙德（St. Osmund）非常支持为大教堂抄写书籍的工作，据说甚至他自己也抄写并装订了一些书籍。修道士有可能工作进度很慢，因为他们还有其他工作要做。在一本十二世纪晚期其内容为带注评的《出埃及记》的英格兰手抄本（Lambeth Palace Library, MS. 110；英国兰贝斯宫图书馆）中，一位缮写士似乎记录了他每天的工作量，他从周一（“lundi”）开始到周六（“samadi”），只写了十二张动物皮纸。当书籍样本在修道院不那么容易获得时，（如上所述）缮写士必须到另一个地方获取，或当所需完成的工作量超出可用的劳动力时，修道士们可以请职业缮写士来帮忙。英格兰最早提到职业缮写士的记录之一是在阿宾顿隐修院（Abingdon Abbey）的院史录中，它提到 1100 年至 1117 年任隐修院院长的法布里修斯（Faricius）雇用了六位职业缮写士来抄写早期教父的著作，但他让修道士们（claustrales）抄写弥撒书、升阶曲集、日课交替合唱集和其他礼拜仪式用书。我们在雷丁隐修院的书籍目录中看到一座隐修院有大量这样的礼拜仪式用书。这些种类的书籍需要大量复制，重点是它们并不需要通过繁琐的方式才能寻找到准确的样本，而且修道士可以在修道院回廊中比较方便地复制它们。1167 年至 1183 年任圣奥尔本斯隐修院院长的西蒙与巴黎圣维克多隐修院（abbey of St. Victor）通信，表示想要抄写圣维克多的书籍，并专门记录了他以自费方式雇佣两个或三个精选的缮写士（图 89），他还留了一笔捐款，供未来的隐修院院长雇佣缮写士所用。位于格洛斯特郡（Gloucestershire），属于奥斯定修会的赛伦塞斯

75 右图

英国，牛津，博德利图书馆，细节图

Oxford, Bodleian Library, MS. Bodley 717, fol. 287v, detail

这本十一世纪晚期内容为圣杰罗姆对《以赛亚书》的评论手抄本结尾有一幅“名为休的画家”的小画像，上面题词说明这是泥金装饰艺术家的画像。令人好奇的是，他似乎是个左撇子。这本手抄本属于埃克塞特教堂，但休可能也在诺曼底的一座修道院中工作过。

76 对页图

法国，巴黎，法国国家图书馆，细节图

Paris, Bibliothèque Nationale, ms. lat. 11575, fol. 1r, detail

这本弗洛鲁斯（Florus）对《圣保罗书信集》的评论手抄本来自科尔比隐修院。这本约 1164 年制作的手抄本有缮写士约翰内斯·莫诺库勒斯（Johannes Monoculus）的署名。首字母的下伸部分描绘了由藤蔓组成的小圆，其中一个小圆有修道士理查德的画像及他的名字，他可能监督制作了这本手抄本；另一个小圆画有一位平信徒艺术家坐在倾斜的桌子前，图中标明他的名字为费利克斯。

PHEBES ROMANI
ROMA
PAULUS SERVUS
RICH
FELIX

特隐修院（Cirencester Abbey）的一些手抄本记录了几位缮写士的名字，赛伦塞斯特两位活跃的隐修院院长塞洛（Serlo，1131—1147 年任职）与安德鲁（Andrew，1147—1176 年任职）负责监督为修道院抄写早期教父的著作，其中约二十本书保留至今，大部分现在收藏在赫里福德大教堂（Hereford Cathedral）与牛津大学耶稣学院（图 77）。令人赞叹不已的是，其中许多书中仍有当时缮写士的名字记录，他们大多数是这座隐修院的成员，包括亚当（Adam，他之后成为隐修院院长）、德奥达图斯（Deodatus）、乔斯林（Jocelin）、康沃尔的西蒙（Simon of Cornwall）、奥多·德·威卡（Odo de Wica，图 78）、隐修院院长塞洛（Serlo）、沃尔特（Walter）、乐监亚历山大（Alexander the Cantor）和之后成为隐修院院长、有六本半手抄本出于其手的富尔科（Fulco，图 77）。在这些名字中还有一位拉尔夫·德·普勒姆（Ralph de Pulleham），在一本手抄本里（Oxford, Jesus College, MS. 52；牛津耶稣学院），他被形容为“职业缮写士”（scriptor），他（书写了第 42—131 页）和赛伦塞斯特隐修院的乐监亚历山大（书写了第 2—41 反页）共同抄写了此书，此外，他还书写了耶稣学院收藏的另外两本手抄本（MSS. 62、63）。也许很多修道院都用了像拉尔夫·德·普勒姆这样的职业缮写士，虽然修道士会完成绝大部分的工作，但职业缮写士也有可能会被请来帮助和指导修道院图书馆以丰富藏书，在十二世纪，这一定是一项非常有趣的工作。

精美的字体与优雅的页面设计是十二世纪修道院制作的书籍的特色，但是，不管页面多么精致，如果文字内容不可靠的话，这本书对于修道士来讲也是无用的。毋庸置疑的是，所有缮写士都有可能会在抄写的过程中出错，今日，即使是最专业的打字员也需要不同纠正错误的方法。十二世纪缮写士的画像［像达勒姆大学图书馆收藏的手抄本（Cosin MS. V. III. 1）中修道院院长劳伦斯的画像与剑桥大学三一学院的（MS. R. 17. 1）手抄本中埃德温的画像，图 61］描绘了他们左手握着一把半月形小弯刀在纸上刮，这把刀不但可以削尖笔（像削笔刀一样），也可以刮掉纸上写错的词语。动物皮纸是一种坚韧的材料，可以承受小刀多次的刮刻。如果仔细观察十二世纪手抄本的几乎任何一页，都能看到页面上会有小块粗糙的痕迹，这说明缮写士刮掉了错误的字母并重新书写。这一定发生在缮写士工作的时候，因此时刻集中注意力是必要的。最容易犯的错误是当一位缮写士刚抄完一个短语的最后一个单词并回去看他的样书时，无意中看到了另一个和他刚写的词有同样结尾的词语，然后他开始抄写错误的后半句内容，这种行为的术语名称为串行脱文（“homoeoteleuton”源于希腊语，指拥有相同结尾的两个词造成的跳读），这种错误很容易在抄写拉丁文时发生，因为拉丁文许多词尾都很相似。另一种缮写士容易犯的错误是把词语缩写还原错误。学生惧怕的拉丁文词语“*hic, haec, hoc*”（译者注：这三

77 上图

英国，牛津，耶稣学院

Oxford, Jesus College, MS. 53, fol. 159v, detail

一本来自赛伦塞斯特隐修院的十二世纪比德作品手抄本题词中写道：“这本赛伦塞斯特的圣玛利亚之书，出自安德鲁 1147—1176 年任第二任隐修院院长期间，在亚历山大·德·维卢（Alexander de Weleu）任乐监时，由咏礼司铎、之后成为隐修院院长的富尔科所书写。”

78 对页图

英国，牛津，耶稣学院

Oxford, Jesus College, MS. 67, fol. 3r

不寻常的是，大量来自赛伦塞斯特隐修院的十二世纪手抄本都有缮写士的署名。这本内容为比德对《圣马可福音》的评论手抄本由隐修院的咏礼司铎奥多·德·威卡书写。第一列的底部有一行缮写士写下的小型引导字，供装饰师在绘制上方的红色大型标题时抄写。

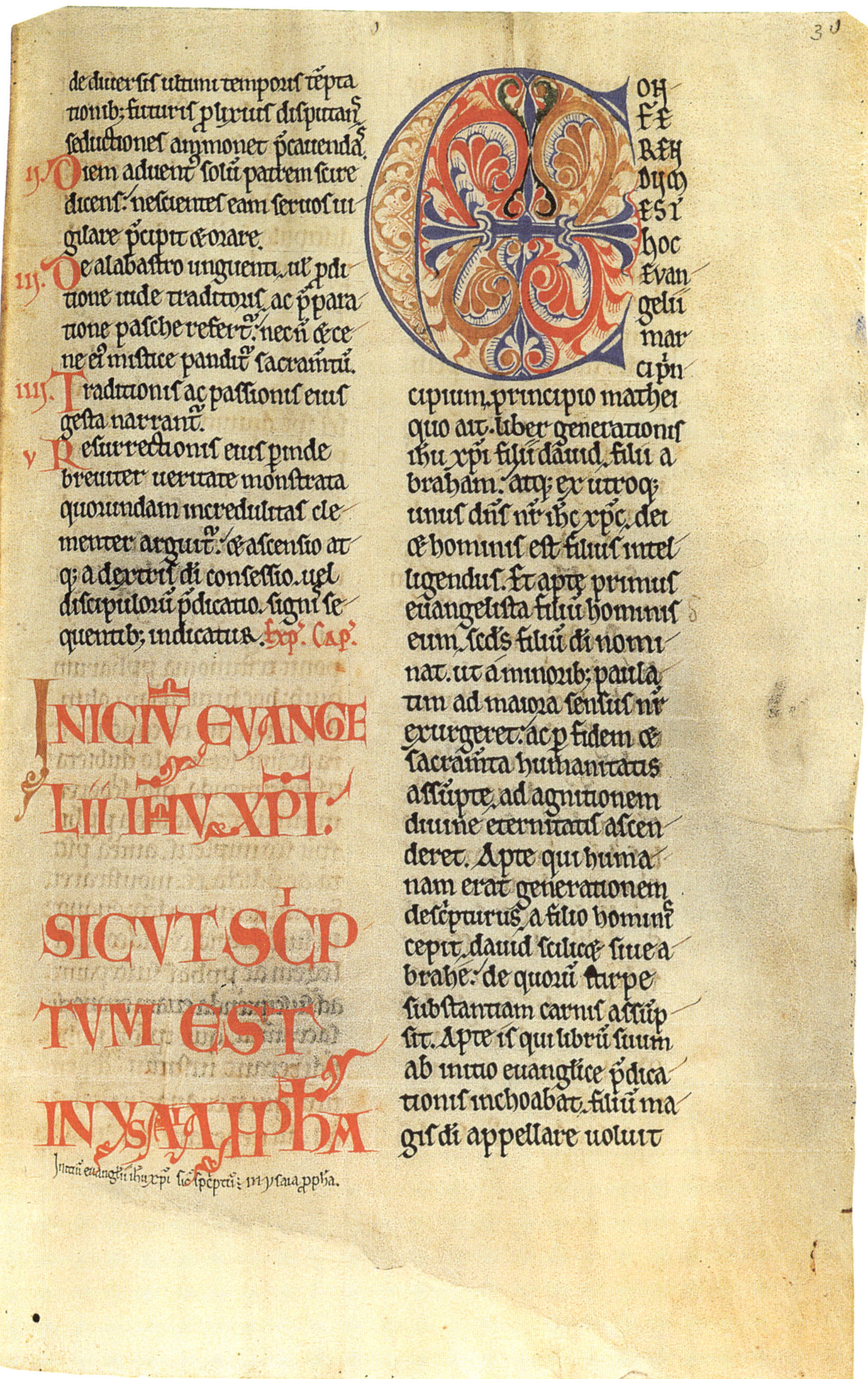

个词意思都为“这”，根据所指代的事物的单复数、性与格决定句中用法）与“qui, quae, quod”（译者注：意思是“谁”或“哪个”）在书籍样本中可能会以“h’”或“q’”的缩写形式出现，这些很容易迷惑那些最多只能把拉丁文当作第二语言的缮写士。有时，导致缮写士犯错误的原因是词语缩写还原的不同可能性。例如，在图74中，第一栏从下往上数的第五行中，当时的书籍样本可能写的是缩写“in hoc l’o”，缮写士不确定这个短语应该还原为“in hoc libro”（在这本书中）或是“in hoc loco”（在这个地方或在这段落中），因为这两个意思都行得通，因此他把这两个可能性都写下来。下一次这本手抄本被抄写时，缮写士很有可能会从这些可能性中选择一个错误的可能性抄写下来，因此这些不同的词语会进入贝伦古斯（Berengaudus）作品的文本系统中。

似乎通常有另一个缮写士在文字抄写完成后进行检查，尽可能仔细地把抄写的文字与原文进行比对。如果有不小心添加的错误词语，他可以简单地将其划掉，或者（用一种尽量不影响页面美观的方式）在它的下方画一排点，这样读者就会知道，他在阅读过程中需要省略这个词。如果需要删除较长的语句或整个段落，他会在其开头标记“va”，在结尾标记“cat”：“vacat”代表这之间的内容不应存在。需要添加的文字会先被校正者写在页面边缘的空白处，之后通常擦掉正文中的几行文字，再把之前写在页面边缘的文字比较紧凑地添加到原文中，这些写在页面边缘的文字应该被擦掉，但有时它们也被保留下来。我们猜想校正者可能是缮写士的主管或指导者，在索尔兹伯里和温什科姆（Winchcombe）由不同缮写士抄写的手抄本中，校正的文字都出自同一个人之手，至少在那里，在书籍被抄写的过程中有一个人在做着校对工作。在这一切完成之后，书籍样本就会归还给物主。

十二世纪手抄本的插图装饰直到今日还非常受人赞赏，例如，《温彻斯特圣经》一定是英格兰有史以来最伟大的艺术作品之一（图80、图81、图88）。在十二世纪，最杰出的英格兰作品在欧洲是无与伦比的，十二世纪英格兰手抄本中彩色装饰的首字母设计也是优雅绝伦的。几乎可以肯定，这些首字母是缮写士在抄写手抄本的同时加以彩绘装饰的，最主要使用了红色、淡蓝色与（特别在英格兰）绿色，有时，他们也会运用棕色、紫色（尤其在坎特伯雷）以及黄色和其他颜色。通常，首字母会设计成小花或花瓣的形状，这些设计给十二世纪手抄本增添了极大的愉悦性。

是否在手抄本中添加彩绘装饰一定是在文字被书写之前决定的，如果要添加，空白处会被标出，以便于缮写士添加细密画或首字母。这使我们提出一个根本性问题：为什么十二世纪的修道士需要装饰他们的书籍？这是一个很难回答的问题，这显然是中世纪西多会的修道士会担忧的问题，因为他们基本的原则主张完全朴素的生活方式与建筑风格。圣伯尔纳（St. Bernard）特别谴责了容易让人分散注意力、不必要的动物与怪兽的装饰，然而，他

79 左图

英国，伦敦，大英图书馆，细节图

London, British Library, MS. Cotton Claudius E.V, fol. 41v, detail

这本《教会法》手抄本在1125年左右制作于坎特伯雷的基督教堂隐修院，书中许多带装饰的首字母由动物与神兽组成，图中的首字母“A”描绘了一个人与一条龙在争夺一条鱼的景象。

80 对页图

英国，温彻斯特大教堂

Winchester Cathedral, MS. 17, fol. 169r

图中展示的《温彻斯特圣经》页面呈现了耶利米之书的结尾与《巴录书》的开头，有两个大型泥金装饰首字母。页面左边呈现了《耶利米哀歌》和他的祷告，首字母描绘了耶利米手持卷轴向上帝祈祷。页面右边《巴录书》的开头有一个更大的首字母，描绘了先知耶利米在耶哥尼雅国王和巴比伦城所有人面前朗读一本手抄本。

noster· completi sunt dies nri: qa uenit finis nr.
Velociores fuerunt psecutores nri COPH.
aquilis celi· sup montes psecuti sunt nos· in
deserto insidiati sunt nobis· 5 tibus· RES.
Spu oris nri xpc dns captus est in peccatis
nris cui diximus· in umbra tua uiuem⁹ in gen
Gaude & letare filia edóm qui ha SEN
bitas in terra hus· ad te quoq; pueniet calix
inebriaberis atq; nudaberis· TAV
Completa est iniquitas tua filia syon: non
addet ultra ut transmigret te· Visitauit ini
quitaté tuá filia edóm· discooperuit peccata tua·

FINIT LAMENTATIO IEREREMIE PPHE.

INCIPIT ORATIO EIUSDEM:

RECORDARE
dne quid acciderit nob.
intuere & respice op
probrium nostrum·
Hereditas nra uersa
est ad alienos. domus
nre ad extraneos·
Pupilli facti sumus
absq; patre· matres
nre quasi uidue·
Aquam nostram pecunia bibimus· & lig
na nostra precio comparauimus·
Ceruicibus minabamur: lassis
non dabatur requies·
Egypto dedimus manum & assyriis.
ut saturaremur pane·
Patres nostri peccauerunt & non sunt·
& nos iniquitates eorum portauimus·
Serui dominati sunt nri· & non fuit
qui nos redimeret de manu eorum·
In animabus nris afferebamus panem
nob a facie gladii in deserto·
Pellis nra quasi clibanus exusta est
a facie tempestatum famis·
Mulieres in syón humiliauerunt·
uirgines in ciuitatibus iuda·
Principes manu suspensi sunt: facies
senum non erubuerunt·
Adolescentibus impudice abusi sunt·
& pueri in ligno corruerunt·
Senes de portis defecerunt· iuuenes
de choro psallentium·
Defecit gaudium cordis nri· uersus est in luc
tum chorus nr· cecidit corona capitis nri·
ue nobis quia peccauimus·
Propterea mestum factum est cor nrm· ido
contenebrati sunt oculi nostri·
Propter montem syon quia disperiit:
uulpes ambulauerunt in eo·
Tu autem dne in eternum pmanebis· soliu tuu
in generatione & generationem·
Quare in ppetuum obliuisceris nri· & dere
linques nos in longitudinem dierum:
Conuerte nos dne ad te conuertemur· in
noua dies nros sicut a principio·
Sed piciens reppulisti nos· iratus es contra
nos uehementer FINIT ORATIO IEREMIE:

INCIPIT· PROLOGUS· IN LIBRU·
BARUCH NOTARII IEREMIE PPHE.

Liber iste qui baruch nomine pnotatur in hebreo
canone non habetur· sed tantum in uulgata editione. Si
militer & epla ieremie pphete. Propter notitiam autem
legentium hic scripta sunt· quia multa de xpo nouissimisq;
temporibus indicant.

FINIT PROLOGUS

De oratione & sacrificio pro uita nabuchodonosor.

INCP LIB BARUCH NOTARII IEREMIE PROPHE:

HEC VERBA LIBRI QUE SCRIPSIT
baruch filius neeri· filii amasie· filii sedechie·
filii sedei· filii helchie in babylonia· in anno
quinto. in septima die mensis· in tempore quo
ceperunt chaldei ierlm & succenderunt eá igni·
Et legit baruch uerba libri huius ad aures ie
chonie filii ioachim regis iuda· & ad aures uni
uersi populi uenientis ad librum· & ad aures
potentium filiorú regum· & ad aures presbi
terorum· & ad aures populi a minimo usq;
ad maximum eorú· omniú habitantium in
babylonia· ad flumen sudi· Qui audientes
plorabant & ieiunabant· & orabant in con
spectu dni· Et collegerunt pecuniam scdm
quod potuit uniuscuiusq; manus· & miserunt
in ierlm ad ioachim filium helchie filii salón
sacerdotem· & ad reliquos sacerdotes· & ad
omné populú qui inuentus est cú eo in ierlm:

们的手抄本中通常有绘画的首字母，甚至还有细密画，有时候还用黄金点缀。1131 年的西多会规章规定首字母应该只用一种颜色绘画，并且不能加入图画装饰。我们可以从中了解，他们无法想象没有任何颜色装饰的首字母（图 73），像这样的书籍装饰并不只是一种奢华的表现而已。那时对手抄本的描述通常都不会提到泥金彩绘装饰，圣奥尔本斯隐修院院史录赞扬了院长西蒙（1167—1183 年任职）委托制作的具有杰出艺术水平的圣餐杯、十字架和其他赠给隐修院的礼物，但当赞美泥金装饰手抄本时，只提到了它们的内容非常准确（authentica），之后便迅速转移了话题，开始形容存放这些书籍的彩绘装饰柜子。圣休（St. Hugh）传记中记载了一本可能是《“Auct”圣经》（*“Auct” Bible*）或《温彻斯特圣经》的手抄本（不管是哪本书，它的泥金装饰都极其奢华），它受到赞美却不是因为首字母的装饰，其特殊吸引力是来自手抄本内容的准确性。历史记录者威廉·菲茨斯蒂芬（William FitzStephen）讲述托马斯·贝克特在 1164 年至 1170 年间为他的大教堂搜罗到一些手抄本时，只提到这些书籍文字的准确性，却没有提到它们精美绝伦的泥金装饰。虽然雷丁隐修院的图书目录列举了像《动物寓言集》（*Bestiary*，图 82）或《启示录》（*Apocalypse*）这样几乎一定会充满插图的手抄本，但它却没有把手抄本的精美装饰作为任何一本书的显著特征加以记载。我们甚至怀疑这些记录者究竟有没有注意到书中的泥金彩绘装饰。

这使我们开始思考十二世纪手抄本彩绘装饰的真正作用，显然并不仅仅是因为它们精美。十二世纪是一个对知识的分类与整理很感兴趣的时代，像彼得·伦巴都和格拉提安这些当时最受人敬重的作家对知识进行了整理排列，使其更容易获取及使用。十二世纪的读者喜爱百科全书，他们需要真正可以参考的书籍。我们已经提到过，雷丁隐修院的图书目录中被标记为实用的书籍并不是那些不可缺少的早期教父的多卷著作，而是其实用的书籍摘要与语录。修道士开始制作图书目录本身就反映了他们着迷于对普遍性知识的分类整理以便于可以方便获取。如果我们以这个思路来思考书籍装饰的作用，它突然变得更容易理解了。首字母标志着书籍或章节的开端（图 85），它使一本手抄本更容易使用。一个尺寸较大的首字母是一个视觉上的引导，可以把读者带入作品更重要的部分，而且有助于把书籍内容按重要性分类。就像选明亮的红色作为标题的颜色一样（研究早期手抄本之后便能从十二世纪的手抄本中发现这一特点），富有色彩的首字母使大量的文字更方便阅读。今日的报纸也有不同大小的文字标题，实际上，现代畅销的报纸是一个很好的例子，因为它使用了许多十二世纪泥金装饰手抄本所运用的方便读者阅读的方法：较窄的竖栏文字排版（用于减少眼疲劳）、字母的不同大小、页面顶部的标题、引字（提醒读者文章下一页的起始文字）与最重要的一点——插图。这些设计以视觉方式解释文字内容，为读者提供一个熟悉的图像提示，帮助读者选择接下来要读的内容，使整个页面布局更令人满意，而且它也富有趣味。然而，任何一位现代的报纸阅读者在极力证明自己选择的报纸比其他的更好时，都会称赞它的文章，而不是它的排版或插图。不足为奇的是，当十二世纪来自

81 左图

英国，温彻斯特大教堂，细节图

Winchester Cathedral, MS. 17, fol. 198r, detail

杰出的《温彻斯特圣经》在大约 1160 年至 1175 年之间在温彻斯特大教堂由艺术家团队书写并进行泥金装饰。图中《何西阿书》的开头描绘了先知何西阿向以色列人传道，同时使在以色列人后面的魔鬼感到困惑。

82 对页图

美国，纽约，皮尔庞特·摩根图书馆，细节图

New York, Pierpont Morgan Library, M.81, fol. 19v, detail

《动物寓言集》中讲述母猴不但只爱一只幼猴，而且还会忽视另一只。当母猴被捕食者追赶时，它只会把它爱的那只幼猴抱入怀中，而另一只只能从它背后紧抓着它，但当它累了的时候，它会扔下胸前抱着的那只，而它不爱的那只幼猴却能存活下来。这幅《动物寓言集》手抄本可能制作于林肯，在 1187 年时被赠予沃克索普隐修院（Worksop Priory）。

sic dicit iacob. Numquid sine causa clamabit onager agrestis nisi pabulum desiderans? Similiter et apostolus petrus de diabolo dicit. Adversarius noster circuit querens sicut leo quem devoret. Onager interpretatur asinus ferus. onon quippe greci asinum vocant. agrian ferum. Hos africa habet magnos et indomitos. et in deserto vagantes. Singuli autem feminarum gregibus presunt. Nascentibus masculis zelant. et testiculos morsibus detruncant. Quod caventes matres. eos in secretis occultant.

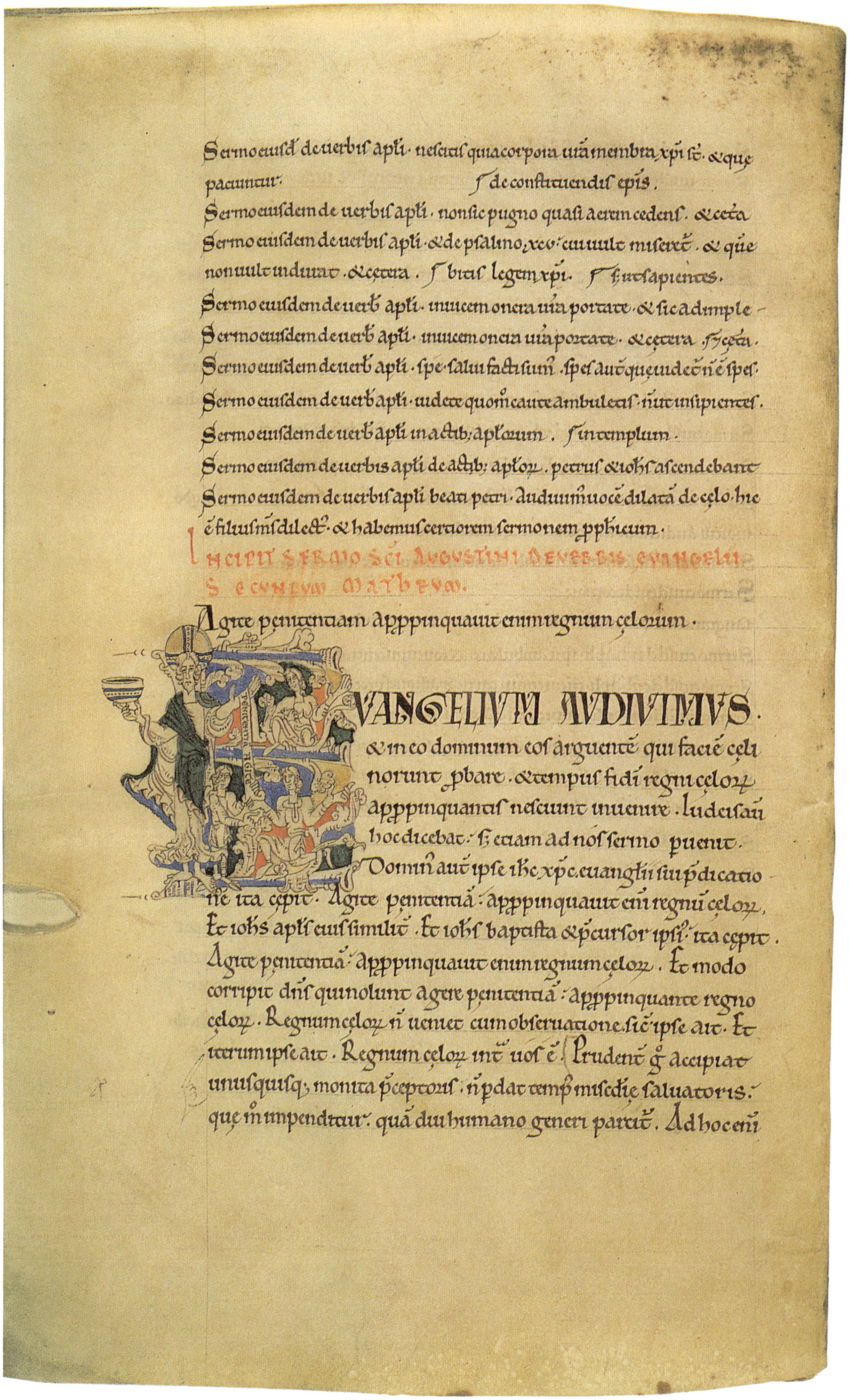

83 左图

英国，林肯大教堂

Lincoln Cathedral, MS. A.3.17, fol. 8v

这本十二世纪早期、内容为圣奥古斯丁讲道词的手抄本在1150年左右肯定在林肯大教堂，且很有可能它就是在此地制作完成。故事化的彩色首字母遍及整本手抄本，图中的大型首字母描绘了基督正在宣讲悔改之道。

84 对页图

英国，牛津，博德利图书馆

Oxford, Bodleian Library, MS. Ashmole 1431, fol. 20r

草本植物手抄本是一本关于各种植物及其药用的书籍，这些对植物的了解来源于古希腊书籍资料，而并非对植物的实际观察。图中这本草本植物手抄本在十一世纪晚期为坎特伯雷的圣奥古斯丁隐修院所制作，其中包含大约150幅彩色图画。

圣奥尔本斯、林肯和坎特伯雷的历史记录者称赞手抄本内容的准确性时，他们真正的意思是他们很喜欢使用这些方便阅读的书籍。

现在我们来研究十二世纪英格兰杰出的泥金装饰手抄本，有些手抄本的细密画可以看作文字的一部分：图表可以使文字更容易理解，像十一世纪晚期来自托尼隐修院（Thorney Abbey）的科学指南手抄本（St. John's College, Oxford, MS. 17；英国牛津圣约翰学院）中的宇宙结构图和人体体液学图解；或来自埃克塞特教堂，圣维克多的理查德（Richard of St. Victor）对《以西结书》笺注手抄本中（Bodleian Library, MS. Bodley 494；英国牛津博德利图书馆）具有象征意义的精美插图。还有一些杰出的手抄本包括纽约皮尔庞特·摩根图书馆（Pierpont Morgan Library）中收藏的一本 1185 年左右制作的描述各种动物的书籍《动物寓言集》（图 82），拥有 105 张插图，实际上插图对于阅读此书是必不可少的。同样，草药知识如果没有图解将会很难理解，例如来自坎特伯雷的圣奥古斯丁隐修院（图 84）和伯里圣埃德蒙兹（Bodleian Library, MS. Bodley 130；英国牛津博德利图书馆）的草本植物（Herbal）手抄本，每本都有大约 150 幅细密画。甚至是早期教父的著作也应当易于阅读，林肯大教堂的圣奥古斯丁讲道词手抄本有 9 个故事化的首字母（historiated initials）和 71 个彩绘装饰首字母，这些装饰一定可以为这本手抄本增添不少趣味，使阅读不会成为一种负担（图 83）。读者不会在读书时找不到自己读到的位置，因为首字母可作为增强记忆的视觉提示。圣徒的生平通过一系列引人入胜的图画呈现出来，一定可以帮助读者理解其简略的文字内容，例如在达勒姆制作的《圣卡斯伯特生平》（*Life of St. Cuthbert*）手抄本中的 55 张细密画（University College, Oxford, MS. 165；英国牛津大学学院）或在伯里圣埃德蒙兹制作的《圣埃德蒙生平》（*Life of St. Edmund*）中的 32 张整页细密画和 13 个故事化的首字母（New York, Pierpont Morgan Library, M. 736；纽约皮尔庞特·摩根图书馆）。在今日当一个记者写文章没有很多内容可以写的时候，他会用图片作补充。十二世纪著名的《圣经》手抄本中，每卷《圣经》的开头和序言处都画着精美绝伦的故事化的首字母。如果没有一些标志指引读者阅读这庞大的文字内容的话，这些巨大的《圣经》是很不方便阅读的，而图画正为这一难点提供了解决方法：它们可以指出重要的文字，并把内容按重要性分类。图画装饰是一种帮助读者阅读书籍的工具，构思越巧妙的细密画其实用性越强。

未完成的手抄本可以帮助我们了解泥金绘制首字母的步骤。首先，艺术家用铅合金笔（或炭笔）轻轻地画出首字母的设计草案，圆或曲线有时也会用一对圆规来绘制，因为我们可以看到圆的中心有一个小洞。然后，用羽毛笔和墨仔细地把这个草图再描一遍（图 87），这么做似乎是因为在铅合金笔勾画的图案上很难流畅地绘画，因为铅合金笔会在纸上留下小颗粒。十二世纪中期以前，在修道院制作的手抄本中，黄金是比较罕见的，可能是

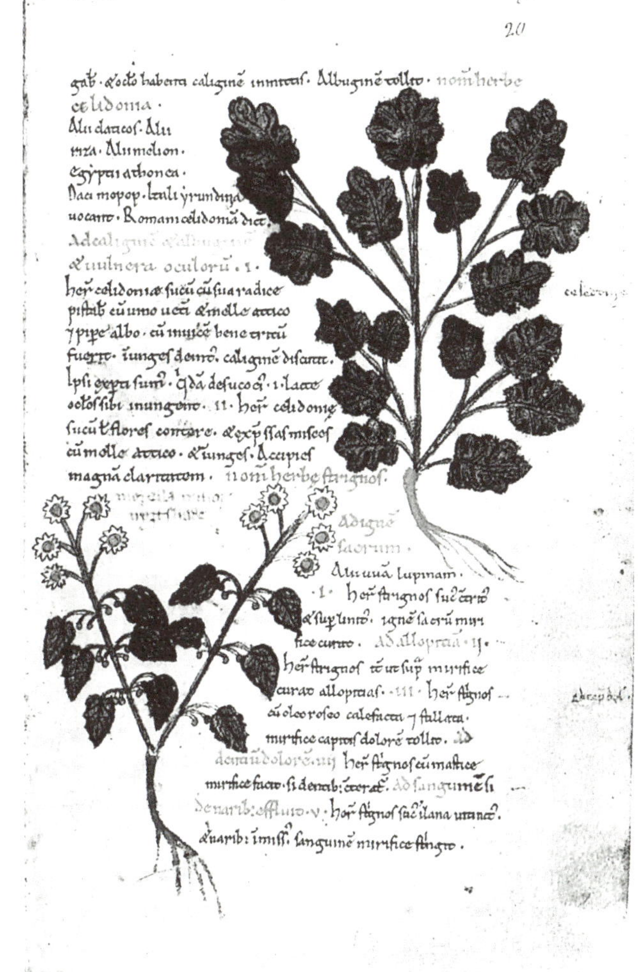

85 左图

英国，伦敦，大英图书馆，细节图

London, British Library, MS. Cotton Claudius B.II, fol. 2v, detail

1170年12月29日，大主教托马斯·贝克特在坎特伯雷大教堂殉道，他在1173年被列为圣徒。这本内容为贝克特生平的精美手抄本由他的朋友索尔兹伯里的约翰(John of Salisbury)所著，这本手抄本可能在1180年左右书写于赛伦塞斯特隐修院。

86 对页图

英国，牛津，博德利图书馆

Oxford, Bodleian Library, MS. Auct. D.1.13, fol. 1r

这本十二世纪中期带注评的《圣保罗书信集》手抄本可能制作于温彻斯特，虽然它后来被保存在埃克塞特教堂。图中的首字母描绘了圣保罗在讲道以及人们把他从大马士革城墙上缒下去的场景。这个首字母一定是由一位艺术家设计绘制，并由另一位艺术家着色，因为每个颜色区块中写有微小的字母以标出相应的着色指示。

Pro altercatione scribit romanis. confutans modo gentiles. modo iudeos. docens eos humiliari. ut omia attribuant grę di.
Incipit epla .i. beati
Pauli apli ad Rom
PAULUS
SERVUS XPI
IHU. UOCATUS APLS.
segregat' in euuan-
geliu di. q ante pmiserat p pphe-
tas suos. in scripturis scis. de filio suo.
qui fact' e ei ex semine dauid. scdm
carne. qui pdestinat' est filius dei
in uirtute scdm spm sanctificatiois.
ex resurrectioe mortuo ihu xpi dni
nri. p que accepim' gram & aplatu.
ad obediendu fidei. in oib; gentib;
p noie eius. in quib; estis & uos uo-
cati ihu xpi. omib; qui st rome di
lectis di. uocatis scis. Gratia uob. &
pax a do patre nro. & dno ihu xpo.
Primum quide gras ago do meo
p ihm xpm. p omnib; uob. quia fi-
des ura annuntiatur in uniuerso

87 左图

英国，伦敦，大英图书馆

London, British Library, Royal MS. I.B.XI, fol. 72r

图中这页是《圣路加福音》的开头，这本未完成的十二世纪中期的福音书来自坎特伯雷的圣奥古斯丁隐修院。这页的设计图案已经用铅笔画出，并且用羽毛笔和墨把草图描了一遍，为绘画做准备。书写章节标题的缮写士已经按照页面右上角仍隐约可见的指示词语以红色和深蓝色交替的方式为书中开头的词语字母进行涂色。页面上部空白处有留给缮写士的文字“scribatur lucas”：“路加要写在这里”。

88 对页左图

英国，温彻斯特大教堂，细节图

Winchester Cathedral, MS. 17, fol. 268r, detail

《温彻斯特圣经》从未制作完成。在此手抄本制作工作中断前，图中为《传道书》设计的首字母一部分已经用羽毛笔和墨描过，并且擦磨光亮的金箔已经被贴在图中。首字母的主题是人类欲望的浮华，图中描绘了一个国王在抗拒所有世俗的财富和诱惑，包括他身旁的朝臣手中举起的为了讨好他的财宝。

89 对页右图

英国，耶稣会英格兰省，斯托尼赫斯特学院，细节图

English Province of the Society of Jesus, Stonyhurst College, MS. 7, fol. 3v, detail

格列高利一世作为这本《以西结书》笺注的作者被描绘在这个首字母中，图中他托着自己的著作，好像要将书中的文字拉到首字母中。这本手抄本是由1168—1183年间担任圣奥尔本斯隐修院院长的西蒙为他的隐修院委托制作，手抄本的艺术家可能是一位隐修院外的职业巡游艺术家，现被称为西蒙画师。

因为在那之前，大多数艺术家都在修道院室外的回廊工作，金箔非常薄而且很容易损坏，以至于几乎不可能在微风中操作。在一本收藏于达勒姆大教堂图书馆的十二世纪晚期的《圣经》手抄本（MS. A. II. 1, fol. 133r）中，一个首字母旁有用铅合金笔给泥金装饰艺术家留下的一段特定的指示，要求这个首字母用黄金绘制（de auro），艺术家也确实这么做了。如果手抄本中使用了金箔，那么它会在着色之前最先被贴在页面上（图 88），这是因为金箔被粘在页面后需要擦磨使其光亮，而这擦亮的过程可能会破坏已经着色的部分。下一个步骤是用画刷或羽毛笔涂上底色，然后再用更细的笔逐渐给画面增添细节，以此达到更高的艺术效果。

给首字母着色的艺术家和首字母的设计师并不一定是同一个人，特别是当一个由不同艺术家组成的团队在一起工作的时候，例如，为制作《温彻斯特圣经》这本书，一定需要在几年里雇佣相当数量的泥金装饰艺术家。已故的沃尔特·奥克肖特（Walter Oakeshott）利用大量时间研究这举世闻名的手抄本，他经常发现证据证明一个首字母先被一位艺术家设计并画出底稿，但之后又被另一位艺术家继续绘制，这位艺术家在第一位设计的基础上做了些细微的改变。有时，一位艺术家会给另一位留下完成某幅细密画的指示说明，例如，牛津大学收藏了一本可能来自温彻斯特，但后来在埃克塞特的十二世纪中期制作的手抄本（图 86），其内容是带注评的《圣保罗书信集》。书中第一正页上制作精美、其纵向长度跨过整竖页的首字母描绘了圣保罗的生平事迹。当你仔细看这个首字母时，你会在每个颜色区块中发现微小的字母，能看清并识别的字母包括红色的区块由“r”表示，绿色区块由“v”表示，蓝色区块由“a”表示。这就是现在所谓的“按数字编号着色”，一位优秀的艺术家先画出首字母的设计底稿并为另一位资历浅一点的艺术家标出相应的着色指示。我们从中可以了解到，这些艺术家用拉丁文或（更有可能）法语交流：法语中“rouge”为红色，“vert”为绿色，“azur”为蓝色。

或许绘制这个首字母的是一位被雇佣来帮助修道士制作书籍的职业艺术家，他也有可能参与制作了现收藏于阿夫朗什市立图书馆的一本在 1158 年诺曼底圣米歇尔山（Mont. St. Michel）制作完成的编年史手抄本（Avranches, Bibliothèque Municipale, ms. 159）。如果这位艺术家真的参与绘制了这两本手抄本，那他一定在法国与英格兰之间游历。泥金装饰艺术家到不同地方游历是解释为什么看似同一位艺术家的作品在几个不同地方出现最简单的方式，例如，由一位十二世纪中期的泥金装饰艺术家可能在坎特伯雷绘制的庞大的《兰贝斯圣经》（*Lambeth Bible*）中的细密画与一本据记载在 1146 年艾诺（Hainault）的利耶西隐修院（Liessies Abbey）制作的福音书残书中的插图有不可思议的相似之处。另一个例子是一位被称为西蒙画师（Simon Master）的艺术家大约 1170—1180 年间在圣奥尔本斯工作（图 89），可能同样是这位艺术家的作品也在伍斯特大教堂（Worcester Cathedral）、诺曼底的波港隐修院（Bonport Abbey）以及可能在法国东部特鲁瓦制作的手抄本中。但最不可思议的是，至少两位绘制《温彻斯特圣经》的艺术家的画风与坐落在离温彻斯特 600 多英里（约 966 千米）的西班牙北部的锡赫纳（Sigena）的修道院会议厅中的壁画风格有着惊人的联系。如果每个例子中的艺术作品确实是同样的艺术

家所绘制（通常是这样认为的），那么他们一定是职业巡游艺术家，但我们对这些艺术家了解得太少了。一本对《圣保罗书信集》注评的手抄本（图 76）在约 1164 年为法国科尔比隐修院所制作，书中的一幅小肖像画描绘了一位名叫理查德（Richard）的修道士（他的名字被记录在肖像旁），他可能是这座隐修院的一员，同时也负责监督这本手抄本的制作工作。另一幅小肖像画描绘了名为费利克斯（Felix）的平信徒艺术家，他无疑也是此手抄本的泥金彩绘装饰艺术家之一。我们会想知道，究竟是像费利克斯这样的艺术家主动向修道院寻求工作机会，还是修道士为特殊的项目对外寻找艺术家。然而，很明显的一点是：修道士渴望拥有彩绘装饰的书籍，而修道院有时无法独立地完成所有的泥金装饰工作。

当书中内容和插图装饰都绘制完成后，书籍制作的最后步骤就是装订工作。几乎所有十二世纪的手抄本封面都是用皮革外套包着木板制成的，（通过数字标记，后期运用引字）把每组书帖按照顺序排列，并用数个条状皮革把书帖缝在一起，之后将皮革条穿过木板上的开孔并将其拉紧，最后再用木块或钉子使其固定。不像现代精装版书籍的封面会略大于书页的尺寸，十二世纪的木质封面是按照与书页齐平的尺寸进行竖直裁切的。之后，木板会被皮革包住（图 90），书脊是平的。皮革几乎一直都是白色的，但幸存下来的手抄本封面颜色通常变为我们能够欣然接受的黄褐色。偶尔，皮革会被染成红色或（在英格兰很少见的）被鞣制后压印上小型图案作为装饰。与幸存下来残缺不全的十二世纪书籍封面包装相比，我们看到更多的手抄本被像“衬衫”（chemise）一样柔软的鞣制皮革外套正好包住，尺寸更大的书套坠在书页的边缘，因此整本书可以完全被包裹在独立的白色皮革中（图 91）。我们可以想象雷丁隐修院图书目录中除了 8 本书以外其他书籍都用白色皮革装订，这 8 本书的装订可以确定：两本银质装订的弥撒书、两本以红色皮革装订的书籍和四本带有压印图案装饰的皮革所装订的书籍。有一本十二世纪雷丁隐修院的手抄本（B. L., Egerton MS. 2204；英国伦敦大英图书馆）就是一个以白色皮革装订书籍的经典案例。

十二世纪书籍装订的一个特点是缝在书脊上部和下部的半月形小薄片，它们会从皮革外套凸出来，这些小薄片出现在许多描绘了十二世纪书籍的图画中（例如，图 61、图 62、图 80、图 86、图 94）。手抄本名称有时也会写在书脊上，上一段结尾提到的雷丁隐修院的手抄本书脊由下向上写着“Beda super lucam”（比德对《路加福音》的注评），正如图书目录中记录的一样。这些特点可以告诉我们书籍存放的方法：手抄本很可能以书口朝下的方式被放在柜子里。书籍的木制封面与书页边缘齐平，因此显得很整齐。书名在书脊上清晰可见，半月形小薄片有助于将书从柜子里拿出来。如果我们可以奇迹般地回到十二世纪，这将是我们在修道院图书馆的回廊翻找书籍时会看到的手抄本存放方法。

90 上图

英国，牛津，耶稣学院

Oxford, Jesus College, MSS. 70, 68, 53 与 63

图中这些十二世纪来自赛伦塞斯特隐修院的手抄本仍保留着它们各自最初的书籍装订面貌，木质的手抄本封面按照与书页齐平的尺寸进行裁切，最后再用白色皮革包住。半月形小薄片被缝在书脊上部和下部，它们可能有助于将书籍从柜子里拿出来。

91 对页图

英国，伦敦，私人收藏

London, private collection, s.n., fols. 17v–18r

这本大约制作于 1150 年的圣安波罗修著作手抄本属于萨福克（Suffolk）的斯托克－克莱尔隐修院（priory of Stoke-by-Clare）。它最初的装订仍是差不多完整的，手抄本被像“衬衫”一样柔软的皮革外套宽松地包住，当书被合上时，它基本上形成了一个独立的包裹。

第四章

学生与手抄本

无论是学习基础拉丁语的学童，还是扩展和完善其研究的研究生，书籍最不言而喻的所有者之一就是这些学生。欧洲的大学从十二世纪晚期开始在国际上声名鹊起，这些大学对教科书的需求引起了中世纪图书贸易革命性的转变。一位博洛尼亚的律师阿多弗雷多（Odofredo，卒于 1265 年）讲了一则逸事：一位父亲每年给他儿子一百镑作为他在巴黎或博洛尼亚大学学习的津贴，但让他父亲烦恼的是，他儿子去巴黎后把钱挥霍在“无关紧要”的用黄金装饰的首字母的手抄本上。拉丁语原文形容他的书“babuinare de literis aureis”，字面意思是“以狒狒装饰的首字母”。当儿子学期结束懊悔地回到家中，父亲对儿子这种荒唐的行为火冒三丈，认为儿子比自己年轻时差远了。要知道，在此之前一个世纪，个人委托制作教科书并将它们豪华地进行泥金装饰是几乎不可能的，而且直到当时，这位父亲还是不能理解这些华丽装饰的书籍的必要性。这一章将试图阐明这个儿子的立场。

要确定一所中世纪大学的创立时间是极其困难的，其中一个原因是古文物研究者对母校的自豪感可能会使他幻想把巴黎大学的创办归功于查理曼大帝或把牛津大学的创办归功于阿尔弗雷德大帝（King Alfred），另一个原因是直到十三世纪大学才开始颁布各自机构的法规章程，而且几乎没有办法可以记录从什么时候学生开始聚集在一起听教师讲课。在北欧，我们的故事从十二世纪上半叶的巴黎开始，像商薄的威廉（William of Champeaux，约 1070—1121 年）、圣维克多的休（卒于 1142 年，图 94），还有几乎可以称作传奇人物的彼得·阿伯拉（Peter Abelard，1079—1142 年），这些知识渊博、素有声望的教师吸引了众多学生来到巴黎圣母院区域周围、塞纳河对岸的圣女日南斐法教堂（church of Ste. Geneviève）和圣维克多隐修院（abbey of St. Victor）听课。在十二世纪，这些学校确实存在，在这些地点讲课其实并没有什么不寻常之处。实际上，任何一个座堂圣职团（cathedral chapter）都有一位负责管理教堂人员和各种神职人员教育培养的教区秘书长（chancellor），他也给予教师教语法学、修辞学、神学和其他学科的权利。这些教学已经在拉昂（Laon）、欧塞尔（Auxerre）、兰斯展开，也可能已经在沙特尔（Chartres）、普瓦捷（Poitiers）以及法国其他地方展开。这些座堂学校的兴亡取决于像拉昂的安塞姆（Anselm of Laon）、博识者吉尔伯特（Gilbert the Universal）和普瓦捷的吉尔伯特（Gilbert de la Porrée）这些教师的声誉。我们从上一章节得知，在十二世纪中期，巴黎圣维克多隐修院享有很高的学术声誉，以至于英格兰圣奥尔本斯隐修院的修士都会索要在那里授课的教师的新书副本。毫无疑问，一些在巴黎上课的学生会携带他们上课获得或抄写的书籍回家。之后成为西莱斯廷二世教皇（Pope Celestine II，卒于 1144 年）的卡斯泰洛的奎多（Guido of Castello）也听了彼得·阿伯拉的讲课，他把包括阿伯拉的《神学》（*Theologia*）和《是与否》（*Sic et Non*）以及其他书籍遗赠给他以前在翁布里亚（Umbria）的古老的卡斯泰洛城修道院（monastery of Città-di-Castello）。这是学生把课本带回家乡的一个非常早期的例子。几十年后，有合理的证据表明，修道士们在巴黎的隐修院学校学习并获取他们自己的书籍，其中一位就是阿丁顿的罗伯特（Robert of Adington）。记载表明在十二世纪九十年代他在达勒姆，并留给达勒姆大教堂一些书籍，其中一本书（Durham Cathedral Library, MS. A. III. 16；英国达勒姆大教堂图书馆）的内容是几本《圣经》书籍的注评，书中还有一个记录了一些带注评的《圣经》书籍的清单，这些书籍包括由彼得·伦巴都、彼得·康默斯托（Peter Comestor）、普瓦捷的彼得（Peter of Poitiers）、赫尔德内斯（Helduinus）与其他巴黎教师所著的新作品。书籍名单还记录道，书籍的所有者之前把它们保存在巴黎的圣维克多隐修院（图 93）。一本其内容包括很多类似著作的十二世纪末的教科书收藏于第戎市立图书馆（Dijon, Bibliothèque Municipale, ms. 34），它的所有者叫西奥博尔德（Theobald），他把它们保存在巴黎的圣女日南斐法隐修院（abbcy of Stc. Geneviève）中。几乎

in anima passionum note.
buntur eorum que sunt in
admodum nec littere omni
sic nec eedem voces. Quorum

dicitur interna elisione samarie ad
correctionem duarum tribuum hec predicta esse.

Ier. alt. Sicut quidam iudam et ie
rusalem de super celestibus interpretantur et ysai
am preferre personam domini quod captivita
te illorum interna mala puniuntur et
reditum ad montem sanctum innovissi
mis diebus quod nos contraria hodie in
dicantes universa despicimus et seqn
tes hystorie veritatem quoque de ierusalem
celestis sompniant ad christum referimus
ecclesiam et ad eos qui vel propter peccatum
ex ea eiciuntur ut per penitentiam re
vertuntur de quo surge illuminare
ierusalem quia venit lumen tuum.

Ysaias interpretatur salvator domini. iu
das confessio. ierusalem visio pacis. o
zias fortitudo domini. ioathan perfe
ctio domini. achaz tenens vel robus
tus. ezechias imperium domini. qui
enim presidente domino salvat
et est filius amos id est fortis atque ro
busti cernit spiritualem visionem con
fessionis dum amicus peccata plangit
et pacis dum per penitentiam transit
ad lucem et eterna pace quiescit
et cuncta illius tempora sub for
titudine domini transeunt et perfectio
ne et robore. et cum omnia fecerit
dicit. Servus inutilis sum quod
debui facere feci.

Audite celi etc. Super quos propheta
cum filius. quod esse iudam et ieru
salem et quo tempore viderit in titu
lo demonstratum est. Nunc celum
et terram ad audiendum provocat.
Invocavit et dominus per moysen
celum et terram cum populo israel
daret legem suam sic. Attendite
de celum et loquar audiat terra
verba oris mei. Post prevaricationem
populi eosdem vocat in testi
monium. ut omnia elementa.

Non solum ysaias sed alii qui habent in titulo visio quam vidit
ille vel ille: non infert quod viderit. Ubi gratia. Vidi dominum sabaoth
sedentem etc. sed non statim narrant que dicta sunt sicut hic. Audite
celi etc. Et hoc dicit dominus ad ydumeam. propheta enim verbum vide
re dicuntur quorum oculi semper ad dominum sed illis. Ad te levavi
oculos meos qui habitas in celis. et alibi. Levate oculos vestros et videte regiones quia
albe sunt etc. Unde oculi dicuntur lucerna corporis tui est oculus tuus. et propterea videntes
vocabantur. Nos quod ignorabant secundum montanum qui sic inde
batur.

Amos pater ysaie non xii prophetarum tercius est. Diversis
enim apud hebreos scribuntur litteris. Iste enim primam et
extremam habet aleph et sade. Ille autem ain et samech.
Iste interpretatur fortitudo vel robustus. Ille populo
gravis vel durus. Sed iste propheta fuit sicut hebrei asserunt
qui patres avos atavosque prophetarum quorum nomina in
principio prophetie ponuntur prophetas fuisse contendunt.

Quod in titulo sub ozia. ioathan achaz et ezechia
prophetasse dicitur non sic in aliis prophetis quod specialiter sub
uno quoque dictum sit nescimus quia ad finem usque vo
luminis plene distinguitur. Sciendum quod ezechia
mortuo in xii anno romulus qui nomen suum in ytalia
condidit civitatem regnare cepisse ut nostre hystorie ap
pareant antiquio
res quam gentiles.

spiritualem
Hec est

VISIO YSAIE

verecunde de se quasi de alio. spiritualem
fortis vel robusti. salvatoris domini.
filii amos quam vi
dit. Celi contra. confessione. quasi pon
dus tribulationis. visionem pacis.
Beniamin
dit super iudam et ie
domini perfectionis.
quinque tribus ierusalem. domini fortitudo. tenen
rusalem in diebus ozie ioathan a
vel robusti. imperii domini
chaz ezechie regum iuda. Audi

Audite celi etc. Que excelsa sunt

In diebus ozie
Ozias ipse est qui
et azarias. Uno
autem eodemque
tempore ysaias
osee ioel et amos
prophetasse ex regibus
qui in titulo po
nuntur promp
tum est cognos
cere sed principi
um verbi domi
ni fuit in osee.

Audite ce. etc.

可以肯定的是，阿丁顿的罗伯特和西奥博尔德分别在圣维克多隐修院和圣女日南斐法隐修院上课。

92 前页图

英国，伦敦，大英图书馆，细节图

London, British Library, Burney MS. 275, fol. 176v, detail

这个首字母描绘了一位老师在与他的学生们进行学术辩论，它标志着亚里士多德《解释篇》（*De Interpretatione*）的开端。这本十四世纪早期泥金装饰的手抄本是一本语法学和经院哲学著作的合集，它有很杰出的收藏历史：它曾属于1370—1378年任教皇的格列高利十一世和对立教皇克雷芒七世，后者又于1397年把它给了贝里公爵。

93 对页图

英国，达勒姆大教堂图书馆

Durham Cathedral Library, MS.A.III.17, fol. 4v

这本带注评的《以赛亚书》属于一位在巴黎的英格兰学者——阿丁顿的罗伯特，他在1180年至1193年左右把一些手抄本（包括这本）保存在巴黎的圣维克多隐修院。后来他回到英格兰，并把这些旧课本留给达勒姆大教堂。

94 上图

英国，牛津，博德利图书馆

Oxford, Bodleian Library, MS. Laud Misc. 409, fol. 3v

奥斯定修会的修士圣维克多的休（卒于1142年）是巴黎第一批教授神学的老师之一。当时还没有正式成立的大学，休的课程都是在他自己的圣维克多隐修院进行。这幅十二世纪晚期的插图来自一本圣维克多的休的著作手抄本，这本手抄本由1214—1235年担任英格兰圣奥尔本斯隐修院院长的特兰平顿的威廉（William of Trumpington）赠予他自己的隐修院。

然而，想要寻找巴黎大学的起源应该从巴黎圣母院主教座堂学校的教师入手，其中一位最杰出的教师是彼得·伦巴都，其作品包括《四部语录》（*Sentences*，十二世纪最伟大的神学百科全书，图96）以及为诗篇和《圣保罗书信集》所写的《伟大的注评》（*Great Gloss*，图95，图97—98）。彼得·伦巴都在巴黎圣母院主教座堂学校教课，并在1158年成为巴黎主教。他在1160年去世，去世前他把自己图书馆的书籍捐给了巴黎圣母院，其中包括他亲笔写的《四部语录》手抄本。彼得·伦巴都在巴黎建立的学术传统至今仍未被打破，可能是因为彼得·伦巴都的学生彼得·康默斯托（卒于1169年左右）写了《经院哲学史》（*Historia Scholastica*）——一部从历史角度对《圣经》进行概括的著作，它成了未来几代人的教科书。像唱诗者彼得（Peter the Chanter）、普瓦捷的彼得和斯蒂芬·兰顿（Stephen Langton）这样的作者在十二世纪以主教座堂学校为中心进行写作，是他们使我们直面着一个宏大而令人敬畏的学术资源。

我们很难知道在约1200年之前是否有一个我们可以用现代概念命名为大学的机构。在1150—1175年间，在巴黎圣母院主教座堂学校教书的教师仍需要通过教区秘书长的正式许可，但对于刚毕业的学生，似乎有另一个独立的教师录取程序。实际上，手抄本的制作是这些巴黎学院在十二世纪晚期开始独立发展的最好证据之一。最基础的教科书就是《圣经》，主教座堂学校的《圣经》教材是由二十本左右分开的书卷组成的注评版《圣经》。我们之前在雷丁隐修院图书目录（参见第87页）中提到过这些手抄本，它们有时被形容为"就像在学校中阅读的书籍一样"。根据彼得·伦巴都的学生博山姆的赫伯特（Herbert of Bosham）描述，彼得在去世前才勉强写完他的《圣经》注评作品，在1160—1170年间这些作品被编辑出版，作为大型《圣经》注评合集的一部分发行。这些书籍都在巴黎出版并且大部分得以幸存，书写精美的大型手抄本内布满华丽的装饰：螺旋状的藤茎组成泥金装饰的首字母，藤茎中有许多黄色或白色的微小狮子攀爬穿梭其间。其中一个例子就是现收藏于法国国家图书馆的这种精美手抄本（图97），其内容是彼得·伦巴都对诗篇的注评，手抄本的所有者是在1172—1193年介朗（Guérin）担任圣维克多隐修院院长期间在这里去世的一位神职人员。使用这种装饰风格的手抄本还包括《圣经》注评（图93）、《四部语录》、《经院哲学史》、《法规集》和一些其他的巴黎教科书。我们发现这些手抄本的最初所有者通常是学校以前的学生，在某种程度上，这是一个循环论证：这些学校的繁荣发展使我们可以把幸存手抄本的制作地点归为巴黎，而可以归属于来自巴黎的手抄本数量又提高了我们对十二世纪巴黎学校的了解。

95 对页图

英国，伦敦，私人收藏，残页

London, Private collection, fragment

彼得·伦巴都在1134年至1158年左右在巴黎教书，他编著了《四部语录》及为诗篇和《圣保罗书信集》所写的《伟大的注评》，这些都成为几个世纪以来标准的大学教科书。这个首字母来自一本十三世纪非常早期的手抄本，其内容是彼得·伦巴都为《圣保罗书信集》所写的《伟大的注评》，首字母的装饰描绘了蓄着胡须的学者彼得·伦巴都用羽毛笔和小刀在写作（这里的刀用于刮掉纸上的书写错误）。

96 下图

英国，伦敦，维多利亚和阿尔伯特博物馆

London, Victoria and Albert Museum, MS. L.19-1983, r

彼得·伦巴都的《四部语录》手抄本开篇中的首字母和阿丁顿的罗伯特的带注评的《以赛亚书》手抄本（图93）的首字母装饰风格非常相似，有可能这本《四部语录》手抄本也制作于1180年左右的巴黎。十八世纪，这张残页收藏在巴黎的耶稣会学院（Jesuit College）。

几乎可以肯定的是，中世纪最早提及书店来自不晚于1175—1200年间的巴黎。在巴斯的执事长（archdeacon of Bath）布洛瓦的彼得（Peter of Blois）所写的信中提到，当他在巴黎为英格兰国王办公时看到一位名为B.的书商在销售法律书籍，他认为他的侄子会觉得这些书籍很有用，便和书商谈好价格之后离开了。彼得之后写道，萨克斯伯格（Sexeburgh）的教士长开出了更高的价格，并用武力带走了这些书籍，这使他非常恼火。我们很难去客观地分析这则逸事的含义，因为在如此早的时期并没有确凿的证据能够证明我们所想象的书籍贸易确实存在。这位书商被称为“B. publico mangone librorum”（名为B.的面向公众的书商），这并非一个恭维性的称呼，他很可能只有一个市场摊位。因为手抄本一直都是十分昂贵的，没有书商会仅仅为了出售新书而前期投资制作它们，因此几乎可以肯定，他出售的法律书籍都是二手的。尽管如此，这个例子证明市面上可以买到非宗教的世俗种类书籍，而且书商已经有名气到可以用他名字的缩写B.作为称呼，他还与买家讨价还价，并且愿意为了更大的利润违背他之前的承诺。当时的书籍制作环境已经改变了，其主角不再是那个只为上帝的荣耀而工作的与世隔绝的修道士了。一本十三世纪早期制作

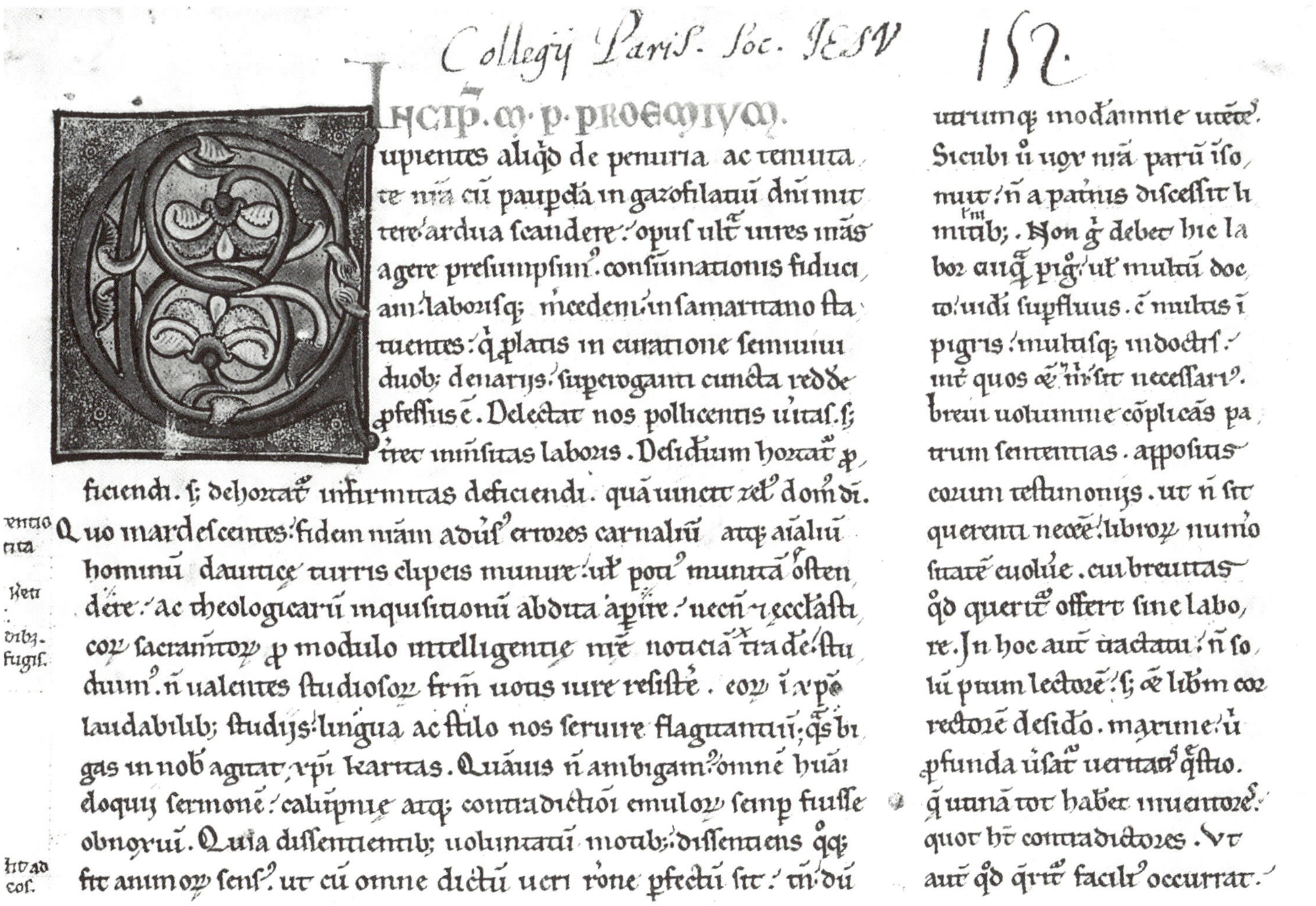

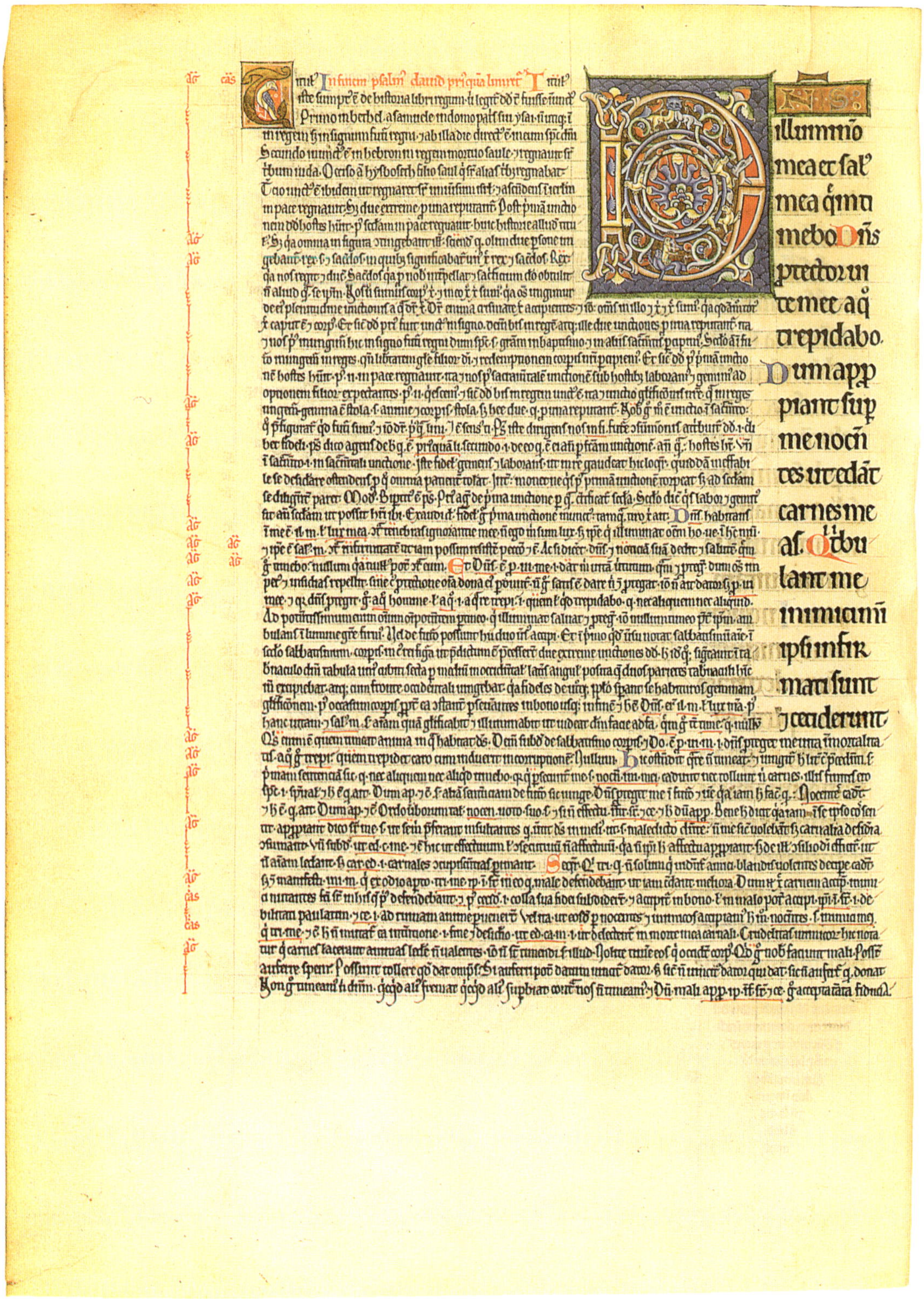

97 左图

法国，巴黎，法国国家图书馆

Paris, Bibliothèque Nationale, ms. lat. 11565, fol. 31v

这本豪华泥金装饰手抄本一定是1180年左右在巴黎制作完成，其内容是彼得·伦巴都为诗篇所写的《伟大的注评》。它属于巴黎圣维克多隐修院的一位名为尼古拉（Nicholas）的咏礼司铎，他把这本书遗赠给在1172—1193年间担任圣维克多隐修院院长的介朗，之后介朗又转赠给同在巴黎的圣日耳曼德佩隐修院（abbey of St. Germain-des-Près）。

98 对页图

英国伦敦与挪威奥斯陆，史柯源收藏

London and Oslo, The Schøyen Collection, MS. 258, fol. 128r

这本1200年左右可能在巴黎用泥金工艺制作的手抄本，内容也是彼得·伦巴都为诗篇所写的《伟大的注评》。书中《圣经》内容用红色书写，而注评用黑色书写，页边空白处写有像现代脚注一样的彼得·伦巴都所引用内容出处的缩写，他主要引用了圣奥古斯丁和卡西奥多鲁斯的作品。

annuntiab(un)t celi. adorab(un)t angli. (et) syon. i. eccl(es)ia. iudee audiuit h(oc) p(re)dic(tu)m. s(cilicet) q(uo)d angli eum adorant. q(uo)d annuntiauer(un)t celi. i. (et) q(uo)d uiderunt o(mne)s p(o)p(u)li glo(riam) e(ius). (et) q(uo)d (con)fundantur adoratores ydolor(um). (et) in(de) letata e(st). iudea enim p(ri)us (con)debat se solam uenire ad xp(istu)m. s(ed) ia(m) de sociis gentib(us) letatur. ut de cornelio. (et) fr(atr)ib(us) g(ra)iulis. quem petrus bap(ti)zauit. Et filie iude. i. xp(ist)i qui

Et exultauerunt filie iu | de iudea exultauerunt

de. p(ro)pter iudicia tua do | audierunt. ii. ap(osto)li (et) fr(atr)es

mine. qui erant in iudea. quia gentes receperunt u(er)bum dei. (et) in(de) letati s(un)t. (et) magnificabant deum. (et) hoc: p(ro)p(ter) iud(icia) tu(a) do(mine): q(ue) sunt q(uia) no(n) e(st) p(er)sonar(um) acceptor d(eu)s. s(ed) om(ne)s accipit: qui ad eum ueniunt. ui(n)d(icta) iuditia dicit. q(uo)d cecitas (con)tigit in isr(ae)l ut. ple(nitudo) g(entium) int(raret). (et) si quis quereret. q(ue) sunt illa iuditia: sub

Quoniam tu dominus altissi | dit. Quo(niam) tu d(omine) es al(tissimus).

mus sup(er) omnem terram ni | potentia. (et) hoc: sup(er) o(mne)m

mis exaltatus es. sup(er) om | t(erram). quia no(n) uidor(um) tan

nes deos. | d(eu)s es. s(ed) (et) gentium. sequ(itur) (et) o(mnium) xp(ist)e. nimis exal(tatus) es: q(uia) eg(redi)t(ur) p(ri)i. l(ibet) s(ecundu)m op(er)a. (et) hoc: sup(er) o(mne)s deos. q(uia) no(n) modo. s(upe)r malo(rum) d(eo)s. s(ed) (et) s(upe)r bono(rum). s(cilicet) ho(m)i(n)es (et) anglos. l(ibet) p(er) t(er)ram. (et) deos. pecc(at)o(r)es. (et) iustos accipe. l(ibet) p(er) t(er)ram (et) deos sig(nifica)t eum in p(re)sentiis. (et) celestib(us). (et) c(um) tal(is) sit. g(ra)t(ias).

Qui diligitis dominum o | Qui diligi

dite malum: custodit d(omi)n(u)s | tis d(eum) o(dite) malum. i. dia

a(n)i(m)as s(an)c(t)orum suorum: de man | bolu(m). cu(m) quo no(n) dili

u peccatoris liberabit eos. | gitur d(eu)s. s(icut) nemo. n. po

t(est) duob(us) d(omi)nis ser(uire). Si u(er)o cu(m) cepis odisse malignu(m): sub secunt p(er)secutiones: ne timeas. q(uia) d(omi)n(u)s custodit a(n)i(m)as s(an)c(t)or(um) suor(um). de quib(us) tollendis: e(st) ultimus g(e)n(u)s p(er)secutio(n)is. Grauior e(st). n. p(er)secutio: qua a(n)i(m)as tollere conantur: s(ed) eas d(omi)n(u)s c(usto)dit. (et) si corpora in terimuntur: a(n)i(m)as a(ut)e(m) non possunt occidere. Vn(de) sequ(itur). de manu pec(catoris). i. de diaboli potestate liberabit eos. Quod si forte quereris te p(er)dere lucem istam: ne cures. quia uera lux e(st) tibi.

Lux orta est iusto: (et) rec | Lux. n. fid(e)i or

tis corde letitia; | ta e(st) iusto. (et) rec(tis) cor(de) le(titia). q(ui)b(us). s(cilicet) p(ro) o(mn)ia d(eu)s placet. (et) ta(men) e(st) letitia p(er) spem. no(n). n. u(er)e in miserias s(un)t. s(ed) spe

Letamini iusti in domi | iam salui. g(ra)t(ias). Leta

no: (et) confitemini me | mini (er)g(o) in d(omi)no. no(n) in

morie sanctitatis eius. | mundo in quo sunt p(er)s

mun(t) sure. (et) letati: (con)fitemini me(morie) s(an)c(tita)t(is). e(ius). i. laudate eum: q(uia) memor fuit s(an)c(t)ificare nos. quia nisi uellet: no(n) gauderetis in illo. Ps(almus) dauid.

Cantate d(omi)no canticu(m) nouu(m). Tytulus.

Tytulus iste patet. p(salmu)s iste. in. e(st) eor(um) qui de utroq(ue) aduentu agunt. in q(ui)b(us) o(mn)ib(us) e(st) ca(usa) spei (et) timoris. spei. p(ro)p(ter) m(isericord)ia(m) primi aduent(us). timoris p(ro)p(ter) iuditium s(e)c(un)di aduentus. (et) si s(ae)pe repetentur: ta(men) semp(er) ua(r)ia descriptio(n)e sunt: q(ui) noua. Int(entio). monet ad laude(m) (et) exultatione(m). Mod(us). bip(ar)titus e(st) p(salmu)s. p(rim)a agit de ost(en)sio(n)e saluatricis dextre. Se(cun)do dicit o(mn)ib(us) mo dis laudandu(m). e(ss)e. (et) annuntiandu(m) ibi. Iubi late d(e)o. inuitans g(ra)t(ias) ad laude(m) cant(ate). Q(uo)s. uos qui noui estis in xp(ist)o: olim ueteres in adam.

CANTATE domino can | ticum no

uum: quia mirabi | lia fecit.

Cantate domino canticu(m) nouu(m). i. (et) lingua. (et) c(orde). nouu(m). de incarnatione xp(ist)i. (et) ho(m)i(n)is redemptio(n)e. nouu(m) quia nich(il) tale mund(us) audiuit. un(de) q(uia) mirabilia fec(it). Que mirabilia: no(n) solum q(ue) co(m)munia s(un)t. s(ed) (et) hoc singulare. s(cilicet). quod dextera ei(us). i. x(ristu)s. qui d(icitu)r dextera p(ri)us p(ro)p(ter) mira op(er)atio(n)e(m). (et) brachiu(m) s(an)c(tu)m. e(st) ip(s)e idem xp(istu)s. q(u)i d(icitu)r brachium p(ro)p(ter) fortitudine(m).

Saluabit sibi dextera | Saluauit no(n) dicit q(uo)d

et brachium sanctum | s(ed) intelligimus orbem t(er)re.

eius. | q(uo)d fuit magnu(m) miraculu(m). Ma(ius). n. e(st). q(uo)d to tum orbem t(er)re: a morte et(er)na erexit: q(ua)m q(uo)d mortuos suscitauit. Saluauit dico sibi. d(eu)s hoc add(it). q(uia) multi saluantur corporalit(er). s(ed) sibi ip(s)is no(n) ei. q(uia) accepta corporali sanitate lasciuiunt. Qui. n. eg(ro)ti casti erant: sanati adulti fiunt. (et) qui cu(m) egrotarent: neminem ledebant: recepti(s) uirib(us) opprimunt innocentes. isti g(ra)t(ia) sanati sunt: s(ed) no(n) ei. s(ed) ali(i) qui p(er) fide(m) intus sanantur: sanantur. sane in(de) g(ra)t(ia) ei. l(ibet) s(ecundu)m alia(m) lit(teram): saluabit se dex(tera) ei(us): (et) si quis quereret. ubi ea dextera e(st) subd(it). Notu(m)

Notum fecit d(omi)n(u)s salu | fecit d(eu)s. salu(tare) su(um). i. xp(istu)m.

tare suum in (con)spectu ge(n) | ea. n. e(st) dextera. l(ibet) brac

tium reuelauit iustiti | hium quia (et) salutare. s(cilicet)

am suam. | xp(ist)e. quib(us) fecit notum: no(n) hic l(ibet) il lic. s(ed) in (con)spec(tu) gen(tium) re(uelauit). no(n) sub uela(mi)ne o(mn)ib(us). iustitiam sua(m). i. salutare. xp(istu)s d(icitu)r salutare eo q(uo)d saluati (sunt). iustitia: eo q(uo)d iustificat. sequ(itur). Record(atus) e(st). mi(sericordie) su(e). s(ed)

Recordatus est mi(sericordi)e sue: | ut h(omin)es s(an)c(t)os libaret. (et) u(er)i

(et) ueritatis sue domui | tatis sue qua(m) in futuro

isr(ae)l. | exhibebit: q(uando) facie ad faciem eu(m) uidebit. s(ed) quib(us) e(st) recordatus: domui isr(ae)l. i. uidentiu(m) deum. l(ibet) ita. recor(datus). e(st). mi(sericordie). s(ue). i. mi(sericordi)a e(st) quod p(ro)misit bano. sequ(itur) u(er)itas. s(ed) quia reddidit. un(de) subd(it). (et) ue ritatis sue. mi(sericordi)a (er)g(o) p(ro)misit p(ro)missione(m). p(ro)missio: reddit u(er)itate(m). s(ed) cui: domui isr(ae)l. qui modo p(er) fidem uidet u(er)itatem. (et) p(ost). p(er) spem uidebit. (et) ne ad litteram putes isr(ae)l unam gente(m). subd(it). Vi

Viderunt omnes ter | derunt mente om(ne)s t(er)

mini t(er)re salutare dei n(ost)ri. | mini t(er)re. i. a t(er)mino. u(s)q(ue) ad t(er)minu(m). Quid: salutare d(ei). n(ostri). i. ih(esu)m. no(n) di cit om(ne)s. quia no(n) quibusdam ta(n)tu(m) datus e(st) xp(istu)s. Iu

Iubilate deo omnis terra: | bilate. u(e)l pars u(bi) dicit

cantate (et) exultate (et) psal | omnib(us) modis lauda

lite. | du(m) e(ss)e. (et) annuntiandu(m). quia ueni uide(te). q(uasi) d(iceret). quia hec fec(it). g(ra)t(ias). iubilate d(e)o uoce sin(e) u(er)b(is). iubilus. n. gaudium e(st) q(uo)d nec poterit taceri

于巴黎的带注评的《路加福音》和《约翰福音》手抄本记录了这本书当时是以 100 巴黎先令的价格从一位名叫布雷卫斯的教区执事（Blavius bedellus）手中购买的（Paris, Bibliothèque Mazarine, ms. 142, fol. 191v；巴黎马萨林图书馆），这位布雷卫斯有可能就是名字缩写为 B. 的那位欺骗了布洛瓦的彼得的书商，如果真的是这样，我们有可能碰巧发现了欧洲最早书商的名字。

这本有布雷卫斯出售笔记的手抄本是 14 本幸存的带注评的《圣经》书籍之一，这 14 本手抄本现收藏于巴黎马萨林图书馆（Bibliothèque Mazarine, Paris, mss. 131—144）。它们最终被托特鲁的彼得（Peter of Châteauroux）遗赠给圣维克多隐修院，据记载，他在 1246 年是那里的咏礼司铎。如果布雷卫斯对每一卷手抄本都索要 100 先令的话，那么整套的费用大约为 70 镑（1 镑 =20 先令）。这些书籍的其中三卷（mss. 131—132 与 136）由一位艺术家所画，而这位艺术家的画风也在其他手抄本中被认出来。把这些手抄本汇集在一起研究，我们对于 1210 年左右富有的巴黎学者所使用的华丽装饰教科书会有更深入的了解。这位绘制了三卷带注评《圣经》书籍的泥金装饰艺术家制作的其他手抄本包括格拉提安的《法规集》（Liège, Bibliothèque de l' Université, ms. 499；比利时列日大学图书馆）、约翰尼斯的《范畴篇导论》（*Isagoge of Joannitius*，这本医学著作现收藏于美国马里兰州贝塞斯达国立医学图书馆）、一首吉勒·德·巴黎（Gilles de Paris）的拉丁文说教诗（B. L., Add. MS. 22399；伦敦大英图书馆）和一本杰出的托勒密（Ptolemy）的《天文学大成》（*Almagest*，图 99）。这本《天文学大成》结尾的缮写士题记记录了他在 1213 年 12 月用圣维克多隐修院的样本抄写并完善了此手抄本。上面提到的四本著作的领域分别是法律、医学、文学和天文学，因此，加上带注评的《圣经》手抄本，这位艺术家制作的书籍种类属于之后发展起来的四个学科：教会法典、医学、人文学科和神学。圣维克多隐修院的样本手抄本提醒我们：在 1213 年左右，我们不能仓促地把手抄本制作来源归于专业的书商，这些手抄本的制作处于修道院和具有完全世俗性质的书商工作坊的两极之间，同时这些书商工作坊也有自己的书籍样本。毫无疑问，书籍市场的客户无疑是新兴的大学。

现在联想起十三世纪初的巴黎，很容易让人想象是新兴的书商委托制作手抄本并出售给学生，然而事实并不那么简单，或者并不像现代的书籍买卖一样。早在图书贸易发展之前，书籍就已经开始流通了，手抄本高昂的制作成本赋予它们具有转售的价值，但从同学手中或者书籍交易中购买一本二手书和从职业书商那里购买一本预先做好的新书是不可同日而语的。例如，我们无法得知布雷卫斯是否参与他所销售的带注评的《圣经》书籍的制作或委托制作过程，很有可能他并未参与其中。

有一本早期在巴黎制作的手抄本可能有制作者的名字，这本《圣经》手抄本（Bibliothèque Nationale, ms. lat. 11930–1；法国国家图书馆）中的黄金字母署名记录了“亚历山大画师制作了我”（Magister Alexander me fecit）。他的头衔“magister”可能暗示他与学校的联系，但这也不能肯定他就是一位教师，也许他是一位制作书籍的能工巧匠，但无论如何，他不是一位修道士。这装饰性的题文宣告亚历山大制作了此书，但很有可能他不仅仅是（或不一定是）此书的画家，他也有可能筹备了整本书的制作工作。他的工作可能与一位制作和贩卖牛羊皮纸的亚历山大（Alexander the Parchmenter，卒于 1231 年）相似，这位亚历山大与他的妻子埃维莉娜（Avelina）居住在巴黎圣母院对面的新圣母路（rue Neuve-Notre-Dame），书商在十三世纪开始定居在这条街上。令人好奇的是，与 1213 年制作托勒密的《天文学大成》的艺术家不一样的是，这位参与制作《圣经》的亚历山大画师绘制的其他现存手抄本也几乎都是《圣经》书籍。其中一本现存于法国特鲁瓦市立图书馆，其内容为彼得·伦巴都对《圣保罗书信集》的注评（Troyes, Bibliothèque Municipale, ms. 175；法国特鲁瓦市立图书馆），它属于 1207 年至 1225 年间在蒙蒂埃拉梅（Montiéramey）担任隐修院院长的罗兰（Roland），其任职期限也为这些和亚历山大画师有关的手抄本提供了大致的制作时间。如果真的有亚历山大这个工作坊的话，那么至少有 9 本现存的单卷《圣经》书籍于此进行泥金装饰。

99 对页图

法国，巴黎，法国国家图书馆

Paris, Bibliothèque Nationale, ms. lat. 16200, fol. 4r

带有最早制作时间记录并确定其制作地点为巴黎的经院哲学作品手抄本是图中这本托勒密的《天文学大成》，这本天文学著作由克雷莫纳的杰勒德（Gerard of Cremona）翻译成拉丁文。书中结尾的缮写士题记记录了他抄写自圣维克多隐修院的样本并于 1213 年 12 月完成抄写。

BIBLIOTHEQUE DE SORBONNE

《圣经》的筹备和出版是十三世纪早期巴黎缮写士和泥金装饰艺术家最不朽的成就，这值得我们关注，因为这些工作在手抄本历史上占有重要地位。巴黎的学校对拉丁文《圣经》进行重新设计和推广是书籍制作史上最非凡的成就之一。《圣经》并非一本容易出版的书籍：这本包含多样化的古代历史和文学作品的合集被神圣的权威所支持，构成一部庞大而复杂的对“上帝之道”（Word of God）的记载。毫无疑问的是，《圣经》一直都是基督教的核心。我们提到过在 700 年左右在威尔茅斯与雅罗修道院为西奥弗里思制作的手抄本，以及在卡洛林王朝制作的手抄本。但是（除极少数杰出的《圣经》手抄本之外），一套《圣经》手抄本都是由几本不同的书卷所组成，通常尺寸很大，可以作为庞大的典范作品展示在教堂的诵经台或圣坛上，或在修道院的餐厅中。雷丁隐修院的修道士在回廊中保存了一套两卷的《圣经》，并准备了一套三卷的《圣经》在进餐时使用。这些手抄本通常不是便携式的，而且它们也并非用于个人学习。十二世纪的学生（当然那时有很多学习《圣经》的学生）会使用一套由二十卷左右不同的带注评《圣经》手抄本组成的完整版《圣经》作品进行学习，从根本意义上来讲，他们把《圣经》看作由不同作品所组成的合集，其中的书卷可以按任何顺序进行阅读。例如，有些人研究诗篇、福音书（图 100、图 101）或《小先知书》。《圣经》学者被称为“神圣书页的教师”（Masters of the Sacred Page），这也反映了作为许多篇“上帝之道”合集的《圣经》不仅仅只是单一的一本书而已。

十二世纪末或十三世纪初的巴黎，这一切都开始改变，至关重要的是：整套《圣经》书籍在那时被编纂在一卷书中，《圣经》各书籍的排列顺序和名称也被标准化了，被认为是圣杰罗姆所著的《圣经》书籍序言被系统性地加入书中，对文字的检校也尽可能地达到最精确的程度。这也是第一次把《圣经》的文字精心地划分成章节，并沿用至今。被称为《希伯来语名称释义》（*Interpretation of Hebrew Names*）的词典被加在书的最后，这是一本可以按字母顺序查询希伯来语专有名词的拉丁文翻译的词典。在出版史中，更重要的是《圣经》书籍外观的变化：缮写士使用了薄而柔滑的牛皮纸，手抄本的页面尺寸变得非常小，在每页的顶部都写有标题注明本页《圣经》书卷的名称，整本书中运用了小型红蓝色的首字母来标记每一章的开头，文字用微小的黑色字体以两栏的形式书写。这些可观的改变使得新版小型《圣经》成了十足的畅销书，并在十三世纪被大量出售（图 102—106）。《圣经》在 1240 年左右至 1280 年左右期间被大量制作，在这之后余下的中世纪时期，《圣经》手抄本的需求得到满足，十四和十五世纪制作的《圣经》是非常罕见的，因为普遍存在的十三世纪《圣经》手抄本一定仍容易获取。直至今日，在现存的十三世纪手抄本中，这些《圣经》手抄本仍然是最常见的。更重要的是，

100 上图

意大利，罗马，梵蒂冈图书馆

Rome, Biblioteca Vaticana Apostolica, MS. Vat. Lat. 120, fol. 165r

这本非常精美的带注评的《路加福音》手抄本制作于 1220 年左右的巴黎。图中的首字母描绘了一位神职学者坐在摆放了两本书的桌子前，身后的柜子里也放着其他书籍，他手指着在其上方的路加。这位据说职业为医生的路加正在讲解一个烧瓶中的标本。

101 对页图

法国，鲁昂，市立图书馆，细节图

Rouen, Bibliothèque Municipale, ms. 96, fol. 91r, detail

这本带注评的《约翰福音》手抄本开端的首字母描绘了圣约翰在一张倾斜的桌子前书写他的《福音书》，右侧桌边还有不同的洞，可供放入不同颜色的墨水。这本手抄本在十三世纪初的巴黎用泥金工艺装饰进行制作。

十三世纪早期的《圣经》设计已经从根本上贯彻到我们的潜意识中，直到七百多年后的今日，《圣经》仍保留这种设计。如今，从一家好书店选择一本传统印刷版《圣经》并观察其设计会发现，它使用与十三世纪被称为“uterine vellum”的极薄动物皮纸极其相似的超薄纸张进行印刷。与几乎每本十三世纪的《圣经》手抄本一样，它可能是八开的书（译者注：书页大小为一整张动物皮纸对折三次，每页是原纸面积的八分之一）。现代印刷版《圣经》书卷作品的排序、页面顶部标明书卷名称的标题和章节的划分都与十三世纪的《圣经》手抄本一样（直到十六世纪，章节中的经文划分才开始被使用）。还有一个相同的特征是书中的内容仍用微小的字体以两栏的形式进行排版设计，而在诸多世纪后，这个特征在大多数其他书籍中都消失了。再看看书籍的装订和用颜色装饰的书口、书顶和书根，很有可能书籍封面看起来像是用黑色、红色或蓝色的皮革制作，这三种颜色也是十三世纪巴黎绘画的主要颜色。几乎不可能找到另一件在1200年设计直至今日也只有极少的变化的物品。

我们很难精准地确定这新版《圣经》到底是何时被设计出来的。托马斯·贝克特有一本单卷的《圣经》被保存在坎特伯雷的书架上，那里还有彼得·伦巴都对《圣经》的注评和其他书籍，这些书籍几乎可以肯定是托马斯·贝克特在1169年至1170年间在巴黎购买的，这可能是一个非常早期的例子。一般来说，在1200年以前单卷本《圣经》是非常罕见的，甚至1220年之前也并不常见。也许巴黎的教师们参与了新版《圣经》的设计，这会使我们想到斯蒂芬·兰顿的名字，在十二世纪八十年代早期至1206年，他在巴黎讲授整部《圣经》，《圣经》书卷中章节的划分通常归因于他。最早带有制作时间记录并使用章节编号的手抄本是1203年制作的斯蒂芬·兰顿对《小先知书》的注评手抄本（Troyes, Bibliothèque Municipale, ms. 1046；特鲁瓦市立图书馆）。也许他是把《圣经》作为许多“神圣书页”的合集这一概念变为一本独立的个体的推动者之一，因此斯蒂芬·兰顿应得到比他起

102 对页左图

私人收藏

Private collection, s.n., fol. 275v

许多十三世纪中期在大学使用的《圣经》手抄本开头都有故事化的小型首字母。此图是《以斯帖记》（*Book of Esther*）的开头，图中的亚哈随鲁王（King Ahasuerus）被画在以斯帖之上。这本手抄本可能属于德国的一位方济各会修士。

103 对页右图

北美，私人收藏

North America, Private collection, s.n., fol. 216r

这本制作于巴黎的《圣经》为多明我会修士所使用，这幅图也显示了《以斯帖记》的开头，与图102中关于以斯帖和亚哈随鲁王（《以斯帖记》2:8-9）的首字母装饰相似，由另一位泥金装饰艺术家绘制，其制作时间也许是1270年左右，比图102的手抄本晚10年或20年。

104 左图

英国，牛津，瓦德汉学院

Oxford, Wadham College, MS. I, fol. 397v

在大学所使用的《圣经》手抄本中找到其准确的制作时间的情况是很罕见的。据制作图中这本《圣经》手抄本的缮写士——被称为“巴黎骑士”的威廉记录，他在1244年完成此书，而且他勤奋的工作使他得到很好的回报。图中的首字母描绘一位天使正在鼓励圣保罗撰写《以弗所书》。

105 上图

私人收藏

Private collection, s.n., fols. 178v–179r

十三世纪《圣经》手抄本的成功通常与方济各会和多明我会的修士联系在一起，他们在欧洲各地传教时使用了这类手抄本。这本1250年左右的《圣经》手抄本可能属于在欧塞尔多明我会的修士。

sio seruo eius · scribens autem ei ab urbe roma
de carcere p(er) supscriptum onesimum. Incipit

Paulus epistola ad phy-
apostolus lomenam.
vinctus xpi · (et) ty-
motheus frater phi-
lomeni dilecto · et
adiutori nostro (et) api-
e sorori karissime sue · (et)
archippo conmilito-
ni nostro · (et) ecclesie que in domo tua est · gratia vo-
bis (et) pax a deo patre nostro in domino ihesu xpo · Gratias
ago deo meo semper memoriam tui faciens
in orationibus meis · audiens caritatem tuam
et fidem quam habes in domino ihesu (et) in omnes
sanctos · ut communicatio fidei tue · evidens fiat · in ag-
nitione omnis boni in xpo ihesu · xpo · Gaudium
enim habui magnum (et) consolationem in cari-
tate tua · quia viscera sanctorum requieverunt per te frater.
Propter quod multam fiduciam habens in xpo
ihesu imperandi tibi quod ad rem pertinet propter carita-
tem magis obsecro cum sis talis · ut pau-
lus senex · nunc autem (et) vinctus ihesu xpi · Obse-
cro te pro meo filio quem genui in vinculis
onesimo · qui tibi aliquando inutilis fuit · nunc autem
(et) tibi (et) michi utilis quem remisi tibi · Tu autem illum
et mea viscera suscipe · Quem volueram
ego mecum detinere · ut pro te michi ministra-
ret · in vinculis euangelii · Sine consilio autem
tuo nichil volui facere ut ne velut ex ne-
cessitate bonum tuum esset · sed voluntarium
Forsitan enim ideo discessit ad horam a te
ut in eternum illum reciperes iam non servum sed
pro servo carissimum fratrem maxime michi · Quan-
to autem magis tibi (et) in carne (et) in domino · Si ergo ha-
bes me socium suscipe illum sicut me · Si autem
aliquid nocuit tibi aut debet hoc michi imputa.
Ego paulus scripsi mea manu ego reddam
ut non dicam tibi quod (et) te ipsum michi debes · Ita frater
ego te fruar in domino · refice viscera mea in
xpo · Confidens de obedientia tua scripsi tibi
sciens quoniam (et) super id quod dico facies · Simul
autem para michi hospitium · Nam spero per oratio-
nes vestras donari me vobis · Salutat te
epaphras concaptivus meus in xpo ihesu ·
Marcus aristarcus · demas (et) lucas adiu-
tores mei · Gratia domini nostri ihesu xpi cum spiritu
vestro amen. · Prologus ad hebreos
In primis dicendum est cur apostolus paulus in hac
epistola scribendo non servaverit morem suum
ut vel vocabulum nominis sui vel ordinis
describeret dignitatem · Hec causa est quod ad
eos scribens · qui ex circumcisione cre-
diderant quasi gentium apostolus (et) non iudeorum
sciens quoque eorum superbiam suamque humi-
litatem ipse demonstrans · meritum offi-
cii sui noluit ante ferre · Nam simili modo (et) io-
hannes apostolus propter humilitatem in epistola sua
nomen suum eadem ratione non pretulit · hanc ergo
epistolam fertur apostolus ad hebreos conscriptam
hebraica lingua misisse · cuius sensum
et ordinem retinens lucas euangelista post
excessum beati apostoli pauli greco sermone
composuit · Incipit epistola ad hebreos ·

Multipharie multis-
que modis olim deus
loquens patribus in prophe-
tis: novissimis
diebus istis locutus
est nobis in filio
quem constituit he-
redem universorum per
quem fecit (et) secula · Qui cum sit splendor
glorie (et) figura substantie eius · portansque omnia verbo
virtutis sue purgationem peccatorum faciens sedet ad
dexteram maiestatis in excelsis · Tanto me-
lior angelis effectus · quanto differentius
pre illis nomen hereditavit · Cui enim dixit ali-
quando angelorum · filius meus es tu · ego ho-
die genui te · Et rursum · Ego ero illi in
patrem (et) ipse erit michi in filium · Et cum itera-
(um) introducit primogenitum in orbem terre dicit · Et adorent

草《自由大宪章》（*Magna Carta*）更大的名声。

在1225年至1250年间，拉丁文《圣经》在巴黎被彻底地校订，并被试图标准化。罗杰·培根（Roger Bacon）在1267年左右记录了这些校订工作是巴黎的教师和书商在大约四十年前所做，我们追溯到1227年左右，那时在巴黎可能已经有一些书商了，但罗杰·培根或许只是在试图贬低那时被称为现代版的新校订的《圣经》的准确性，暗示是商业目的而并非纯粹的学术动机在推动这个工作。然而，他所指的时间与1229年非常接近。1229年，多明我会的修士（Dominican Order）在巴黎的圣雅克（St. Jacques）开办了他们的神学院。到1236年时，他们已经有了自己对《圣经》内容所需校正的清单。当我们谈到十三世纪《圣经》的学术研究与出版时，多明我会的贡献是至关重要的。圣多明我（St. Dominic，1170—1221年）建立多明我会（又名宣道会 Order of Preachers）的主要目的是教导及巩固基本神学真理，以抵抗异端并使学者受到正统宗教的良好教育，这些新建立的大学在多明我会教义的宣扬发展中占有重要地位。1217年，多明我会成员在巴黎建立了他们的法国修会总部，之后又在意大利的博洛尼亚和英格兰的牛津建立了修会总部，他们很快在每个重点大学的城市都建立了多明我会会院。多明我会有两个原因支持新版单卷《圣经》的出版。首先，《圣经》的学术研究是他们在巴黎圣雅克教学的核心，从古至今最伟大的《圣经》学者之中有两位——圣谢尔的休（Hugh of St. Cher）和托马斯·阿奎那（Thomas Aquinas）就曾在那里教书。所有多明我会的会院都有一位讲师（称为 lector），其职责包括教授《圣经》。其次，这些多明我会的托钵修士也都是传教士，他们带着"上帝之道"在欧洲各地传讲。《圣经》和日课经都非常重要（十三世纪《圣经》手抄本体积的设计灵感有可能来源于日课经），由于多卷的《圣经》不适宜在讲道中使用，因此方便携带的单卷本《圣经》便成为传教士书包中最理想的书籍。历史上许多成功的出版案例都与书籍体积小有关，例如由阿尔定（Aldine）、埃尔塞维尔（Elzevir）和企鹅图书（Penguin）这些出版商所出版的书籍。托钵修士使用在巴黎设计的新版《圣经》是因为它们可以装在中世纪的口袋中。

多明我会在巴黎占有一席之地后不久，方济各会（Franciscan Order）托钵修士也声名鹊起，他们与多明我会一样广泛地游历传教，并在1231年在巴黎建立了自己的学校。这两个修会之间的竞争可能言过其实，但毫无疑问的是，他们都使用了类似的手抄本。概括地讲，多明我会积极地推广传统学术知识，而方济各会更倾向于关心更低层的社会问题和大众虔诚行为（popular piety）。1248年至1257年间在巴黎授课的伟大的方济各会神学家圣波纳文图拉（St. Bonaventura）评论道：多明我会把教育放在追求"神圣性"（holiness）之前，而方济各会把追求"神圣性"放在教育之前。在大学的发展史中，这两个修会都很重要。多明我会确实制作了一些手抄本，他们1220—1221年、1240年和1243年的修会法规声明，修会院院长可能会把抄写手抄本的工作交给任何一个字写得足够好的多明我会修士。通常这些手抄本的内容都是供他们自己使用的讲道范例或其他书籍内容，也许他们有时也为外面的客户制作手抄本。然而，方济各会1260年的修会总会议（Franciscan General Council of 1260）特别禁止他们的修士制作书籍进行出售。方济各会修士受保持清贫的誓言所约束，而制作书籍则收益颇多。禁令的存在通常意味着被禁止的事情时有发生，一些多明我会和少数方济各会的修士可能有参与到十三世纪巴黎书籍制作的工作中。

十三世纪中叶，非教会组织的图书贸易显然已经占据书籍制作行业的一大部分。我们对一位名为尼古拉·伦巴都（Nicolaus Lombardus）的书商有很多了解，他的名字在1248年至其去世的1277年间的税务清单以及其他记录中出现，我们知道他在新圣母路的确切地址、在1267年或之前去世的第一任妻子贝雅特丽齐（Beatrice）以及在她去世后不久尼古拉又迎娶的第二任妻子阿德勒西亚（Adalesia），这位妻子给他生了一个女儿叫欧德勒特（Odelote）。他的姓氏伦巴都说明他的家庭可能来自意大利（伦巴第）。他的名字以阿德利娜（Odelina）担保人的身份出现在一份1254年8月的大学文件中，阿德利娜是一位名叫尼

106 对页图

私人收藏

Private collection, s.n., fol. 434v

图中的页面为《圣保罗书信集》，来自一本1285年左右在巴黎绘制的《圣经》，图中第一个首字母为《腓利门书》所设计，首字母中仅仅描绘了坐着的圣保罗手持书与剑；第二个首字母为《希伯来书》所设计，描绘了圣保罗在和一位希伯来人谈话，这位希伯来人的身份可以从他戴的中世纪犹太帽子看出来。

古拉的制作和贩卖牛羊皮纸的人（Nicholas the Parchmenter，他也是书籍贸易的参与者之一）的遗孀，她当时在出售其坐落于法学院和马蒂兰会院（Mathurin Convent）之间的房子，最终这栋房子被人以巴黎教区秘书长的名义花费 32 镑购得。另一本手抄本（Paris, B.N., ms. lat. 9085；法国国家图书馆）的记录也提到了他的名字，上面写着克莱蒙主教（bishop of Clermont，1250—1286 年在任）居伊・德・拉・图尔（Gui de la Tour）从“书商”（venditor librorum）尼古拉・伦巴都那里购买了一整套带注评、“出自一位缮写士之手”（de una manu）的《圣经》书籍。卖家承诺把剩下还没交付的三卷书中的其中一卷在圣雷米吉乌斯节（St. Remigius，10 月 1 日）之前提供给他，并把剩下的两卷在复活节或圣灵降临节以前交给他。在交付书籍的当天，居伊・德・拉・图尔需要交还给尼古拉・伦巴都另外两卷书，这两卷书似乎是尼古拉借给居伊作为预付金的抵押，同时，居伊也要支付还未付清的 40 法镑给尼古拉。这个记录写于 1250 年至 1260 年之间，它提供给我们大量的信息，它明确地证明书商是委托制作新手抄本的代理人。这一套原本的十一卷书的其中五卷仍保留至今，从这些手抄本可以看出三位不同缮写士的笔触，所以合同中对“出自一位缮写士之手”的要求的意思一定是在同一页上，《圣经》原文和注评都由同一位缮写士书写，以便字体可以保持一致。因此，我们了解到尼古拉负责这项工作，但他并没有亲自抄写这些书。其中一卷手抄本中的一组书帖的最后有一小段缮写士的记录，上面说“这是我写完的第二组书帖——5 索尔”，这就是他收取的费用。但是居伊・德・拉・图尔的钱付给了书商，而不是缮写士。以两组书帖 5 索尔的价格作为标准，抄写十一卷书的费用（不包括书籍制作的其他费用）可能会达到几十法镑（1 法镑 =20 索尔）。缮写士、用细笔绘制细线条装饰的艺术家（pen flourisher）和泥金装饰艺术家加起来至少有 13 位不同的人参与到这项昂贵的工作中。居伊未付的 40 法镑只有之前提到的我们所估算的布雷卫斯以 70 镑出售的带注评《圣经》书籍价格的一半左右，但居伊未付的 40 法镑也有可能只是剩下的三卷书的价格，无论如何，这个费用已经超出了那个已故的制作和贩卖牛羊皮纸的尼古拉的房子的价格。

在这种情况下，尽管缮写士的工作由书商分包，我们仍无法知晓他们的名字，我们只能从少数十三世纪在巴黎制作的《圣经》中得知其缮写士的姓名，其中一本手抄本（图 104）在 1244 年制作，由一位被称为“巴黎骑士”（dictus miles Parisiensis）的威廉署名；另一本手抄本（Sarnen, Bibliothek des Kollegiums, MS. 16；瑞士萨尔嫩学院图书馆）的日期为 1267 年圣伦纳德（St. Leonard）纪念日（11 月 6 日），由一位名叫约翰尼斯・格鲁施的修士（frater Johannes Grusch）署名，他是否是一位托钵修士呢？第三本手抄本（Paris, B. N., mss. Lat. 16748-9；法国国家图书馆）由亚当署名，他可能是另一本手抄本（Paris, B. N., ms. lat. 12950, fol. 125v；法国国家图书馆）的一个潦草记录中所提到的圣米歇尔的亚当（Adam of St. Michel），这位圣米歇尔的亚当在 1284 年抄写了一卷彼得・伦巴都的《四部语录》。圣米歇尔位于塞纳河左岸、巴黎圣母院的对面，属于大学的中心。有时，我们也可以辨认出一些泥金装饰艺术家的名字。在一本有可能是格拉提安的《法规集》的教会法规手抄本中（图 107），两张十三世纪中期在巴黎绘制的细密画上画有卷轴，卷轴上写有署名：戈蒂埃・勒博布（Gautier Lebaube）。已故的艺术史学家罗伯特・布兰纳（Robert Branner）巧妙地提出，这位戈蒂埃・勒博布可能是出现在 1243 年圣女日南斐法教区（parish of Ste. Geneviève）税务清单上的“泥金装饰艺术家戈蒂泰鲁斯”（Gualterus illuminator），他的艺术风格包括缠绕的藤茎，顺便提一下，这位戈蒂泰鲁斯为他的葡萄园付了 9 便士的税。

我们在这一章的开头讲述了一个学生把他的零用钱挥霍在泥金装饰手抄本上，到十三世纪中期，我们可以了解到这件事发生的缘由。在巴黎有许多职业泥金装饰艺术家，现存的手抄本通常被装饰得非常漂亮，其细密画上的金箔在光线下光彩耀眼。在修道院制作的手抄本中，金箔一般被直接平铺在页面上，而十三世

107 对页图

美国，纽约，皮尔庞特・摩根图书馆

New York, Pierpont Morgan Library, G.37, fol. 1r

在判定两个人是否可以结婚时，中世纪教会法规以他们在家庭中的血缘关系来决定。在那个比今日社交机会少和人员流动性小得多的社会中，这是一个颇具争议的重要问题。图中这颗“血缘关系树”（Tree of Consanguinity）来自一本巴黎十三世纪中期的手抄本，图中底部两个人拿着的卷轴上有艺术家的题字：“戈蒂埃・勒博布制作了这棵树。”（Gautier Lebaube fit larbe）。

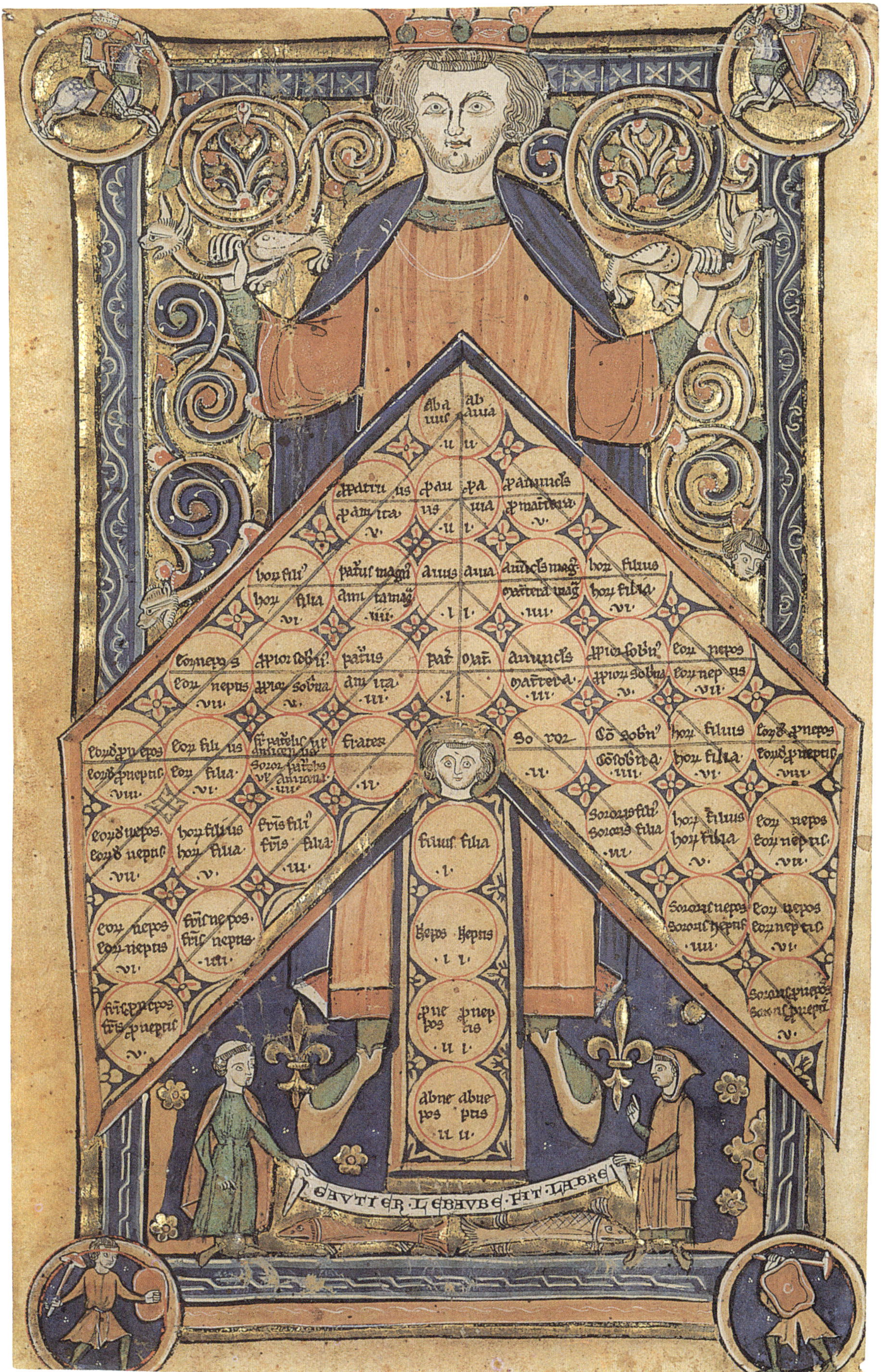
GAUTIER·LEBAUBE·FIT·LABRE

L. REGIMENTI ACUTORUM

QUI DE EGROTANTIUM accidentibus in singulis egritudinibus tractantes potius consilia scripserunt eos quidem in his que tradiderunt invenisse quedam dubium non est. Potest etiam quivis non medicus quis id idem facere ut egrotantium accidentia percipiens denotavit. Sed eorum etiam que cum his medico scire necesse est, ab ipsis egris indicio nota fieri debent, plurima intacta omiserunt.

MULTI QUI SENTEN[ti]as illis de assiduis relatas scripserunt in eo quod scripserunt de accidentibus que in egris in unaquaque earum egritudinum accidunt non invenerunt. Potuit autem facile et invenire in eo in quo medicus non est quando bene intelligit in unaquaque egritudinum illud quod ipse invenit de infirmitatibus rerum aut quas medico necesse est scire cum istis preter quod infirmus ipsius dicat ei: plurimum dicere dimiserunt. Sed nunc preterea illa accidentia divisa sunt in egritudinibus divisis et quorundam eorum solliciti magnificantur in significatione.

Non solum enim scripserunt rememorationem sententiarum relatarum illarum de assiduis dimiserunt aliquid dicere ex accidentibus que infirmus accidit. Immo invenimus eos dixisse de accidentibus plura quam oportet: sed omnium partium prius autem actio non est opus prudentium in arte. Sed non dimiserunt dicere aliquid de rebus quas vulgus scire potest, quia intentio prudentium in arte sua non est hec. Sed ut sciant totum quod est iuvamentum in medicatione egrorum, donec ipsis in quantum sic necessarium addere ad illud res quas omnes sciunt vulgi. Admiserunt rememorationem rerum multarum ex illis quas ipsi sciunt quando videtur quod in ipsis non est iuvamentum in fine artis.

Hoc quidem in divisis egritudinibus divisis ex parte obscuritas et intelligi difficiles habent significationem.

Quoniam illa accidentia divisa fiunt in divisis egritudinibus et quorundam eorum magnificatur studium in significatione.

Significatio est scientia sumpta ex significationibus. Multa autem utuntur hoc nomine scilicet significatio super significationem generaliter sicut omnia in quantum exposuit de accidentibus in significationibus. Dicit ergo Ypocras de quibus ad quarum cognitionem et scientiam fit in hac scientia cognitio vel exactio in quibus iuvantur medici quod non omnis inveniuntur scripte in sententiis relatis illis de assiduis. Sed dimittuntur in multis locis.

Sed enim sagacia et oportuna in investigatione collecta discutiantur in universis morbi tempore: non nulla ab eorum sententiis discrepantia poterunt inveniri. inveniri.

Et quando suscipiuntur res ille ad significationem sicut eorum in significatione universali egritudinis: tunc sciuntur ex eis res multe alie quam narraverunt illi.

Postquam dixit quod medici qui fuerunt de illis de assiduis dimiserunt dicere res multas quibus fit iuvamentum in significatione: sequitur est illud et narravit illud per intentionem sermonis sui in significatione et dixit sicut eorum in sanatione cuiuslibet egritudinis. Quod est quod omne quo fit iuvamentum in inventione sanationis egritudinis est exacte medicine.

纪的泥金装饰艺术家在绘制首字母时会在贴金箔的地方先涂一层石膏底料（gesso 或巴黎石膏“plaster of Paris”），使这些部分从页面凸起。在巴黎，这层石膏底料是白色的，但在欧洲其他地方，为了让颜色显得更加柔和，这种底料被加入了粉色或棕色混合在一起。十三世纪贴在手抄本页面上的金箔可以被擦拭得极其具有光泽，成品就像闪耀着金色的水银珠一样，这种效果一定很吸引书籍爱好者。细密画的颜色鲜艳，主要使用了红色和蓝色，并用黑色给图像轮廓清晰地描边。这些细密画在颜色和设计上看起来都很像小型的彩色玻璃花窗。

艺术史学家罗伯特·布兰纳所著的《圣路易统治时期的巴黎手抄本绘画及其风格的研究》（圣路易是法兰西国王路易九世的尊称，这本 *Manuscript Painting in Paris during the Reign of St. Louis, A Study of Styles* 在 1977 年由加利福尼亚大学出版）是第一本认真尝试把十三世纪巴黎泥金装饰艺术家按照他们的绘画风格进行分类的书籍，作者把大量的泥金装饰手抄本分到组群中，并谨慎地称这些组群为“工作坊”。不管这些工作在实际中是怎么进行的（我们想象，有可能艺术家在家中的阁楼与一两位学徒一起工作），当时有相当多的业务是为学生装饰手抄本。其中一个“工作坊”制作了泥金装饰的《圣经》、礼拜仪式用书、三本带注评的《圣经》、一本彼得·伦巴都的著作、两本民法教科书和教皇格列高利九世颁布的《教令集》（*Decretals of Gregory IX*）。另一个“工作坊”用泥金工艺装饰了七本带注评的《圣经》、两本彼得·伦巴都的著作、一本 1260 年制作的《圣经》和一本圣谢尔的休的作品。这些都是学生所需的书籍，有一百镑的话便可以买到精美非凡的手抄本。

很明显的是，到十三世纪中叶为止，巴黎大学吸引了来自欧洲各地的学者和教师。从购买和书写手抄本的角度来讲，书籍与学术研究密切相关。当时有四个主要的学术领域，而且每个领域都需要书籍。第一个学术领域为人文学科，包括语法、逻辑、算数、几何（图 110）、音乐和天文学（图 109）这些具体科目。

108 对页图

维也纳，奥地利国家图书馆

Vienna, Österreichische National-bibliothek, Cod. 2315, fol. 100v

这本异常精美的医学教科书手抄本为一位富有的客户制作于 1280 年左右的巴黎，手抄本中包含由非洲人康斯坦丁翻译为拉丁文的希波克拉底和盖伦（Galen）的著作。手抄本由一位被称为“帽商的儿子休”的缮写士署名。插图中描绘了一位医生和他的学生正在讨论一位病人。

109 左图

北美，私人收藏

North America, private collection, s.n., fol. 11r

这本手抄本内容是萨克罗博斯科的约翰（John of Sacrobosco）的作品，他从大约 1220 年左右开始在巴黎教授数学和天文学。这本手抄本用泥金工艺制作于十三世纪晚期的巴黎，图中页面是《算数学》（*Algorismus*）的结尾和《天球论》（*De Sphera*）的开端。《天球论》以托勒密的著作为基础，陈述了地球的球体知识以及恒星和行星的运行。

1227 年，人文学科在塞纳河左岸的圣女日南斐法区域正式被认证为一个教学领域，这个区域至今仍因为人文学科的教学而被称为拉丁区（Quartier Latin）。有一部 1255 年的法规列出了人文学科教师教学所需的书籍，其中包括普里西安（Priscian）的拉丁语语法和大量被翻译为拉丁文的亚里士多德（Aristotle）的作品，这包括所有逻辑学的著作及《物理学》《形而上学》《论灵魂》《论动物》和《论天与地》。第二个学术领域是法律学。将现存十二世纪的格拉提安的法学作品和布洛瓦的彼得想要购买法律书籍的故事作为判断依据的话，法律学可能是巴黎学院最古老的学科之一。然而，在法律学领域，巴黎从未得到比博洛尼亚甚至奥尔良、昂热（Angers）和图卢兹（Toulouse）更高的声誉。许多巴黎学生的带注评的法律手抄本似乎都是在意大利（大概在博洛尼亚）书写，甚至收藏于巴黎索邦大学具有华丽泥金装饰的格拉提安的法学作品手抄本（Sorbonne, ms. 30）都来自意大利。由此我们推测，这些书在进口到法国之前就已经写好，而且制作法律手抄本也并非巴黎缮写士的常规工作之一。第三个学术领域是医学。1270 年至 1274 年左右颁发的法规列出了学生所需的医学读物，其中包括非洲人康斯坦丁（Constantinus Africanus，约 1015—1087 年）编辑的简明扼要的《医学论》（*Ars Medicinae*）和他从阿拉伯文翻译整理为拉丁文的《旅行者的供应品》（*Viaticum*）及与之相关的艾萨克·尤代乌斯（Isaac Judaeus，亦译为犹太人艾萨克）的医学著作（图 115）。医科学生所需的其他书籍还包括《解毒药方》［*Antidotarium*，一本被认为是萨勒诺的尼古拉（Nicholas of Salerno）所著的十二世纪药品学教科书］、两卷未指明作品具体信息的医学《理论》（*Theoretica*）和《实践》（*Practica*）书籍。有一本特别精美的制作于巴黎的手抄本，其内容是非洲人康斯坦丁翻译的希波克拉底（Hippocrates）和盖伦（Galen）的著作（图 108），手抄本由缮写士 Hugo Cappellarii 署名，这个名字字面的意思是“帽商的儿子休”，也许他有两个生意可以用来吸引富有的医科学生。巴黎的学术领域还包括神学，这是享有最高声望的

110 左图

英国，牛津，博德利图书馆

Oxford, Corpus Christi College, MS. 283, fol. 165r

20 多岁时，克莱尔的威廉（William of Clare）在巴黎上学并且购买了一些教科书，包括这本将欧几里得（Euclid）的数学课本和制作时间为 1266 年后不久的巴黎大学法规章程副本装订在一起的手抄本。当威廉在 1277 年回到英格兰时，他把手抄本赠给了坎特伯雷的圣奥古斯丁隐修院。

学科。学生花六年时间读本科，其中四年学习《圣经》，之后两年学习彼得·伦巴都的《四部语录》，继而拿到大学神学学位，并进一步进行《圣经》研究。《圣经》和彼得·伦巴都的手抄本是现存最常见的十三世纪巴黎手抄本，这毫不令人惊讶，因为这些手抄本确实在教室中被学生使用。

亚里士多德的作品对巴黎大学文学研究的影响力是非常值得强调的。十三世纪上半叶末，对亚里士多德哲学作品的关注席卷了大学学术研究（图 92、图 111、图 112）。实际上，亚里士多德的很多作品在罗马式时期人们并不陌生（例如，十二世纪雷丁隐修院的图书目录就有《辩谬篇》和《论题篇》），但在波伊提乌（Boethius）、克雷莫纳的杰勒德、威尼斯的詹姆斯（James of Venice）、迈克尔·斯科特（Michael Scot）和其他人将亚里士多德的作品翻译成拉丁文后，他庞大的逻辑学、自然科学和哲学著作不仅在人文学科方面，也在基督教神学上成为新研究的起点。从本质上讲，亚里士多德提供的是一种学术论证的方法，这个方法使人系统性地思考一个命题的正反两面，从而找到解决方案。一位教师会引用一系列权威的、相关联的论据来支持一个假设，然后，他会提出一系列类似的论据来支持其相反的观点，最后，结论巧妙地重新定义了最初的问题，并给出一个符合逻辑的解决方案。对我们来讲，这似乎是老生常谈，但在十三世纪，这种论证方法十分新颖（在许多人看来也是十分危险的），例如，为了重述（甚至更确切地定义）一个基本真理，用这种方法来论证反对基督教这个观点。这就是经院哲学（scholasticism）的论证方法，它几乎适用于任何论题。有一个著名并具有讽刺性的例子，学生在辩论针尖上能站多少个天使，这看起来可能很荒谬（这也就是它被创造出来的原因），但这背后隐藏着一个在中世纪大学有巨大影响力的学术思想。

即使是简单地观察十三世纪巴黎图书业的发展，也能清楚地看到：大学的成员们发表了大量的文章，似乎每个人都想著书立说。例如，经院学者对彼得·伦巴都《四部语录》的学术评论数

111 右图

英国，牛津，墨顿学院

Oxford, Merton College, MS. 271, fol. 17v

从十三世纪中期开始，被翻译为拉丁文的亚里士多德著作成为大学众多研究领域的核心。这本《论动物》（*De Animalibus*）手抄本制作于1250—1275 年间的巴黎，但它很有可能在牛津被使用。图中的首字母是介绍鱼类章节的起始篇。

量就极其惊人，其中最伟大的作者是托马斯·阿奎那（约1225—1274年），在1252年至1259年间和1269年至1272年间，他在多明我会的圣雅克会院（convent of St. Jacques）任教。他的许多杰出著作都在巴黎完成，并从巴黎传播开来。他最负盛名的作品是《神学大全》（*Summa Theologiae*）。这是一部庞大的神学知识巨作，他的经院哲学学术著作包括对《四部语录》的评论（在1252年至1257年的圣雅克编写）、对亚里士多德著作的评论（图113）和《金链》（*Catena Aurea*）。《金链》是一部对福音书的评论作品，书中把早期教父对福音书评论的语句像“链子”一样串联起来。1973年，利奥委员会（Leonine Commission，致力于对阿奎那作品的校订与编辑）列出了超过1900本写有阿奎那著作的手抄本，证明了他的巨大声望，这仅略少于1939年至1961年间统计的写有亚里士多德拉丁文译本著作的2200本手抄本。巴黎学校的图书市场是最根本的书籍传播途径。

但托马斯·阿奎那并不是唯一一位为学生写书的人，圣雅克的多明我会修士包括圣谢尔的休（约1190—1263年）；伟大的《圣经》评论家和哲学家大阿尔伯特（Albertus Magnus，约1206—1280年），他在1242年至1248年间在巴黎任执教硕士（regent master，指拿到硕士学位并取得教师资格的在校任教者）；在1259年至1264年和大约1267年至1269年间任教的塔朗泰斯的彼得（Peter of Tarentaise），他之后成为英诺森五世教皇（Pope Innocent V），于1276年去世；可能在巴黎受教育的穆尔贝克的威廉（William of Moerbeke，约1215—1286年），他是伟大的亚里士多德著作的翻译者；1311年至1313年任执教硕士的艾克哈特（Eckhart，约1260—1327年）和圣普尔桑的杜兰（Durand of St. Pourçain，卒于1334年）。巴黎方济各会的修士包括著名的哈尔斯的亚历山大（Alexander of Hales，卒于1245年）、比亚历山大更知名的其学生圣波纳文图拉（1217—1274年）、梅迪亚维利亚的理查德（Richard of Mediavilla，卒于约1300年，图114）以及之后的邓斯·司各脱（Duns Scotus）和里拉的尼古拉（Nicholas of Lyra）。在巴黎的学校中不属于修会的教师包括以下著作丰富的作家：1167年至1205年任执教硕士的普瓦捷的彼得、图尔奈的西蒙（Simon of Tournai，卒于约1203年）、库尔松的罗伯特（Robert of Courçon，卒于约1218年）、斯蒂芬·兰顿、教区秘书长菲利普（Philip the Chancellor，卒于1236年）、沙托鲁的奥多（Odo of Châteauroux，卒于1273年）、奥弗涅的威廉（William of Auvergne，卒于1249年）、圣阿穆尔的威廉（William of St. Amour，卒于1272年）、阿比维尔的杰勒德（Gerard of Abbeville，卒于1272年）、根特的亨利（Henry of Ghent，卒于1293年）和维伦纽夫的阿诺德（Arnold of Villeneuve，卒于约1311年）。以上提到的仅是来自神学领域的教师，巴黎的大学教师们创作了大量的新作品，而且通常是长篇，出版这些著作对于新兴的图书贸易行业来说是一项很大的挑战。一位缮写士在抄写完750页密密麻麻的内容后写道：“多明我会修士托马斯·阿奎那的《神学大全》第二部分到此结束。这是篇幅最长、最冗长、最乏味的抄写工作；感谢上帝，感谢上帝，再次感谢上帝。”（New College, Oxford, MS. 121, fol. 376v；英国牛津新学院）。

这些书商是怎么做到的呢？如此庞大数量的巨作是如何或多或少地同步增长却没有产生高额费用的呢？这些问题的答案很重要，并需要加以详细解释。书商利用了所谓的分册抄写系统（称为*pecia*系统），这个方法非常明智，并且史无前例。下面将简短地介绍这种方法：从十三世纪下半叶起，巴黎的一些书商有一个特别的头衔，他们被称为大学书商（university stationers）。每位大学书商都有专门制作的大学教科书样书，而且这些样本都是由未装订在一起的几组配页组成，这些配页都被编号，称作*pecia*（piece，称作部件）。大学书商会把这些*pecia*租给想要抄写书籍的缮写士或学生。因为每本样书都由分开的*pecia*组成，大学书商可以一次性把同一本书的*pecia*租给不同的人抄写，每个人

112 对页图

法国，巴黎，法国国家图书馆

Paris, Bibliothèque Nationale, ms. lat. 12953, fol. 276r

这本包含许多亚里士多德著作的手抄本于1260年左右在巴黎进行泥金装饰。图中显示了（被错误地认为是亚里士多德作品的）《论精神与灵魂的区别》（*De Differentia Spiritus et Animae*）的开篇，其细密画装饰为“耶西树”（Tree of Jesse）。这本手抄本页面边缘处留了很大的空白，可以用于在课堂上添加注评和笔记。

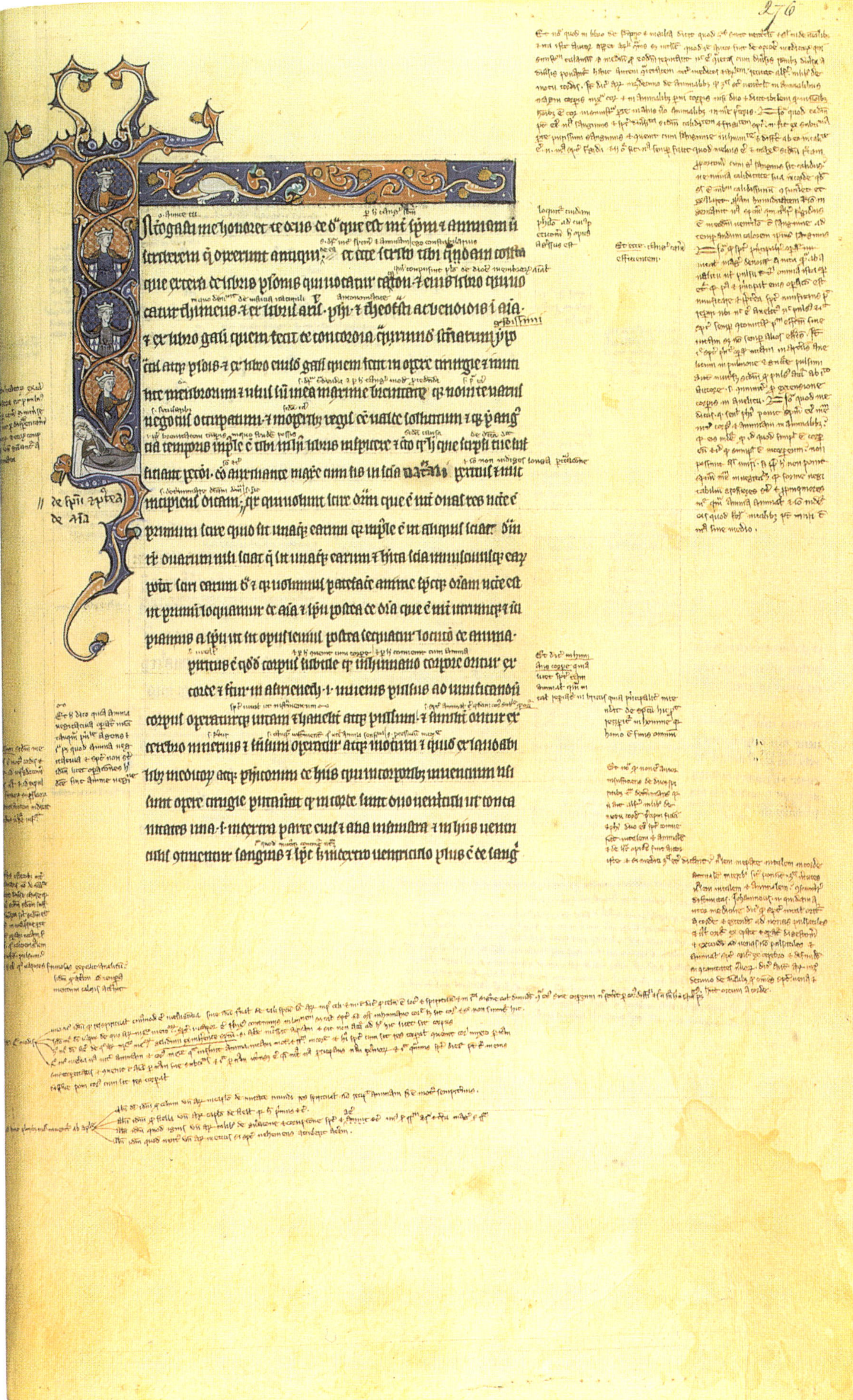

抄写这本样书的不同部分。之后，缮写士归还抄完的*pecia*，并按编号拿走还未被抄写的下一组*pecia*。与此同时，他刚刚还回的配页也可以再租给别人。因此，举个例子，如果将一本有312张牛皮纸的书籍租给一位缮写士，假如他以一周抄写十二张的速度进行的话，要用6个月完成，但如果利用分册抄写系统，用同样的时间最多可以复制26本相同的手抄本，并且每一本书都是直接按照样书抄写。

抄本与样本的直接关联至关重要。通常，一本手抄本依据另一本进行抄写，这种手抄本的依次抄写产生了一条很长的手抄本关系链，这对于记录文本错误传播（即缮写士的抄写错误在未知的情况下传播下去，使手抄本与原书内容相差越来越大）的文本批判学者来讲是一件既欣喜又不快的事。然而使用分册抄写系统却能使每位缮写士都能依照最初的样本进行抄写，（至少在理论上）缮写士的抄写错误不会传播下去。

分册抄写系统至关重要的另外一点就是它受到大学的严格控制。每年假期的时候，由一些教师组成的委员会都会检查书商样书中文字的准确性。如果绝大多数（或至少6组）书帖中都有错误的话，书商必须自费更正错误。然后，这个委员会将发布一份正式的书籍清单，清单会列出已经批准的样书名单、每本样书书帖的数量以及租赁它们的价格。在现存最早的1275年的清单中，有一本样书其内容是阿奎那对《马太福音》的评论，共有57组书帖，租赁整本样书的固定价格为3索尔。这本相同的样书也出现在另一张现存的1304年的清单上，但租赁整本的价格涨到了4索尔。这份正式的样本清单会在书商店铺公开展示。1275年的清单提供了138本不同的书籍，而1304年的清单的书籍数量增加到了156本，并且这份清单的很多书籍样本与大约30年前清单上的样书书帖是相同的。可见学生在书商店铺选购书籍的多样性还是非常可观的。

大学所颁布的管理书帖租赁工作的基本法规发表于十九世纪，对于分册抄写系统具体实践方法的理解将永远与孜孜不倦的

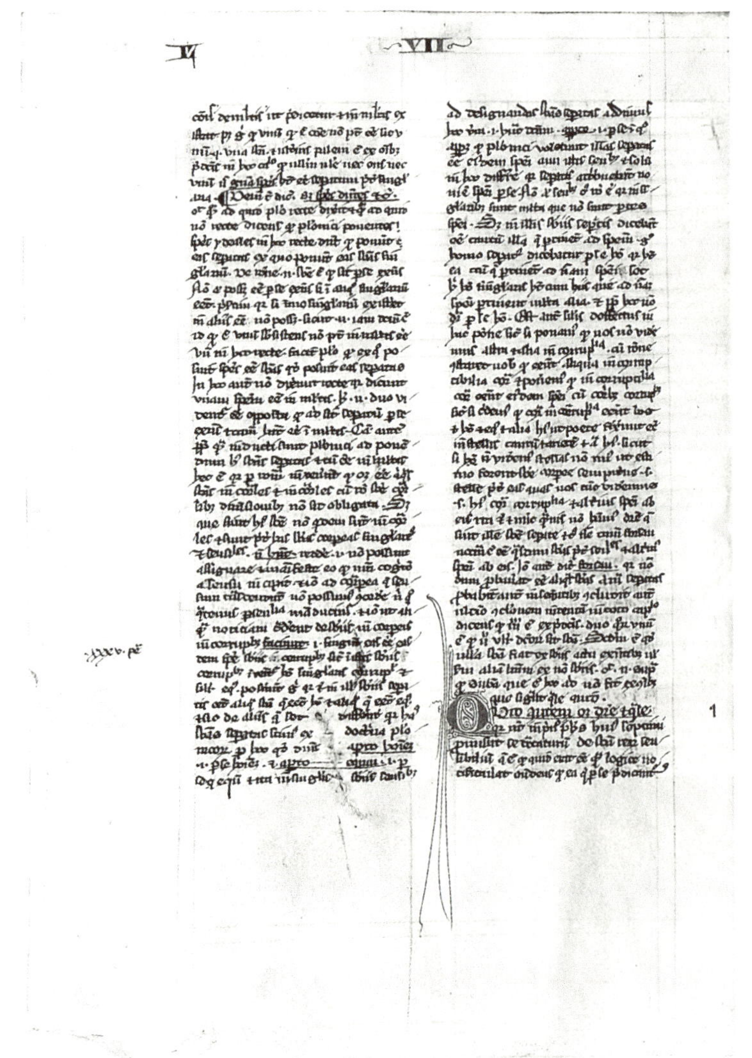

113 左图

法国，巴黎，法国国家图书馆

Paris, Bibliothèque Nationale, ms. lat. 14706, fol. 122v

这是一本典型的大学手抄本，制作于十三世纪晚期的巴黎，其内容为托马斯·阿奎那对亚里士多德的《形而上学》的评论。页面左侧的空白处有一个分册抄写系统的记录“xxxv. pe[cia]”，这表明缮写士将开始抄写第35个他从大学书商那租来的*pecia*。

114 对页图

法国，巴黎，法国国家图书馆

Paris, Bibliothèque Nationale, ms. lat. 14563, fol. 1r

方济各会的神学家梅迪亚维利亚的理查德（约1249—约1300年）在1284—1287年间在巴黎任执教硕士，这本手抄本内容是他为彼得·伦巴都的《四部语录》所写的评论，它制作于十四世纪早期的巴黎，是巴黎圣维克多隐修院的书籍。图中左上角描绘了理查德正在教授方济各会学生的场景，右下方描绘基督治疗一位病患的细密画解释说明了好撒玛利亚人的故事（Good Samaritan,《路加福音》10:25-37）。

In noua signa et immuta mirabilia, glorifica manum et brachium dextrum, excita furorem et effunde iram. Hec uerba scripta sunt ecclesiastici xxxvi. que sic possunt exponi ut ista per modum orationis predicta sint: nouorum sacramentorum institutio, mortuorum resurrectio, electorum glorificatio et reproborum damnatio. Per signa enim possunt intelligi sacramenta, ut enim dicit magister libro quarto d. i. c. i. sacramentum est sacre rei signum, et augustinus x. de ci. dei ca. v. ... Dicitur autem d. ii. Sacrificium sacramentum est sacrum signum. Per innouare significatur nouum condicionem accipiendo innouationem ... per institutionem nouorum. Per immutare mirabilia significantur mirabilia que facta sunt uel fiunt. Facere mirabiliora per manum intelliguntur operationes indifferentes que sunt ad bonas et malas ...

[illegible]

Firmum et salutem ueniet medicinale est ... expositio illud quod dicitur ad hebr. ii°. de noua lege confirmata est contestante deo signis et pariter ... positis. sequitur ... distributionibus, id est signum per que ... distribuit gratiam spiritus sancti. ... signum per significationem mirabilia. de quo potest exponi quod dicitur exo. xxxiiii. signa faciam que numquam sunt uisa super terram nec in ullis gentibus. ... sacramenta ueteris legis gratiam significabant, sed non sicut ista conferunt ... que significant mediocria et mirabilia debent suscipi cum reuerentia ... de quo potest exponi illud quod dicitur ... placuit illi per predicationem ... significatur que magna sunt ... et legis ... que gratiam conferunt ...

[illegible]

Iste liber est sancti victoris parisiensis quicumque eum furatus fuerit uel celauerit
Vel titulum istum deleuerit anathema sit Amen. G

让·德斯特雷兹（Jean Destrez，卒于 1950 年）联系到一起，他用了毕生的精力系统性地观察研究十三和十四世纪的大学教科书。他的发现是非凡杰出的，他注意到在经院哲学作品手抄本中每隔一些页数的页面边缘会写有序号以及字母“p”，有时甚至写有“*pecia*”这个词的全拼（图 113），并且这些序号的数量通常与大学书籍清单中的样书书帖数量一致。缮写士开始抄写某册书帖前，一定会先写下那册书帖的编号（或者在我们将要讨论的博洛尼亚那里，缮写士会在他刚刚抄写完毕的地方写上书帖编号）。这个标记不仅可以提醒他在下次回到书商店铺的时候该领取哪个编号的书帖，而且如果他是一位职业缮写士的话，这也可能可以作为一个计算费用的方法。这些标记非常有价值，它们可以帮助我们把现存手抄本的制作地点归于不同的学校，并且对于一位渴望找到尽可能接近原著作的准确版本的现代文本编辑学家来讲更是至关重要。到 1935 年为止，德斯特雷兹已经查阅了超过七千本大学教材手抄本，发现大约一千本手抄本中有以某种形式表示书帖编号的标记，到他去世的时候，他肯定发现了更多。我们仍希望某天德斯特雷兹所整理的手抄本清单能够出版。

偶尔有成套的样书书帖保留至今，这些有编号的书帖就是书商最初租赁出去的。当书商认为一套书帖可以淘汰时，他就会把它装订成册并廉价出售。这些样书通常并不美观，书中厚厚的牛皮纸已经被人反复翻阅。有一本这样的样书收藏于法国国家图书馆（Paris, B. N., ms. lat. 3107），这本由 57 组书帖组成的手抄本的制作时间为1300年左右，其内容为托马斯·阿奎那的《反异教大全》（*Summa contra Gentiles*），这套样书的几个书帖可能在租赁中弄丢了，丢失的部分由另一位不同的缮写士抄写补充。也许这发生在每年的书帖检查中，因为这本手抄本上有许多错误之处的更正，其中还有“R”或“Rad”的署名，可能指拉达费斯（Radulphus）这个名字。在这本手抄本被装订之前及仍被用于分册抄写系统时，这 57 组书帖是另一本现存的同时期手抄本（Paris, B. N., ms. lat. 15816；法国国家图书馆）的样本，由一位客户进行租赁，这本复制品手抄本上的书帖编号与样书的书帖编号是一致的。

对于分册抄写系统究竟如何实施，仍有许多争议，仅仅提到这个话题就是引发一群古文字学家争论的最快方式。争论的一个方面是关于作者新书的最终草稿与书商出租的书帖之间的关系，这对于一位研究中世纪文学的现代文本编辑学家来讲非常重要。是否是书的作者把他新写的教科书给了书商（或者是书商向作者

115 左图

私人收藏，细节图

Private Collection, s.n., fol. 65r, detail

这幅细节图来自一本十三世纪中期在巴黎用泥金装饰工艺制作的医学文集，其内容包括艾萨克·尤代乌斯（亦译为犹太人艾萨克）的《论饮食》（*De Dietis*），图中首字母装饰描绘了推荐给病人食用的特殊食物。

116 对页图

法国，图尔市立图书馆

Tours, Bibliothèque Municipale, ms. 558, fol. 1r

来自亚眠的奥诺雷画师是 1300 年左右最受尊敬的巴黎泥金装饰手抄本艺术家，1296 年，他已经被法兰西国王雇佣。这本格拉提安的《法规集》手抄本中有一个购买记录：“1288 年我从住在巴黎伊兰布·德·布里街的泥金装饰艺术家奥诺雷那里以 40 镑的价格购买了这本格拉提安的《法规集》……”

[illegible]

Concordia discordantium canonum ac primum de iure nature et constitutionis.

Humanum genus duobus regitur, naturali videlicet iure et moribus. Ius naturale est quod in lege et in evangelio continetur. Quo quisque iubetur alii facere quod sibi vult fieri, et prohibetur alii inferre quod sibi nolit fieri. Unde Christus in evangelio: Omnia quecumque vultis ut faciant vobis homines, et vos eadem facite illis. Hec est enim lex et prophete. Hinc Ysidorus in v. libro ethimologiarum ait: Divine leges natura, humane moribus constant.

Omnes leges aut divine sunt aut humane. Divine natura, humane moribus constant. Ideoque hee discrepant, quoniam alie aliis gentibus placent. Fas divina lex est, ius lex humana. Transire per agrum alienum fas est, ius non est. Ex verbis huius auctoritatis evidenter datur intelligi in quo differant inter se lex divina et humana, cum omne quod fas est nomine divine vel naturalis legis accipiatur; nomine vero legis humane mores iure conscripti et traditi intelligantur. Est autem ius generale nomen multas sub se continens species. Unde in eodem libro ethimologiarum Ysidorus ait: Ius genus est, lex autem species eius est.

Ius generale nomen est, lex autem iuris est species. Ius autem dictum est quia iustum est. Omne autem ius legibus et moribus constat. Quid sit lex. Lex est constitutio scripta. Quid sit mos. Mos est consuetudo longa de moribus tantummodo tracta. Quid sit consuetudo. Consuetudo autem est ius quoddam moribus institutum, quod pro lege suscipitur, cum deficit lex. Nec differt an scriptura an ratione consistat, quoniam et legem ratio commendat. Porro si ratione lex consistat, lex erit omne quod iam ratione constiterit, dumtaxat quod religioni congruat, quod discipline conveniat, quod saluti proficiat. Vocatur autem consuetudo, quia in communi usu est. Cum itaque dicitur non differt utrum consuetudo scriptura vel ratione consistat, apparet quod consuetudo est partim redacta in scriptis, partim moribus tantum utentium est reservata. Que in scriptis redacta est, constitutio sive ius vocatur. Que vero in scriptis

[illegible]

索要了书籍？还是这些书籍是书商在图书市场购买的呢？这些书籍是否必须列在教科书名单上？），之后又发生了什么呢？我们推测书商应该不愿意把每本书籍唯一的样本租赁出去，所以我们想他可能还准备了副本保留在书店，那么大学所检查的是这本副本还是被租出去的那些分开的书帖样本呢？失望的学者们发现这种利用分册抄写系统所制作的手抄本内容往往没有人们所希望的那样准确。通过 P.-M. J. 吉尔斯（P.-M. J. Gils）的研究，我们可以对十三世纪书籍出版的运作方式有所了解。吉尔斯研究了托马斯·阿奎那对《四部语录》第三部的评论作品，1272 年，这部作品已经在巴黎流通，但后来阿奎那自己又对其进行了修订。非常幸运的是，这本书最初的书帖样本仍被保留至今并被装订成册，现收藏于西班牙潘普洛纳教堂图书馆（Pamplona Cathedral Library, MS. 51）。这本手抄本可能由与阿奎那一同居住在圣雅克会院的多明我会修士从原版更新到修订版，似乎是书商收回了原版的书帖，并把它们送到作者阿奎那的会院进行修改。在潘普洛纳教堂图书馆收藏的这本手抄本中，每册编号的书帖上方都有书商的名字，他叫桑斯的威廉（William of Sens）。

来自洛杉矶的历史学教授理查德和玛丽·劳斯（Richard and Mary Rouse）追溯了这个“来自桑斯”（of Sens）的整个巴黎书商家族，这其中有玛格丽特、安德鲁、托马斯和威廉，他们在 1275 年之前直到至少 1342 年，一直相继住在位于巴黎大学区的圣雅克街。他们的书店与圣雅克会院同在一条街道的一侧，这对于书店来说肯定是一个理想的位置。当时书店库存中似乎有非常好的多明我会书籍，并且这个书商也许还在某种程度上参与了托马

斯·阿奎那的书籍出版工作。这些托钵修士从会院走到书店也只有几步路的距离，因此，托马斯·阿奎那的修订版作品刚完成，桑斯的威廉就去更新了他的书帖样本，这也就不足为奇了。

意大利文献使分册抄写系统何时开始实施这个问题变得复杂起来，文献表示早在 1228 年，意大利大学就已经有了类似租借样本的例子。然而，事实上可以确定日期的最早带有书帖编号的现存手抄本应该是由米德尔顿的伯特伦（Bertram of Middleton）在 1258 年去世时赠给达勒姆大教堂的手抄本（Durham Cathedral Library, MS. A.I.16），其内容是圣谢尔的休对《圣保罗书信集》的评论。因此，分册抄写系统最迟在 1258 年已开始使用。圣谢尔的休是一位巴黎多明我会的修士，因此这本书也必定抄写于巴黎。想要追溯分册抄写系统在十三世纪中叶圣雅克画师圈以前的使用记录，是一件极为困难的事。

到 1300 年，完全处于大学管理之下的巴黎书籍市场已经变得十分高效并井然有序，甚至对动物皮纸的销售都受到四位大学官方评估员的严格监督。1316 年，有条例规定要求书商宣誓效忠于大学、制定书帖租赁的规章制度以及限制二手书的销售利润，拒绝遵守这些规定的书商将被列入黑名单。书商也受益于大学的管理，不仅因为得到官方认可后获得经营优势，而且更直接的是，1307 年之后，书商作为大学的成员还可以免除税款，这对于图书行业从业人员来讲无疑非常有利。但对我们尝试鉴定书籍的制作者却极为不利，因为书商的名字和地址不会出现在现存的税款记录中。

碰巧的是，我们对 1300 年左右从事巴黎书籍贸易的人员有

117 对页图

德国，柏林，国立博物馆，版画与素描博物馆

Berlin, Staatliche Museen Preussischer Kulturbesitz, Kupferstichkabinett, Min. 1233

大学的讲堂在六百年里几乎没什么变化，这幅细密画来自亨利科斯·德·阿列曼尼亚（Henricus de Allemania）为亚里士多德的《伦理学》所著的评论手抄本，其中有十四世纪下半叶博洛尼亚泥金装饰艺术家劳伦斯·德·沃尔托利纳（Laurentius de Voltolina）的署名。细密画中描绘了作者亨利科斯照着他自己的亚里士多德课本讲课，他的学生有的在阅读自己的手抄本，有的在聊天，还有的在睡觉。

118 右图

英国，牛津，新学院

Oxford, New College, MS. 288, fol. 3v

这幅牛津新学院的场景图绘制于大约 1461—1465 年。这所学院始建于 1379 年，图中的旧方庭至今几乎没有改变，右边的台阶通向食堂。图中左边有一个连接小礼拜堂和回廊的通道，通道中有个人正在通行。学院的图书馆在最右边建筑的上层。图中前景描绘了 1455—1475 年任新学院院长的托马斯·钱德勒（Thomas Chaundler，卒于 1490 年）和学院的研究员与学者们。

相当多的了解，那时大约有30位书商，其中大约有一半在塞纳河的左岸，圣雅克街与大学区附近，另一半在西提岛（Île de la Cité）巴黎圣母院对面的新圣母路上。遗憾的是，只有少数缮写士的姓名流传了下来，也许因为他们通常是学生，他们是为自己抄写书籍，或为了挣额外的零花钱，名字出现在1297—1300年的税务清单上的皮埃尔·吉罗（Pierre Giraut）就是其中一位。然而，泥金装饰艺术家的名字在税单上倒并不罕见，在1300年前后的十年间，我们知道大约45位，包括住在伊兰布·德·布里街（rue Erembourc-de-Brie）、之后成为法兰西国王腓力四世（Philippe le Bel）的皇家泥金装饰艺术家的奥诺雷画师（Master Honoré，图116）。这其中有一些泥金装饰艺术家是女性，也有一些艺术家除了做泥金装饰的工作之外还有其他工作，例如埃斯蒂安·勒·罗伊（Estienne le Roy）和埃纳特·德·圣马丁（Enart de St. Martin）在1297—1300年左右不但是泥金装饰艺术家，也是书籍装订师；英格兰人吉尔伯特（Gilbert l' Englais）在1292—1300年间是泥金装饰艺术家兼律师；托马斯（Thomase）在1313年是一位女性泥金装饰艺术家兼旅馆老板；吉安·德·奥丽（Jehan d' Orli）在1297年是一位泥金装饰艺术家兼旅馆老板，但在1298年至1300年，他全心地投入他旅馆的工作，也许这可以挣更多钱。想想一个人一边卖啤酒，一边绘画装饰手抄本的画面是很吸引人的，而且这也许并不荒唐，因为旅馆同时也是学生聚集的好地方。

这一章到目前为止，我们的焦点一直集中在巴黎大学，这是故意安排的。巴黎不仅是中世纪大学城市中最国际化的，而且可能也是图书业蓬勃发展的领军城市，表现在三个方面：设计、营销袖珍本《圣经》，有着组织有序的书商及运用分册抄写系统出版教科书。但巴黎当然不是学生唯一需要书籍的地方，博洛尼亚无疑是十三世纪欧洲第二大重点制作书籍的城市。这里的大学可能比巴黎的还要古老，它们同样也制作了单册的《圣经》和有分册抄写系统编号的教科书，尤其对中世纪法律的研究首屈一指。至少从1100年开始，博洛尼亚就有了法律学院，传统上会把这些学校与可能早在1088年就开始教书的法学家伊纳留（Irnerius）联系在一起。到十二世纪末，博洛尼亚的法学研究享有国际声誉。正如巴黎出版神学著作一样，博洛尼亚出版法学著作。

中世纪法学研究包括民法（或世俗法）和教会法典两大基本类型，这两种都在博洛尼亚进行教授，并且都有供我们研究的手抄本。成文的民法可以追溯到公元六世纪为查士丁尼大帝（Emperor Justinian）所编写的伟大法典，它由古罗马法律和法律教科书中摘录的内容所组成，并在查士丁尼大帝在世时补充了被称为《新律》（*Novellae*）、《学说汇纂》（*Digest*）和《制度》（*Institutes*）的著作，所有这些作品构成了民法的文集。民法手抄本尺寸庞大，其内容通常包括博洛尼亚教师的评论，大多都在十三和十四世纪绘制而成。

相比之下，教会法典完全起源于中世纪时期，最基本的法律百科全书是格拉提安的《法规集》［*Decretum*，又名 *Concordantia Discordantium Canonum*（《历代教会法规汇编》）］。格拉提安是一位我们所知甚少的卡马尔多里会（Camaldolese Order）的修道士，1140年左右他在博洛尼亚工作。这是一本成为畅销书的教科书（对比图116），像彼得·伦巴都的《四部语录》一样，书中的信息以不同主题整理使它几个世纪以来都是最受学生欢迎的教会法指导书，但它却不是一本像《教令集》（*Decretals*）一样的充满法律条例的书籍。《教令集》是教皇和主教的官方信件集，其中针对特定的主题制定了教会法，可以在教会法庭上执行。这些教令都与不同的教皇有关，第一部被称为教皇格列高利九世《教令集》的著作，可能是由多明我会的修士佩尼亚福特的雷蒙德（Raymond of Peñafort，1185—1275年，图119）在1234年编辑成册。这部著作又被另外两部《教令集》所补充，它们是1298年的卜尼法斯八世（Boniface VIII）和1317年的克雷芒五世（Clement V）《教令集》。这三部著作构成了教会法典文集，这些《教令集》

119 对页图

英国，牛津，博德利图书馆

Oxford, Bodleian Library, MS. lat. th.b.4, fol. 168r

1234年出版的教皇格列高利九世《教令集》成为教会法典的核心教科书，使用于博洛尼亚、巴黎和牛津。这本早期手抄本页面上充满了帕尔玛的伯尔纳所写的评论，手抄本缮写士摩德纳的莱昂纳多·德·格罗佩斯（Leonardo de Gropis of Modena）记录了他在1241年7月12日星期三抄写完成此手抄本。可能在上课时，伯尔纳所写的评论又被当时的读者添加了许多注评。

被教皇发送到博洛尼亚和巴黎的大学，并要求学校将其教授给学生。教皇对博洛尼亚和巴黎的手抄本制作能力及对大学出版能力的信任，就是最佳的称赞了。

实际上，博洛尼亚在很大程度上垄断了法律手抄本的市场。十四世纪上半叶，博洛尼亚的书帖样本清单上列有119本民法和教会法典。出版的手抄本页边常常带有像帕尔玛的伯尔纳（Bernard of Parma，卒于1263年）和安德雷亚的乔万尼（Giovanni d'Andrea，卒于1348年）这样的法学教师所写的评论。这些带评论的手抄本体积庞大，据说学生走入教室时，后面会跟着帮他搬运沉重书籍的佣人（对比图117）。也许，博洛尼亚的缮写士喜欢体积庞大的书籍（这不像在巴黎制作的手抄本），因为在大约1300年以前另一种在这个城市大量制作的手抄本类型是唱诗班曲集，其体积也非常庞大。至少在十三世纪的博洛尼亚，泥金装饰手抄本的业务并不如巴黎那样井然有序。章节开头的故事中所讲到的那位把钱挥霍在购买手抄本上的学生，他父亲让他在巴黎和博洛尼亚之间做选择，他选了巴黎。但了在《神曲·炼狱篇》第十一章第80—81节提到了一位博洛尼亚的泥金装饰艺术家欧德利西·达·谷毕奥（Oderisi da Gubbio，1268年至1271年间的历史文献中提到了他）工作非常出色，而这种精湛技艺在巴黎被称为泥金装饰，显然，巴黎的手抄本泥金装饰有很高的名望。制作和销售泥金装饰的部分留白的博洛尼亚法律手抄本，这种情况似乎并不罕见。通过书籍贸易将这些手抄本在欧洲北部的大学重新销售，这时细密画也会被添加进手抄本中。如果能确切地知道这一切是如何实行的，那会非常有意思。一本在1250—1275年间的博洛尼亚书写并进行泥金装饰的《圣经》中写有缮写士提供的信息（Paris, B. N., ms. nouv. acq. lat. 3189；法国国家图书馆）：他自称为名叫若里那斯（Raulinus）的英格兰人，来自德文郡（Devon）的费明顿（Fremington），他花了两年时间在巴黎上学，但他把钱挥霍在女人身上，这种放纵的生活迫使他来到博洛尼亚成为一位缮写士挣钱谋生，但在那里，他坦言，希望圣母玛利亚可以赦免他，因为他仍旧常去酒馆，还爱上了一个叫梅迪那（Meldina）的女孩。这个故事很好地展示了博洛尼亚图书市场的国际化。一本大英图书馆收藏的教皇格列高利九世的《教令集》（Royal MS.10.E.IV）手抄本中，序言是写给巴黎大学，但手抄本的字体具有意大利风格，细密画具有英格兰风格，我们可以想象，这本书可能在博洛尼亚书写、在牛津进行泥金装饰、在巴黎销售。

在十五世纪之前的英格兰，牛津是唯一一所重要的大学（图118）。当然，剑桥大学在十三世纪就已经存在了，但要确切地指出哪些手抄本是在这里制作极其困难。一本1272年制作的手抄本（B. L., Harley MS. 531；英国伦敦大英图书馆），其内容是萨克罗博斯科（Sacrobosco）所著的科学著作，可以确定十五世纪的时候它在剑桥，但不能确定它是否是在那里书写完成。然而，牛津拥有许多大学图书市场的特征：单册的《圣经》、教科书、类似书商的组织、（不能确定但）或许有可能也使用了分册抄写系统。最早证明在牛津有大学存在的证据之一是一份十二世纪晚期的特许状，它是由一位手抄本装订师、一位缮写士、两位制作牛皮纸的人与三位泥金装饰艺术家共同见证的。在非常早期，一本出自牛津的手抄本（Paris, B. N. ms. fr. 24766；法国国家图书馆）制作于1212年；另一本带注评并添加了一些法律规定的福音书（Walters Art Gallery，MS. W. 15）现收藏于美国巴尔的摩沃尔特斯艺术馆，它可能出自1202年至1209年的牛津。在1233—1267年之间，我们有一些现存的手抄本是由W.德·布莱利斯（W. de Brailes）采用泥金工艺装饰制作（其中两本还有他的署名），包括一本可能早在1234年制作的《圣经》（Bodleian Library, MS. Lat. bibl. e.7；英国牛津博德利图书馆）。这位布莱利斯可能是文献中记载的1230年左右至1260年间在牛津卡泰街（Catte Street）做书籍贸易工作的威廉·德·布莱利斯（William de Brailes）。在这期间的文献中也记录了一些其他在牛津的泥金装饰艺术家，包括罗伯特（Robert）、约伯（Job）、艾恩沙姆的沃尔特（Walter of Eynsham）、罗伯特·德·德比（Robert de Derbi）和雷金纳德（Reginald）。有一套带注评的《圣经》（图120）可能是雷金纳德的作品，［英国书籍收藏家格雷厄姆·波拉德（Graham Pollard）指出］雷金纳德在1246年左右至1270年间和他的夫人阿格尼斯（Agnes）住在海伊街（High Street）94号。这一套《圣经》最后一卷中的第102反页上有一个记录，上面写着当雷金纳德需要继续制作手抄本时，他在牛津收到了一份有缺陷的书帖。此外，有人（可能是泥金装饰艺术家本人）计算了每本书需要提供彩绘装饰之处的总和，并在五卷的每一卷上都写了此卷所需彩绘装饰的数量，他计算的一套书籍总计有12406个小型首字母和段落标记装饰，以及1453个大型首字母装饰。显然，他的酬劳按照首字母的数量所计算。这真是一套充满了“无关紧要”的彩绘装饰的学生手抄本。

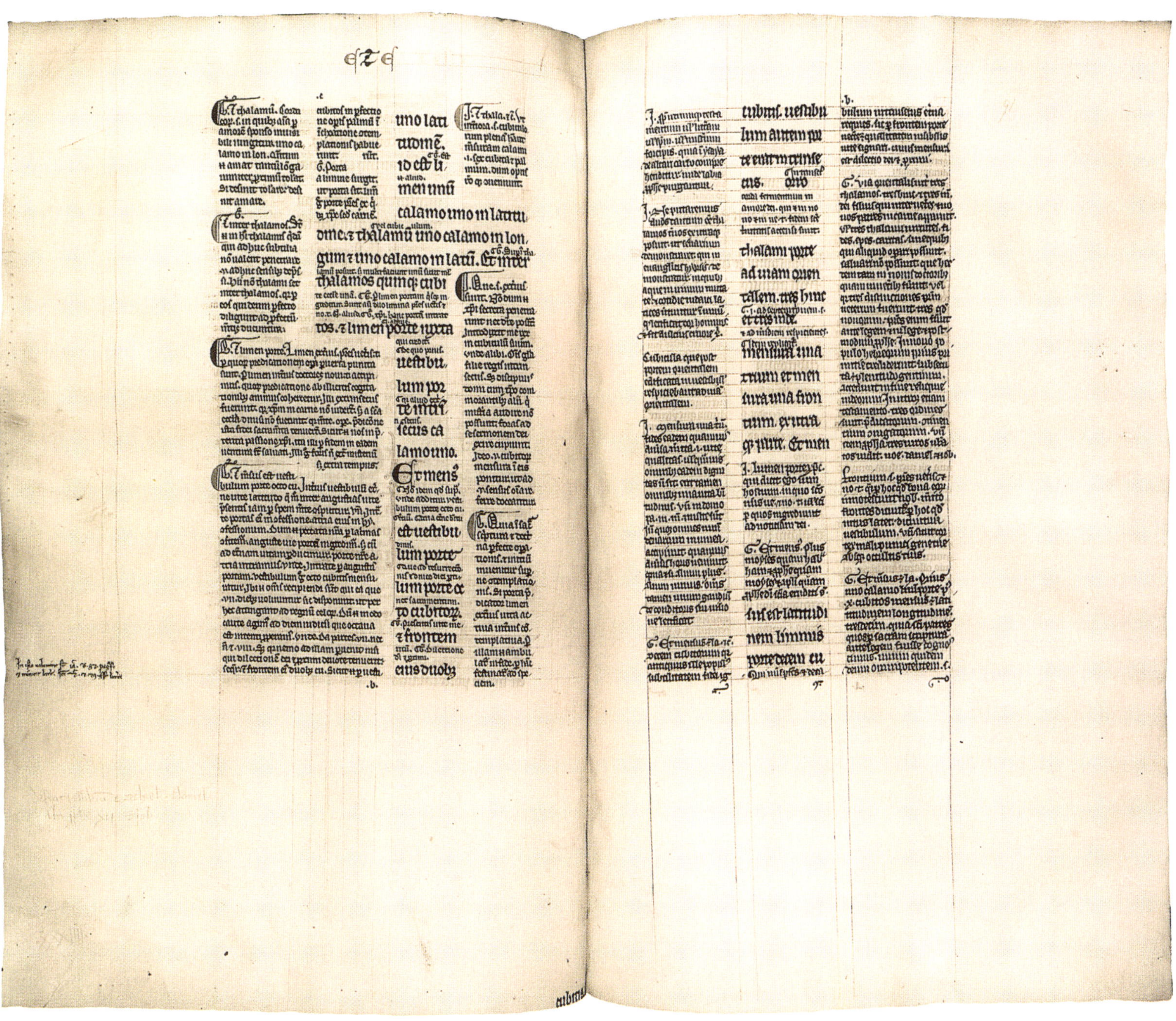

120 上图

英国，伦敦，大英图书馆

London, British Library, Royal MS. 3.E.V, fols. 90v - 91r

这是一套在十三世纪中期的牛津书写和装饰的带注评的《圣经》手抄本，图中展示的是它的第五卷，也是最后一卷，其中一部分是由泥金装饰艺术家雷金纳德绘制。彩色装饰的首字母与红色标题或解释文字在图中左边页面清晰可见，但这些在右边页面却没有完成。左边页面的左下角有一个用于计算酬劳的记录，上面写着至此本卷大型首字母的数量总和为229个，小型首字母和段落标记装饰有1782个。

第五章

贵族与手抄本

“皇帝、国王、公爵、侯爵、伯爵、骑士和市民们……请读一读或请人念这本书给你听吧。”这些是马可·波罗对他的读者说的话，他开始讲述他在十三世纪下半叶周游世界的见闻。在这个故事中，他提到了成吉思汗、祭司王约翰（Prester John）、独眼补鞋匠和怀有摔跤绝技的公主。他也运用具有历史可靠性的信息来描述他所看到的威尼斯和中国之间一个几乎未知的世界。

这本书最初的读者——皇帝和国王们一定觉得这整个故事听起来像一段传奇。在它其中一个版本书写完成的五年内，阿图瓦（Artois）的伯爵夫人马奥（Mahaut）在1312年用这个版本委托抄写并彩绘制作了这本书，它在伯爵夫人的款项记录中被称作《可汗传奇》（*roman du grand Kan*），这本写实性的地理人文学作品堪称小说。还有一本手抄本，1400年左右制作的关于马可·波罗作品最精美的手抄本之一和1338年制作的《亚历山大大帝传奇》合订成了一本，这本手抄本现收藏于英国牛津大学博德利图书馆（图122）。手抄本中有一张著名的细密画，描绘了马可·波罗将要从威尼斯起航，画面中，在这个阳光明媚的日子里，他的起航也衬托着一片壮观的盛会场景：桥梁、旗帜、船只、天鹅、岛屿，身着华丽服饰成群结队的人们在铺着石子的街道上奔走、站立、谈话或挥手（图122）。马可·波罗这位精明的威尼斯商人的回忆录被缮写士和泥金装饰艺术家转化为一本传奇读物，与亚历山大大帝（Alexander the Great）、查理曼大帝和亚瑟王（King Arthur）的故事一起供贵族欣赏。许多听说过马可·波罗作品的人都喜欢把它看作虚构的作品。法兰西国王查理五世（King Charles V）拥有五本马可·波罗著作的副本，其中一本用金布装订。

马可·波罗的作品描述了他不可思议的惊险旅程，一段旅程或朝圣之旅是很多中世纪小说的背景故事。在中世纪时期，旅行不仅是缓慢的，而且经常是充满危险和刺激的，但在旅途中旅行者可以通过唱歌和讲故事打发时间，这本身也在一定程度上促进了文学的发展。这一章主要涉及小说和传奇，将会带领我们行进在朝圣之路上，穿越法国到达西班牙孔波斯特拉的圣雅各圣地（St. James of Compostela，又名圣地亚哥－德孔波斯特拉），伴随十字军东征并返回，沿着莱茵河（Rhine）来到北欧，之后坐着随风摇摆的木船进入北大西洋，最后安全地在4月份从伦敦走上去往坎特伯雷的朝圣之路。

在数个世纪之前还没有文字记录的时候，地方语言文学（vernacular literature，又称“方言文学”，在中世纪时期通常指非拉丁语的区域性语言，例如法语、德语、英语等）的元素可以追溯到营火会和酒馆。很久以前法国的游唱艺人（jongleurs）就开始载歌载舞了，他们的名称“jongleurs”与英语中的“juggler”（杂耍艺人）有同样的词源。表演艺人和杂技演员这类职业比手抄本泥金制作的职业更久远。在十二世纪普罗旺斯游唱诗人（*troubadours*）的歌唱内容被首次记录下来之前，他们早已在歌唱爱情和英雄主义的歌曲。当旅行者经过法国南部时，他们一定在路途中遇到这些艺人并听过他们的歌。来自北欧的朝圣者在前往西班牙孔波斯特拉的途中经过卡洛林时期的英雄罗兰（Roland）在比利牛斯山（Pyrenees）山脚的墓碑，之后穿越隆塞斯瓦耶斯隘口，这里据说是罗兰和他的军队在八世纪被萨拉森人（Saracens）杀害的地方。当然，旅行者途中会经过这些地方，也会听到职业艺人所唱的赞美英雄功绩的史诗“武功歌”（*chansons de geste*）。当有人把这些诗歌写下来的时候，《罗兰之歌》（*Chanson de Roland*）成了文学作品。现在只有不到十本《罗兰之歌》的手抄本与手抄本残页得以幸存（尽管它现在作为最杰出的“武功歌”而声名远扬），而且除了在威尼斯收藏的一本手抄本中有一个小型首字母以查理曼大帝的画像来装饰，这些现存的手抄本都没有插图。

121 前页图

荷兰，海牙，梅尔马诺博物馆

The Hague, Rijksmuseum Meermanno-Westreenianum, MS. 10.B.23, fol. 2r

1364—1380 年在位的法兰西国王查理五世是一位超群绝伦的贵族图书收藏家，他拥有将近 1000 本泥金装饰手抄本，其中包括图中这本《历史圣经》手抄本，其卷首细密画描绘了让·瓦德塔在 1371 年将此书献给了他。

122 左图

英国，牛津，博德利图书馆

Oxford, Bodleian Library, MS. Bodley 264, fol. 218r

马可·波罗起航去远东地区——这幅著名的 1400 年左右的英格兰细密画来自马可·波罗的《可汗传奇》手抄本。图中展示了这位探险家登上一艘小船，以便让小船把他带到停泊在威尼斯浅湖的大船上。虽然这幅画是一位英格兰泥金装饰艺术家所作，但威尼斯城仍然可以辨认出来：圣马可大教堂和四座铜马雕塑、教堂旁的威尼斯总督府，以及在码头石柱上的圣马可雄狮雕塑。

123 对页图

英国，剑桥，三一学院

Cambridge, Trinity College, MS.O.9.34, fols. 4v–5r

肯特的托马斯的《骑士精神传奇》是一部传奇故事，它讲述了亚历山大大帝骑士般的惊险旅程。图中这本手抄本写于 1240—1250 年左右的英格兰南部，图中左边的细密画描绘了泰尔的公爵（Duke of Tyre）在一个岛上攻击亚历山大大帝的堡垒，并将其士兵抛入大海，右边的细密画描绘了亚历山大大帝袭击泰尔，在一艘船的脚手架上向这个城市射箭。

最古老的《罗兰之歌》手抄本（Oxford, Bodleian Library, MS. Digby 23；英国牛津博德利图书馆）制作于十二世纪的英格兰，也许在十二世纪上半叶，但这一点极具争议性。这本很适合放在艺人包里的朴素的小型手抄本无疑是一本诗歌集，因为它每行的第一个字母与这一行的其他内容中间有一个小的间距，而且每行诗的结尾都有小点作为标记，书中的文字以清晰可辨的诗句格式进行书写。这本手抄本制作于英格兰更能显现出《罗兰之歌》这个故事远近闻名。

一些有关查理曼大帝的传奇故事很可能通过十字军传遍了欧洲，这些十字军无疑喜欢在征战异教徒时高歌传奇英雄事迹。《阿斯帕拉蒙之歌》（*Chanson d'Aspremont*）可能在西西里或意大利的最南端所创作。在开启命途多舛的第三次十字军东征讨伐萨拉丁（Saladin）的最后一段路途之前，菲利浦·奥古斯都（Philip Augustus）和狮心王理查德（Richard the Lion Heart）的骑士在1190年至1191年的西西里野营度过漫长的冬天时都知道《阿斯帕拉蒙之歌》，它讲述了查理曼大帝和他的盟友在意大利穿越亚平宁山脉（Apennines）的阿斯帕拉蒙山，攻打萨拉森国王阿格兰特（Agolant）的故事。十字军一定很容易把自己看作这个故事中的英雄。记录《阿斯帕拉蒙之歌》最古老的手抄本之一（B. L., Lansdowne MS. 782；英国伦敦大英图书馆）来自大约1240—1250年间的英格兰，书中有45张彩绘插图，但画作品质较为普通。同样的工作坊可能也绘制了另一本手抄本——肯特的托马斯（Thomas of Kent）所著的《骑士精神传奇》（*Roman de Toute Chevalerie*，图123），它讲述了亚历山大大帝的生平与远征，这本手抄本中有152幅描绘骑士和不同战役的彩色插图。不难想象，战后返回的士兵们订购这些带插画的古老诗词手抄本，以向敬仰他们的亲人们展示他们在神圣战争中的英勇战绩。

传奇故事也在以不同的方式传播。意大利北部的摩德纳大

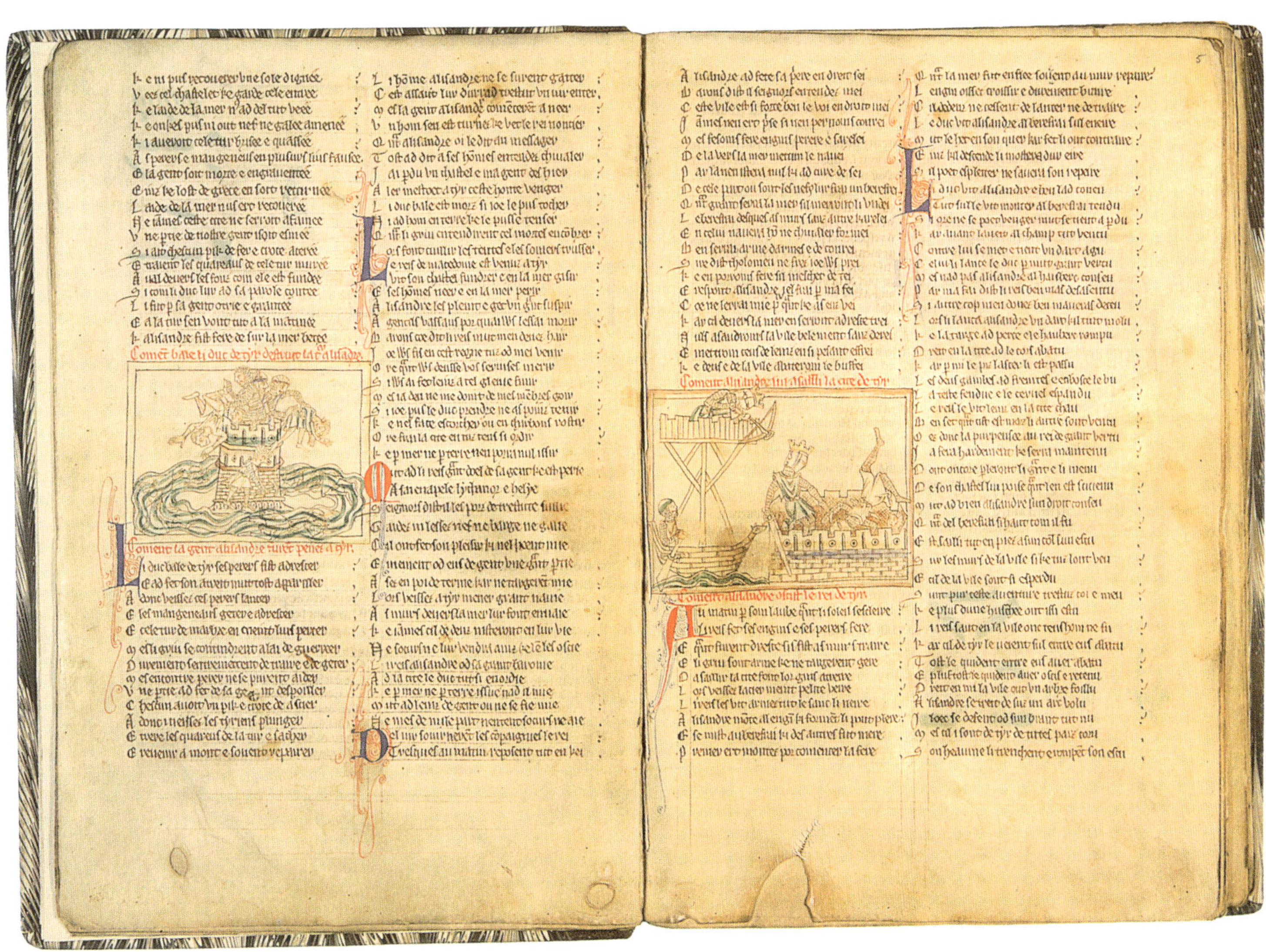

124 上图

德国，柏林，国立博物馆

Berlin, Staatsbibliothek Preussischer Kulturbesitz, MS. germ. 2° 282, fol. 19r

海因里希·冯·维尔德克的《埃涅阿斯纪》是一部十二世纪晚期以维吉尔的史诗《埃涅阿斯纪》改编的德语史诗。这本装饰华丽的手抄本制作于1230年左右的雷根斯堡，这幅图描绘了迦太基（Carthage）王后狄多的自杀和葬礼。

125 对页图

德国，海德堡，大学图书馆

Heidelberg, Universitätsbibliothek, Cod. Pal. germ. 848, fol. 71v

这部被称为《马内塞古抄本》（*Manesse Codex*）的手抄本属于苏黎世的马内塞家族，是最著名的吟游诗人的诗歌和情歌集手抄本，它制作于十四世纪早期的瑞士，可能在苏黎世。这幅细密画描绘了克里斯坦·冯·汉姆勒（Kristan von Hamle）冒险去见他的爱人的场景。

教堂（Modena Cathedral）十二世纪早期的雕刻描绘了不列颠国王亚瑟王和他的骑士们从邪恶的骑士马尔多克（Mardoc）手中营救温洛吉（Winlogee，亚瑟王的王后，在其他故事版本中她名为桂妮薇儿 Guinevere）。意大利最东南端的奥特朗托大教堂（Otranto Cathedral）中的十二世纪马赛克镶嵌画描绘了亚瑟王（rex Arturus）和其他著名历史人物，例如亚历山大大帝和《圣经》中的诺亚。英国的旅行者也把歌曲和传奇故事传播到了意大利。在法国，十二世纪诗人克雷蒂安·德·特鲁瓦（Chrétien de Troyes）自称他收集了在宫廷中叙述的亚瑟王传奇故事，并编写了一些法国最早的关于圣杯的故事（the Holy Grail）和兰斯洛特（Lancelot）的诗。三十多本手抄本（至少有一半现收藏于法国国家图书馆）中的诗都被认为是克雷蒂安·德·特鲁瓦所创作，其中一本（Paris, B.N., ms. fr. 794；法国国家图书馆）在1230年左右制作的手抄本中有缮写士圭奥兹（Guioz）的署名，并且写到他在普罗万（Provins）的谷地圣母教堂（church of Notre-Dame-du-Val）前有一个店铺。这是一个极其早期的缮写士或书商可能在为他的服务内容做宣传的记录，他无疑也可以为其他客户抄写类似的书籍。克雷蒂安·德·特鲁瓦所写的故事之后变成了其他亚瑟王传奇故事的来源。

这些英雄传奇故事也传播到了德国。身为统帅和公爵的狮子亨利（第二章提到他利用他的福音书手抄本宣称他为查理曼大帝的后裔）委托神父康拉德（Pfaffe Konrad）制作了一本写于1170年左右的德语版《罗兰之歌》（*Rolandslied*）。这部作品流传到德国的原因可能是狮子亨利在1168年和英格兰国王亨利二世的女儿玛蒂尔达（Matilda）的联姻将盎格鲁–诺曼（Anglo-Norman）文化引入了公爵的家庭中。大约在这个时候，海因里希·冯·维尔德克（Heinrich von Veldeke）把维吉尔的史诗《埃涅阿斯纪》（*Aeneid*）改编成了一部德语版的传奇故事（图124）。这部作品的一部分可能在克里维斯的伯爵夫人（Countess of Cleves）和图林根的路德维希二世伯爵（Landgrave Ludwig II of Thuringia）的婚礼上被朗诵，因为手抄本的结语提到作者这本独一无二且未完成的手抄本被婚礼中的一位宾客偷走了，直到9年后才归还。十二世纪也有关于亚历山大大帝和亚瑟王的德语诗词，在德国大多数伟大的史诗作者都源自1200年前后十年这个时代，他们包括翻译了克雷蒂安·德·特鲁瓦作品的哈特曼·冯·奥尔（Hartmann von Aue，活跃于1170—1215年）；沃尔夫拉姆·冯·埃申巴赫（Wolfram von Eschenbach，卒于1217年之后），他是《维勒哈尔姆》（*Willehalm*）和《帕西法尔》（*Parzival*）的作者，前者讲述了一位骑士爱上一位萨拉森女孩的故事，而后者讲述了一位年轻的游侠骑士最终被选入了亚瑟王的圆桌骑士（Round Table of King Arthur）当中，并成为蒙特撒尔瓦特（Munsalväsche）的圣杯守护者中的一员；戈特弗里德·冯·斯特拉斯伯格（Gottfried von Strassburg，约1210年，具体不详），他的作品《特里斯坦》（*Tristan*）讲述了在康沃尔郡（Cornwell）的“廷塔哲”城堡（“Tintajoel”

her kristan von hamle.
.xxvIII.

Castle）中的马克国王的侄子和国王的未婚妻伊索德意外喝下爱情药剂的故事；稍微晚一些的鲁道夫·冯·埃姆斯（Rudolf von Ems，活跃于1220—1254年），他的巨作包括庞大的诗词作品《世界编年史》（*Weltchronik*），记录了从创世之初到所罗门王的历史，在一些书写这部作品的手抄本中有数百张相关插图。最伟大的中世纪德语史诗是创作于1180—1210年左右的《尼伯龙根之歌》（*Nibelungenlied*），这本著作最重要的十三世纪副本是曾经在弗斯滕伯格贵族（Princes of Fürstenberg）的图书馆馆藏的一千多本书籍中遗留下来的最后一本（Donaueschingen MS. 63）。这部史诗篇幅很长且极其复杂，简单地说，这个故事讲述了齐格飞（Siegfried）帮助国王龚特尔（Gunther）与可怕的布伦希尔特（Brunhild）成婚，这样龚特尔才答应让齐格飞与国王的妹妹克里姆希尔特（Kriemhild）结婚。布伦希尔特在误解了齐格飞身份地位的情况下杀死了他，丧夫的克里姆希尔特之后嫁给了匈奴国王埃策尔（Etzel），为了给死去的丈夫报仇并夺得之前被沉入莱茵河的尼伯龙根宝藏，她精明地宴请了齐格飞的敌人，但在随后的血战中无一人幸存。

并非所有的德国世俗文学作品内容都如此暴力，宫廷抒情诗人（*Minnesingers*，指创作并表演这些诗歌的人）在历史上仍然是浪漫人物。Minne这个词通常被翻译为“爱情”（因为这些具有骑士精神的游唱诗人为他们心仪的美丽少女歌唱），但这些诗词歌曲并不仅仅表达激情，它们也代表着宫廷贵族对一位通常遥不可及或很难接近的女子秘密渴望的爱情（图125）。像莱因马·冯·哈格诺（Reinmar von Hagenau，活跃于1160—1210年）和海因里希·冯·莫伦根（Heinrich von Morungen，活跃于约1200年）这样的宫廷抒情诗人有一种近乎童话般的感染力。

游唱诗人把演出地方语言文学作品这种娱乐方式也带进了南欧的宫廷中，像拉贝蒂诺·布瓦雷利（Rambertino Buvarelli，卒于1221年）这样的游唱诗人用普罗旺斯语在博洛尼亚演唱。但丁把意大利诗词的起源归结于西西里岛和耶路撒冷国王腓特烈二世（Frederick II，1194—1250年）的宫廷，国王在身边召集了一群作家，他们被（不完全正确地）称为“西西里岛诗人”，并且也有腓特烈二世和他的大臣皮耶·德拉·维吉纳（Pier della Vigna）所写的诗被保留下来。必须强调的是，大约从1200年开始，世俗诗在欧洲各地的兴起并不意味着诗词手抄本很普遍，相反地这种手抄本非常罕见。许多游唱诗人很可能几乎没有读写能力，而且他们的听众都是听他们讲，而并非亲自阅读文学作品。然而，这些世俗诗的重要性在于使（最多在两代人的时间内）地方语言文学在欧洲各地宫廷中传播，早期的游唱诗人被中世纪传奇故事作家所取代。早期的游唱艺人是在游历或表演中创作歌曲，而十三世纪的诗人会创作详细明确的内容，所以需要手抄本记录下来。

十三世纪最杰出的文学作品手抄本之一是1252年至1284年在位的西班牙卡斯蒂利亚国王阿方索十世（Alfonso X，“el Sabio”

126 上图

德国，波恩，大学图书馆

Bonn, Universitätsbibliothek, cod. S.526, fol. 1r

这本被广泛使用的《湖上骑士兰斯洛特》（*Lancelot du Lac*）手抄本中有准确的制作时间记录，它由缮写士阿尔努弗斯·德·卡约在1286年的亚眠制作完成并署名。图中的开场细密画描绘了亚利马太的约瑟（Joseph of Arimathea）的生平，据说他曾经去过格拉斯顿伯里（Glastonbury）。

127 对页图

西班牙，埃斯科里亚尔，圣洛伦索皇家修道院

El Escorial, Real Biblioteca de San Lorenzo, Cod. T.j.I, fol. 200r

1252年至1284年在位的西班牙卡斯蒂利亚国王阿方索十世委托制作了这本装饰华丽的、赞扬圣母玛利亚的颂歌手抄本。插图描绘了一首关于斗牛故事的歌曲：一位男子向圣母玛利亚祈祷后购买了观看斗牛的入场券，不幸的是这位男子掉进了斗牛场，当他正要被牛角顶死的时候，圣母使公牛陷入了沉睡，男子得以逃离。公牛醒来后受到了所有人的称赞。

又名“智者”）的歌曲集。像腓特烈二世国王一样，阿方索十世鼓励对天文学、法律和历史的研究。从他年轻时起，他就开始收集并用加里西亚语（Galician）创作一系列赞扬圣母玛利亚的颂歌（*Cántigas*），他将这些颂歌制作成非凡的、装饰华丽的卡斯蒂利亚手抄本，有四卷幸存了下来，其中一卷在马德里（来自托莱多大教堂 Cathedral of Toledo，可能是制作时间最早的一卷），另一卷在佛罗伦萨（这卷未完成），还有两卷杰出的手抄本是腓力二世国王为了他所修建的皇家埃斯科里亚尔修道院（El Escorial）而以巨额费用从塞维利亚大教堂（Seville Cathedral）购买的。它们现在仍然保存在那座十六世纪建造的图书馆，其中一卷有数量惊人的 1255 幅细密画，通常每页有六幅细密画并配有西班牙语文字说明和装饰性边框，这些细密画描绘了颂歌中所讲述的圣母玛利亚的神迹（图 127）。手抄本的第一页为阿方索十世的肖像，他一手举着写有他颂歌的长卷轴，另一只手指着卷轴并向钦佩他的朝臣们示意。第二幅细密画描绘了国王聆听三位乐师的演奏，同时他向两位神职人员口述他的作品。他们先把国王所说的内容记录在卷轴上，之后再把文字和音乐转抄到一本四位歌唱家正在用来照着唱歌的巨大卷册中。这之后的一千多幅细密画构成了中世纪世俗生活的生动记录：唱歌、打斗、参加宴会、建造教堂、骑马、沉船失事、去教堂参加礼拜、观看犯人绞刑、偷盗、睡觉、旅行、死亡、祈祷、摔跤、狩猎、围攻一个城市、行船、画湿壁画（其中一首颂歌讲述一位艺术家在脚手架倒塌时并没有受伤，因为他正在画圣母玛利亚）、生孩子、玩骰子、在商店中服务、养蜜蜂、放鹰捕猎、斗牛、剪羊毛、写书、煎鸡蛋、耕作、钓鱼，等等。这本手抄本一定给阿方索十世的宫廷提供了很多乐趣。

在法国，为文学作品手抄本配插图的传统可能起源于不同版本的亚瑟王传奇故事手抄本。《兰斯洛特》的传奇故事有多种版本，包括可能由瓦尔特·迈普（Walter Map）创作的版本，它汇集了卡美洛（Camelot）、湖上夫人（the Lady of the Lake）、圣杯的故事（the Holy Grail）和亚瑟王之死（the death of Arthur）这些传奇故事，至今仍是我们民俗文化的一部分。大约有 50 本不同版本的《兰斯洛特》手抄本得以幸存（图 2、图 126、图 128）。最早带插图装饰的散文版本手抄本之一收藏于法国雷恩（Rennes, Bibliothèque Municipale, ms. 255；雷恩市立图书馆），它可能来自十三世纪二十年代左右的巴黎王室圈子，在巴黎书籍制作史中，这个时间正好是我们上一章所谈论过的：职业艺术家一方面满足宫廷书籍的制作需求，另一方面满足学生的书籍需求。一本在十三世纪二十年代后半段书写的菲利浦·奥古斯都生平史手抄本（B.L., Add. MS. 21212；英国伦敦大英图书馆）中有一段押韵的卷首语，作者提到他会“像《兰斯洛特》这本书一样”（si com li livres *Lancelot*）以法语散文的形式写作，我们从中推测他的读者很可能熟悉这类书籍。有一位十三世纪中叶的巴黎书商给自己的署名是“传奇故事书籍销售商艾尔内”（Herneis *le romanceeur*），并在一本手抄本中添加了一个到他在巴黎圣母院前的商铺的邀请（Giessen, Universitätsbibliothek, cod. 945, fol. 269v；德国吉森大学图书馆）。

其他法国早期传奇故事是在埃诺（Hainault）抄写的（像法国孔代美术博物馆收藏的手抄本 Chantilly, Musée Condé, ms. 472，这本手抄本的著作有《兰斯洛特》和其他传奇故事，由一位十三世纪晚期的缮写士和蔬果商科林 Colin le Frutier 署名）。除了埃诺，有些手抄本也在皮卡第（Picardy）抄写，可能特别出自亚眠的工作坊。我们知道两位在亚眠抄写传奇故事的缮写士，其中一位名为亚眠的小让娜（Jeanne d' Amiens le Petit）可能在 1278 年抄写了被法国阿拉斯市立图书馆收藏的一本含有以韵文书写的圣徒生平事迹和其他内容的手抄本（Arras, Bibliothèque Municipale, ms. 139；阿拉斯市立图书馆）。另一位是阿尔努弗斯·德·卡约（Arnulfus de Kayo），他在

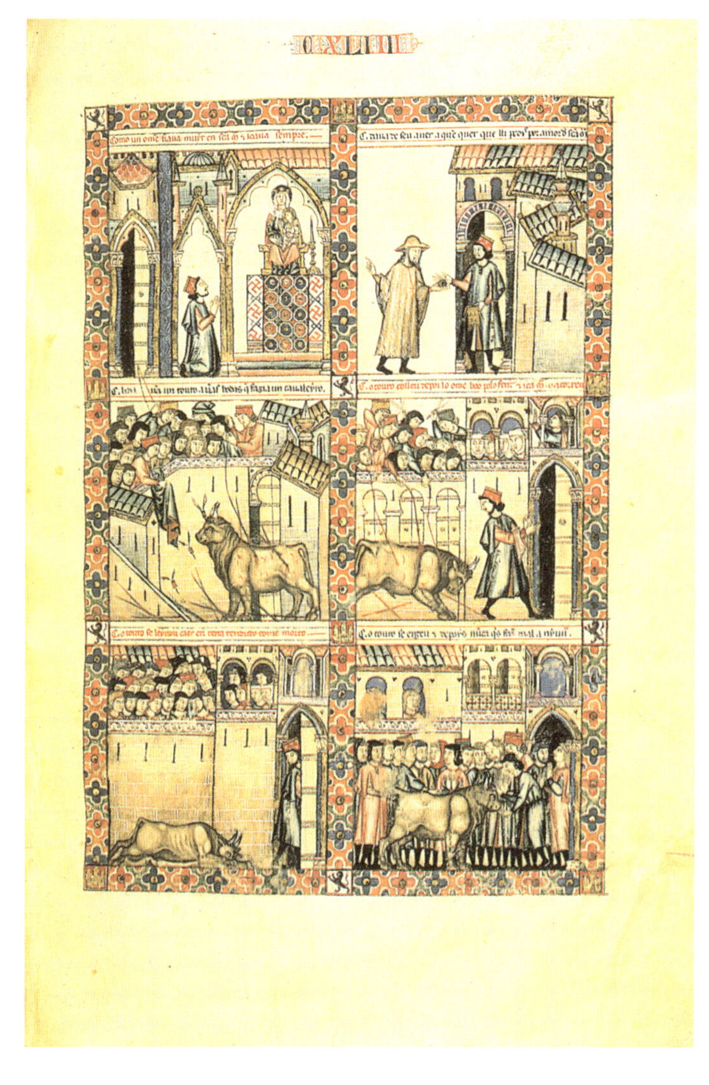

1286年的亚眠一本杰出的《兰斯洛特》作品手抄本（图126）署名，这本书有超过345幅的细密画，此书价格必定相当昂贵，我们猜测它的赞助商一定很富有。另一套同样一流的《兰斯洛特》作品手抄本收藏在美国耶鲁大学（Beinecke Library, MS. 229；拜内克图书馆），这套非常精致的三卷本作品的最初所有者可以从书中的家族徽章辨别出来，他是佛兰德斯伯爵（Count of Flanders）的二儿子吉约姆·德·特蒙德（Guillaume de Termonde，1248—1312年）。埃诺伯爵让·德·艾维斯内斯（Jean d' Avesnes，卒于1304年）的财产清单包括一本红色封面的《兰斯洛特》手抄本，这位伯爵的兄弟，也是康布雷（Cambrai）主教的吉约姆·德·艾维斯内斯（Guillaume d' Avesnes，卒于1296年）的遗嘱提到他想要把一本"英雄史诗手抄本"（livre de gestes）给康布雷的圣墓隐修院（abbey of St. Sépulchre），因为（遗嘱上写着）这本书是隐修院的一位修道士制作的。因此，这些级别较低的贵族一定非常喜欢亚瑟王骑士的传奇故事并赞助制作了这类手抄本。

十三世纪最著名的法国浪漫传奇故事是《玫瑰传奇》（*Roman de la Rose*），这是一部超过20000多行诗的巨作，由两位素不相识的作家创作。这个故事开头讲述了一位情人在一天夜里梦到自己在一个美丽的五月清晨来到小溪边，阳光明媚，鸟儿歌唱。他走进一个花园，在那里看到一朵玫瑰花蕾并爱上了它（图129），他所有的求爱都遭到拒绝，但经过种种复杂的奇遇并与（"爱情""理性""自然"等）被赋予寓言性的角色探讨之后，他最终实现内心的愿望赢得了玫瑰。这简短的故事情节概要似乎使这个故事看起来很陈腐，但其实它读起来十分有趣并且充满了许多引人入胜的情节和描述。这首诗的前4058行是在1230—1235年左右由可能来自奥尔良附近的洛里斯（Lorris）的吉约姆·德·洛里斯（Guillaume de Lorris）创作，但他没有完成作品。然后在1268年之后，也许在1274年之前让·德·梅恩续写并完成了此作品，并在这部作品中提到了自己。爱情之神在故事中为所有已故的爱情诗人感到惋惜，包括他忠心的仆人吉约姆·德·洛里斯。之后，他预言来自卢瓦尔河畔梅恩（Meung-sur-Loire）的让·肖皮内尔（Jean Chopinel，让·德·梅恩出生时的名字）在四十多年后会非常欣赏这首诗，并试图续写完成这部作品，这样，对爱情的认知就可以被传播到"大街小巷及学校中，并用法国的语言呈现给整个王国的读者们"。因此，17000行诗被增加到原作中，完结了这部作品。让·德·梅恩（卒于1305年）是著名的诗人、

128 左图

英国，伦敦，大英图书馆

London, British Library, Royal MS. 20.D.IV, fol. 260r

这本《湖上骑士兰斯洛特》手抄本是1300年左右在法国进行泥金装饰制作，在十四世纪晚期属于英格兰的博亨（Bohun）家族。这幅细密画描绘了兰斯洛特（他在图中央，戴着白色头盔并骑着一匹棕色的马）与一名骑士在打斗，后者已经将一名年轻男子的头颅砍下，并将其头颅和躯干呈现给桂妮薇儿王后。页面底端边框描绘了一只猿猴在指挥一个人表演把戏。

129 对页图

瑞士，日内瓦，日内瓦图书馆

Geneva, Bibliothèque Publique et Universitaire, MS. fr. 178, fol. 1r

《玫瑰传奇》是被阅读最广泛的法国中世纪文学作品。图中这本1353年的手抄本由缮写士、巴黎圣索维尔（St. Sauveur）的神职人员吉拉特·德·比奥留（Girart de Biaulieu）署名。开篇页的细密画描绘了作者在一幅玫瑰挂毯前睡觉，醒来后穿上他的鞋在花园中散步，并走进了有围墙的果园。

Maintes gens dient
que en songes
Na se fables non
et menconges
Mais len puet tiex songes songier
Qui ne sont mie mencongier
Ainz sont apres bien apparant
Si en puis bien traire a garant
Un aucteur qui ot nom macrobes
Qui ne tint pas songes a lobes
Ancois descript la vision
Qui avint au roy cypion

Quiconques cuide
ne qui die
Que soit folour
ne musardie
De croire que songes aviengne
Qui ce voudra por fol me tiengne
Car endroit moi ai ie fiance
Que songes sont senefiance
Des biens au gens et des anuis
Car li pluseur songent de nuis
Maintes choses couvertement
Que len voit puis apertement

翻译家，他住在巴黎的圣雅克街（rue St. Jacques），与第四章提到的多明我会的修道院和桑斯家族的书商在同一条街。他是一位经验丰富的作家，他充分了解"用法国的语言"写作的书籍的价值。

《玫瑰传奇》在中世纪时期取得了巨大的成功，这部作品已知的手抄本超过 200 本，它成功传播的原因可能源于它的情色意味。一本收藏在巴黎圣女日南斐法图书馆的内容为带注评的《使徒行传》《使徒书信》和《启示录》的十三世纪手抄本（Bibliothèque de Ste. Geneviève in paris, ms. 75；法国巴黎圣女日南斐法图书馆）中有一个中世纪时期的记录，上面说书籍的主人是一位桑利斯（Senlis）的牧师，他用这本书换取了一本《玫瑰传奇》手抄本。毫无疑问，他欣喜地做了这笔交易，许多《玫瑰传奇》手抄本都有非常精美的泥金装饰，其中至少有五本各自都有一百多幅细密画。贝里公爵拥有两本幸存的《玫瑰传奇》手抄本（Paris, B. N., mss. fr. 380 和 12595；法国国家图书馆）。另一本手抄本（Paris B. N., ms. fr. 2195；法国国家图书馆）结尾处注明的制作日期为 1361 年 5 月 31 日，手抄本中用离合诗的形式拼写了缮写士约翰·缪洛（Johan Mulot）的名字。这本手抄本在一个世纪后仍有人在使用，因为书中有一段当时的拥有者鲁昂的马西特·奥斯汀（Massiot Austin of Rouen）的题识，他说他在 1470 年 6 月从鲁昂的书商戈蒂埃·尼龙（Gautier Neron）手中买了这本书，如果此书今后丢失，找到此书并归还的人将得到一壶美酒作为报酬（写于第 146 反页）。另一本《玫瑰传奇》的手抄本在 1390 年的卢瓦尔河畔的苏利（Sully-sur-Loire）书写（Paris, Bibliothèque de l'Arsenal, ms. 3337；巴黎阿瑟纳尔图书馆），缮写士记录了他从 8 月 26 日开始不停地抄写一直到 11 月 8 日，这 75 天算下来每天大约写 290 行。

在法国国家图书馆收藏的一本十四世纪制作的《玫瑰传奇》手抄本中包含一幅迷人的页边插画，描绘了一男一女各自坐在书桌前抄写并采用泥金工艺装饰手抄本，他们身后各自有一个小架子，上面挂着刚刚绘制完成正在晾干的书页（ms. fr. 25526. fol. 77v，图 130）。画中这两位可能是书商、缮写士和泥金装饰艺术家（librarius et illuminator）理查德·德·蒙巴斯托（Richard de Montbaston）与他的妻子——同样是书商、缮写士兼泥金装饰艺术家（libraria et illuminatrix）的让娜（Jeanne）的自画像。1342 年的记录提到理查德是新圣母路的书商，在他 1353 年去世后，他的妻子继承了他的事业。1316 年的记录中提到在同一条街上做图书生意的还有杰弗罗伊·德·圣雷热（Geoffroy de St. Léger），他至少工作到了 1337 年。他可能既是书商，也是泥金装饰艺术家［他的名字出现在巴黎圣女日南斐法图书馆收藏的一本手抄本（Paris, Bibliothèque de Ste. Geneviève, ms. 22）的细密画旁］。被辨认出自他手的手抄本主要是文学作品，其中包括三本《玫瑰传奇》。他的其中两位客户为法国王后，其一是路易十世（Louis X）的第二任妻子即匈牙利的克莱芒（Clémence of Hungary），第二位是腓力六世（Philip VI）的妻子勃艮第的让娜（Jeanne of Burgundy）。在同一条街上还有在 1316 年至 1349 年间为书商的托马斯·德·莫比格（Thomas de Maubeuge），他专门提供法国文学作品，他在 1327 年以 120 镑的高额费用为查理四世（Charles IV）制作了一本手抄本。

显然，并不是所有中世纪宫廷文学作品都用法语创作，但 romance 这一词最初的意思仅为法国的地方语言，这也暗示了传奇故事（romances）用法语撰写是适合的。虽然马可·波罗是威尼斯人，但他的回忆录几乎可以肯定是最先用法语写下来的。约翰·曼德维尔爵士（Sir John Mandeville）的小说《曼德维尔游记》（*Travels*）是用法语创作，因为与英语和拉丁文相比，法语的受众更多［作者写道 "pour ce que pluseurs entendent mieulx rommant qe latin"（因为相对于拉丁语，许多人更能听懂法语），图 131］。第一位伟大的十三世纪意大利文学家布鲁内托·拉蒂尼（Brunetto Latini）用法语写了他的著作之一《宝库》（*Trésor*），因为他觉得法语"比所有其他语言更令人愉快，更通用"（"plus delitable et plus commune a tous langages"）。近 30 本泥金装饰《宝库》手

130 左图

法国，巴黎，法国国家图书馆，细节图

Paris, Bibliothèque Nationale, ms. fr. 25526, fol. 77v, detail

这本十四世纪中期的《玫瑰传奇》手抄本的页面底部边框描绘了一男一女各自坐在书桌前，抄写和装饰手抄本，他们身后各自有一个小架子，上面挂着刚刚绘制完成正在晾干的书页，这两位可能是巴黎书商搭档理查德·德·蒙巴斯托和他的妻子让娜的自画像。

131 对页图

英国，伦敦，大英图书馆

London, British Library, Add. MS. 24189, fol. 8r

约翰·曼德维尔爵士的小说《曼德维尔游记》声称是一部远东旅行记录。这幅彩绘插图来自一本十五世纪早期的东欧手抄本，图中描绘了曼德维尔一行人航行到叙利亚，并向当地的海关人员缴纳入境税。

132 上图

英国，牛津，博德利图书馆，细节图

Oxford, Bodleian Library, MS. Holkham misc. 49, fol. 5r, detail

乔万尼·薄伽丘的《十日谈》讲述了黑死病爆发时，几位年轻男女在佛罗伦萨的新圣母玛利亚教堂避难时一起讲故事。图中的这本手抄本在1450年至1475年间为提欧费罗·卡尔卡尼制作于费拉拉的埃斯特（Este）家族宫廷中，细密画描绘了年轻男女聚在一起准备讲故事的场景。

133 右图

英国，伦敦，大英图书馆，细节图

London, British Library, Yates Thompson MS. 36, fol. 65r, detail

这本十五世纪的《神曲》手抄本为1416—1458年在位的那不勒斯国王阿方索五世（Alfonso V）在锡耶纳制作，图中的首字母描绘了维吉尔和但丁坐在一艘扬帆的小船上前往炼狱，这幅首字母绘画被认为是锡耶纳湿壁画画家维奇埃塔（Vecchietta）的作品，此手抄本中其他的细密画被认为是乔万尼·迪·保罗（Giovanni di Paolo）的作品。

134 对页图

法国，巴黎，法国国家图书馆

Paris, Bibliothèque Nationale, ms. it. 74, fol. 1v

这本但丁的《地狱篇》手抄本在1420—1430年左右的佛罗伦萨进行泥金装饰。在这幅卷首细密画中，地狱中的所有层级都被描绘出来。它被认为是艺术家巴托洛米奥·迪·弗洛西诺（Bartolomeo di Fruosino）所作，绘画设计取材于佛罗伦萨新圣母玛利亚教堂（Santa Maria Novella）中斯特罗齐小圣堂（Strozzi Chapel）的一幅十四世纪湿壁画。

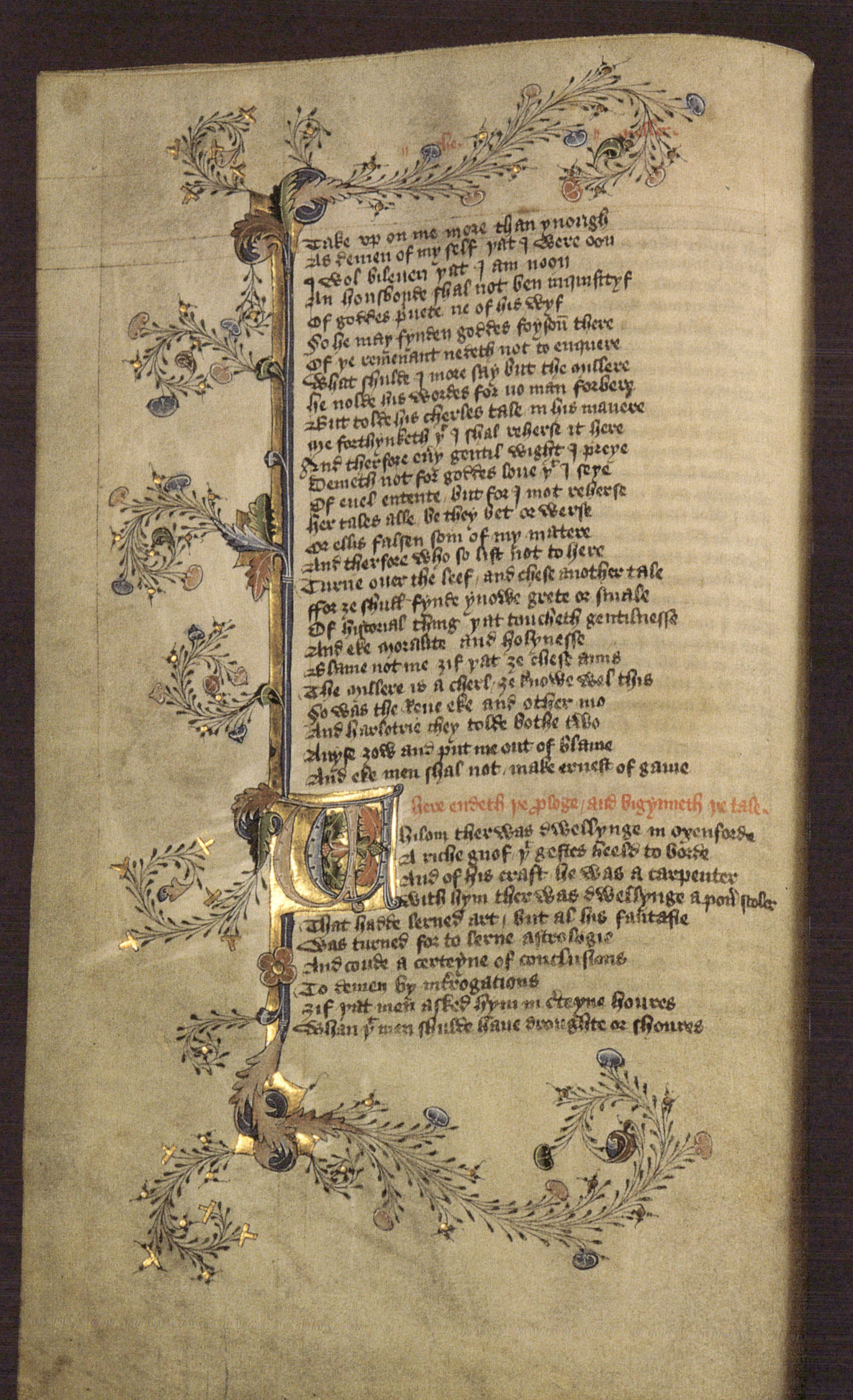

Take vp on me more than ynough
As demen of my self yat I were oon
I wol bileuen yat I am noon
An housbonde shal not ben inquisityf
Of goddes pryuete ne of his wyf
So he may fynden goddes foysoun there
Of ye remenant nedeth not to enquere
What shulde I more say but the Millere
He nolde his wordes for no man forbere
But tolde his cherles tale in his manere
me forthynketh yt I shal reherse it here
And therfore euery gentil wight I preye
Demeth not for goddes loue yt I seye
Of euel entente, but for I mot reherse
Her tales alle be they bet or werse
or ellis falsen som of my mattere
And therfore who so list not to here
Turne ouer the leef, and chese another tale
ffor ȝe shull fynde ynowe grete or smale
Of historial thing yat toucheth gentilnesse
And eke moralite and holynesse
Blame not me ȝif yat ȝe chese amis
The Millere is a cherl, ȝe knowe wel this
So was the Reue eke and other mo
And harlotrie they tolde bothe two
Avyse ȝow and put me out of blame
And eke men shal not make ernest of game

Here endeth ye prologe / and bigynneth ye tale.

Whilom ther was dwellynge in Oxenforde
A riche gnof yt gestes heeld to borde
And of his craft he was a carpenter
With hym ther was dwellynge a pore scoler
That hadde lerned art, but al his fantasie
Was turned for to lerne astrologie
And coude a certeyne of conclusions
To demen by interrogations
Ȝif yat men asked hym in certeyne houres
Whan yt men shulde haue droughte or shoures

抄本得以幸存证明他的看法在一定程度上是对的。显然，很多英格兰贵族像他们的诺曼祖先一样，把法语作为母语。至少有一本十四世纪的《玫瑰传奇》似乎是在西班牙制作的，但它还是以法语书写（这本手抄本之前的编号为 Astor MS. A. 12）。同样，在意大利，法语的文学作品也是可以被读懂的，很多法语版本的亚瑟王传奇故事似乎都是被意大利缮写士所抄写。收藏于巴黎法国国家图书馆中极其精美的泥金装饰手抄本《吉罗传奇》（*Romance of Guiron le Courtois*, Paris, B.N., ms. nouv. acq. fr. 5243；法国国家图书馆）讲述了亚瑟王的一位骑士吉罗的故事，此手抄本在十四世纪晚期的伦巴第或甚至是在威尼斯进行绘画装饰。十五世纪中叶，费拉拉公爵（duke of Ferrara）博尔索·德·埃斯特（Borso d' Este）曾写信请求他的朋友给他“尽可能多的法语书籍，特别是《圆桌骑士》（*Round Table*）这个故事，因为从这些书籍中我可以得到的快乐与满足比占领一座城市还要多”。

当然，博尔索·德·埃斯特所读的文学作品并不是都是用法语写的，因为在他那个时代已经有许多杰出的地方语言文学作品是用意大利语写的，例如，1464 年，他委托制作了一本意大利语的《兰斯洛特》。他的朋友，也是朝臣的提欧费罗·卡尔卡尼（Teofilo Calcagni）定制了一本绝妙的乔万尼·薄伽丘的《十日谈》（*Decameron*）手抄本。这部著作讲述了 1348 年黑死病爆发时，几位年轻男女在一起避难，连续十天互相讲述妙趣横生的故事（图 132）。在意大利文学中拥有至高无上的地位的当然属于但丁·阿利吉耶里（1265—1321 年）所著的《神曲》（*Divina Commedia*），这是人类文学史上最伟大的著作之一，其巨大的影响力和但丁精湛的写作技巧在中世纪时期堪称独一无二。尽管《神曲》和《玫瑰传奇》基本上可以算作同一时期的作品，而且但丁和让·德·梅恩也有可能彼此认识，但从文学价值的角度来讲，《神曲》远远超过了《玫瑰传奇》。我们对《神曲》很熟悉，它讲述了一段穿越地狱、炼狱并进入天堂的惊心动魄的旅程。故事发生在 1300 年复活节那一周的星期四，但丁在一片黑暗的树林里迷路了，诗人维吉尔受到三位女性——圣母玛利亚、圣露西亚（St. Lucy）和但丁所爱的女孩贝雅特丽齐（Beatrice）的召唤来营救但丁。维吉尔护送但丁穿过地狱的中心后到达炼狱，之后贝雅特丽齐带领他进入天堂。这部充满智慧与威严的长诗被广泛流传和阅读，六百多本十四世纪的《神曲》手抄本得以幸存，十五世纪的《神曲》手抄本甚至可能还有更多（图 134）。这部作品至少产生十五篇中世纪时期的注评，其作者包括但丁的儿子雅各布（Jacopo，写于 1333 年以前）、雅各布·德拉·拉娜（Jacopo della Lana）、奎多·达·比萨（Guido da Pisa，图 136）等。从手抄本的分布来看，不难猜想，在十四世纪中期与 1400 年左右，这部作品在佛罗伦萨特别受欢迎，其中一些是非常宏大的作品，像米兰的维斯孔蒂家族（Visconti family）和那不勒斯阿拉贡皇家图书馆所拥有的作品（图 133），或是一本令人惊艳但未完成的十五世纪手抄本，在这本手抄本中还有波提切利（Botticelli）所绘制的整页插画。除此之外，也有通常书写在纸（并非动物皮纸）上比较朴素的《神曲》手抄本。第一本注明制作时间并带插图的《神曲》手抄本（Milan, Biblioteca Trivulziana, MS. 1080；意大利米兰特力乌齐阿纳图书馆）在 1337 年由弗朗切斯科·迪·纳尔多·达·巴贝里尼（Francesco di Ser Nardo da Barberini）抄写，并在佛罗伦萨由一位被称为“多明我会碑石肖像画师”（Master of the Dominican Effigies）的艺术家完成泥金装饰制作。传说这位弗朗切斯科为了给女儿们提供嫁妆，抄写了一百本《神曲》手抄本。奇妙的是，这部著作至少有另外三本手抄本与刚提到的 1337 年的手抄本中的字体和彩绘装饰有着非常密切的关联，因此这些手抄本一定是一起制作的（这三本手抄本的编号为：Florence, Biblioteca Medicea-Laurenziana, MS. Strozzi 152，意大利佛罗伦萨美第奇劳伦佐图书馆；

135 对页图

英国，利奇菲尔德，大教堂图书馆

Lichfield Cathedral Library, MS. 29(2), fol. 41v

乔叟的《坎特伯雷故事集》手抄本常采用泥金装饰，但只有少数手抄本配有插图。图中这本手抄本可能制作于 1425—1450 年间的伦敦，此图描绘了书中《磨坊主的故事》的开头。

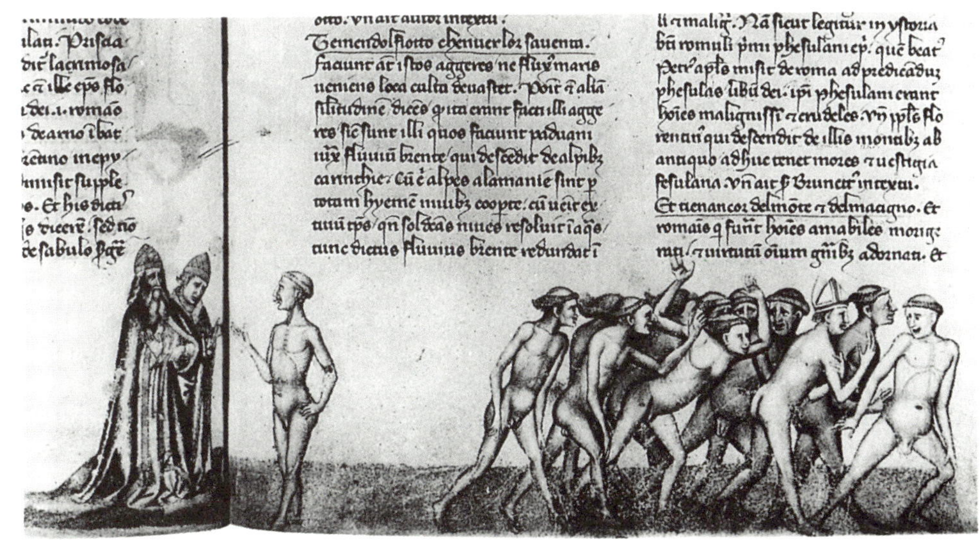

136 右图

法国，尚蒂伊，孔代博物馆，细节图

Chantilly, Musée Condé, ms. 1424, fols. 113v–114r, detail

本图来自 1345 年左右可能制作于比萨的手抄本，其内容是奎多·达·比萨对但丁的《神曲》（地狱篇）所写的评论，这些被判定该入地狱的赤裸灵魂被画在页面底部。

Florence, Biblioteca Nazionale, MS. Palat. 313，意大利佛罗伦萨国立图书馆；New York, Pierpont Morgan Library, M. 289；美国纽约皮尔庞特·摩根图书馆），即使只是制作几本这样的手抄本，其收益都足以使他任何一个女儿值得追求。

如果仅仅将自我嗜好作为贵族制作奢华手抄本的目的并以这个因素来评判的话，那么杰弗里·乔叟所著的《坎特伯雷故事集》（*Canterbury Tales*）的手抄本数量仅屈居于《玫瑰传奇》和但丁《神曲》，位列第三位。这部著作也讲述了从伦敦萨瑟克（Southwark）到坎特伯雷大教堂托马斯·贝克特的圣龛大约 50 英里的旅程中朝圣者所讲述的故事。现存的《坎特伯雷故事集》整部作品手抄本或残本大约有 85 本，但书中的装饰并没有法国或意大利传奇故事手抄本那样奢华。只有一本非常著名的、被称为《埃尔斯米尔版本乔叟》（*Ellesmere Chaucer*, San Marino, Huntington Library, MS. EL. 26.C.9；美国圣马力诺亨廷顿图书馆）的手抄本中，页边插画描绘了书中二十三位讲故事的朝圣者。另外两本手抄本（其中一本收藏于剑桥大学图书馆 Cambridge University Library, MS. Gg. 4. 27，另一本的手抄本残页现收藏在美国曼彻斯特和费城）可能曾经有过类似的插图，但现在其大部分已经丢失了。另一本手抄本（B. L., Harley MS. 1758；英国伦敦大英图书馆）有为细密画留下的空白空间，但却从未被添加。其他的手抄本都没有插图（图 135），这其中三分之一还是写在纸上而非动物皮纸上。

我们很难解释为什么英格兰没有像法国和意大利那样拥有泥金装饰世俗文学手抄本的传统。也许这意味着这些传奇故事应当是被大声朗读的，而且诗词如果被当众朗读的话，插图就是不必要的。像在一本乔叟所著的《特洛伊罗斯与克瑞西达》（*Troilus and Criseyde*）的手抄本中，著名的卷首插图描绘了乔叟在一个贵族的野餐活动中在讲台上朗读（图 137）。然而，这幅具有法国装饰风格的细密画代表了一种宫廷的理想景象，而非一种普遍的活动。在英格兰，对文学作品的赞助似乎与其他国家不同，在乔叟的一生中（约 1340—1400 年）， 可能除了英格兰国王理查二世（Richard II）以外，几乎没有伟大的英格兰贵族艺术收藏家。理查二世在 1384 年至 1385 年间的小型图书馆藏书主要由法语的亚瑟王传奇故事集和一本价值一镑的《玫瑰传奇》组成，而且这些都是从他祖父那里继承下来的。乔叟可能也把《玫瑰传奇》翻译成了中世纪英语，但译本从未流行过，也没有已知的完整版的译本（图 138）。这在一定程度上可能是因为英国贵族可以像用英语一样轻松地享受法语版，另一个原因是英格兰的书籍贸易比在欧洲大陆国家发展得更慢。虽然我们对中世纪晚期的伦敦书籍贸易逐渐

137 对页图

英国，剑桥，基督圣体学院，卷首细密画

Cambridge, Corpus Christi College, MS. 61, frontispiece

这幅卷首细密画来自一本十五世纪初期的乔叟的《特洛伊罗斯与克瑞西达》手抄本。在图片中央，乔叟站在户外的讲台上向一群在林间空地或坐着或站着的贵族朗读他的作品，旁边是一座壮观的哥特式城堡。

138 右图

英国，格拉斯哥，大学图书馆

Glasgow, University Library, MS. Hunter 409, fol. 57v

乔叟把吉约姆·德·洛里斯和让·德·梅恩的《玫瑰传奇》翻译成中世纪英语韵文（*Roman de la Rose*），这部翻译的作品作为一本大众文学作品并不成功。图中这本 1450 年左右不完整的手抄本是唯一幸存的译本。

139 上图

英国，伦敦，大英图书馆，细节图
London, British Library, Royal MS. 15.D.III, fol. 398v, detail

这幅细密画描绘了约拿（Jonah）被鲸鱼从口中抛出来的情景。它是一百多幅描绘《旧约》和《新约》的细密画之一，来自一本1415年左右在巴黎制作的豪华版《历史圣经》。十五世纪中叶，这本手抄本一定在英格兰。这幅细密画被认为是艾格顿画师工作坊所作。

140 对页图

法国，巴黎，圣女日南斐法图书馆
Paris, Bibliothèque de Sainte-Geneviève, ms. 777, fol. 316r

这本皇家手抄本1370年左右在巴黎进行泥金装饰制作，其内容是由皮埃尔·贝苏尔翻译为法语的李维著作《罗马史》。它属于1364—1380年在位的法兰西国王查理五世，在法国被英格兰打败之后，这本书到了亨利五世两个弟弟的手中，他们是贝德福德公爵约翰（John, Duke of Bedford）和格洛斯特公爵汉弗莱（Humfrey, Duke of Gloucester）。细密画描绘了罗马人向马其顿的腓力五世（Philip V of Macedon）宣战、在马其顿登陆、谋取邻国国王的支持并投入战斗的故事。

有了更多的了解，特别是在1403年，一个由缮写士和泥金装饰艺术家组成的名为“书商的技艺奥秘”（Mistery of Stationers）的行会组成之后，但那时确实没有重要的书店以商业为目的为世俗文学作品手抄本制作插图，显然，一些最重要的乔叟著作手抄本是由王室的文秘署或在其他地方工作的缮写士作为兼职工作抄写的。两份最早提到《坎特伯雷故事集》的英格兰遗嘱分别在1417年与1420年。第一份遗嘱属于神父、文秘署官员理查德·斯特沃斯（Richard Sotheworth）；第二份遗嘱属于一位伦敦裁缝约翰·布林切尔（John Brinchele）。有趣的巧合是，斯特沃斯来自坎特伯雷，是东桥慈善院（Eastbridge Hospital，为朝圣者提供住宿的地方）的院长，而据记载，布林切尔生活在萨瑟克。因此，这两位中产阶级的手抄本所有者分别住在乔叟的《坎特伯雷故事集》中所描述的旅程的起点与终点，他们购买这部作品的手抄本也许是因为他们所住的地方与故事情节相关。

多年来困扰语言学家的一个未能回答的古老问题就是确定一个国家的官方语言何时开始被普遍使用，以及何时（和为什么）被第一次书写下来，因为那时所有教育都来自教会，并且所有牧师都懂拉丁文。在推动地方语言写作的发展中，女性通常被认为起着非常重要的作用，因为教授拉丁文给女孩通常不像教授给男孩那样透彻。确实，用地方语言所写的祈祷书的最初拥有者通常是修女而不是修士。虽然我们不知道谁会在晚饭后聚集在中世纪大厅的壁炉旁那位朗读传奇故事的诗人周围，但女性很有可能在这其中。1252年，诺丁汉城堡（Nottingham Castle）女王的房间以亚历山大大帝生平故事的绘画作装饰。上段提到的《特洛伊罗斯与克瑞西达》手抄本插图里聆听乔叟朗读的众人中有九位是女性，如果是用拉丁文朗读的话，她们是否还会显得如此专注呢？实际上，最早注明制作时间的《兰斯洛特》手抄本一定是由一位女性缮写士抄写的（Paris, B. N., ms. fr. 342；法国国家图书馆），它制作于1274年，在结尾处这位缮写士请求读者为她祷告（pries pour ce li ki lescrist），“ce li”是一个女性代词。

十四世纪上半叶，法国宫廷中的贵族对手抄本泥金装饰艺术家的赞助常与女性有关。例如，主要赞助人之一阿图瓦伯爵夫人马奥，是法兰西国王圣路易的侄孙女和勃艮第的让娜王后的母亲。至少从1305年至1327年，她委托制作了许多世俗传奇故事手抄本，而且她的账簿也为我们提供了许多书籍的制作费用或价值。这些书籍不仅包括这一章开头提到的《马可·波罗游记》（1312年在马奥的爱司丹城堡castle of Hesdin抄写制作），也有1308年她在阿拉斯（Arras）花费7.15镑买的《特洛伊历史故事》（*Histoire de Troie*）和《帕西法尔传奇》（*Roman de Perceval*），还有1313年从巴黎书商托马斯·德·莫比格那里花费8镑购买的《孔雀的誓言》（*Voeux de Paon*）和《圣徒传》（*Vie des Saints*），以及在1327年花了至少100镑从同一位书商那里购买的一本中世纪法语《圣经》（*Bible en francois*）。贵族妇女是许多著名手抄本的赞助人，她们包括让娜·德弗（Jeanne d'Evreux）、法兰西的布兰

奇（Blanche de France，腓力五世的女儿）、让娜·德·贝尔维尔（Jeanne de Belleville）、让娜·德·纳瓦拉（Jeanne de Navarre）、卢森堡的博恩（Bonne of Luxembourg）和佛兰德斯的约兰德（Yolande of Flanders）。她们赞助制作的手抄本并非所有都是世俗传奇故事（有很多是祈祷书）手抄本，但她们的支持巩固了昂贵的泥金装饰书籍制作的传统，这种传统和对地方语言文学的热爱在约翰二世（John II，1350—1364 年）和查理五世（Charles V，1364—1380 年）统治期间密切结合在一起。

十四世纪中叶，大量长篇幅的巨作被翻译成法语，并制作成泥金装饰的手抄本提供给贵族的图书馆。这些被翻译为法语的重要著作包括波伊提乌（Boethius）、维吉提乌斯（Vegetius）、李维（图 140）、亚里士多德和圣奥古斯丁的作品。彼得·康默斯托所著的《经院哲学史》被翻译为法语，这是个出乎意料的成功。这本十二世纪的大学教科书在初具阅读能力的十四世纪贵族中得到了非凡的复兴，书中包括对《圣经》历史类书卷的摘要，就像特洛伊或亚历山大的传奇一样，包含一些一流的故事。这部改编的《经院哲学史》被命名为《历史圣经》（*Bible Historiale*），由圣皮埃尔·戴尔（St. Pierre d'Aire，在距离加来 Calais 东南部约 30 英里的地方）教堂的咏礼司铎，之后成为主任牧师的盖尔特·德斯·莫林斯（Guyart des Moulins）从 1291 年至 1295 年 2 月翻译成法语。在大约 1312 年之前，他又修订了这部著作。我们已知超过 70 本这部著作的手抄本，其中大部分都装饰奢华（图 139）。最早的一本是收藏于大英图书馆的单卷手抄本（Royal MS. I.A.XX），缮写士罗伯特·德·马基亚（Robert de Marchia）在手抄本末页的标记中记录这本书由他制作于巴黎的监狱中。这不是一本非常漂亮的手抄本（也许他的牢房并不舒服），但书中仍有 48 幅细密画。五年后，另一本手抄本（Bibliothèque de l'Arsenal, Paris, ms. 5059；法国巴黎阿瑟纳尔图书馆）由缮写士让·德·帕普勒（Jean de Papeleu）在巴黎的作家路（rue des Ecrivains）抄写并署名。这不是一本做工粗糙的手抄本，书中有 176 幅精美的细密画，整部作品拥有卓越非凡的品质。另一本有 93 幅细密画的手抄本（图 141）属于法兰西约翰二世国王，它有一段非常戏剧性的书籍收集历史：在手抄本的扉页背面上有一个十五世纪早期的记录，记载着在 1356 年 9 月 19 日的普瓦捷战役中，这本书从约翰国王那里掳获，之后由英格兰军队的指挥官，同时也是索尔兹伯里伯爵（earl of Salisbury）的威廉·德·蒙塔丘特（William de Montacute）以 100 马克（超过 66 镑）的价格购买了此书并作为礼物送给他的妻子伊丽莎白。在伊丽莎白 1415 年去世时，她的遗嘱执行人以 40 镑的价格转售了此书。这本尺寸巨大的书籍（16 ½ 英寸 × 11 ¼ 英寸，419 毫米 × 286 毫米）由 527 张动物皮纸组成，最初可能装订成三卷。有趣的是想象当时法兰西国王在战场上艰难地战斗时，胳膊还夹着这本厚重的书。

141 左图

英国，伦敦，大英图书馆，细节图

London, British Library, Royal MS. 19.D.II, fol. 5v, detail

这本《历史圣经》属于 1350—1364 年在位的法兰西约翰二世国王，在 1356 年的普瓦捷战役中，他被黑太子爱德华（Edward the Black Prince）打败后此书被掳获。索尔兹伯里伯爵威廉·德·蒙塔丘特以 100 马克的价格购买了它。这幅细密画描绘了上帝创造了动物与亚当。

142 对页图

法国，巴黎，法国国家图书馆

Paris, Bibliothèque Nationale, ms. fr. 301, fol. 147r

《恺撒前的古代史》像一部哥特式传奇故事一样记录了古代世界历史。这幅整页细密画中古希腊人的穿着像中世纪骑士一样，他们把木马带到特洛伊城，然后洗劫了这座城市并杀死了特洛伊人。这本巨大的手抄本属于贝里公爵，他于 1402 年 4 月在巴黎购买了此书。

这本失去的《历史圣经》在法兰西宫廷中很快被弥补了。1371年，查理五世得到了另一本现收藏于荷兰海牙的梅尔马诺博物馆的这部作品的杰出手抄本。由让·邦多尔（Jean Bondol）所绘制的整页卷首插图描绘了查理五世坐在扶椅中，仰慕地凝视着由一位跪着的朝臣举起的一本打开的泥金装饰手抄本，便于他阅读法语版《创世纪》的开篇（图121）。这本书结尾有一首长篇幅的法语诗向国王解释，这本手抄本是他的仆人即画中那位举着书的朝臣让·瓦德塔（Jean Vaudetar）献给他的。（诗中写道）他一生中从未见到过一本《历史圣经》像这本手抄本一样被一位艺术家以人物和故事画作加以彩绘装饰，（诗中还说）在这部手抄本完成之前，他（这里可能指瓦德塔）不分昼夜、风雨无阻地多次往返于街道就是为了查看这本书。也许他不必费尽心力去做这一切。皇室家族非常喜爱的《历史圣经》一定是现收藏于巴黎的一本1363年的手抄本（Paris, B.N., ms. fr. 5707；法国国家图书馆），书中第367反页上有着此手抄本所有者的署名，包括查理五世、贝里公爵、亨利三世（Henri III，1574—1589年在位）、路易十三（Louis XIII，1610—1643年在位）和路易十四（Louis XIV，1643—1715年在位）。

《历史圣经》的巨大魅力不仅在于它以《圣经》作为依据，还因为它具有历史性，因此称这部作品为《圣经历史年代记》也许更适合一些。中世纪贵族热爱历史，热爱将历史（像《圣经》故事、圣徒传和东方之旅的故事）与传奇故事结合在一起的书籍，特别是"将拉丁文译成罗曼语"（de latin en romans）的书籍，这个描述来源于皮埃尔·贝苏尔（Pierre Bersuire）在十四世纪五十年代为约翰二世将李维的历史著作翻译为法语时所写的标题。传奇历史故事以几种形式出现，第一种是古代史，在这种形式中，史实与特洛伊城的沦陷和亚历山大大帝的传奇故事相结合。《恺撒前的古代史》（*Histoire Ancienne jusqu' à César*）创作于 1206 年至 1230 年间，是一部描写古代英雄与战争的传奇故事，现幸存近 40 本作品手抄本（图 142），其中三本在被十字军占领的基督教圣地阿卡（Acre）制作（编号分别为：Brussels, Bibliothèque Royale, ms. 10175，比利时布鲁塞尔皇家图书馆；Dijon, Bibliothèque Municipale, ms. 562，法国第戎市立图书馆；B. L., Add. MS. 15268，英国伦敦大英图书馆）。想象十字军在中东阅读这些古老传说时的画面，对我们来讲是一件有趣的事。当他们在地中海东部，目光越过用壁垒驻防的阿卡远望时，即使是特洛伊城也显得不那么遥远。对于中世纪贵族来讲，特洛伊城的历史有着超凡的魅力（对比图 144），奎多·德尔勒·科洛内（Guido delle Colonne）在 1287 年完成的《特洛伊毁灭史》（*Historia Destructionis Troiae*）被改编并翻译成几乎所有的地方语言，包括冰岛语。英格兰人称他们的国家是由特洛伊城沦陷后的逃亡者所建立起来，不列颠（Britain）的名字来源于一位名叫布鲁图斯（Brutus）的特洛伊王子，最著名的以中世纪英语书写的历史书籍——《布鲁特传记》（*Brut Chronicle*）的开篇就讲述了布鲁图斯的故事。第一本印刷的英语书籍是讲述了特洛伊历史的《特洛伊历史故事集》（*The Recuyell of the Histories of Troy*），它可能于 1473—1474 年由威廉·卡克斯顿（William Caxton）在布鲁日（Bruges）出版，由勃艮第公爵夫人玛格丽特（Margaret, duchess of Burgundy）赞助。勃艮第公爵家族对特洛伊历史非常热爱，菲利普三世（又名"好人菲利普"，Philip the Good）至少拥有 17 本关于特洛伊历史的手抄本，他从特洛伊人那里追溯自己的血统。

法兰西宫廷最伟大的具有爱国精神的编年史是《法兰西大编年史》（*Grandes Chroniques de France*），这部作品也以特洛伊战争作为开头，但书中内容很快就开始讲述法兰克人的历史和法兰西国王的骑士血统（图 143）。这部作品在十三世纪中期的皇家圣丹尼隐修院内进行编制，并在 1274 年被译成法语。这本极具偏袒性的书籍很明显地激发了法兰西国王的想象力，国王们确保这部作品经常更新，以便将自己的事迹也载入史册。这部著作的豪华手抄本作品被呈现给了来访的国王和达官贵人，它也是查理五世最喜欢的读物。贝里公爵也拥有几本这部作品的手抄本，其中一本最初是他从圣丹尼隐修院借来为了展示给西吉斯蒙德皇帝（Emperor Sigismund）阅览的。这部作品的手抄本有超过一百本得以幸存下来，它也是第一本注明日期的法语印刷版书籍（法国巴黎，1476 年）。

稍微更严肃一些的历史记录在博韦的文森（Vincent of Beauvais，约 1190—约 1264 年）所著的作品《历史之镜》（*Speculum Historiale*）中被呈现出来。文森是一位极为勤勉的多明我会的百科全书编纂者，是路易九世国王（Louis IX）的宠人。他对世界历史的庞大汇编作品以 31 卷书、3793 个章节所组成，以世界的创造为开端，以 1250 年的路易九世十字军东征为结尾。这部作品早期的手抄本用拉丁文书写，没有插图。令人惊讶的是，此书的第一本译文作品并非法语版（法语是学术作品内容被改编为传奇故事时通常使用的语言），而是中世纪荷兰语。在十三世纪八十年代，雅各布·范·麦尔兰特（Jacob van Maerlant）在荷兰伯爵弗洛伦特（Florent, count of Holland）的要求下以韵文形式改编了此著作，其荷兰语名称为 *Spieghel Historiael*。现存唯一的中世纪荷兰语版手抄本制

143 对页图

英国，伦敦，大英图书馆，细节图
London, British Library, Cotton MS. Nero E.II, vol. I, fol. 131v, detail

法兰西皇室为了自己的乐趣委托制作了一些《法兰西大编年史》手抄本，也把它们作为外交礼物。图中这本由布西科画师在 1415 年左右绘制的手抄本中有法兰西皇室的盾徽，但在国王的物品目录中却无法辨认出这本手抄本，所以它可能是一份外交礼物。此细密画描绘了查理曼大帝在罗兰死后回到了法国。

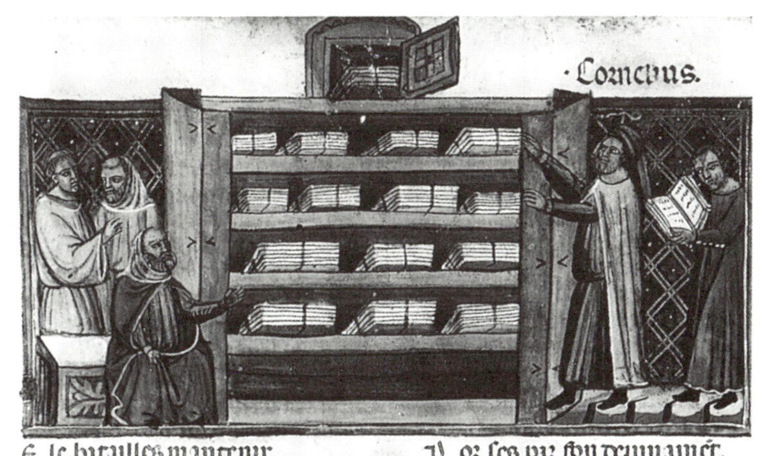

144 右图

法国，巴黎，法国国家图书馆，细节图
Paris, Bibliothèque Nationale, ms. fr. 782, fol. 2v, detail

在伯诺瓦·德·圣莫尔（Benoît de Sainte-Maure）所著的《特洛伊传奇》（*Roman de Troie*）序言中，作者写道，萨卢斯特的侄子科尔奈利乌斯（Cornelius）在寻找一本语法书籍时发现了装满一整个柜子的古代特洛伊传奇故事书籍。这本《特洛伊传奇》手抄本书写于十四世纪初的意大利，图中描绘了这个非常吸引人的装满书的柜子。

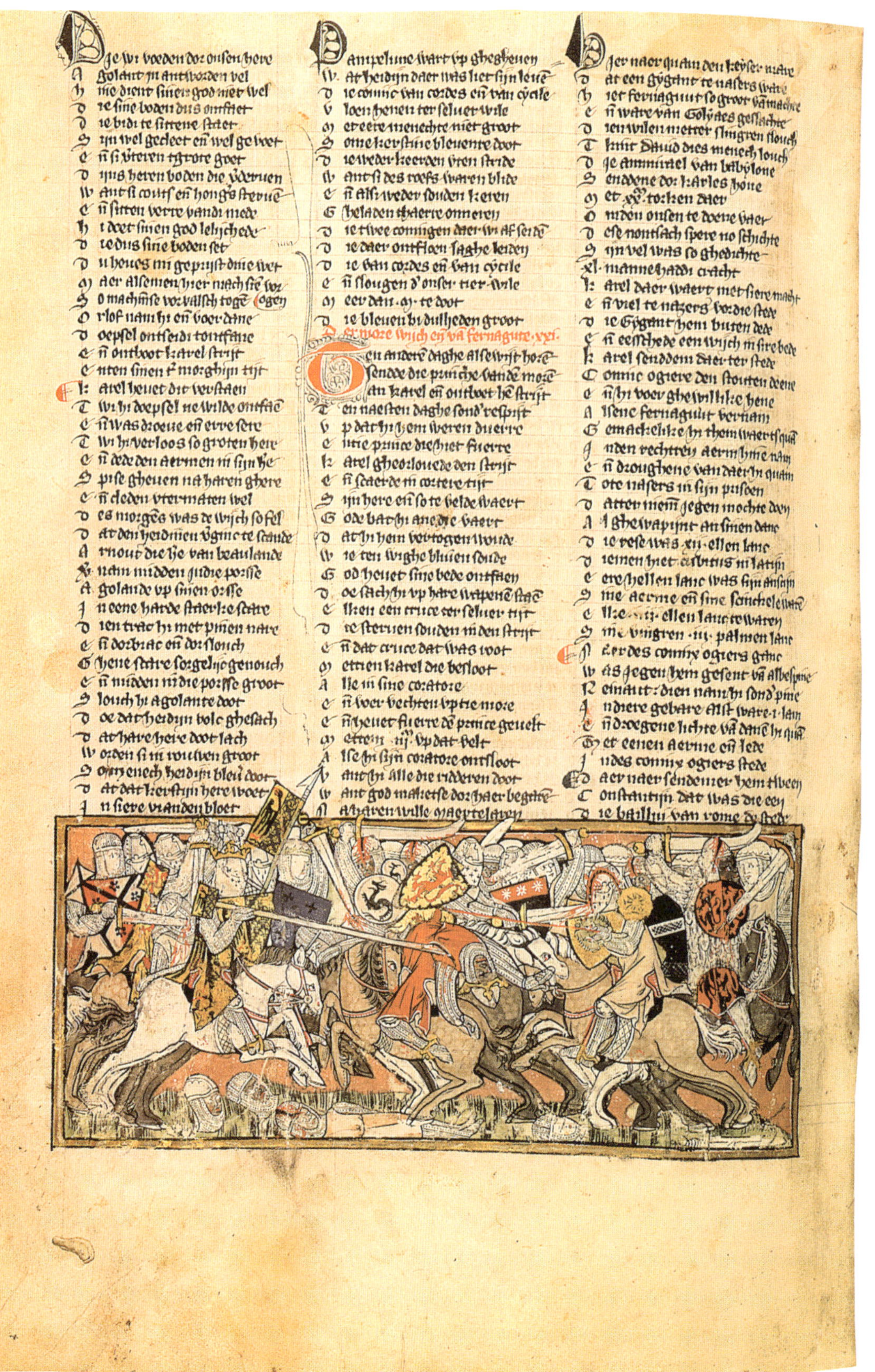

145 左图

荷兰，海牙，荷兰皇家图书馆

The Hague, Koninklijke Bibliotheek, MS. KA.XX, fol. 213v

博韦的文森的著作《历史之镜》最先被翻译为中世纪荷兰语，是雅各布·范·麦尔兰特在荷兰伯爵的要求下翻译了此著作。这本唯一幸存的荷兰语作品手抄本（*Spieghel Historiael*）在1330年左右制作，这里的细密画描绘了并肩作战的查理曼大帝与罗兰。

146 对页图

法国，巴黎，阿瑟纳尔图书馆，细节图

Paris Bibliothèque de l'Arsenal, ms. 5080, fol. 341v, detail

《历史之镜》在法兰西王后勃艮第的让娜的要求下在1332年由让·德·维奈翻译为法语。这本*Miroir Historial*（《历史之镜》的法语版书名）手抄本是在翻译完成不久后的1335年左右，为她当时16岁左右的儿子约翰二世（之后的法兰西国王，也被称为"好人约翰""John the Good"）制作的。后来这本手抄本传到了查理五世和查理六世的图书馆。

作于1330年左右，内含43幅细密画（图145）。法语版在法兰西王后勃艮第的让娜（Jeanne de Bourgogne）的要求下，由让·德·维奈（Jean de Vignay）在1332年11月完成翻译。它几乎立即成为最杰出的插图装饰书籍之一。有一套由四卷组成的手抄本在1335年左右为约翰王子（之后1350—1364年间在位的法兰西国王约翰二世）制作，他那时才16岁左右。这套手抄本只有现收藏于法国巴黎阿瑟纳尔图书馆（图146）的一卷得以幸存，而这卷就有超过450幅细密画。那时这套作品还被保留在法国皇家图书馆中，是查理五世图书馆目录中五套*Miroir Historial*（《历史之镜》的法语版书名）的其中之一，它们大都被描述为“好看的历史故事”（très bien hystoriez）。威廉·卡克斯顿的版本名为《世界镜鉴》（*The Mirror of the World*），这是第一本带插图的英语印刷版书籍（1481年出版于英国威斯敏斯特Westminster）。

我们很难确切地解释为什么地方语言作品手抄本会被如此华丽地绘图装饰，这与十二世纪游唱诗人的小型、朴素作品形成鲜明的对比。贵族手抄本所有者热爱哥特式细密画，在一本为法兰西国王约翰二世在十四世纪中期制作的法语《道德化圣经》（*Bible Moralisée*）中，有着令人难以置信的5122幅细密画，画面上如同哥特式雕刻艺术一样扭动身躯的精致小型人物以及抽象的格子图案背景，无疑都深具魅力。法国世俗文学作品手抄本中的文字常以两栏形式排版，这些接近正方形的细密画便居其中一列。这些细密画外框有时被描绘成用法兰西皇家色彩——红色、白色和蓝色所组成的尖形屋顶建筑框架。通常，常春藤枝叶被作为细密画边框装饰，飘动在页面的边缘，有时这些藤枝的末端也会变成微小的蝴蝶或幻想中的小动物。法国传奇故事手抄本的第一页通常会有一幅半页的、由四幅小型细密画在一起组成的绘画作品，闪闪发亮的常春藤枝叶边框绘画包围着整个页面。德国、意大利和英格兰的手抄本也有许多细密画，但它们往往会更随意地分布在页面上，并且通常没有边框，它们会横向跨越不同的书栏或甚至延伸到页面底部的边缘。

这些就是供贵族使用的书籍。其最初的用法可能是当这些用漂亮颜色的丝绸装订的书籍被图书馆馆员取来后，它们被放在讲台上以便读者可以听到最喜欢的作家的作品被朗读。在阅读的过程中，书中的细密画可能也只是可供欣赏的装饰。1356年，锡耶纳画家行会规章描述了图画的意义在于为了“那些不知道如何阅读的人”。虽然贵族手抄本所有者的读写能力参差不齐，但如果说他们完全不识字那便太苛责了。对于没有经验的读者来说，插图所传达的故事场景与氛围是一位可以快速流畅阅读的人同样可以从文中感受到的。战争、船只、情人与国王的图画可以给观者带来乐趣，也许传奇故事的主要用途终究还是为了消遣和娱乐。

第六章

平民与手抄本

没有人计算过现存的时祷书的数量，虽然这是个有价值和有可能完成的任务，但完成它确实需要极大的耐心，因为现存的时祷书比中世纪时期遗存的任何物品都要更广泛地分散在世界各地。虽然许多时祷书已经被重要的国家图书馆收藏，比如英国的大英图书馆、美国的巴尔的摩的沃尔特斯艺术馆（Walters Art Gallery）和巴黎的法国国家图书馆各自都拥有超过 300 本的时祷书，但这种类型的手抄本一直被一本正经的图书馆馆员轻视，而私人收藏家则表示出极度的赞赏。这就是时祷书被制作的原因，它们的受众不是修道士或大学的图书馆，而是普通人。

时祷书很小，但书中的页面装饰优美，这样可以把它们捧在手中，欣赏书中精致的泥金装饰，而非放在图书馆架上或用来参考引用书中的内容。现今，这类手抄本对藏书家来讲仍有巨大的吸引力。时祷书几乎是唯一一种中等富裕的藏家仍有希望收藏的中世纪艺术品。至少就目前而言，时祷书中的一页纸或许不会比餐厅中一顿华丽的晚餐贵。每位时祷书制作者其勤勉的精神都应得到我们崇高的敬意，因为即使到现在，五六百年后，他们所制作的手抄本也没有完全从书籍交易中消失。时祷书中迷人的细密画现在被用在圣诞贺卡和明信片的设计中：牧人在喜气欢乐的天空下唱歌（图 150）；在逃往埃及（指《马太福音》第二章第 13 节中上帝吩咐约瑟带上玛利亚和圣婴耶稣逃往埃及）的路途中，在星空下穿过童话般的城堡与迷人的风光；由金色与五彩缤纷的花卉动物图案所组成的细密画边框设计。我们看到这些绘画场景时，也会不由自主地感到喜悦，因为它们有非常直接的感染力与亲切感。诗人欧斯他希·戴湘（Eustache Deschamps，1346—1406 年）曾这样描述一位中产者的妻子：她觉得如果她没有一本制作精美、（诗中说）用金色与蓝色装饰、页面排版整齐、运用精湛的绘画技巧制作、精致地装订在一起并用金扣钩把整本合在一起的时祷书的话，其周身之长物就并非完整。这是有史以来第一次一种类型的书籍可以变得如此流行，甚至在那些之前从未拥有过书籍的人群中也是如此。中世纪书商非常了解时祷书的非凡吸引力，他们大量地制作并销售这一类型书籍。

现存的时祷书声名远扬也许是因为它们与著名的中世纪贵族有关，如贝里公爵和勃艮第的玛丽（Mary of Burgundy，1457—1482 年，图 170）。而且，资藉豪富的贵族对手抄本的赞助绝对促进了拥有泥金装饰手抄本的潮流，这一定也使一些艺术家变得非常富有。但例如贝里公爵，他绝不会把自己看作主要收藏时祷书的收藏家：他拥有大约 300 本手抄本，其中只有 15 本时祷书、16 本诗篇集和 18 本日课经。他还至少拥有十座城堡、50 只天鹅、1500 只狗、一只猴子、一只鸵鸟和一峰骆驼。平心而论，这并不是一个典型的家庭。像购买其他艺术品一样，他也许通过像雅克·拉庞迪（Jacques Rapondi）这样的代理人来定制书籍。雅克·拉庞迪来自一个由国际经纪人和商人组成的庞大家族，这个家族最初来自托斯卡纳（Tuscany）的卢卡（Lucca）。贝里公爵可能从来没有踏入一间书店，出于许多原因，为他制作的手抄本都是与众不同的。他拥有的最伟大的杰作《豪华时祷书》（*Très Riches Heures*，现收藏于法国尚蒂伊孔代博物馆，图 151）之所以出名，正是因为它是如此的异乎寻常，它比任何一本普通的时祷书都要庞大、奢华得多。但在贝里公爵去世时，这本书并没有完成。

在这一章中，我们暂且先不深入讨论那些非常华丽的皇家时祷书，而是着重了解一下中世纪富裕的家庭会购买的比较典型的时祷书。时祷书是一本由不同祈祷文组成的文集，供私人阅读使用。我们可以学着分辨时祷书中每一个不同的部分，这是很容易做到的。这种手抄本的核心（通常在整卷书的三分之一处）是圣母日课（Hours of the Virgin）：这是一套标准的祈祷词和诗篇选集，在八个礼仪时辰被用于向圣母玛利亚致敬。这八个礼仪时辰为夜祷、晨曦祷、第一时辰、第三时辰、第六时辰、第九时

147 前页图

美国，巴尔的摩，沃尔特斯艺术馆

Baltimore, Walters Art Gallery, MS. W. 294, fols. 67v–68r

时祷书是平信徒的祈祷书，可以在家中阅读，也可以在特殊场合随身携带。这本1500年左右在法国北部制作的时祷书与像“衬衫”一样包着它的红色丝绒书皮得以幸存。丝绒的边缘被银线缝合，当手抄本合上的时候，丝绒书套就可以把书包起来。

148 上图

奥地利，维也纳，奥地利国家图书馆

Vienna, Österreichische Nationalbibliothek, Cod. 1897, fol. 243v

在这本为亨利七世的女儿玛格丽特·都铎（Margaret Tudor，1489—1541年）和她的丈夫苏格兰国王詹姆斯四世（James IV，1488—1513年在位）所制作的时祷书中，细密画描绘了玛格丽特跪着进行祷告的场景。手抄本可能在1503年他们结婚后不久在根特或布鲁日制作完成。这位艺术家由于这本手抄本而被命名为“詹姆斯四世画师”（Master of James IV），他极可能是之后去了英格兰为亨利八世工作的杰勒德·霍伦布特（Gerard Horenbout）。

149 对页图

美国，纽约，皮尔庞特·摩根图书馆

New York, Pierpont Morgan Library, M. 945, fol. 107r

这本来自盖尔德斯公爵夫人（Duchess of Guelders）克里维斯的凯瑟琳（Catherine of Cleves，1417—1476年）的时祷书（*Hours of Catherine of Cleves*）可能在1440年左右的乌特勒支进行泥金装饰，此图是每周一阅读的睡前祷日课的开始页，细密画描绘了一位天使正在带领赤裸的灵魂走出地狱之口。页面下方描绘了一个人正在试图用两只笼中鸟作为诱饵，以套索进行捕鸟。

辰、晚祷和睡前祷（Matins, Lauds, Prime, Terce, Sext, None, Vespers and Compline），因此，这类书籍才被命名为“时祷书”。每本时祷书的开头都至少有一个大型泥金装饰的首字母，通常还会有一幅彩绘的插图，书中的内容几乎都用拉丁文书写。夜祷以“主，求你开启我的唇”［Domine labia mea aperies（Lord, open thou my lips）］作为开头，之后为“我要亲口宣扬你的光荣”［Et os meum annunciabit laudem tuam（And my mouth shall show forth thy praise），图152、图162、图163］。这里所用的英文祈祷词仍是现代英文祈祷书中夜祷时会使用的。除了夜祷与睡前祷，所有其他的礼仪时辰都以“天主，求你快来拯救我”［Deus in adiutorium meum intende（God make speed to save me）］作为开始（图150、图156、图160）。有时，某些词以缩写形式出现，但它们应该都可以识别。在用手抄本细密画设计的圣诞贺卡上，这些祈祷词也出现在细密画下面。睡前祷是一天中的最后一个礼仪时辰，以“带领我们，拯救我们的主”［Converte nos deus salutaris noster（Direct us, God of our salvation）］作为开头（图149、图161、图181、图182）。每一个礼仪时辰都有一首简短的圣歌、诗篇选集（通常有三篇——像在第三时辰时读诗篇第119篇至121篇或在第六时辰时读第122篇至124篇）、一篇简短的《圣经》选读（拉丁文为capitulum，章节的意思）和一个祈祷词。这些之中穿插着以“Ant.”“V.”与“R.”开头的句子，“Ant.”是日课交替合唱诗（antiphons），“V.”代表牧师在礼拜中所说或唱的短句（versicles），“R.”代表信徒或唱诗班对牧师的短句的说或唱的回答（responses），它们在不同的手抄本中存在着很大的差异。

时祷书的拥有者很可能每天在这八个礼仪时辰以一种轻柔的语气低声阅读相应的内容，也确实有当时的记录表明读者使用这种方式咏诵此书，还有一些时祷书中有细密画描绘书籍所有者正在使用此书的情景（图148）。当然，修道士和修女们每天都要在八个礼仪时辰时诵读日课经（Breviary）。一本时祷书的核心内容其实就是修道士一天所读的祈祷词的简短平信徒版本。有人不禁会问，时祷书是否真的被频繁使用，我们也不知道答案。十五世纪的神学家让·昆汀（Jean Quentin）建议平信徒在醒来后至少咏诵夜祷和第一时辰的祈祷词，之后再离开卧室。有些现存的手抄本仍是崭新的，以至于很难想象它们曾经被频繁阅读，但也许这些幸存下来的手抄本只是例外，也许有些普通的时祷书已经被读者翻得破烂了。在每天特定的时间读完相应的内容，这种频繁的次数听起来让人觉得很麻烦，但其实如果你尝试朗读一本时祷书，读完一个较短的日课内容，也就只用大约三分半钟。

时祷书中的其他基本内容如下：所有手抄本几乎都以教会的年历作为开始，年历列出了每月的圣徒纪念日，每页日历的页面顶部都有泥金装饰的“KL”字母作为标记（图159）。普通的圣徒纪念日通常用黑色墨水写，而特殊的教会节日会用红色墨水写（这就是英语中“red-letter day”的起源，中文意思为“大喜之

107
Converte nos deus sa
lutaris noster. Et au
te iram tuā a nobis.
Deus in adiutorium meum
intende. Domine ad adiuuan
dum me festina. Gloria
patri et filio: et spiritui sancto.
Sicut erat in princ. ymn.

150 右图

私人收藏

Private collection, s.n., fol. 71r

在这本1410年左右在巴黎进行泥金装饰的时祷书中，这幅向牧羊人报喜的细密画标志着第三时辰的开始，牧羊人抬头凝视着一位手持卷轴、从深红色天空探出上身的天使。

151 对页图

法国，尚蒂伊，孔代博物馆

Chantilly, Musée Condé, ms. 65, fol. 195r

贝里公爵的《豪华时祷书》是世界上最著名的手抄本之一，但在十九世纪中期之前，它完全不被人所知晓。它的装饰设计比其他已知的时祷书都要豪华得多。它由林堡兄弟在1411年左右至1416年间为贝里公爵采用泥金工艺装饰制作，但并没有完成。图中的细密画是为圣米迦勒（St. Michael）纪念日的弥撒而作，描绘了这位天使长与魔鬼在仍能清晰可辨的诺曼底的美丽的圣米歇尔山（Mont-Saint-Michel）上空搏斗的景象。

Benedicite do
minum ōs
angeli eius
potentes uirtute qui facitis
uerbum eius ad audiendi
uocem sermonum eius ps.
Benedic anima mea do
mino et omnia que intra

日或值得庆祝的日子”）。巴黎的手抄本有着优美的颜色变化，其特点是用红色与蓝色墨水交替书写圣徒名字，而重要的节日则使用非常有光泽的金色书写，这也是之后鲁昂手抄本的特点。有时，在日历的结尾和圣母日课之间也会有一些简短的文字，通常这些文字包括四篇简短的福音书选读及两篇以“Obsecro te”（我向你祈求）和“O intemerata”（无玷的圣母）为开头的向圣母祷告的祈祷词。圣母日课之后，我们会看到更多的文字内容，当然，这些文字内容在不同的时祷书中也会有差异，这些差异不但取决于手抄本的制作时间和区域，（很可能）也与客户准备支付的费用相关。圣母日课之后最容易识别的部分是带有连祷文（Litany）的悔罪诗篇（Penitential Psalms）和亡者日课（Office of the Dead）。悔罪诗篇共有七篇（诗篇第 6、31、37、50、101、129 和 142 篇，图 175、图 176），都以罪人寻求赦免作为主题。连祷文是非常古老的祈祷文，它列出了一系列圣徒的名字，名字后跟着“OR”，这个缩写代表“ora pro nobis”，意思是“为我们祈求”：

神圣的上帝之母——为我们祈求，
童贞圣母——为我们祈求，
圣米迦勒——为我们祈求，
圣加百列——为我们祈求，
……

这也包括天使和天使长、使徒和传福音者、殉道者、告解神父和贞女。之后是一系列的请愿：

152 右图

日本，私人收藏

Japan, private collection, s.n., fol. 27r

时祷书中的夜祷几乎总是以圣母领报的细密画作为开篇，通常描绘圣母玛利亚正在阅读她自己的祈祷书，抬头看到天使长加百列向其致意并传达她将要成为救世主母亲的消息。这本时祷书在 1412 年左右的巴黎由布西科画师的工作坊完成彩绘装饰制作。

从倔强的内心——至善的上帝请拯救我们，
在闪电和暴风雨中——至善的上帝请拯救我们，
在突然和意外的死亡中——至善的上帝请拯救我们。

这是一篇情感丰富的祈祷词，可以追溯到最早的基督教礼拜仪式，并且至少在十世纪时，它就与悔罪诗篇有关联了。中世纪时期，由于挥之不去的瘟疫和战争，人们对死亡的恐惧是真实存在的。十五世纪，我们可以看到人们对探索死亡的奥秘已经发展到了痴迷的程度，（手抄本细密画中）骷髅幽灵肆意地进行攻击（图 153），这些死亡的象征让我们意识到我们最终的命运。这把我们带到了时祷书中的亡者日课，这个部分很长，通常在书的末尾。相比来讲，这个元素在中世纪虔诚行为（medieval piety）中算是比较晚出现的，虽然它的起源可以追溯到九世纪，但直到十三世纪它才开始被普遍使用。亡者日课包含了更多的诗篇和《圣经》选读，主要用于围在死者的棺材旁咏诵（图 155），但也作为每日诵读使用以提醒读者最终的死亡命运，（一些人认为）它也可以防止（自己或家人）遭受突然和意外死亡。

时祷书中有一些必要的组成部分，但是这些部分的内容却千差万别。有些手抄本是庞大的祈祷文集，这种书几乎永远都会放在讲台上，但其他手抄本则非常小并且具有可携带性，一定可以随身携带。许多手抄本的内容包括短套的十字架日课（Hours of the Cross）和圣灵日课（Hours of the Holy Ghost，图 154），通常手抄本的最后还包含一些对圣徒的祈祷词，这些祈祷词被称为

153 右图

私人收藏

Private collection, s.n., fol. 72r

三名活人和三名死人（Three Living and the Three Dead）的传说讲述了有一天三个年轻人出游骑马，突然间有三个骷髅出现在他们面前，年轻人问道：“你们是谁？”骷髅回答道：“我们是死去的你们。”这个故事的细密画是图中这本时祷书亡者日课的开篇图。这本手抄本在 1490 年左右制作于法国东部。

圣徒转祷词（Memorials 或 Suffrages of the Saints）。另外，手抄本中也可能包括两个法语祷告词：“圣母的十五大喜悦”（*Quinze Joyes*，图 173）和“七个诉求”（*Sept Requêtes*）。也有可能看到一些异乎寻常的内容，例如圣伯尔纳（St. Bernard）的诗句，有时在这些文字之前会提供解释这些内容来源的一篇逸事：（书中的红色解释文字 rubrics 告诉我们）一天，魔鬼向圣伯尔纳显现，吹嘘说他知道诗篇中有非常灵验的七节特别的经文，任何每天朗诵这些诗句的人都不会在罪恶中死去。圣伯尔纳喊道：“它们是哪些句子？立即告诉我！”魔鬼说：“我不告诉你，你不应知道这些。”然后圣伯尔纳回答说，那他每天都必须把整本诗篇读一遍，这样就可以把这七节神奇的诗句都包括在内。魔鬼害怕这种极度的虔诚行为会给圣伯尔纳带来太多益处，很快就把这些经文告诉了他。

因为时祷书不是一本正式的教会礼拜仪式用书，而是一本由世俗书商所制作的、供平信徒在家使用的文集，所以，不同手抄本之间的差异（及书中的错误）比比皆是。时祷书的制作者按照客户的要求而非教堂的权威增添书中的内容。这些增加在时祷书核心内容之后的异乎寻常的祈祷词对于现代的社会历史学家来讲可能非常有趣。分娩时祈求圣玛格丽特（St. Margaret）的保佑、牙疼时祈求圣阿波罗尼亚（St. Apollonia）的保佑（热爱历史的牙医可以做个有趣的调查，研究欧洲哪些地区这种祈祷词出现最多次），以及使用一些易信的祈祷词和简短的祷告词就能奢侈地得到数千年的大赦，这些观念有助于了解十五世纪的平信徒虔诚行为。事实上时祷书特别受欢迎，即使从未拥有过任何手抄本的家庭都会选择购买一本。就像维多利亚时代的家庭《圣经》一样，手抄本里有时写满了手抄本主人家庭成员的生日、忌日和受洗命名仪式的日子。我们可以通过印刷版的时祷书来评估这类书籍的巨大市场需求。印刷术被发明之后，在 1485 年至 1530 年间，至少有 760 本不同的印刷版时祷书被出版。当我们知道现存时祷书的手抄本版比印刷版还要多时，我们意识到当年这类书籍的手绘版数量定是远远多于印刷版的。时祷书是中世纪家庭的基本读物，书中的一些内容在当时（今日几乎已被忘记）一定被半个欧洲的人们铭记于心，孩子们就是从时祷书中学习阅读。巴伐利亚的伊莎贝尔（Isabelle of Bavaria）在 1398 年为她的女儿让娜（Jeanne）定制了一本时祷书，之后在 1403 年为她的小女儿米歇尔（Michelle）定制了《A、b、c、d 字母表与诗篇》（*A, b, c, d, des Psaumes*），两个女儿定制书籍时，都是六七岁左右。英文词语“primer”（这个词也是时祷书的另一个英文名称），指阅读的第一本初级读物，据说来源于第一时辰的日课（图 156）。对于绝大多数中世纪欧洲人来讲，他们所知道的第一本书，通常也是唯一一本书，一定就是时祷书。

因此，有时令人惊讶的是，时祷书的文字内容仍然没有权威评述版可供研究中世纪时期的学生来使用。它的文化影响力（如果用这个词来形容一本泥金装饰的祈祷书不为过的话）比许多被

154 上图

私人收藏

Private collection, s.n. fols. 45v–46r

这本袖珍的时祷书在此图中以实际大小显示，竖边的长度只有 37 毫米。它制作于十六世纪早期的法国，可能是在图尔。图中显示的这两页是圣灵日课的开篇，其微小的细密画描绘了圣灵降临的景象。

155 对页图

荷兰，私人收藏

The Netherlands, private collection, s.n., fol. 142r

这本被翻译成荷兰语的时祷书是 1465 年左右在乌特勒支进行泥金装饰。细密画是亡者日课的开篇，描绘了在葬礼弥撒中，神父诵读手抄本并向棺材洒圣水的情景，图中前景身穿黑色连帽衣服的人并非修道士，而是专业的哭丧者。

Hier beghint die uigelie te
mettentijt. ad matutinas.

hebben om bevanghen die such
tinge des dodes. Die drounghe
seer der hellen hebben mi ombe
oemt venite. vanghen
laet ons seer veruroechte

现代的编者一遍又一遍校订过的杰出文学作品还要更加广泛与深刻，它传播到了没有读写能力的人们中间。任何能编辑校订出十六世纪至今第一本正式印刷版的时祷书文字内容的人都将赢得所有手抄本历史学家的感激，然而，现存手抄本的庞大数量和它们之间不计其数的细微差别使这项任务变得极其复杂。

然而，这些书中不同的差异应该使历史学家感到欣喜，它们不但可以帮助我们确定时祷书的制作地点，有时也可以帮助我们确定其制作时间。时祷书对于十五世纪的艺术学术研究有特别的价值。一幅板面绘画、一个陶罐或一件家具在欧洲几乎任何地方都可以被制造出来，但有时一本时祷书却能被识别出使用地点甚至确切到具体的城镇。首先要查看的是圣母日课的“地方习惯礼仪用法”（Use），这种检验对于在法国制作的手抄本来讲是非常有价值的。我们之前提到，在圣母日课中，诗篇和《圣经》的选读内容中穿插着日课交替合唱诗、短句和回答，这些内容通常根据当地教区的地方习惯礼仪用法来决定，不同地区的内容往往差别很大并且造成差异的原因难以理解。一些非常小的城镇，如泰鲁阿讷（Thérouanne）、贝叶（Bayeux）和勒芒（Le Mans）都遵循各自的地方习惯礼仪用法。其他地方也有更普遍的地方习惯礼仪用法，例如乌特勒支习惯礼仪用法（Utrecht，通常在荷兰使用）、塞勒姆（Sarum）或索尔兹伯里习惯礼仪用法（在英格兰和欧洲大陆为英格兰客户制作的手抄本中使用）及普遍使用的罗马习惯礼仪用法。罗马习惯礼仪用法出现在所有意大利的时祷书中，也出现在大多数佛兰德斯时祷书中（这点尤其令人困惑），并在十五世纪末期越来越频繁地出现在法国的手抄本中。无论如何，研究时祷书的学生其首要任务就是确定书中的地方习惯礼仪用法。

最简单的方法是在圣母日课中寻找第一时辰与第九时辰的日课内容。如果手抄本中有细密画，这两个时辰的细密画主题应为耶稣圣诞和圣母献耶稣于圣殿。然后在这两个时辰日课各自的结尾处，可以找到以“c”或“cap”作为标记的一篇有几行文字的简短《圣经》选读（*capitulum*）。在这篇选读之前，也许是一首用更小的字体所写的以“a”或“ant”作为标记的日课交替合唱诗，把第一时辰与第九时辰的日课交替合唱诗和《圣经》选读都记录下来（图 157、图 158）。在几个不同的地方习惯礼仪用法中，这

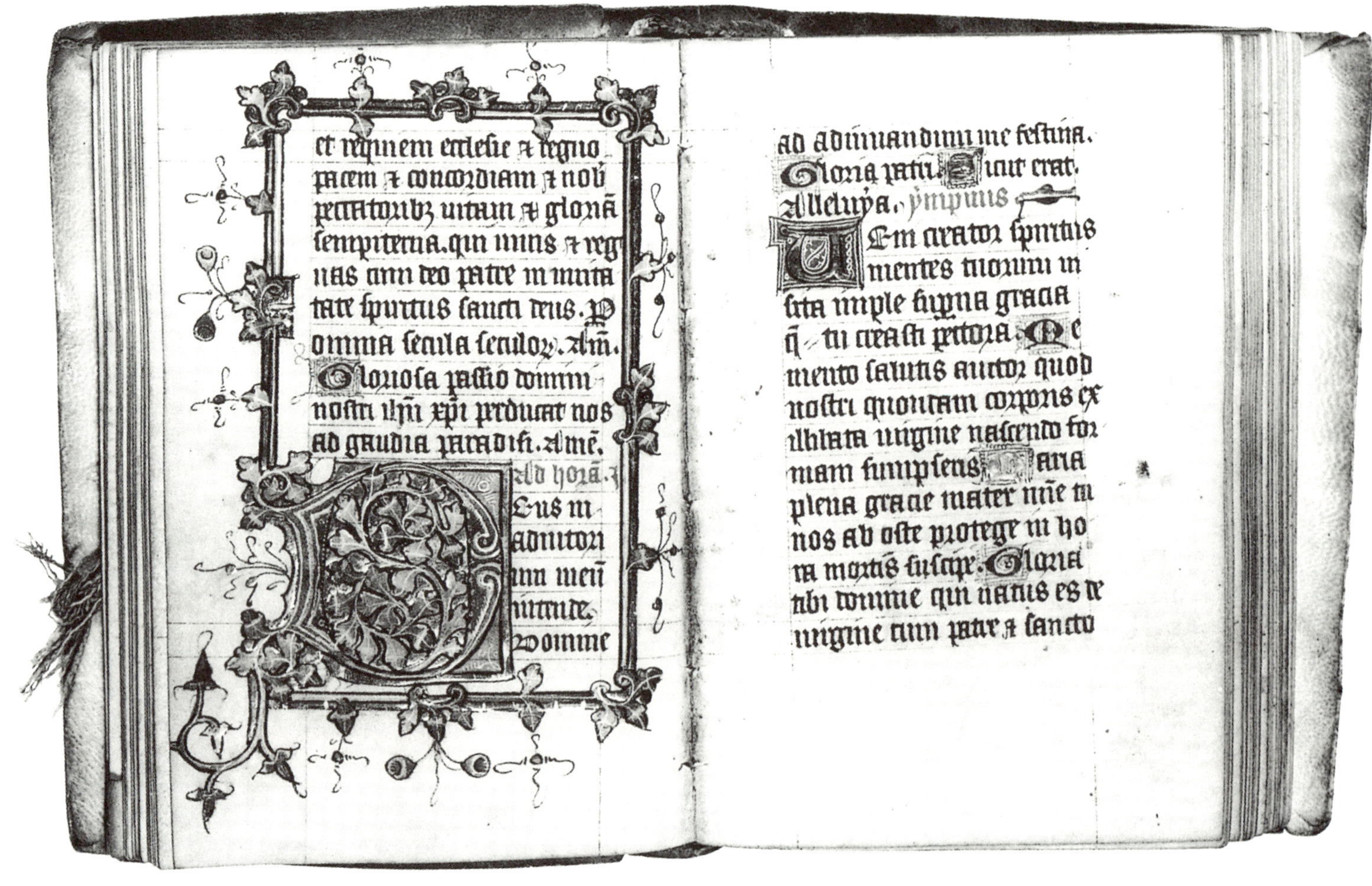

156 对页图

英国，英格兰，私人收藏

England, private collection, s.n., fols. 30v–31r

英格兰时祷书通常被称为“Primer”（指阅读的第一本初级读物），这个词来源于第一时辰的日课。这本小型时祷书可能制作于1400年左右的伦敦，图中打开的页面是第一时辰日课的开篇。

157 右上图

英国，伦敦，大英图书馆

London, British Library, Add. MS. 35216, fols. 62v–63r

有时可以通过书中内容的差异来确定时祷书手抄本的制作地点。图中，第九时辰日课的结尾处，大约在左边页面中间的部分，写着轮唱赞美诗 *Sicut lilium*（“像百合一样”），然后是《圣经》选读，由 *Per te dei*（“通过你的上帝”）开始，这些都是巴黎习惯礼仪用法的特点，因此可以肯定这本手抄本制作于1475年左右的巴黎。

158 右下图

英国，英格兰，私人收藏

England, private collection, s.n., fols. 107v–108r

这幅图显示了时祷书中第九时辰日课结尾处与图157大致相同部分的内容，而且两本手抄本制作的时间也大约相同。但这本书中的轮唱赞美诗开头为 *Fons ortorum*（“园中的泉源”），《圣经》选读的开头为 *Et radicavi*（“我已扎根”），这些都是贝桑松习惯礼仪用法的特点。这本手抄本无疑是在法国东部的贝桑松制作完成。

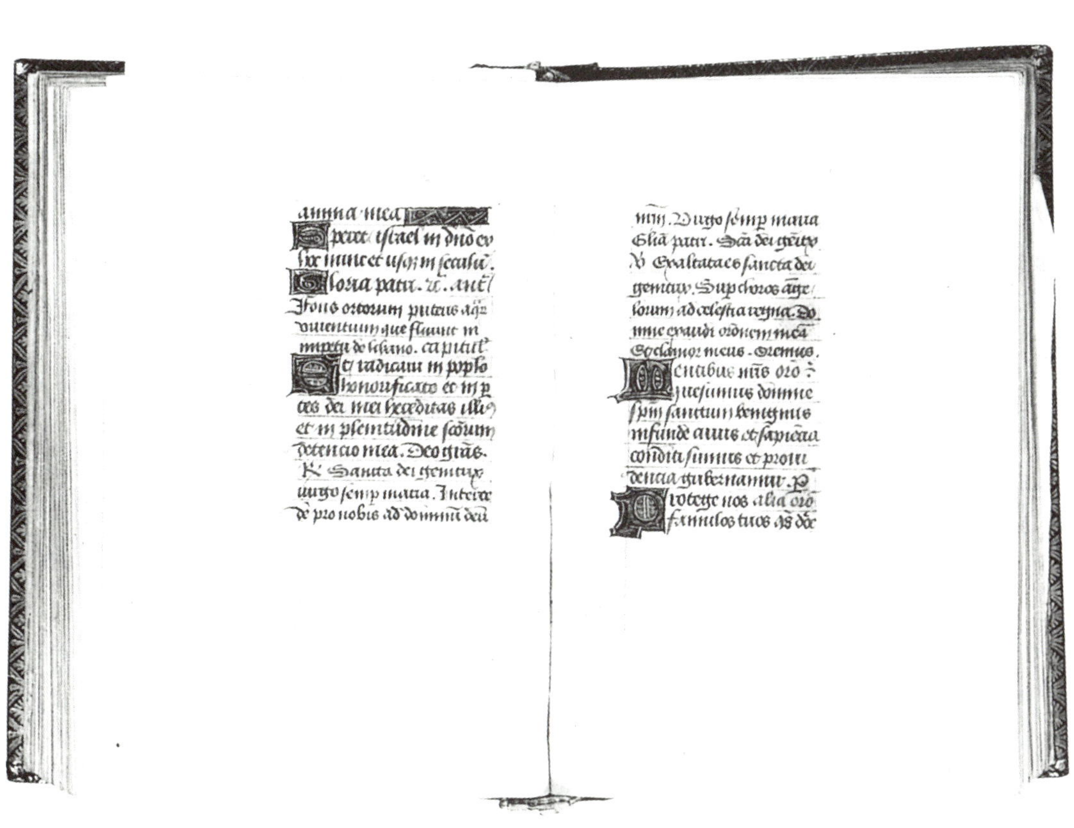

两点最常见的变化都被记录在表格中。

但一定要相当谨慎，因为有些手抄本具有迷惑性，是以上辨别方法的例外：有一本使用贝桑松（Besançon）习惯礼仪用法的手抄本（B. L., Add. MS. 35218；英国伦敦大英图书馆）却是在西班牙的巴塞罗那被署名并注明日期；还有另一本手抄本（Paris, B. N., ms. lat. 1425；法国国家图书馆）使用利摩日（Limoges）习惯礼仪用法，但缮写士明确宣称他是 1449 年在巴黎制作了此书。有时，缮写士在抄写样本时，一定没有特别注意到这些日课交替合唱诗之间的差异。我们也可以想象，例如一位来自贝桑松的商人来到巴黎的一个书店定做了一本时祷书，并带回家乡。在鲁昂的工作坊明显可以提供康坦斯（Coutances）、利雪（Lisieux）、埃夫勒（Evreux）、鲁昂和诺曼底其他地区的习惯礼仪用法的手抄本。佛

第一时辰		第九时辰		
日课交替合唱诗	《圣经》选读	日课交替合唱诗	《圣经》选读	习惯礼仪用法
Assumpta est···	Quae est···	Pulchra es···	In plateis···	罗马
Benedicta tu···	Felix namque···	Sicut lilium···	Per te dei···	巴黎
Maria virgo···	Per te dei···	Pulchra es···	Et radicavi···	鲁昂
O admirabile···	In omnibus···	Germinavit···	Et radicavi···	塞勒姆
Ecce tu pulchra···	Ego quasi···	Fons hortorum···	Et radicavi···	贝桑松
O admirabile···	Virgo verbo···	Ecce Maria···	Et radicavi···	普瓦捷
Doe du ontsprekeliken···	Van aen beghin···	Siet Maria···	Ic bin verhoget···	乌特勒支

159 左图

私人收藏

Private collection, s.n., fols. 5v–6r

时祷书开头的日历列出了每日需要崇敬的圣徒名字。图中显示了一本时祷书的日历，它是 1530 年左右在今日被称为比利时的地方制作。日历显示了十月和十一月，插图描绘了当月适宜的农业活动（牛的屠宰与谷物的脱粒）。重要的节日用红色墨水书写。特别值得注意的是左上方罕见的根特主保圣人圣巴夫（St. Bavo，手抄本中书写为“Bavonis”）的纪念日用红色墨水书写在 10 月 1 日处。

160 对页图

美国，马里布，J. 保罗·盖蒂博物馆

Malibu, J. Paul Getty Museum, MS. Ludwig IX.8, fol. 106r

这本时祷书不仅运用了在英格兰的塞勒姆习惯礼仪用法，而且它的日历和连祷文也包括了英格兰的圣徒。实际上，这本书是 1460 年左右在布鲁日书写并采用泥金工艺装饰，但毫无疑问是为了出售给一个英格兰客户。细密画中描绘了希律王（King Herod）下令杀死伯利恒的所有幼儿(Massacre of the Innocents）。

Deus in Ad uesperas
adiutorium meum
intende. Domine ad
adiuuandum me fe
stina.
Gloria patri et filio et spiritui sancto
Sicut erat in principio et nunc et se

CONVERTE NOS
deus salutaris noster. R. Et averte
iram tuam anobis. Versus.

161 对页图

意大利，佛罗伦萨，国家图书馆

Florence, Biblioteca Nazionale, MS. L.F. 22, fol. 46v

最主要的意大利时祷书之一，1390年左右开始为1378—1402年在任的米兰公爵吉安加莱亚佐·维斯孔蒂制作，之后为了他1412—1447年期间担任公爵的二儿子菲力波·玛利亚·维斯孔蒂制作完成。这幅细密画属于第二阶段，在1428年或不久之后由贝尔贝洛·达·帕维亚（Belbello da Pavia）在米兰绘制，图中描绘了夏娃在伊甸园中被创造出来的情景。

162 右上图

美国，纽约，大都会艺术博物馆，修道院分馆

New York, The Metropolitan Museum of Art, The Cloisters Collection, Acc. 54.1.2, fols. 15v–16r

这本袖珍的《让娜·德弗时祷书》（*Hours of Jeanne d' Evreux*）制作于1325年左右的巴黎，让娜·德弗是法国女王。在时祷书的历史中，这本手抄本的制作时间相对来讲比较早。图中显示了夜祷日课的开始。这本手抄本似乎就是皇家物品目录中所描述的那本由让·普塞勒（Jean Pucelle）完成的泥金装饰作品，由女王的丈夫查理四世赠送给她。这本手抄本后来又成为查理五世和贝里公爵的财产。

163 右下图

私人收藏

Private collection, s.n., fols. 15v–16r

这是一本非常早期的时祷书，可能制作于1310年左右的列日。就像被时祷书所取代的十三世纪的诗篇集一样，这本手抄本的开头画有一系列的整页细密画。图中是这系列细密画的最后一幅，描绘了东方三博士，它将我们引入了对页夜祷日课的开篇。

兰德斯的工作坊有一个悠久的传统，就是制作书籍并卖给在布鲁日的英格兰商人：他们制作了塞勒姆习惯礼仪用法的时祷书，且通常把它们标记为“依据英格兰习惯礼仪用法”（secundum usum Anglie，图 160）。尽管如此，像魔术师一样深入研究这些日课交替合唱诗以辨识那些罕见的地方习惯礼仪用法，是非常有用且十分有趣的。

手抄本开头的日历中会注明一年特定的圣徒纪念日，这些标注非常有用，可以帮助查询教会庆祝仪式和找到在正式文件上需要标注的日期。文件落款处标注的日期更有可能写的是当天的圣徒纪念日而并非那天的真正日期，例如，落款标注米迦勒节前夜（Eve of Michaelmas）或圣马丁节（Feast of St. Martin），而非 9 月 28 日或 11 月 11 日。仔细寻找那些用红色墨水所写并予以强调的当地圣徒的名字有助于我们确定手抄本的制作地点。如果你的时祷书是使用巴黎习惯礼仪用法，而且巴黎的主保圣人圣女日南斐法（St. Geneviève）的纪念日 1 月 3 日是用红色或金色所写，那么几乎可以肯定这本手抄本制作于巴黎。如果你认为一本时祷书可能来自鲁昂，你可以在日历中的 10 月 23 日处寻找用红色墨水所写的圣罗马纳斯（St. Romanus）的名字，日历中也许还会包括鲁昂的其他节日，像 6 月 17 日的圣罗马纳斯的圣物迁移纪念日与圣奥文（St. Ouen）、圣欧斯脱贝尔（St. Austrebert）和圣万德里耶（St. Wandrille）的纪念日。对于来自根特（Ghent）和布鲁日的手抄本，试试寻找圣巴夫（St. Bavo，10 月 1 日，图 159）和圣多纳蒂安（St. Donatian，10 月 14 日）的纪念日。对于来自图尔的手抄本，试试查找圣加迪安（St. Gatian，12 月 18 日）和圣马丁（St. Martin，11 月 11 日）的纪念日。对于来自佛罗伦萨的手抄本，可以试着寻找圣齐诺比厄斯（St. Zenobius，5 月 25 日）的纪念日。至于来自威尼斯的手抄本，可以尝试寻找圣马可祝圣日（Dedication of St. Mark，10 月 8 日）。连祷文和圣徒转祷词也值得细阅，这里也许有对当地城市主保圣人的祈祷词。日历和连祷文也有可能为确定手抄本制作的时间提供线索，特别是如果手抄本中包含直到十五世纪才加入圣徒之列的圣人：多伦定的圣尼古拉（St. Nicholas of Tolentino，纪念日为 9 月 10 日）在 1446 年成为圣徒；圣文森特·费尔（St. Vincent Ferrer，纪念日为 4 月 5 日）在 1455 年成为圣徒；圣奥斯蒙德（St. Osmund，纪念日为 12 月 4 日）在 1457 年成为圣徒；圣波纳文图拉（St. Bonaventura，纪念日为 7 月 14 日）在 1482 年成为圣徒。有一位对确定手抄本制作时间极为有用的人，他是锡耶纳的圣伯纳迪恩（St. Bernardinus of Siena），于 1444 年去世，在 1450 年被列为圣徒，由此人们对他的崇敬迅速地传播开来。如果有一位手抄本所有者向你保证他的时祷书是十四世纪制作的，看看书中日历的 5 月 20 日，如果圣伯纳迪恩被列在书中，则这本书不可能在十五世纪中期以前制作。

利用这些检验方式，并借助更常用的研究书中字体与绘画装饰风格的方法来判断时祷书的制作时间和地点，我们可以通过现存的手抄本勾画出时祷书的历史。现在还有一些幸存下来的来自英格兰、法国和佛兰德斯的十三世纪时祷书，这些书通常非常小，像那个时代的小型诗篇集一样，可以放在口袋里或挂在腰间（图 163）。现有为数不少的来自法国和英格兰的十四世纪时祷书，其中有些是非常华丽的泥金装饰手抄本，如这本引人注目的《让娜·德弗时祷书》（*Hours of Jeanne d'Evreux*，图 162）。让娜·德弗身为法国女王，这本 1325 年左右在巴黎绘制的手抄本现收藏于美国纽约大都会艺术博物馆修道院分馆。我们在之前的章节已经了解到，巴黎从十三世纪起在大学周围就已经建立起了组织有序的书籍贸易市场。在让·德·贝里公爵（Jean, Duc de Berry）的那个时代，我们必须把许多著名的时祷书的制作地点归属于巴黎。贝里公爵的《美丽时祷书》（*Très Belles Heures*）在 1382 年左右开始制作，他的《小时祷书》（*Petites Heures*）制作于 1388 年左右，这两本都属于在巴黎制作的手抄本。到 1400 年左右，许多时祷书都在巴黎书写并添加泥金装饰，这可能是书籍第一次被大量制作并出售。1400 年至 1420 年间是制作巴黎习惯礼仪用法的时祷书的鼎盛时期，这些手抄本通常做工精致。与此同时，我们开始发现一些最早的制作于意大利的时祷书，其中最著名的可能是米兰公爵吉安加莱亚佐·维斯孔蒂（Giangaleazzo Visconti）的时祷书。这本手抄本在 1390 年左右开始制作，在 1428 年不久后为他的儿子菲力波·玛利亚·维斯孔蒂（Filippo Maria Visconti）所完成（图 161）。可以确定的在伦敦制作的时祷书最早可以追溯到十四世纪晚期，佛兰德斯也开始商业化地制作时祷书，荷兰在十五世纪早期也紧随其后。除了一些杰出的手抄本外，这些手抄本看上去通常都是无新意、比较朴素的。巴黎吸引了来自欧洲各地的泥金装饰艺术家，最伟大的荷兰泥金装饰艺术家搬到了巴黎经营他们的生意。像林堡兄弟和被称为布西科画师（Boucicaut Master）的艺术家从北部搬到了书籍贸易的中心巴黎。对他们大多数人来说，最主要的工作一定是制作时祷书。

不幸的是，时祷书后来受到了政治局势的影响。英格兰人入侵了法国并在 1415 年的阿金库尔战役中（Battle of Agincourt）打败了法国人。他们的俘虏包括法国元帅让·德·布西科（Jean de Boucicaut），在所有最精美的时祷书中，他拥有其中一本。巴黎早已因阿马尼亚克人（Armagnacs）与勃艮第人（Burgundians）之间的法国内战而处于骚乱之中，直到 1419 年勃艮第公爵（duke of Burgundy），无畏的约翰（John the Fearless）被刺杀，战争才停止。一年后，英格兰亨利五世（Henry V）的军队进入巴黎，这似乎标志着巴黎制作时祷书的第一个伟大时期的终结。不可思议的是，在 1420 年左右到十五世纪中期之间，要确定一本手抄本是否是在巴黎制作变得非常困难。内战及外国军队的占领造成巨大的社会动乱，乱世中温饱有时亦成问题更何谈买书，因此只有一位杰出的泥金装饰艺术家留在了巴黎，他被称为贝德福德画师（Bedford Master）。他的名字来源于其参与制作的一本日课经和一本时祷书，这两本书都与亨利五世的弟弟——法国的摄政王同时身为英格兰人的贝德福德公爵（Duke of Bedford）有关。仿佛所有缮写士和泥金装饰艺术家都逃到了其他省份，因为我们可以肯定，拥有时祷书的潮流在大约 1433 年到 1467 年之间在整个法国蔓延开来。我们可以找到来自亚眠、鲁昂、雷恩（Rennes）、南特（Nantes）、昂热、图尔、布尔日（Bourges）、第戎（Dijon）、贝桑松、特鲁瓦、兰斯以及巴黎周围地区的时祷书。大量的手抄本被制作出来，虽然并非都是价值高昂的杰出作品，但它们却成功利用了这个巨大的图书市场。像在鲁昂和图尔这些省级城市，时祷书的买卖十分活跃，以至于十五世纪中期这些泥金装饰艺术家回到巴黎之后，这里的时祷书市场仍持续地繁荣发展。

与此同时，在佛兰德斯，一个独立的手抄本制作传统也迅速地加入时祷书的制作之中。这些手抄本不仅卖给当地的客户，而且也用于出口贸易（具有典型的比利时人的商业头脑）。在 1435 年《阿拉斯条约》（*Treaty of Arras*）签订之后，勃艮第的公爵们得以将他们庞大的统治领土的王座迁往佛兰德斯，一些伟大的泥金装饰艺术家也在里尔（Lille）、图尔奈（Tournai）和瓦朗谢讷（Valenciennes）等地为勃艮第宫廷工作。公爵的赞助吸引了从事书籍贸易的人员，就像十四世纪晚期的巴黎一样。当最后一位勃艮第公爵于 1477 年去世时，根特和布鲁日的贸易市场已经准备就绪。这些本质上是中产阶级的城镇，不受当地敌对君王们的干扰，成为世界时祷书制作的中心。就像图 160 中提到的手抄本一样，许多手抄本都是以英格兰为目标市场而制作。事实上，有可能大多数现存的采用塞勒姆习惯礼仪用法的十五世纪时祷书的日历都提到了像布鲁日的圣多纳蒂安这样的圣徒，同时这也揭示了这些手抄本的真实制作地点。如果我们可以根据一本私人收藏的制作于 1466 年并且使用了罗马习惯礼仪用法和圆形意大利字体所写的时祷书来判定的话，那早在 1466 年，布鲁日就开始为意大利市场制作这类手抄本了。另一本在美国芝加哥纽伯利图书馆收藏的手抄本（Newberry Library, MS. 39）其制作时间也许并没有比意大利的那本晚很多，它用一种西班牙的字体书写，并且有一些红色解释文字使用加泰罗尼亚语书写，其泥金装饰属于布鲁日的典型风格。由此似乎表明它可能是由一位加泰罗尼亚的缮写士在布鲁日制作，出售给来自西班牙的访客。1500 年，根特和布鲁日的手抄本彩绘装饰艺术在欧洲首屈一指。佛兰德斯的时祷书极负盛名的原因是其细密画的外框的具象写实画风，看上去像花朵真正掉落到了页面上一样，还有书中令人叹为观止的精美风景细密画。西蒙·贝宁（图 164）是布鲁日最著名的时祷书画家，在他那个时代，他以擅长树木和远景画被誉为最伟大的佛兰德斯艺术家。客户们显然非常喜爱这些像宝石一样珍贵的手抄本。

时祷书也在欧洲其他地方制作，已知有西班牙和葡萄牙的时祷书，但德国的却非常罕见，像尼古拉·冯·菲尔曼（Nicolas von Firmian）与在蒂罗尔（Tyrol）的邮政经营者弗朗茨·图恩和

164 上图

美国，纽约，大都会艺术博物馆，罗伯特·雷曼藏品

New York, The Metropolitan Museum of Art, Robert Lehman Collection, Acc. 1975.1.2487

布鲁日的西蒙·贝宁（1483—1561 年）是最著名的佛兰德斯手抄本泥金装饰艺术家，他的作品受到欧洲各地赞助人的青睐。晚年时，他画了一幅自画像，画中他坐在窗户旁的一张桌面非常倾斜的桌子前，在绘制圣母和圣婴像。这时的他左手正拿着眼镜。

塔西斯家族（Franz Thurn und Taxis）这样的奥地利人都从佛兰德斯订购他们的手抄本。意大利的时祷书有许多，但通常很小型且没有复杂的装饰。如果不是十六世纪的宗教改革运动中丢弃了许多英格兰的时祷书，它们可能会更加普遍。尤其是从十五世纪晚期开始，荷兰的时祷书也为数众多，它们特别具有吸引力，因为书中的文字通常被翻译成荷兰语（图 155），而且细密画中的《圣经》故事场景被描绘为手抄本的最初拥有者、中产阶级家庭中的场景：铺有地砖和充满家居用品的起居室（图 166）。

只有为数不多的时祷书有制作者的署名，其中大多数手抄本制作时间要么很早要么很晚。有一本圣彼得堡艾尔米塔什博物馆（Hermitage Museum）收藏的时祷书是由圣丹尼的修道士吉勒·毛利昂（Gilles Maulcon）在 1317 年为勃艮第的让娜所书写。另一本手抄本在 1537 年由 J. 布鲁尼（J. Bruni）为当地的一位音乐家所制作（Châlons-sur-Marne, Bibliothèque Municipale, ms. 12；法国马恩河畔沙隆市立图书馆）。一本在 1410 年左右制作的使用贝桑松习惯礼仪用法的时祷书（Paris, B. N., ms. lat. 1169；法国国家图书馆）有缮写士艾伦（Alan）的署名，并且书中还写明是他的妻子为这本手抄本做泥金装饰的工作。坦率地说，这本书中的细密画画得比较一般，所以这对夫妻可能并非商业性的合作伙伴，仅仅因为他们无力购买手抄本而自己制作了一本。另一本精美绝伦的时祷书（Paris, Bibliothèque de l'Arsenal, ms. 286；法国巴黎阿瑟纳尔图书馆）在 1444 年由修道士让·莫雷特（Jean Mouret）为他自己制作。丰特内（Fontenay）的贵族、国王的秘书吉安·德·吕克（Jehan de Luc）在 1524 年为他的妻子弗朗索瓦兹·布里农（Françoise Brinnon）制作了一本时祷书（The Hague, Rijksmuseum Meermanno-Westreenianum, MS. 10. F. 33；荷兰海牙梅尔马诺博物馆）。上述

165 右图

私人收藏

Private collection, s.n.

制作这本时祷书的缮写士记录了他在巴黎的桥倒塌的 1408 年完成了此书，这是指在 1408 年 1 月 29 日—31 日间，洪水冲走了小桥（Petit Pont）、大桥（Grand Pont）和新桥（Pont Neuf）。这本手抄本中的细密画的创作风格属于布西科画师，本图为手抄本第 152 正页，此细密画描绘了圣彼得。这本手抄本属于已故的阿尔弗雷德·切斯特·比蒂（Alfred Chester Beatty），但现在手抄本的书页被分散在不同的私人藏家手中和学校图书馆中。

166 对页图

瑞士，私人收藏

Switzerland, private collection, s.n., fol. 7v

这幅圣母领报的细密画来自一本用荷兰语书写、可能在 1440 年左右制作于荷兰南部的时祷书。这本手抄本的绘画风格属于吉耶贝尔·德·梅茨画师（Master of Guillebert de Mets），手抄本来自梅赫伦（Mechlin）附近的伯大尼（Bethany）奥斯定修会女修道院。像许多荷兰手抄本细密画一样，这幅画描绘了一位有产阶级家中的场景：铺设地砖、朴素的木质家具与在架子上堆得很高的书籍和盒子。

提到的手抄本都是较为特殊的例子，这其中大多数都是由业余手抄本制作者所制作。一般来说，需要时祷书的人会在书商那里直接订购。

前几章中，我们介绍了巴黎圣母院对面的新圣母路上的书商。毫无疑问，在1400年左右，需求者一定会从书商那里定制时祷书：或许客户首先描述自己的需求，书商也可能会给他展示一些二手的时祷书，还有一种较小的可能性是店家有一些未加装订但已制作完成的崭新手抄本书帖。在一本时祷书的基本核心内容之外，客户会讨论他还希望添加哪些文字内容以及可能会从一张字体样本中选择一种字体，这种样本就像现收藏于海牙的1447年的一个作品一样（Koninklijke Bibliotheek, MS. 76. D. 45；荷兰海牙荷兰皇家图书馆）。有时，书商老板也可能同时是一位缮写士，例如奥尔良的罗雷特（Raoulet d'Orléans）和让·拉瓦南（Jean l'Avenant）。在巴黎经营一家书店的皮埃尔·波蒂埃（Pierre Portier）据记载在1376年曾为大学书商，他的书店至1409年时仍在营业。1397年11月，波蒂埃从巴伐利亚的伊莎贝尔那里收到64先令，作为书写一本时祷书的8个牛皮纸书帖的酬劳（这合算下来书写一张牛皮纸正反页的价格正好是1先令，因为通常一个书帖有8张牛皮纸）。他另外又收到了54先令，作为“清理、漂白、校正、整理、镀金、装订与完成制作这本时祷书”（pour avoir nettoyé, blanchy, corrigé, reffourni, doré, relié et mis à point les-dictes heures）的费用。因此，这里分开的两个账单可能代表两份工作，其一为手抄本书写，其二指书写之前清理并漂白牛皮纸、校正并整理书写内容、为书边镀金并装订完成这本书。皮埃尔·波蒂埃大概自己做了其中的一份工作，并把另一份工作分包了出去。一本1398年在第戎委托制作的时祷书，其现存合同提到客户是一位名叫吉约姆·德·查穆瓦（Guillaume de Chamois）的中产者，他必须提供抄写所需的手抄本样本和牛皮纸。书商吉安·德莫兰（Jehan Demolin）同时是“牧师和缮写士”（*clerc et escripvain*），他承诺在三个月之内交付完成这本时祷书。双方约定书中会有18幅细密画，其中12幅会按照时祷书惯例的结构内容划分而制作，其绘画主题也是标准的；另外6幅细密画的主题“由吉约姆愉快地指定”（as it will please Guillaume to specify）。这些全部的价格是10金法郎，吉约姆·德·查穆瓦预付了将近四分之三的费用。

现存包含准确制作时间的时祷书是非常罕见的，我们只能通过历史信息来推断一些重要手抄本的制作时间，像《高贵的查理时祷书》（*Hours of Charles the Noble*）被推断在1405年左右制作，贝里公爵的《美丽时祷书》（*Belles Heures*）在1409年左右制作。有两本在巴黎制作的时祷书其手抄本末页包含非常有趣的注明时间的记录。第一本以前在爱尔兰都柏林切斯特·比蒂的收藏中（Chester Beatty collection, W. MS. 103），书中的细密画现在被分散在不同的私人藏家手中（图165）以及学校图书馆中，包括普林斯顿大学、北卡罗来纳大学、伯明翰的巴伯学院，并且手

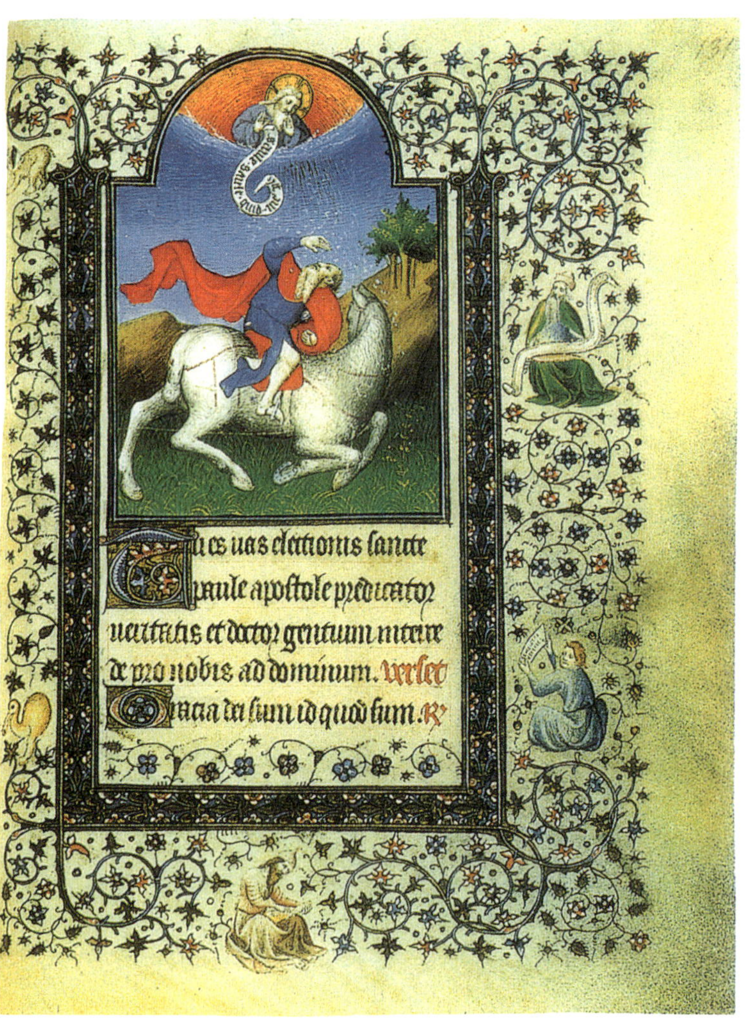

167 上图

英国，牛津，博德利图书馆

Oxford, Bodleian Library, MS. Douce 144, fol. 131r

这本时祷书和图165的手抄本都是由同一位缮写士所书写，并且它的制作时间也是在巴黎的桥被冲走的1407年（依照我们的计算方法，那年其实是1408年，因为那时一年结束于3月25日）。这幅插图具有布西科画师的绘画风格，图中描绘了圣保罗的皈依（Conversion of St. Paul）。

168 对页图

英国，曼彻斯特大学，约翰·瑞兰德图书馆

Manchester, John Rylands University Library, MS. Lat. 164, fol. 254r

这本时祷书由被称为迪努瓦画师（Dunois Master）的艺术家在巴黎采用泥金装饰工艺绘制，他在1450年左右是贝德福德画师的追随者。这幅细密画描绘了巴黎的主保圣人圣女日南斐法，在她的下方是西提岛的景象，巴黎圣母院的西面清晰可见，在其前方还可以看到圣礼拜堂和皇室王宫［现被称为“巴黎古监狱”（The Conciergerie）］，塞纳河桥上带顶棚的店铺有可能就是当时书商销售时祷书的地方。

De saincte geneuiefue.
O felix ancilla dei nos
pondere pressos exonera i fes
sos mordacibus exue culpis

抄本第158反页上记录着这本书是在1408年巴黎的桥倒塌时制作的。第二本手抄本收藏于英国博德利图书馆（图167），在手抄本的第271正页上也有一条类似的记录，记载此书同样于1407年巴黎的桥倒塌时制作完成。这条信息与第一本书中的记录由同一位缮写士书写。巴黎的三座桥在1408年1月29日至31日期间被洪水毁掉（第二本手抄本提到1407年是因为当时新年起始于3月25日）。显然，这个事件对这两本时祷书的制作者们来讲至关重要。我们不禁好奇，这位书商的摊位是否就摆在桥上，有可能就是那座连接西提岛和塞纳河左岸的学生区的小桥（Petit Pont）。我们知道这些桥上有带顶棚的商人店铺、货币兑换商、布商、铁匠和其他工匠。从现收藏于英国曼彻斯特大学约翰·瑞兰德图书馆（图168）的一本时祷书和从美国纽约大都会艺术博物馆的《艾蒂安·舍瓦利埃时祷书》（*Hours of Étienne Chevalier*）所描绘的巴黎的单页细密画中，我们可以看到小桥上建满了房子。

这两本1408年制作的时祷书其细密画都由不止一位泥金装饰艺术家所绘制。其中博德利图书馆收藏的那本书包含两种截然不同的绘画风格，艺术史学家推断其中一位是布西科画师或一位与他风格相近的追随者，而另一位艺术家的画风则与贝德福德画师早期的作品非常像。这两位艺术家均在十五世纪初期巴黎手抄本绘画史上有着举足轻重的地位。有间接证据表明，这两位艺术家可能是雅克·科恩（Jacques Coene，有文献记载他于1398年至1404年在巴黎）和让·海格林（Jean Haincelin，有文献记载他可能从1403年至1448年在巴黎）。他们的泥金装饰风格截然不同：布西科画师喜欢绘高大、高傲，身着美丽、颜色鲜明衣服的贵族；而贝德福德画师则常画更矮小、鼻子上翘、更具人性特征的人物。这两位重要画家都为同一本时祷书作画并不一定代表他们在一起工作。当时在巴黎有许多手抄本艺术家，我们可以识别他们的风格，艺术史学家也给他们起了别名，像艾格顿画师

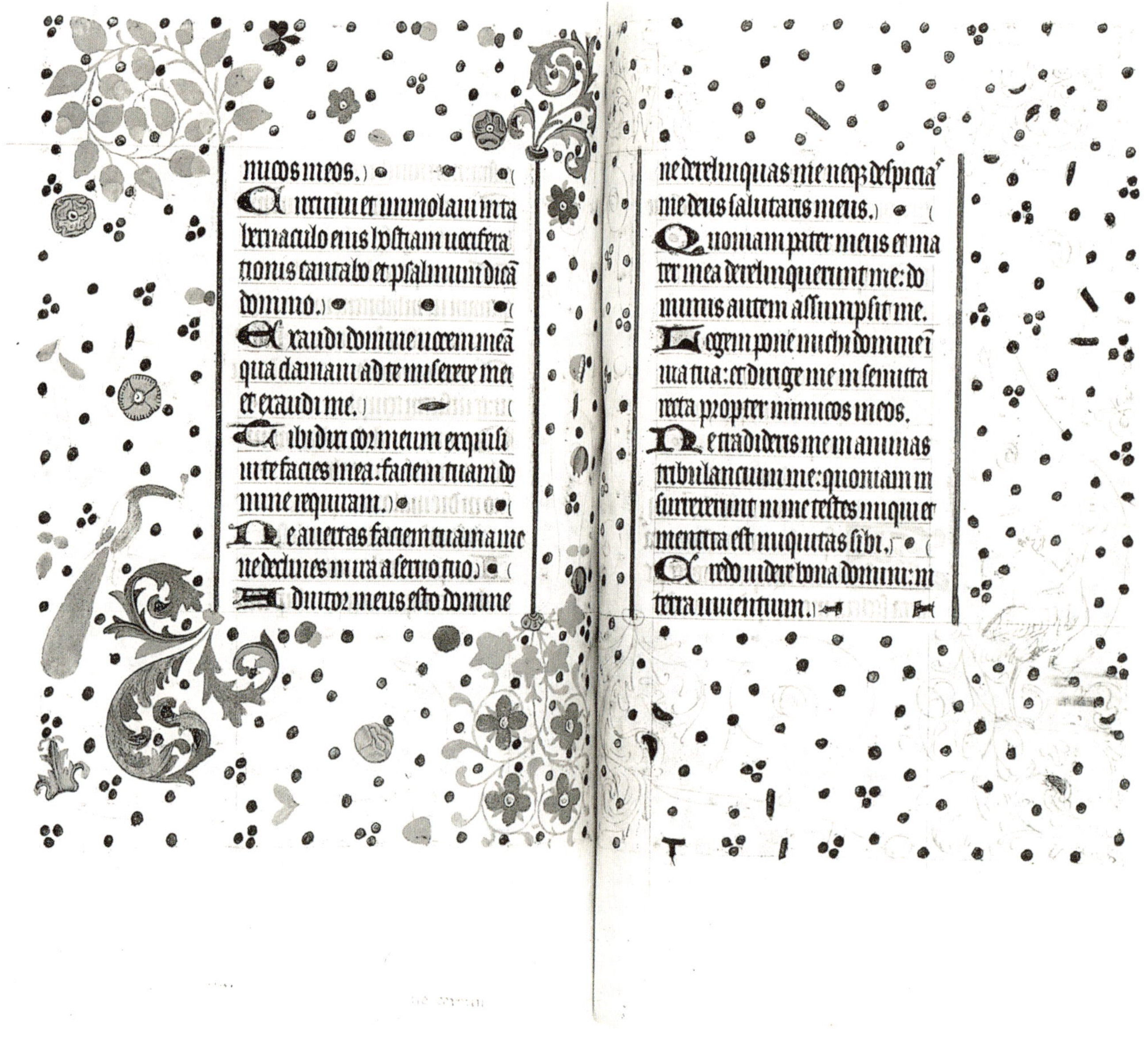

（Egerton Master，对比图 139）、特鲁瓦画师（Troyes Master）、布鲁塞尔首字母画师（Master of the Brussels Initials）、哈佛汉尼拔画师（Master of the Harvard Hannibal，图 173）等等。从档案资料中我们也知道当时住在巴黎塞纳河左岸的泥金装饰艺术家街（rue des Enlumineurs，现在被称为 rue Boutebrie）和其他地方的许多泥金装饰艺术家的真实姓名，现在的难题是将这些名字与现存手抄本中的细密画相匹配。有可能书商与客户先确定好泥金装饰的数量和主题，就像之前提到的书商吉安·德莫兰一样，之后再把未装订的书页的绘画工作转包出去。有时，手抄本中的书帖被分送到不同泥金装饰艺术家的手中（图 169）。我们稍微发挥一点想象力就可以设想，一位书商的学徒在街道中匆忙地把一些需要绘画的书帖送给布西科画师，而把另一些送到稍远的贝德福德画师的家中，再把一些并不是最重要的书页留给被称为圣母加冕礼画师（Master of the Coronation of the Virgin）的艺术家的助手进行绘画。几周后，当这些作品完成时，书商收回这些分开的书帖、付钱给艺术家并整理和装订这些书帖（我们之前提到的皮埃尔·波蒂埃在 1397 年也做了这些工作），之后把这本手抄本和发货清单交给顾客。虽然我们的设想有些理想化，但没有别的方法可以解释为什么不同的书帖由不同的泥金装饰艺术家分工完成，而时祷书仍异乎寻常地保持前后连贯统一。

了解艺术家工作坊的工作情况是更加困难的。布西科画师的画风在刚才提到的那两本 1408 年制作的时祷书里主要的细密画中有所体现，其称号来源于他参与制作的另一本庞大精美的时祷书（Paris, Musée Jacquemart-André, ms. 2；法国雅克马尔·安德烈博物馆）。这本手抄本是在 1405—1408 年左右为马雷夏尔·德·布西科（Maréchal de Boucicaut）制作，共有 44 幅细密画，毫无疑问，布西科画师被委托亲自绘制这本杰出的手抄本。总共有超过三十本时祷书被认为出自布西科画师的工作坊，制作时间都在 1405 年

169 对页图

美国，纽约，皮尔庞特·摩根图书馆

New York, Pierpont Morgan Library, M. 358, fols. 169v–170r

这本来自法国的时祷书制作于 1440—1450 年左右，但它并没有制作完成。页面外框的设计先由铅笔画出来，然后再贴上有光泽的金，之后再渐渐添加不同颜色。可以很清楚地看到，不同的泥金装饰艺术家在绘制不同的书帖，因为图中左边的页面是一个书帖的最后一页（注意这页右下角提醒下页起始文字的引字），右边的页面是手抄本下一个书帖的首页，并且左边页面已完成的泥金装饰比右边要多很多。

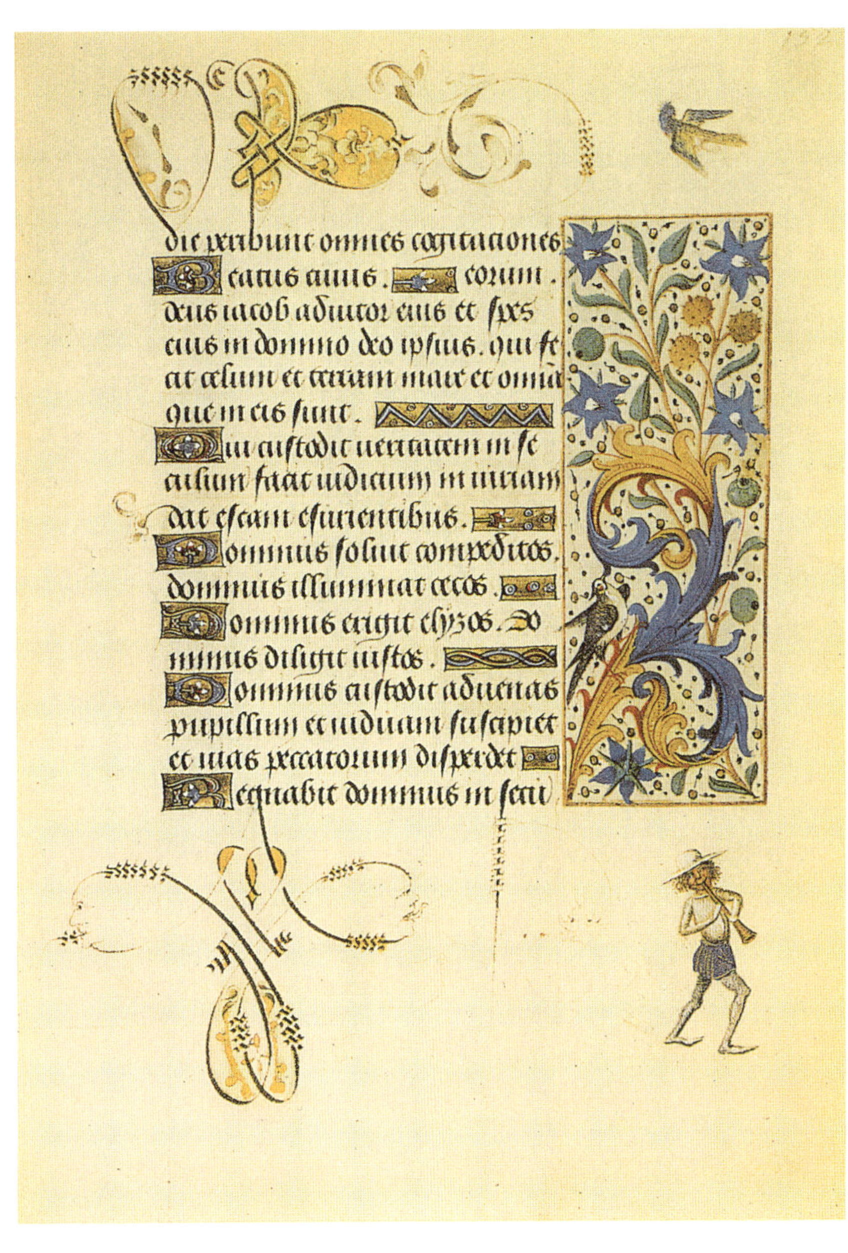

170 右图

奥地利，维也纳，奥地利国家图书馆

Vienna, Österreichische National-bibliothek, Cod. 1857, fol. 152r

勃艮第的玛丽是大胆的查理（Charles the Bold）公爵的女继承人。这本《勃艮第的玛丽时祷书》（*Hours of Mary of Burgundy*）是贵族所拥有的最高贵典雅的时祷书之一。它可能是 1477 年左右在荷兰南部由因这本手抄本而得名的勃艮第的玛丽画师（Master of Mary of Burgundy）进行泥金装饰制作。本图代表了这本手抄本极其华丽的书写和装饰的特色。

至1420年左右。如果我们把每本手抄本中的细密画数量加起来，总数差不多接近700幅（图152、图171、图172）。如果把属于布西科画师风格的非宗教题材豪华装饰手抄本，例如《法兰西大编年史》这样每本有数百幅细密画的手抄本（比较图143）也加上的话，那么仅在十五年内符合布西科画师风格的细密画就有超过1800幅。这样每年大概有一百多幅，每周两幅，而这也仅仅是从幸存下来的已知作品估算出来的。

这些艺术家能达到这样的产量，唯一的方法一定是使用了图案样式，可能先由画师设计再让他的学徒快速地复制出来。我们可以从不同的手抄本之间看到非常相似的细密画，有时，细密画完全一样，但却是左右相反的，这表明制作过程是先在描图纸（被称为carta lustra或carta lucida）上复制图案样式，再把描图纸翻过来放在手抄本页面上，并把图案反向添加到页面上。时祷书中所有有标准主题的细密画都有图案样式：夜祷的圣母领报、晨曦祷的圣母访亲、第一时辰的耶稣圣诞、第三时辰的天使向牧羊人报喜、第六时辰的三博士朝圣、第九时辰的圣母献耶稣于圣殿、晚祷的圣家族逃往埃及以及（通常是）睡前祷的圣母加冕。（这些都是圣母的生平故事，其中每个事件发生的时间被认为正好是咏诵那个相对应的礼仪时辰日课的时间。）有时，有些细密画中的人物也在其他细密画中再现：4月的日历描绘的求爱情侣中的漂亮女孩也可以作为第三时辰中与牧羊人一起守夜的带着花环的女孩；10月的日历中播种的人也可以出现在晚祷的圣家族逃往埃及的细密画背景中。

有些细密画的来源可以追溯到已知的画作，例如林堡兄弟的《豪华时祷书》中有一幅细密画改编自塔德奥·加迪（Taddeo Gaddi）的佛罗伦萨湿壁画。另一个例子来自一本时祷书，这本书中的细密画利用了贝德福德画师的图案样式绘制而成。杨·凡·爱克（Jan van Eyck）于1435—1437年左右创作的最精彩的肖像画之一现藏于卢浮宫，画中描绘了法国大臣尼古拉·罗林（Nicolas Rolin，1376—1462年）跪在圣母和圣婴面前。这部

171—172 左图（从左到右）

私人收藏；比利时，布鲁塞尔，比利时皇家图书馆，细节图

Private collection, s.n.; Brussels, Bibliothèque Royale, ms. 11051, fol. 138r, details

在十五世纪的前几十年，布西科画师在巴黎的工作坊一定拥有一条高质量的时祷书生产线。不同手抄本中的细密画设计几乎是一样的，可能都来自画师所设计的图案样式。这两幅细密画都是在1410—1415年左右制作，描绘了为亡者日课所绘制的葬礼弥撒。

173 对页图

私人收藏

Private collection, s.n., fol. 227r

哈佛汉尼拔画师的名字来源于一本由美国哈佛大学收藏的李维作品手抄本中的一幅描绘了汉尼拔加冕典礼的细密画。这位艺术家可能是布西科画师的学生，他可能从1415年左右开始在巴黎还管理了一个工作坊，直至1420年巴黎落入英格兰人手中，他可能才搬到了北方。在这本绘制于1420年左右的时祷书中，他描绘了手抄本所有者跪在圣母和圣婴面前。

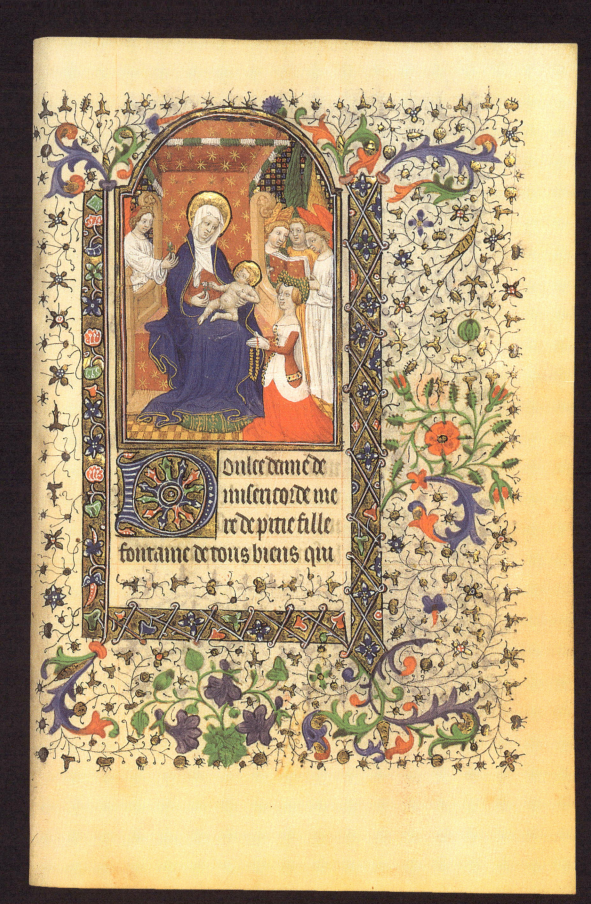

Doulce dame de
misericorde me
re de pitie fille
fontaine de tous biens qui

作品的背景也非常耐人寻味，穿过城堡的堡垒和防卫墙远眺，我们可以看到一条蜿蜒的河流和一座桥上熙熙攘攘的人群。如果我们更仔细地观察，可以看到远处岛上的一座城堡、小划艇和浮动码头（图 174）。现今这幅画成为著名的早期风景画范例之一，那时贝德福德画师一定也非常欣赏它。也许这幅画一直在罗林的家中收藏，直到它被赠送给在欧坦（Autun）的教堂。这幅画的背景，甚至包括图中的小船和曲折的河流，几乎被完全复制到符合贝德福德画师风格的几幅细密画背景中。这样的手抄本包括如今被私人收藏的时祷书（图 175）和另一本大英图书馆收藏的十五世纪中期制作的《让・迪努瓦时祷书》（*Hours of Jean Dunois*, Yates Thompson MS. 3, fol. 162r；英国伦敦大英图书馆）。另外，也有一些属于贝德福德画师绘画风格的细密画稍微借鉴了杨・凡・爱克的作品，其中包括一本收藏于马里布盖蒂博物馆的手抄本（图 176），其细密画中坚固的桥梁被缩短并成为城堡的一部分，尼古拉・罗林奇迹般地变成了忏悔中的大卫王。在这些例子中，我们假设杨・凡・爱克设计了他自己的画作，当然，除非他有意复制了一本贝德福德画师的时祷书中的细密画，并把图中的忏悔者描绘成罗林。作为描绘悔罪诗篇的细密画，画中的场景在法国北部和之后的佛兰德斯手抄本中逐渐变为比较普遍的大卫王宫殿。在十六世纪根特或布鲁日的时祷书中，城堡的防卫墙依然被保留在画中，但河流变为湖，之后又变成了庭院（仍然有熙熙攘攘的人群）。贝德福德画师从一幅肖像画中选取他所感兴趣的局部进行绘画，在之后的一百多年里，这最初的图案样式被不同的泥金装饰艺术家以非常显著的方式进行复制和修改。

对于泥金装饰艺术家如何保存并复制这些图案样式，我们所知甚少，但重要的是，我们必须摆脱艺术家应该努力制作原创作品，而且创造者对自己的作品有完全的独有权这样的现代观念。中世纪艺术家会按照特定的准则而工作，这通常意味着使用熟悉的、有先例的设计和构图方式。实际上，中世纪泥金装饰艺术家的天才之处在于他能用精湛的技巧来刻画一个已有的艺术主题。他们需要严格遵守艺术传统，就像今日的一位小提琴家会因

174 左图

杨・凡・爱克，《圣母与罗林大臣》，法国，巴黎卢浮宫，细节图

Jan van Eyck, The Madonna and Chancellor Rolin, detail
Paris, Musée du Louvre

杨・凡・爱克在 1435—1437 年左右绘制的尼古拉・罗林（1376—1462 年）的肖像画中描绘了他跪在圣母和圣婴面前。画中背景的一些细节，像雉堞上方远处的一座桥，被复制到手抄本泥金装饰艺术家的图案样式中。偶然的是，画中的罗林正在使用一本时祷书，这本书也有一件像"衬衫"一样每个角加以缝合的红色纺织书套，用来包裹此书。

175 对页左图

瑞士，私人收藏（之前手抄本编号为比特侯爵 MS. 93）

Switzerland, private collection (formerly Marquess of Bute MS. 93), s.n., fol. 105r

这本时祷书呈现贝德福德画师的绘画风格，它在 1440 年左右的巴黎进行泥金装饰制作。这幅为悔罪诗篇的开头绘制的细密画描绘了大卫王，但背景的细节显然是从杨・凡・爱克的尼古拉・罗林肖像画仔细复制而来（见图 174）。

176 对页右图

美国，马里布，J. 保罗・盖蒂博物馆

Malibu, J. Paul Getty Museum, MS. Ludwig XI.6, fol. 100r

这本时祷书是由一位贝德福德画师晚期的合作者和绘画风格的追随者于 1440—1450 年左右在巴黎制作。图中也描绘了大卫王在忏悔，其背景呼应了罗林肖像画中相同的岛屿和船，但画中桥梁被缩短并成为城堡的一部分，而且画中其他细节也被改变了。

把琴谱上的音符拉到最完美的境界而受到钦佩，或像一位中世纪作家通常在一本伟大文学作品的开头解释或声明他在重述一个古老的故事。书中的一些特定主题是在顾客预期内的，特别是像祈祷书这样本身比较传统的书籍。泥金装饰艺术家之间无疑相互借鉴了图案样式，贝德福德画师和哈佛汉尼拔画师似乎就共享了他们各自的样本。在泥金装饰艺术家街上，许多店铺人员可能经常串门。这种重复使用旧图案样式的做法也延伸到了巴黎以外的很远的地区，艺术家把他们的创作经验带到了不同的地方。比如法斯托夫画师（Fastolf Master）在1420年左右离开巴黎后可能搬到了鲁昂，但到了1440年左右，他似乎已经在伦敦了，即使他自己没有旅行，他的图案样式也一定得以传播。因此，具有贝德福德画师的大致设计样式的时祷书才可能出现在距离其图案样式发源地非常远的地方。三幅《布西科时祷书》（*Boucicaut Hours*）中的细密画在另一本1465年可能制作于图尔的手抄本中重复出现（New York, Pierpont Morgan Library, M. 161；美国纽约皮尔庞特·摩根图书馆）。一本在1480—1490年左右制作于里昂的时祷书（1977年在苏富比拍卖公司出售）中的建筑边框图案设计来自一本制作于1417—1418年左右的《伊莎贝拉·斯图尔特时祷书》（*Hours of Isabella Stuart*；Cambridge, Fitzwilliam Museum, MS. 62, fol. 141v；英国剑桥菲茨威廉博物馆）所使用的图案样式，之后这种图案又出现在1420年左右制作的《罗翰时祷书》（*Rohan Hours*，Paris, B. N., ms. lat. 9471, fol.94v；法国国家图书馆）中。十六世纪早期在根特或布鲁日的泥金装饰艺术家采用了《豪华时祷书》中的日历构图设计作为图案样式，这种设计出现在《格里马尼日课经》（*Grimani Breviary*）中，也出现在一本现收藏于英国大英图书馆的时祷书中，其中由西蒙·贝宁所绘制的12月的日历细密画即采用了这个设计（B. L., Add. MS. 18855, fol. 108v；英国伦敦大英图书馆）。许多十五世纪六十年代到十五世纪八十年代在鲁昂制作的时祷书相似度极高，以至于让我们联想到某种手抄本生产线的使用，这个生产线可以用极快的速度制作出几乎相同的细密画（图177—180）。这种现象也出现在1475年至1500年的巴黎。这种最大程度复制细密画的例子

177—180 下图以及对页图（从左到右）

法国，巴黎，阿瑟纳尔图书馆，细节图
Paris, Bibliothèque de l'Arsenal, ms. 562, fol. 41v, detail

法国，巴黎，法国国家图书馆，细节图
Paris, Bibliothèque Nationale, ms. lat. 13277, fol. 49r, detail

英国，牛津，博德利图书馆，细节图
Oxford, Bodleian Library, MS. Douce 253, fol. 50r, detail

英国，沃德斯登庄园（英国国民信托组织），詹姆斯·德·罗斯柴尔德收藏，细节图
Waddesdon Manor, National Trust, James A. de Rothschild Collection, MS. 12, fol. 49r, detail

很多十五世纪下半叶在鲁昂制作的时祷书都时常酷似，手抄本中的细密画设计基本上可以说是从一本复制到另一本。这四幅细密画描绘的是第一时辰日课的开始页，它们来自1470年左右在鲁昂制作的四本不同的时祷书。

也出现于1500年左右在根特或布鲁日制作的时祷书中。像《詹姆斯四世时祷书》（*Hours of James IV*）、《斯皮诺拉时祷书》（*Spinola Hours*）、《葡萄牙的埃莉诺时祷书》（*Hours of Eleanor of Portugal*）、大英图书馆的《罗斯柴尔德时祷书》（*Rothschild Hours*，图182）、约翰·索恩爵士博物馆（Sir John Soane's Museum）收藏的一本精美的时祷书（图181）和许多品质比较普通的佛兰德斯手抄本中的细密画及其外框无疑都照着几乎相同的图案样式绘制。现收藏于法国巴黎国立高等美术学院（École des Beaux-Arts）的图案样式就有可能是其中之一：它描绘了典型的高质量佛兰德斯细密画外框设计，细密画本身刻画了大卫王的生平故事（作为悔罪诗篇的细密画），这些细密画的类似版本也出现在《斯皮诺拉时祷书》和其他手抄本中。显然，公众对时祷书的需求如此之大，以至于大量细密画的复制不仅是合乎道德标准的，而且也是满足需求的唯一方法。

如果出现大量制作细密画的证据会破坏我们一贯地将艺术家看作原创画师的这个观念，那么我们同样需要牢记，艺术家并非这些手抄本的设计者，他们在图书贸易中只是工作的分包者。书

店的老板才是与公众直接接触的人，他们投入资金，也因此承担了制作时祷书的责任。把已经抄写好的书帖送出去加以装饰也只是手抄本装订和销售业务的一部分。在佛兰德斯，手抄本的彩绘装饰和装订销售是两种分开的工作，许多时祷书中的细密画其实都是画在单张动物皮纸上，背面都是空白的。这些单页细密画作品可能是单独制作的，直到它们被书商购买并装订在时祷书中。1426 年，布鲁日职业泥金装饰艺术家协会——圣路加行会（Guild of St. Luke）试图立法反对书商们互相购买和出售在一百多英里以外的乌特勒支制作的单张细密画的这种惯例。如果你仔细观察一本布鲁日的时祷书，你会很容易地看到单页的细密画纸被嵌入书中，而多余的部分则被翻折到这个书帖的背面。

书商通常负责装订时祷书。虽然幸存的时祷书非常多，我们也可以详细地研究其内容，但我们很难真实、全面地了解手抄本的外包装，因为像所有私人书籍一样，时祷书往往经过多次装订。现存时祷书的中世纪包装通常是木质的，法国的手抄本通常用鞣制皮革所包装，并在皮革上压印整齐排列的带有动物或花朵图案的小长方形。通常，书页的边缘都是镀金的并且画上五颜六色的花朵或叶形装饰图案，就像手抄本中细密画外框的装饰一样。如果书的边缘在重新装订时被裁剪，我们就会失去这些书页边缘的画作，这些损失会使我们无法准确了解时祷书最初的样子。手抄本通常由像大"衬衫"一样、四个角加以缝合的带颜色的纺织品外套所包住，其尺寸远远超过了书页的大小。当时祷书合上的时候，手抄本就像被包在一个带颜色的包裹中一样。当然，这种书籍外套能保留至今是非常罕见的（图 147），它们在许多中世纪描绘私人礼拜用书的绘画中出现。书套要么被展开成类似桌布的物品放在祈祷桌上，而打开的书则放在它上面（像图 174 一样），要么当书被拿在手中的时候，书套坠在书页的边缘（图 3）。

偶尔，我们也能通过一些相对独立的信息来了解销售时祷书的书店。有一个在里昂的书店可能由吉约姆·兰伯特（Guillaume Lambert）经营，因为有一本时祷书（本书之前在法国私人藏家手中，现收藏于美国纽约皮尔庞特·摩根图书馆，手抄本编号为 MS. M. 1162）记载它于 1484 年书写于距离"大门"很近的兰伯特的家中。另一本仍在里昂的弥撒书（Bibliothèque Municipale, ms. 516；法国里昂市立图书馆）也是由吉约姆·兰伯特在 1466 年书写的。

他的家离“大门”很近（*près le portal*），这座门可能指城门，这是做生意的好地方，或者这也可能指里昂大教堂的三座大门。在鲁昂，像在巴黎一样，书店都在大教堂周围，鲁昂大教堂北门的院子至今还被称为书商之门（Portail des Libraires），这个名字早在1479年就开始被使用。我们知道一些从鲁昂大教堂那里租赁书店的书商姓名，例如，在十五世纪的大部分时间里，科克和波银家族（Coquet and Boyvin families）的不同成员都在那里从事图书销售生意。我们应该从他们那里了解如此庞大数量的时祷书是如何被制作和销售的。有些顾客花费许多金钱专门为自己设计和制作一本时祷书，还有顾客花费较少的钱购买一本尺寸小的、现成做好的或者二手的时祷书。这些手抄本如此吸引人，以至于在十五世纪的欧洲，所有中等富裕的人从书店走出来的时候，似乎胳膊都夹着一本时祷书。一本英格兰时祷书的所有者为他的新手抄本感到非常骄傲，于是他在书籍扉页上写道：“任何偷窃这本书的人将在厨房门后面的挂钩上吊死。（He that stelles thes boke he shal be hanked upon on hoke behend the kechen dor.）”在书籍拥有者的小小家庭世界里，他能想象到的最可怕的恐吓就是把偷盗这本书的小偷吊死在厨房门后面的挂钩上，可见这本时祷书对于那个家庭一定是非常珍贵的财产，甚至可能是他家唯一的一本书。

181 右图

英国，伦敦，约翰·索恩爵士博物馆

London, Sir John Soane's Museum, MS. 4, fol. 23v

这本时祷书绘制于十六世纪早期的根特或布鲁日。这幅细密画描绘了睡前祷日课的起始页中基督下葬的场景。

182 对页图

英国，伦敦，大英图书馆

London, British Library, Add. MS. 35313, fol. 31r

图181中的细密画的构图也同样出现在《罗斯柴尔德时祷书》，本图由詹姆斯四世画师（比较图148）在大约相同的时间进行泥金装饰绘制。图181和图182这两幅细密画不仅构图设计几乎一模一样，甚至许多颜色的使用也一样，由此可推断，这些颜色的使用一定也被记录在图案样式中。

Converte nos deus sa
lutaris noster. Et au

第七章

神父与手抄本

中世纪时期流传下来的手抄本数量比其他任何种类的艺术品都要多，但从那个时期幸存下来的最明显的文化遗产是堂区圣堂（parish church）。欧洲的乡村风景仍被塔楼、尖塔和洋葱形状的圆顶建筑所点缀，人们很容易想象，在古老的村落中，房屋都搭建在一座堂区圣堂周围。教堂的重建和装饰在中世纪时期是一项常见的事宜（图 184）。

如今，任何人进入一座教堂都会看到许多书籍：在教堂门边有一书架的圣歌集和祈祷书，也许架子上还有基督教文学书籍以及关于这座教堂建筑的介绍和这个堂区出版的报纸。在高坛的台阶旁可能还有一个诵经台，上面摆着一本很大的、打开的《圣经》，供每日阅读使用。现代教堂中的长椅前面都有一个搁架，教会会众（在教会中做礼拜的全体教徒）可以在礼拜中把书放在上面。在现代的教堂中，书籍随处可见，但在中世纪，这无疑是有所不同的。在那时，教堂中没有长椅（人们通常站着或坐在地面上），而且书籍也不一定会摆在外面。神父照着一本在圣坛上摆着的手抄本咏诵拉丁文弥撒，唱诗班照着一本只有他们能看到的手抄本咏诵着相应的日课内容。教会会众不会被要求与他们一起歌唱。有些人可能还带了自己的时祷书，以使自己可以进入一种礼拜应有的心境。礼拜仪式都是由神父主持进行。当地的神父通常在村镇里有一定地位，他应该是受过良好教育并且表达能力强的人。他指导堂区所属教友的精神生活，包括宣讲基督教信仰，教授阅读与写作，探望病患，在苦难中祷告，主持感恩祈祷仪式，聆听告解，主持圣洗圣事、婚姻圣事、葬礼以及长期主持教会的各种礼拜仪式。

大多数中世纪的神父可能都拥有许多手抄本，最重要的一些手抄本在教堂里经常被使用。比较矛盾的是，礼拜仪式书籍的淘汰制实际上却使许多不完整的礼拜仪式手抄本得以保留至今。因新的宗教节日被采用和礼拜仪式被修改，旧的日课经很快就会因过时而被丢弃。宗教改革运动也导致大量被淘汰的天主教礼拜书籍被处理掉。而且，经常使用的手抄本书页会变得松散，容易从书中掉出来，从而使整本书无法使用而被搁置一旁。由于礼拜用书容易受到磨损，这些手抄本通常被写在牛皮纸上而非纸张上，废弃的旧牛皮纸通常也是非常有用的。中世纪礼拜书籍中的牛皮纸在十六世纪书籍装订中被重新用作扉页，以加固书籍缝纫。它们也被制作成储存公文的文件夹，以及可以用在像修补窗户、做壁纸、覆盖果酱罐这样的生活用途上。从中世纪弥撒书、日课经和礼拜音乐手抄本中幸存下来的单页作品是非常常见的（图 186）。这一章我们将细阅这些不同种类的手抄本，并研究神父是如何使用它们的。

首先，我们应该记住，教会年历是由两个同时进行的礼拜仪式周期构成的。第一个是基督生平时序循环（Temporal 或 Proper of the Time），用来纪念与基督生平有关的节日和主日（又称“礼拜日”）。这个周期由将临期（Advent）的第一个主日前夜开始，这是离 11 月 30 日最近的主日（图 185），这之后的重要节日包括圣诞节［这又包含主显节（Epiphany）和圣诞节的十二天（The Twelfth Day of Christmas）］、四旬期（Lent）、复活节时期（从复活节到耶稣升天前夜）和耶稣升天时期［这又包含圣灵降临节（Pentecost）、三一主日（Trinity Sunday）、耶稣圣体节（Corpus Christi）和圣灵降临节之后的数个主日］。圣诞节是一个日期固定的节日，不管那天是不是周日，都一直是在 12 月 25 日庆祝。然而，复活节在春分后，第一次出现满月后的主日，这个节日的日期变化很大，因此以复活节日期为基础来计算的其他节日也随之变化。像耶稣升天节在复活节 40 天之后，圣灵降临节在复活节七周之后，这些节日的日期都不是固定的。第二个非常不同的教会年历周期是圣徒节日循环（Sanctoral 或 Proper of the Saints），用来庆祝圣徒的节日，也包括和圣母玛利亚有关的节日。这个周期通常由圣安德烈纪念日（St. Andrew's day，11 月 30 日）开始，有些圣徒的节日可以被分配到年历上的任何一天。庆祝仪式因地点不同而异，礼拜仪式所用手抄本的日历也会按照圣徒纪念日本身的重要性进行“分级”：普通的节日、重要的节日（semi-duplex）和非常重要的节日（totum duplex）。圣徒节日循

环中最重要的节日，像3月25日的圣母领报纪念日(Annunciation)、9月29日的米迦勒节（Michaelmas）及基督生平时序循环中的圣诞节和三一主日在教会年历中都是属于最受尊敬的日子。

基督生平时序循环和圣徒节日循环在中世纪礼拜仪式书籍中相去甚远，有时甚至这两种时序循环独立成册。中世纪时期的神父不会将它们混淆。在研究一本礼拜仪式书籍中的教会年历时，辨认这些节日所属的循环周期是容易的。基督生平时序循环会有类似这样的标题：Dom. ii in Xl^{a} 代表四旬期的第二个主日（四旬期的拉丁文为 Quadragesima）；Dom. xiii post Pent. 代表圣灵降临节后的第十三个主日。圣徒节日循环会提到圣徒的姓名，像 Sci. Hilarii epi. et conf. 指圣怡乐纪念日（St. Hilary，1月14日）；Decoll. sci. Joh. bapt. 指施洗约翰被斩首纪念日（Beheading of St. John the Baptist，8月29日）等等。

中世纪晚期教会礼拜仪式最基本的区别是弥撒（Mass）和日课（daily offices），它们在用途和形式上完全不同。弥撒礼仪指圣体圣事（communion service 或 Eucharist），由耶稣在最后的晚餐时亲定，他将饼和葡萄酒变为自己的身体和宝血，领受者吃下饼并喝下酒。这个仪式在圣坛举行，是教会中最庄严、最重要的圣事（Sacrament）之一，所使用的礼拜书籍被称作弥撒书。弥撒不应与在唱诗班席进行的日课所混淆。日课包括夜祷、晨曦祷、第一时辰、第三时辰、第六时辰、第九时辰、晚祷和睡前祷。我们已经在讲解时祷书的那一章提到了这些时辰祈祷的缩短版本，日课并不是圣事之一，它基本上由为纪念和赞美基督和圣徒所写的祈祷词和圣歌所组成，日课所用的礼拜书籍被称作日课经。在十八、十九世纪，古籍爱好者把中世纪礼拜书籍统称为“弥撒书”（因此，我们看到加在手抄本书脊上的书名时，需要谨慎地辨认）。直到现在，图书编目员有时也会将日课经和弥撒书混淆，而这对于中世纪的人来说是不可思议的。相比这八个时辰祈祷，弥撒完全在一个不同的级别上，而且弥撒和日课的礼拜用词也来源于两种类型相当不同的手抄本。

在将基督生平时序循环和圣徒节日循环与日课经和弥撒书进行区分后，我们可以开始了解这些是如何被安排在教会年历中的。无论是基督生平时序循环还是圣徒节日循环，在一个非常重要的节日中，神父都会在圣坛上庆祝弥撒（图187）。他也会走到教堂的唱诗班席，通常吟诵包括夜祷和晚祷的至少两个日课的内容（图 189）。这些礼拜仪式的基本形式在全年都保持不变，但可以根据基督生平时序循环的周期进展和圣徒节日的偶合而加以调整，也可以在这两个循环周期适合的节日中加入特殊的祈祷词。例如圣马可日（St. Mark's day，4月25日）在一年中可能正好是复活节后的第二个主日，但在第二年，这个节日在复活节后第三个主日后的星期二，因此，这两天的礼拜仪式就会有所不同。故而每年的礼拜仪式虽基本上相同，但却并非一成不变。

假设我们现在正在研究一本弥撒书。有时，金属饰钉或饰球会被镶在书籍装订的表面，因为弥撒书通常被放在圣坛上。只要我们花一点时间查看手抄本中的红色解释文字或标题（rubrics），我们就能确定这本书是弥撒书，而不是日课经。这些标题包括

183 前页图

意大利，罗马，卡萨纳塔图书馆

Rome, Biblioteca Casanatense, MS. 4212, fol. 15r

这幅《创世纪》的开篇图来自一本由荷兰神父赫尔曼·德罗姆委托制作的诵经台式大型《圣经》，这本《圣经》在教堂中使用。德罗姆从1425年开始担任乌特勒支的咏礼司铎，从1458年开始直至他1476年去世担任乌特勒支座堂主任牧师。

184 左图

英国，伦敦，大英图书馆，细节图

London, British Library, Add. MS. 29704, fol. 68v, detail

这本加尔默罗修会（Carmelite）的弥撒书在十四世纪晚期的伦敦进行泥金装饰，书中的细密画描绘了一座教堂的落成奉献礼，当游行队伍在教堂外诵经时，一位主教向教堂喷洒圣水，以驱赶图中正好在屋顶上跳跃的魔鬼。

185 对页图

私人收藏［之前收藏于J.R.阿比（J.R.Abbey）少校图书馆，手抄本编号为JA.7209］

Private collection(formerly the library of Major J.R. Abbey, JA. 7209), fol. 7r

图中显示的是1480年左右在费拉拉（Ferrara）制作的一本日课经中基督生平时序循环的开篇图。标题被翻译为“以主耶稣和圣母玛利亚之名，这里是日课经中神圣罗马习惯礼仪用法的开端，起于将临期的第一个星期六的晚祷”。

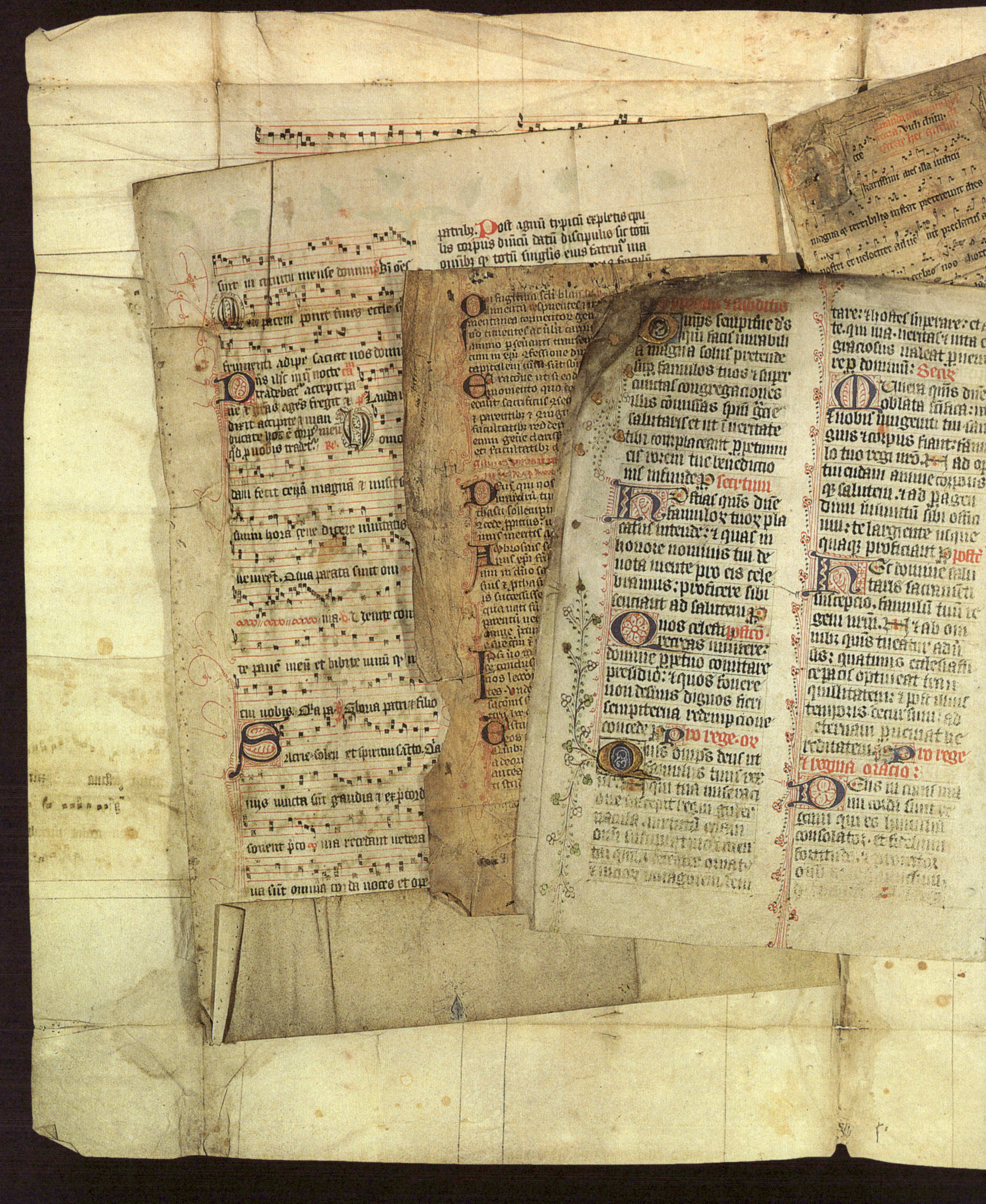

186 左图

私人收藏

Private collection, s.n.

在十六世纪三十年代英格兰的宗教改革运动中，所有教堂使用的礼拜书籍都被淘汰并被下令销毁。其中许多手抄本都是写在牛皮纸上，有时有些牛皮纸也被回收，用于加固书籍的内部装订，有些被作为文件夹和书皮。根据这些信息，我们有时可以找回一些被淘汰的英格兰礼拜手抄本残片。

进台曲（*Introitus*，指走向圣坛时唱的圣咏，图 188）、献礼经（*Secreta*，指将饼、酒和其他献品放置在圣坛中央后，神父轻轻诵念的祝文）、领主咏（*Communio*）及领圣体后经（*Postcommunio*，领圣体后所诵之经文），它们不会出现在日课经中。相比之下，日课经中会出现以下标题：日课开端经文（*Invitatorium*）、圣歌（*Hymnus*）、第一次夜课经（*In primo nocturno*）、阅读 i（*Lectio i*）、阅读 ii（*Lectio ii*）、阅读 iii（*Lectio iii*）与第二次夜课经（*In secundo nocturno*）。弥撒书的开头可能会有日历，之后很可能包含基督生平时序循环［这个时序循环始于将临期的第一个主日，以“Ad te levavi animam meam”（“主，我的心仰望你”）这样的进台曲作为开端，图 190］。这个时序循环写着每次弥撒礼拜仪式中所说的不同内容：（咏唱的）进台曲、集祷经（当天的祈祷词）、当天相应的《使徒书信》和福音书经文阅读（在这两段阅读之间还会唱一段升阶曲）、献仪（收取赠物与捐款）前会读或唱的一段内容为《圣经》选文的奉献经、神父心中默念的献礼经、内容出自《圣经》的领主咏及简短的领圣体后经。在基督生平时序循环中，教会把从将临期开始到圣灵降临日后数个主日的这一整年的弥撒列出来，而上述提到的像进台曲、集祷经等这些项目作为弥撒书中的子标题在每次弥撒礼拜中都会出现，但每个项目的内容在每次弥撒中却不同。

之后，弥撒书整卷手抄本的中间位置会呈现弥撒礼拜仪式的核心内容，这部分是手抄本中被翻阅最多的地方。在每一次的弥撒中，除了会添加一些适合当天礼拜的特殊内容，这个被神父阅读的核心部分基本上是不变的，这其中包括一些简短的祈祷词、颂谢词（Common Preface，开头为“Vere dignum et justum est”，翻译为“真正值得和公正的”）、感恩经（Canon of the Mass，开头为“Te igitur clementissime pater”，翻译为“故此，致仁慈的圣父”）、祝圣礼所说的庄严的祝词（指使酒和饼化为基督的血和肉的祷告）和之后的领圣体仪式（Communion）。这个部分的内容在手抄本中有时会用更大的字体书写，可能因为当神父用双手进行祝圣礼（consecration）时，会把打开的手抄本放在圣坛上或交给辅祭员，这样，相比自己拿着书，他需要从更远的距离阅读。

在圣徒节日循环开始时，字体又会变小。像之前描述的基督生平时序循环一样，圣徒节日循环中也给出了一年中在不同的圣徒纪念日时，每个弥撒礼拜仪式有变化的部分，这占了手抄本剩余内容的一大部分。之后是圣人通用经文（Common），包含不同的弥撒仪式，用来纪念那些名字没有被写在弥撒书中的圣徒，这些人包括使徒、聆听告解的主教、贞女殉教者和几位贞女，等等。如果一位神父想要纪念一位没有被列在圣徒节日循环中的本地圣徒，他会从圣人通用经文中选择相应类别的内容来主持弥撒。弥撒书的结尾通常还有一些特殊的部分，包括特别敬礼弥撒（votive Masses，为对抗肉体的诱惑，为旅行者祈福、祈雨、祈求好天气等其他类似的特殊场合祈祷所用），或许也会包含追思弥撒（Mass for the Dead，纪念亡者的弥撒）。

187 上图

英国，伦敦，大英图书馆，残页 Q

London, British Library, Add. MS. 35254, cutting Q

这里描绘了 1555—1559 年担任教皇的保罗四世（Paul IV）正在使用一本手抄本举行弥撒仪式，这本手抄本由两位红衣主教为其托举打开。这幅图来自一系列十六世纪西斯廷教堂礼拜仪式书籍的残页，这些手抄本在 18 世纪末的拿破仑动乱中被盗，又在十九世纪二十年代进入了英格兰古籍市场。

188 对页图

美国，马里布，J. 保罗·盖蒂博物馆，细节图

Malibu, J. Paul Getty Museum, MS. Ludwig V.6, fol. 110r, detail

这个首字母标志着复活节弥撒的开始，它来自一本 1425 年左右可能在维也纳制作的弥撒书。首字母上方的标题“在这神圣的日子中”（*In die sancto*）后面跟着进台曲，这些信息证明这确实是一本弥撒书。

这是一个非常简短的总结，当然，每本手抄本的内容都会有些不同。基督生平时序循环像时祷书一样，可能会根据不同教区或地区礼拜仪式的“地方习惯礼仪用法”的差异而有所不同，不同圣徒的节日也根据当地的敬拜方式来庆祝。英格兰弥撒书中的祈雨弥撒是不是比意大利弥撒书中的少？这点几乎是可以肯定的。但必须再次强调，书中最庄严的感恩经（Canon of the Mass）是从来不会有差异的。当打开一本典型的中世纪晚期弥撒书时，通常会自然而然地翻到感恩经这页，一部分原因是神父每次在使用此书时一定会阅读这一页的内容，另一部分原因是这里有手抄本中最复杂的泥金装饰，一代又一代的藏书爱好者都会首先欣赏这一页。这里通常都会有一幅甚至两幅整页的细密画，其中一幅描绘耶稣被钉在十字架上，在这幅画之前，通常会有一幅庄严的基督圣像。图中可能会描绘基督坐在荣耀的宝座上，《四福音》作者的象征物环绕在他的周围，或描绘他正在统治天堂的景象，这些通常都是精彩绝伦的图画。在十五世纪，耶稣在十字架上的画像有时也会被描绘成一场众人围观的壮观盛典。

概括地讲（当然像所有泛指一样，一定都有一些显著的例外），弥撒书手抄本并没有很多复杂的插图装饰。感恩经的细密画通常是整本手抄本中仅有的几幅大型插图，这些插图的主题象征着书中的文字内容：耶稣被钉在十字架上代表肉体与血液真实的牺牲奉献，（与颂谢词所说的一样）荣耀归于全能的天父，这时神父会咏诵：“圣、圣、圣，上主，万有的天主，你的光荣充满天地。”弥撒书中的插图正好表现这敬拜的图像：上帝在天堂的荣耀与圣子在人间的荣耀展现在耶稣受难时这最荣耀的时刻（见第2、3页跨页图）。有时，细密画也会描绘上帝手握将天堂与地球合为一体的宝球。

如果想用传统的艺术史术语来解释弥撒书中的整页细密画，而又不引用复杂的神学概念，是非常困难的。我们在这本书的其他地方也曾试着理解图绘装饰在不同种类的手抄本中的作用：教育、解释说明、装饰和增添趣味等等，这些都是可以列出的艺术创作的意义，而且我们得出的结论也是建立在一位中世纪读者确实在阅读中使用了这些插图的基础上。但是，弥撒书是一种特别的书籍种类，它是圣事的媒介。图片的作用不仅限于解释说明书中的文字，图片和文字也并非仅供读者观阅，而是为了重现宗教礼拜中最神圣的时刻。这种解释已经超出了世俗科学的范畴，而且对于那些不熟悉圣体圣事的人来说，它一定显得非常复杂。也许可以把弥撒书中的图画与圣像（icon）进行比较。圣像本身可以被视为它所代表的圣物，在信徒的眼中，主体与媒介变得不能区分，例如在圣体圣事进行时，饼与酒就是基督的肉体与血液。通俗来讲，基督的十字架圣像和庄严天父圣像在圣体圣事中成为上帝临在（presence of God）的一部分，而在其他时候它们仅仅作为绘画。但在圣父咏诵感恩经时，这些图画就是其口中所敬奉的对象，耶稣在十字架上的画像被神父虔诚地亲吻。中世纪晚期时，灵修与常识相结合，艺术家意识到频繁的亲吻会使一幅精美的画

189 对页图

美国，马里布，J. 保罗·盖蒂博物馆

Malibu, J. Paul Getty Museum, MS. Ludwig IX.7, fol. 131v

这幅1450年左右在根特或布鲁日绘制的细密画来源于一本时祷书，它很好地描绘了几位神父坐在一座中世纪教堂的唱诗班席中的场景。他们在唱纪念亡者的晚祷词，最多三位牧师同时使用一本日课经。这并不是一场弥撒，因为这场仪式并没有在圣坛举行，而且圣坛右边神父的座椅是空的。

190 左图

私人收藏

Private collection, s.n.

“Ad te levavi animam meam”（“主，我的心仰望你”，来源于拉丁文《诗篇》24:1，中文《诗篇》25:1），这是将临期的第一个主日的进台曲，而且这几乎是每本中世纪弥撒书和升阶曲集的开头。这里的首字母，可能是在1470年左右的费拉拉制作，描绘了诗篇作者将他的灵魂以一个幼婴的形式仰望着主。

作变得模糊，所以他们有时会在感恩经细密画下面的页边空白处另画一幅小的耶稣受难像或一个十字架，这样神父既可以真实地敬奉而又不会破坏书中的重要插图。

因为感恩经那里有弥撒书手抄本中最豪华的绘图装饰，所以我们也经常在这几页上找到手抄本最初拥有者的画像或盾徽（图 192）。我们可以看到中世纪神父或平信徒被画在耶稣受难像旁或带有泥金装饰的页边处。艺术品的赞助人不会因为把自己的名字或肖像图加在弥撒书最神圣的部分而感到羞愧，也不会因为在教堂高坛中，用圣坛前的巨型黄铜雕塑来纪念自己而感到惭愧，而且在类似的画作中，也有跪着的人托举卷轴以委托后人为他们祷告的场景。1924 年由勒罗奎斯（Leroquais）编辑的《圣事手册与弥撒书》（*Sacramentaires et Missels*）中的第三卷描述了法国公共收藏中大约 350 本中世纪晚期弥撒书，其中，有 100 余本手抄本包含最初拥有者的盾徽或其他能清楚表明其赞助人的标记，这是一个很高的比例了。尽管这也许不是一项随机的统计调查，但数据显示，有四分之一到三分之一的十五世纪或十六世纪早期法国弥撒书的赞助人都希望以捐赠者的身份被后人记住。

这些手抄本的赞助人各不相同，其中许多人是主教，许多幸存下来的最豪华的弥撒书就是为教会的高级教士进行泥金装饰制作的。然而，由于主教视察堂区圣堂时会检查其教堂是否有一本准确可用的弥撒书，手抄本中主教的盾徽可能仅仅表明他为某座堂区圣堂委托制作了一本，以弥补空缺，这也是一件非常有意义的事情。一份 1448 年为让・罗林二世（Jean Rolin II）采用泥金装饰制作弥撒书的合同得以幸存，罗林在 1446—1483 年间担任欧坦主教，也是菲利普三世［又称“好人菲利普”（Philippe le Bon）］的执政官。这本手抄本的文字在 1448 年已经由一位西莱斯廷修会的修道士（Celestine monk）多米尼克・库塞瑞（Dominique Cousserii）抄写完成。一位名为让・德・普兰尼斯（Jean de Planis）的艺术家在合约中承诺用泥金工艺为主教的新书装饰首字母，每一百个首字母的价格为 1 金埃居（écu），细密画的价格为每幅 15 格罗斯（gros），按照主教已经批准的画作样本进行制作。至少有七本幸存的弥撒书有这位让・罗林二世的盾徽和符号标志，其中有许多都是非常杰出而著名的作品，并且大多数手抄本都是由一位不知名的，被称为让・罗林二世画师（Master of Jean Rolin II）的艺术家进行泥金装饰（例如 Autun, Bibliothèque Municipale, mss. 131, 133-6 和 138；法国欧坦市立图书馆；还有图 191 中的弥撒书）。没有足够的证据证明让・罗林二世画师就是让・德・普兰尼斯，因为这位主教委托制作、购买了很多弥撒书（比如 Autun, ms. 141；法国欧坦市立图书馆），并把这些手抄本送给了他所在教区的教堂和小圣堂。

通常，手抄本的捐赠者都是当地的神父或堂区所属教友。根据一本弥撒书（Paris, B. N., ms. nouv. acq. lat. 1690, fol. 228r；法国国家图书馆）中感恩经开头的一个记录得知，这本手抄本由当时法国最南端的贝济耶（Béziers）教区的巴桑（Bassan）堂区圣堂的代理神父休・德・圣热内斯（Hugues de St. Genèse）委托制作，由修士伊沃（Yvo）在 1441 年书写，（记录中还提到）“愿圣热内斯的灵魂得以安息，阿门”（*cuius anima requiescat in pace, Amen*）。另一本 1451 年的弥撒书由属于普瓦捷教区的多洛纳圣母院堂区圣堂（parish church of Notre-Dame d'Olonne）的神父吉约姆・热迪（Guillaume Jeudi）为了纪念和拯救自己的灵魂而赞助制作。这些都记录于感恩经细密画下面的卷轴装饰中，细密画还描绘了这位捐赠者请求圣母和圣婴记得他的画面（Paris, B.N., ms. lat. 872, fol. 156v；法国国家图书馆）。在一本制作于 1419 年，现存于法国阿瓦隆（Avallon）的弥撒书（Bibliothèque Municipale, ms. 1, fol. 257r；法国阿瓦隆市立图书馆）的结尾处，有一段冗长而复杂的铭文记录这本书由伯尔纳・洛哈（Bernard Lorard）在科多尔省（Côte-d'Or）的维莱内莱普雷沃泰镇（Villaines-les-Prévostés）制作，当时那里的本堂助理是让・欧蒂尼・德・瑞欧默（Jean Odini de Reomo）。堂区所属教友给了伯尔纳 40 克朗（Crown）作为工作的报酬，当伯尔纳自己也分摊了此工作的一部分费用时，这些教友赠给了他红酒。这本手抄本中活灵活现的小型细密画描绘了一些风格怪异的动物和面孔，并且对于弥撒书来说，不寻常的是它有十二幅日历绘画，这绝对不是一本可以草率完成的手抄本。一般来讲，像这些在地方城镇制作的弥撒书也许并不能算作具有

191 对页图

法国，里昂，市立图书馆

Lyons, Bibliothèque Municipale, ms. 517, fol. 8r

《让・罗林二世弥撒书》的第一页宣布其内容属于欧坦大教堂习惯礼仪用法。细密画描绘了弥撒仪式的情景，在页面的边缘有在 1446—1483 年担任欧坦主教的让・罗林二世的盾徽和符号标志。他不但支付了这本手抄本的费用，在一份 1448 年的合同中也记录了他委托制作了一本由缮写士多米尼克・库塞瑞和艺术家让・德・普兰尼斯共同制作的弥撒书。

专业水准的手抄本，因为即便是在一个省级城镇中，神父几乎是唯一有读写能力的人。1423 年为艾克斯（Aix）教区的圣索维尔教堂（church of St. Sauveur）制作的一本弥撒书由缮写士“委任圣职并受俸的神父”（clericum beneficiatum）雅克·穆里（Jacques Murri）署名（Aix, Bibliothèque Municipale, ms. 11, p. 829；法国艾克斯市立图书馆）。另一本由布列塔尼的副执政官在 1457 年赞助制作的弥撒书由伊夫·埃旺（Yves Even）书写（Paris, B. N., ms. nouv. acq. lat. 172, fol. 266r；法国国家图书馆）。伊夫是北布列塔尼特雷吉耶教区（north Breton diocese of Tréguier）特罗盖里镇（Troguéry）堂区圣堂的神父。抄写手抄本可能有助于增补神父的津贴。上面提到的两本手抄本中的第一本有许多小型细密画，但它们并不那么精致，可能是在家中绘制完成。在此一个世纪前的 1366 年，有一本在根特制作完成的佛兰德斯弥撒书（The Hague, Rijksmuseum Meermanno-Westreenianum, MS. 10. A. 14；荷兰海牙梅尔马诺博物馆）其书尾题署中提到，安特卫普（Antwerp）的神父劳伦斯（Laurence）是本书的泥金装饰艺术家，他也可能是此书的缮写士。

除了弥撒书之外，另一本神父最常使用的书籍是日课经，这种书有时也是神父自己制作完成。有一本现在收藏于布鲁塞尔，仓促书写的日课经（Bibliothèque Royale, ms. 3452；布鲁塞尔比利时皇家图书馆）由亚眠教区的神父休·杜布瓦（Hugues Dubois，又名 de Bosco）抄写署名。他在手抄本中第 156 反页上记录道，他于 1464 年 11 月 6 日午饭后的两点（hora secunda post prandium）完成了手抄本的书写工作，他所抄写的样本来自阿布维尔（Abbeville）圣埃卢瓦教堂（church of St. Éloi）的神父皮埃尔·阿劳（Pierre Alou）。我们已经了解，日课经并不是在圣坛上使用的书籍，它的尺寸通常比弥撒书要小，而且常常是一本很厚的书卷（图 193），或被分为几本较薄的书卷。在中世纪英格兰，日课经通常被称为“portiforium”，即一本神父可以带到户外的书籍（“portat foras”意为“带到户外”）。这个词说明了它的尺寸小，方便携带，书中的文字通常也非常小。日课经则包含圣歌、《圣经》选读、诗篇选读、赞美诗以及从夜祷到睡前祷的时辰祈祷词。完整版的日课经则包含用红色解释文字或标题、答唱咏所标记的整本诗篇以及在篇幅很长的基督生平时序循环和圣徒节日循环中各自相匹配的日课内容。

在神父与手抄本这一章来讲述日课经有一个重要的问题，即使用它们的并非只有神父。日课经对所有的修道士来讲都是必需的，而且似乎都是平信徒在使用现存最精美的一些日课经。弥撒书就不一样了，只有授神职的神父才可以主持弥撒。许多修道

192 对页图

英国，伦敦，威斯敏斯特教堂

London, Westminster Abbey, MS. 37, fol. 157v

《李特林顿弥撒书》(*Litlyngton Missal*) 是由 1362—1386 年在任的威斯敏斯特修道院 (Westminster Abbey) 院长尼古拉·李特林顿 (Nicholas Litlyngton) 在 1383—1384 年为此修道院委托制作，李特林顿也支付了这本书的费用。这幅耶稣被钉在十字架上的细密画不但包括李特林顿的盾徽，而且在他姓名的首字母上面也用金色皇冠加以点缀。实际上，我们可以从账目卷轴上精确地了解这本书中每一项他所支付的费用，细密画的价钱是 10 先令，整本书的价格为 32 镑 17 先令 1 便士。

193 右图

瑞士，弗里堡，州立与大学图书馆，手抄本封二和第 1 正页

Fribourg, Bibliothèque Cantonale et Universitaire, ms. L. 64, binding and fol. 1r

日课经通常是体积非常小的手抄本，被神父和修道士用于咏诵从拂晓到傍晚的日课，书中的小字在昏暗的光线下一定难以清晰辨认。这本于 1400 年左右制作的小型日课经，被中世纪所有者挖空了手抄本的封二，用于装眼镜。

士和隐修院院长也都被任命为神职人员，把弥撒书看作神父所使用的书籍依然是合情合理的，因为神父也可以是一位修道士。然而，许多日课经是专门为修道士和修女所准备的，他们每天在八个时辰祈祷时咏诵日课经，可能使用此书的机会还多于堂区圣堂的神父，因为神父通常只咏诵夜祷和晚祷。“世俗式”的日课经（即在教堂使用的日课经）和修道院式的日课经之间的差别在于夜祷时辰祈祷中《圣经》选读的数量。一位堂区圣堂的神父或托钵修士在周日和节日时会读九个经书选读，在工作日时读三个。相比之下，修道士在周日和节日时会读十二个经书选读，冬天时的工作日读三个，夏天时的工作日读一个。这种差异在手抄本中体现出来，经书选读通常被编号为经书选读 I（*Lectio i*）和经书选读 II（*Lectio ii*）等等，而且并不难找到。第二种可以确定一本日课经是“世俗式”还是修道院式的方法就是查看手抄本中的日历。圣徒纪念日按照它们本身的重要性被“分级”，举个例子，如果圣本笃的纪念日（St. Benedict，3 月 21 日）与他的圣物迁移纪念日（7 月 11 日，也有可能是 12 月 4 日）在手抄本中被给予特殊的重视，那么可以推测，这本日课经是为本笃会的修道士所使用。如果日历中对像圣伯尔纳（St. Bernard，8 月 20 日）、莫莱斯梅的圣罗伯特（St. Robert of Molesmes，4 月 29 日）、塔朗泰斯的圣彼得（Peter of Tarantaise，5 月 8 日）和阿宾顿的埃德蒙［Edmund of Abingdon，11 月 16 日，他在蓬蒂尼隐修院（Pontigny Abbey）去世］的纪念日给予特殊的重视，则这本日课经可能属于西多会。因此，借助一本记录圣徒纪念日的辞典，我们可以判定一本日课经是属于奥斯定修会、多明我会、方济各会还是其他修会。如果一本日课经是为一座堂区圣堂或大教堂所制作，那么它很可能对这个教区当地著名的圣徒给予特殊重视，并且在日历中还很有可能记载着这座教堂落成奉献礼的周年纪念日。如果说一句笼统的、没有指明教堂名称的“这座教堂的落成奉献礼”（*Dedicatio huius ecclesie*）标在日历中，可能对我们帮助不大，但我们通常可以通过简单的推理来找到这本手抄本的制作地点，有

时候，调查可以通过不同方向进行。例如，现在收藏于贝桑松的一本日课经（图 194），如果我们根据其泥金装饰来判断的话，会推断它在 1485 年左右制作于鲁昂。但在日历中，圣法洛路（St. Ferreolus）和圣法路度（St. Ferrutio）的纪念日（6 月 16 日）、找到他们圣物的周年纪念日（9 月 5 日）和他们圣物迁移的周年纪念日（5 月 30 日）都用蓝色或带有光泽的金色所书写，以凸显它们的重要性。他们在法国东部贝桑松传道，并在 212 年左右殉道，离鲁昂非常远，除了贝桑松地区以外，在其他地方不大可能找到对这两位圣徒这样的崇敬。日历中 5 月 5 日那里还写着“福音书作者圣约翰大教堂落成奉献礼”（*Dedicatio ecclesie Sancti Johannis evangeliste*），这无疑是指在贝桑松的福音书作者圣约翰与圣斯德望大教堂（Cathedral of St. John the Evangelist and St. Stephen）。为什么这本书会制作于约 300 英里以外的鲁昂呢？书中许多页面上的盾徽可以解释其缘由，这些盾徽属于从 1463 年起成为贝桑松大主教的查尔斯·德·纽法查特尔（Charles de Neufchâtel）。1480 年，贝桑松被勃艮第公国的法国人征服，查尔斯被迫逃离教区并流亡诺曼底直至 1498 年去世，他一定是在流亡期间订购了这本日课经。

特别是在中世纪晚期，日课经有时也是为平信徒而进行泥金装饰制作。现存的一些最豪华的日课经与非神职人员的贵族身份有关，例如法兰西的查理五世国王（Charles V of France, Paris, B. N., ms. lat. 1052；法国国家图书馆）、贝德福德公爵（Paris, B.N., ms. lat. 17294；法国国家图书馆）、盖尔德斯－朱力克公爵（Duke of Guelders-Jülich，图 196）和卡斯蒂利亚的伊莎贝拉女王（Queen Isabella of Castile，图 195）。这其中最著名的手抄本被收藏在威尼斯，被称为《格里马尼日课经》（*Grimani Breviary*, Biblioteca Nazionale Marciana, MS. lat. I.99；意大利马尔西安那国家图书馆）。这本书并不是为红衣主教格里马尼（1461—1523 年）设计，而是他从 1514 年担任米兰驻佛兰德斯的大使安东尼奥·西西利亚诺（Antonio Siciliano）那里购买的二手书。但即使是这些非凡的作品也主要是提供给神父或修道士使用，所有高贵的王侯家族都有私人的小圣

194 对页图

法国，贝桑松，市立图书馆，细节图

Besançon, Bibliothèque Municipale, ms. 69, p. 485, detail

这本日课经适用于贝桑松大教堂的习惯礼仪用法，书中的盾徽属于在 1463—1498 年担任贝桑松大主教的查尔斯·德·纽法查特尔。这位大主教在 1480 年被迫逃离教区，来到了诺曼底。这本手抄本在不久之后制作完成，可能是为查尔斯放逐期间所在的鲁昂的大主教圣堂而制作。这幅细密画展示了一年一度壮观的圣体圣事游行。

195 右图

英国，伦敦，大英图书馆，细节图

London, British Library, Add. MS. 18851, fol. 348r, detail

这本日课经是以克里斯托弗·哥伦布（Christopher Columbus）的资助人卡斯蒂利亚的伊莎贝拉女王的名字命名，可能由她的外交官弗兰齐斯科·德·罗伊亚斯（Francisco de Rojas）在 1497 年左右委托制作。这本书在布鲁日进行泥金装饰，极可能用于一座皇家圣堂。这幅是圣托马斯·阿奎那（3 月 7 日）的日课细密画，图中描绘了教堂内钉在十字架上的耶稣雕塑奇迹般地对这位圣人讲话。

p. Ad nonā. Orō.
...mps sempit̃ne d̃s.
...tiā piam iplora
...mus clemenciam:
...edentib; b̃te barba
...nus ac m̃ris tue me
...a pc̃orꝝ pondere et
...nsidijs absoluti:
...alacres et imacula
...rere tibi iugiter ua
...s. p. Cet̃a oīa sicut
...igine in cōi.

...nicholao ep̃o ⁊ conf.
...aud. iij. et ad v̄s. Orō.
...Eus qui beatum
...nicholaū ponti
...ficem tuū innu
...decorasti miraculis:
...nobis q̃s: ut eius
...s et p̃cibus: a gehē
...endijs ⁊ a p̃icꝯibus
...ationib; liberemur.
...vi. et ix. p̃ et ba de cōi.
...r lcōes que sequũtur

sūt similiter de cōi. Smo b̃ti Au
gustini ep̃i. lectio. i.
Dominus nr̃ ihc̃ xp̃s.
et uenit ad homines.
et abscessit ab homib;: et ven
turus est ad hoies. Et tamē
hic erat q̃ndo uenit: nec re
cessit q̃ndo abscessit: et ad
eos uenturus est quib; dixit:
ecce ego uobiscū sū usq; ad
consūmationē sc̃li. Scd̃m
ergo formā serui quā susce
pit pro nobis: quoda t̃pe
natus est et occisus est: et re
surrexit: etiam nō morit̃:
nec mors ei ultra dn̄abitur.
Gaudiū lcō. ij. Tu aut.
diuinitate autē qua
equalis est patri: i
hoc mūdo erat. et mūdus p
ipm fc̃us est: et mūdus eum
non cognouit. De hoc audis
tis modo ewangeliū qd̃ mo
nuerit nos: cautos nos fa
ciens et uolens esse expedi
tos: et paratos ad expectanda
nouissima: que sunt in hoc
sc̃lo metuenda. Succedet req
es que non h̃t finē: b̃i qui
p̃cipes fā fuerit. Erit autē
nūc securi: qui modo non st̃
securi. Et iterū. Tūc timebūt:
qui modo timere noluit. Tu.
Ad hanc expec lcō. iij.
tationē et p̃pter hāc
spem: xp̃iani facti

196 前页图

美国，纽约，皮尔庞特・摩根图书馆

New York, Pierpont Morgan Library, M. 87, fols. 323v–324r

这本日课经在 1435—1440 年左右为盖尔德斯 - 朱力克公爵们的圣堂所制作，具体可能是为 1423—1473 年在位的埃格蒙特的阿诺德公爵（Arnold of Egmont）制作于荷兰北部。在右边的细密画中，跪在圣尼古拉（St. Nicholas）面前的那个人可能就是这位公爵，圣尼古拉是克里维斯（Cleves）宫廷圣堂的主保圣人。虽然这本书无疑是由公爵家族委托制作，但它一定是被一位神父所使用。

197 上图

法国，杜埃，市立图书馆

Douai, Bibliothèque Municipale, ms. 1171, fol. 9r

升阶曲集是为弥撒准备的音乐之书，这种手抄本的种类可以通过像"*Introit[us]*"（进台曲）这样的标题来辨认，图中显示的是圣诞节弥撒的进台曲。这幅图来源于一本为佛罗伦萨的奥巴蒂罗救济所（hospital of Orbatello）中的圣母领报教堂（church of Santa Annunziata）所制作的升阶曲集手抄本，由教堂的神父保罗（Paolo）在 1417 年的佛罗伦萨委托制作。

198 对页图

北美，私人收藏

North America, private collection, s.n.

与图 197 相比，这幅图来自一本日课交替合唱集，这种手抄本是为唱诗班在日课中所准备的音乐之书。手抄本中的红色标题"R"（代表 *Responsum*，意为答唱咏）作为耶稣升天节的第一个答唱咏，可以用来确定这本手抄本的类别。这本可能来自 1490 年托莱多（Toledo）的手抄本是为西班牙枢机主教，同时也是托莱多大主教的佩德罗・冈萨雷斯・德・门多萨（Pedro Gonzales de Mendoza，1428—1495 年）而制作，他的盾徽在页面下方边缘。

堂，这些装饰豪华的日课经供家族中管理小圣堂的专任神父来咏诵，而这些贵族作为手抄本的赞助人却并非日常的读者。

与日课经相关的是诗篇集，不同的诗篇按照礼拜仪式整理排列，是任何一本日课经主要的组成部分。许多堂区圣堂的神父一定都拥有诗篇集，特别是在中世纪后期，诗篇集里通常包含礼拜仪式的基本要素，如日历、连祷文和亡者日课。中世纪晚期，这种手抄本在英格兰可能比在欧洲大陆更常见（图 200）。有一份合同记录着关于为一位约克（York）的神父制作一本礼拜仪式所使用的诗篇集的有趣内容：1346 年 8 月，缮写士罗伯特・布雷克林（Robert Brekeling）来到约克大教堂（York Minster）的座堂圣职团前，确认他同意以 5 先令 6 便士的费用为约翰・福伯（John Forbor）制作一本带日历的诗篇集。之后又收取 4 先令 3 便士，用于在手抄本中以同样的字体添加亡者日课、圣歌和集祷经。合同中还详细标明了制作泥金装饰首字母的具体方式并约定由罗伯特・布雷克林亲自完成，即每一节诗篇的第一个字母都必须用品质不错的蓝色和红色精致地书写；每篇诗篇的开头都要用金色和其他颜色的大型首字母点缀；每个礼仪时辰开头都必须用一个五行大的首字母来点缀，除了《诗篇》1（*Beatus vir*，翻译为"这人便为有福"）与《诗篇》110（*Dixit Dominus Domino*，翻译为"耶和华对我主说"）以外，这两篇将用于周日的夜祷和晚祷，其开头的首字母需要六行和七行这么大。所有这些都在合同中做出详细说明。方案中还说明，所有在圣歌集和集祷经中的大型首字母都会用金色和红色装饰，但如果同一天刚好有两个节日，那么该天的圣歌集和集祷经中的首字母便使用诗篇集中的大型金色首字母进行点缀。对于这些额外的泥金装饰工作，罗伯特会再收取 5 先令 6 便士和 1 先令 6 便士作为购买泥金装饰中黄金的费用。制作这本书的总价为 16 先令 9 便士，在十四世纪这可是一大笔钱！

另一种有时在中世纪账目中会发现的款项就是在礼拜书籍中添加"音符"，这意味着在书中添加音乐，弥撒和日课中都包含大量的圣歌。礼拜仪式中音乐的起源传统上被认为可以追溯到格列高利一世。在中世纪艺术中，他有时被描绘为受圣鸽的启发，记录下"格列高利圣咏"（"Gregorian" chant）的主要内容。就像在中世纪教堂中有弥撒书和日课经这两种主要的礼拜仪式用书一样，也有两种相对应的音乐书卷。升阶曲集（Gradual）包含弥撒书中的音乐部分，而日课交替合唱集（Antiphoner）包含日课经中的音乐部分。这两种音乐书籍之间的区别就像弥撒书与日课经之间的区别一样重要，手抄本中的红色解释文字或标题同样会帮助我们区分这两种书籍。像进台曲（*Introitus*）、升阶曲（*Graduale*）、奉献咏（*Offertorium*）这样的标题会在升阶曲集中找到（图 197），而像日课开端经文（*Invitatorium*）、圣歌（*Hymnus*）、答唱咏（*Responsum*）这样的标题会在日课交替合唱集中找到（图 198）。升阶曲集最初的意思是指在阅读《使徒书信》和福音书两段经文之间所唱的答唱咏。Gradual 这个词来源于拉丁文

mo celo egressio eius et oc
cursus eius alleluya . ps.
V. Ascendit deus in iu
bilatione alleluya. R.
Et dñs in voce tube allā.
80
Celi enarrant. primo R.
Ost passio
nem su

199 左图

美国，纽约，私人收藏

New York, private collection

这是圣母蒙召升天节（8月15日）弥撒的进台曲，这本升阶曲集可能是在十五世纪晚期的布鲁日进行泥金装饰。图中的左上角，圣母玛利亚在天使的陪伴下升入天堂，图中边缘的绘画场景描绘了她的死亡与葬礼，跪着的圣托马斯在玛利亚升天时接受了从天堂落下的圣母的腰带。

200 对页图

英国，牛津，博德利图书馆

Oxford, Bodleian Library, MS. Liturg. 198, fol. 91v

这是一本在英格兰制作的十四世纪中期的诗篇集，可能属于英格兰东北部地区的习惯礼仪用法。这个首字母是为一首诗篇的开头“你们要向耶和华唱新歌”（*Cantate domino*）所装饰的，首字母中的插图描绘了在一座精致的哥特式教堂中一位神父和两名辅祭员按照读经台上的手抄本进行演唱的场景，一位演奏中世纪维奥尔琴的音乐家也被画在页面边缘。

Cantate domi
no canticum no
uum: quia mi
rabilia fecit.
Saluauit sibi
dextera eius: et
brachium sanc
tum eius.
Notum fecit dominus salutare suum: in
conspectu gencium reuelauit iusticiam suam.
Recordatus est misericordie sue: et ueritatis
sue domui israel.
Uiderunt omnes fines terre salutare dei
nostri: iubilate deo omnis terra cantate et ex
ultate et psallite.
Psallite dño i cithara i cithara et uoce psal
mi: i tubis ductilibus et uoce tube cornee.
Iubilate in conspectu regis domini: moue
atur mare et plenitudo eius orbis terrarum
et qui habitant in eo.

"gradus"，意思为"台阶"，因《使徒书信》是在通向讲经坛的台阶上进行阅读，后来这个词用来代表弥撒中所有吟唱的部分。同样，日课交替合唱集的名字来源于日课交替合唱诗，指在一篇诗篇的结尾处，由两组唱诗班轮流对唱的短句，但这个词也用来表示日课中所有吟唱的部分。

所有中世纪的教堂和修道院都应该有一本升阶曲集和一本日课交替合唱集（图 201）。来自意大利，甚至更多来自西班牙和葡萄牙的南欧升阶曲集和日课交替合唱集在泥金装饰手抄本中最为常见。现在有大量来自这些手抄本的单张作品被装裱，它们通常是十六世纪或十七世纪的作品（尽管手抄本商人可能会声称它们是更早制作的）。这些作品的尺寸通常是巨大的，因为一个唱诗班会看着同一本手抄本进行咏唱（图 202）。我们可以尝试猜测一个唱诗班有多少位成员（或教堂中光线有多昏暗），并试想把一本庞大的唱诗班曲集架起来，有多少人可以同时清楚地阅读书中的内容。这些书籍非常复杂以至于不太适合印刷，部分原因是它们体积庞大，另一部分原因是书中每页的音乐都不同。因此，在欧洲采用印刷术后的几个世纪中，这些素歌（plain-chant，亦称"格列高利圣咏"）手抄本在欧洲西南部仍然采用传统的手绘制作方式。

乐谱用黑色纽姆谱（neume，希腊语，意为"手势"或"叹息"，七至十四世纪的一种记谱法。译注）在四线或五线上书写。人们有时断言，使用五线谱说明这本手抄本是在十五世纪后制作的，虽然这是基本正确的，但有太多的例外，以至于不能用这个标准来衡量一本手抄本的制作时间。实际上，早在十三世纪，就有使用五线谱的手抄本了。这些线谱可以用一种线谱笔画出来（这种笔被称为"rastrum"，其字面意思为"长柄耙"），这种工具由四或五支间隔均匀的笔所组成，就像有许多分叉的叉子一样，可以在页面上同时画出四或五条线。当缮写士在画线时不小心有东西碰到了这支线谱笔，所画的平行线都会在同样的地方出现小波折，我们就知道，缮写士当时使用了线谱笔。

最早的升阶曲集和唱诗班曲集都没有线谱，至少从十世纪开始，礼拜仪式中的音乐就用简易的须状纽姆小符号作为标记，写在文字上面。几种卡洛林乐谱记法被使用，最著名的乐谱记法与圣加尔和洛林（Lorraine）有关，这些乐谱记法中最原始的乐谱标记就像一只蜘蛛踏到了墨水中后，漫步在页面上一样。在德国和低地国家，这些弯弯曲曲的记号逐渐演变成更有棱角的、带连着的垂直小尾巴的标记。十三世纪线谱被采用以后，这些标记就像悬着的一组短钉一样。由于这种相似性，这种在德国唱诗班曲集中的特殊的纽姆被称为"马蹄钉形记谱符号"（*Hufnagel-schrift*）。在德国和荷兰北部的手抄本中，线谱通常用黑色墨水写。

在南欧、英格兰、法国和佛兰德斯，线谱通常用红色绘制，纽姆一般没有小尾巴。以下是它们大致的用法：每个四线谱或五线谱的开头都有一个谱号，这个谱号所在的那一行即表示此行的音名是"c"或"f"。这些谱号标记来源于字母的形状，代表"c"音名的通常被写为，代表"f"的则类似（或在东欧是 ）。因此，比较简单的是，在四或五线谱线上或两线之间的音名都是根据这个已知的音名所定的：c 上面的纽姆是 d，c 下面的是 b，等等。即使在手抄本的同一页，谱号也可以在四或五线谱上变换

201 对页左图

私人收藏，前封面

Private collection, s.n., upper cover

这是一本巨大的日课交替合唱集的封面原貌，该曲集是在1520年左右为阿图瓦的圣奥梅尔（St. Omer）联合教会所制作。它用黑色、红色和黄色来进行绘画装饰，曾经的书籍封面还加有金属饰钉或饰球，以便于放在诵经台上。

202 对页右图

私人收藏，细节图

Private collection, s.n., detail

中世纪教堂庞大的唱诗班曲集被展示在诵经台上以便唱诗班所有成员都可以按照同一本手抄本歌唱。这幅细节图来自一本十五世纪初期博洛尼亚的诗篇集，图中描绘了一群方济各会的托钵修士在照着同一本唱诗班曲集唱歌。

203 右图

法国，巴黎，玛摩丹美术馆，威尔德斯坦家族收藏

Paris, Musée Marmottan, Collection Wildenstein, cat. No. 187

这幅细密画来自制作于十五世纪下半叶荷兰南部的一本异常华丽的《福音书选读集》。图中的圣经选段来自《路加福音》，用于一座教堂的落成奉献礼的弥撒仪式，细密画描绘了《路加福音》第19章的经文，讲述了基督不顾旁观者的指责，仍在税吏长撒该（Zacchaeus）的家中用餐。在图中用餐过程中，撒该站了起来并且把他一半的财产分给了穷人。

位置，谱号的上下移动可以将在不同音域上的旋律写在只有四条线的谱子上。谱子上没有小节线，在许多手抄本中，颜色比较浅的竖线只是代表乐谱下面的文字内容中相应词语的划分。一行谱子末尾的小对勾符号无声地提醒歌手下一行的第一个音名是什么。纽姆之间的距离表示音长，在一页上比较分散的纽姆会被缓慢地吟唱，两个很接近，或甚至连在一起的纽姆会作为两个八分音符来唱。如果两个纽姆是并排的，那么这两个音符会快速地重复。如果一对纽姆是竖直写的，那么下面的那个音符是最先唱的。如果一个纽姆的右下角与另一个纽姆的左上角连接在一起，那么音符是按降序排列的顺序所唱的。这些是中世纪唱诗班曲集中最基本的音符形式。纽姆可以有许多种组合形式，或对角线可以代替重复的音符，像代表。所有的这些都可以用现代的五线谱演奏。对这些很感兴趣并有敏锐听力的中世纪史学家稍加练习后，就可以照着一本中世纪唱诗班曲集直接唱出来，在片刻间重现五百年甚至更久之前在堂区圣堂或修道院中吟诵的乐曲，令人有如梦幻般陶醉。从远古时代到中世纪这些手抄本被制作时，像“求圣灵降临”（*Veni creator spiritus*）这样的一些古老圣歌旋律几乎都没有任何变化。

除了升阶曲集和日课交替合唱集之外，大多数中世纪教区还会不时地使用其他礼拜仪式手抄本。如果有一位以上的神父主持礼拜活动，就可能会需要另一本《圣经选读集》，书中包括当天相应的福音书选读（被称为“pericopes”，指《圣经》选读，图203）。一年中特殊的节日，像圣枝主日（Palm Sunday），还会用到礼拜游行用书（Processional）。这种手抄本含有在教堂周围游行时所吟诵的祈祷文、圣歌和连祷文（图204），像这样的游行可以参照图194。在伦敦新鱼街（New Fish Street）的圣玛格丽特教堂（St. Margaret's church）的庭院记录中记载了1472年该教堂所拥有的书籍，其中有六本日课交替合唱集[包括“一本包着羊(或鹿)皮纸的新的、杰出的日课交替合唱集……这是神父亨利·马德尔爵士的捐赠”（“a gret & a newe Antiphoner covered with Buk skynne··· of the gyft of sir Henry Mader, preest”）]、五本升阶曲集、十本礼拜游行手抄本（其中两本由神父亨利·马德尔提供）、三本特殊礼拜仪式用书(Manual，其中一本也是亨利·马德尔的礼物。这类手抄本为洗礼、婚礼、探访病人等特殊礼拜活动而准备）、一本礼仪规范书（Ordinal，主持礼拜仪式的规则指南）、四本诗篇集和令人欣喜的大量基督教基础指南书籍：用英语书写的《圣母的圣迹》(*The Miracles of the Virgin*)、《天主教义》[*Catholicon*，由巴布斯(Balbus)所著，它是一本实用的宗教知识百科全书]、“一本名叫《神学真理概要》的书籍”[“a boke called compendium veritatis theologice”，据推测可能是休·瑞普林（Hugo Ripelinus）所写的著名手册，其开头为“Veritatis theologice sublimitas···”，译为“神学真理的超然……”]、被保存在教堂中的圣伯尔纳所著的手册和《良心的谴责》（*Prick of Conscience*）（这两本书籍是用铁链拴在教堂中）及其他手抄本。这些书籍并非仅仅为主持礼拜仪式而使用。

当我们谈到神父会使用的书籍时，我们一定不能忽略堂区

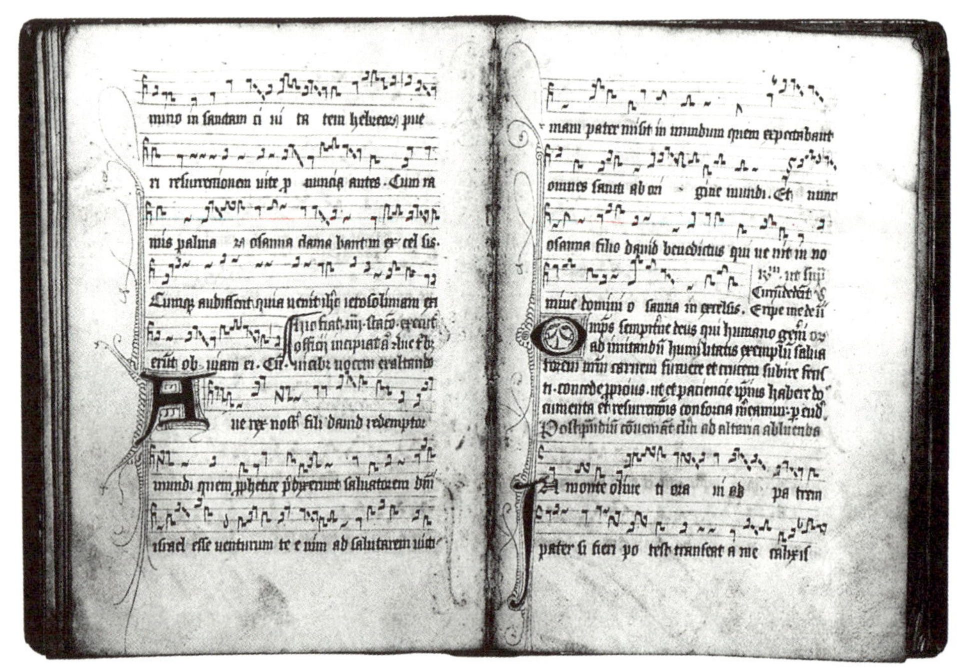

204 左图

英国，伦敦，私人收藏

London, private collection, s.n., fols. 24v–25r

礼拜游行用书是一种小型便携式圣歌书，当每年宗教节日的礼拜仪式中需要神父和唱诗班在教堂周围游行歌唱时，就会用到这种书。图中的乐谱是圣枝主日游行圣歌的一部分，来自一本十五世纪英格兰手抄本。

205 对页图

英国，伦敦，华莱士收藏馆

London, Wallace Collection, inv. M338

每位生活在中世纪的基督徒都希望在教堂的赦免和牧师的祈祷下，以一位基督徒的方式死去。这幅十四世纪晚期的博洛尼亚细密画描绘了圣母的死亡，画面前景有一位修女和一位神父，使徒在后方。圣约翰拿着加百列给他的棕榈枝，圣彼得正在热切地阅读一本手抄本。

圣堂神父的牧灵职务。神父的工作包括教导平信徒、听告解、安抚垂死和失去亲属的人（图 205）、教导儿童《圣经》故事、传道与解读《圣经》，这些职务都有相应的书籍作为辅助。这些日常使用的手抄本通常都不是很华丽，这些写着实用的宗教内容的朴素小手册不会像礼拜仪式用书那样被赋予奢侈的泥金装饰，但它们可能在神父手中几乎同样常见。一本名为《论美德与罪恶的拉丁文作品开篇词，1100—1500》［*Incipits of Latin Works on the Virtues and Vices, 1100—1500AD*，编者为布洛姆菲尔德（M.W. Bloomfield）、居约（B.-G. Guyot）、霍华德（D. R. Howard）和卡贝罗（T. B. Kabealo），由美国中世纪学院于 1979 年出版］的现代索引，汇集了中世纪论文中关于美德与罪恶的开篇词，这些论文是给予管理宗教日常工作建议的基本指南。这本书引用了超过一万本现存的中世纪手抄本和六千五百多部不同的作品，而且这还不能称之为最全面的，但一万卷的现存手抄本是一个非常惊人的数字。对于中世纪的讲道词，历史学家可以参考J. B.施内叶（J. B. Schneyer）在 1968—1980 年所著的九卷巨作《中世纪拉丁文讲道词集》（*Repertorium der Lateinischen Sermones des Mittelaters*），该作品记载了 1150 年至 1350 年间大量手抄本中数以千计的讲道词范例。目前还没有人能收集所有十五世纪的讲道词和讲道指南，现存的大量牧灵神学手抄本确实是令人望而生畏的。并不是所有这些手抄本都属于神父，也许大部分是被托钵修士使用，其他的使用者包括修道士和有文化的平信徒。在当时，偶然去教堂的访客可能会认为教堂中没有很多书籍，但那时，这些书籍代表了大量最基本的神学资源。最受欢迎的两本手册是佩尼亚福特的雷蒙德关于告解与补赎的论文《告解案例大全》（*Summa de Casibus Penitentie*）和吉约姆·佩罗（Guillaume Pérault）关于罪恶与美德

206 左图

英国，伦敦，大英图书馆

London, British Library, Add. MS. 16578, fol. 17v

《人类救赎之鉴》是一本由诗文组成的流行教学书籍，它比较了《旧约》与《新约》故事，并解释了前者如何预表了后者。图中，基督进入耶路撒冷与耶利米对这座城市命运的哀叹相关联。这本手抄本由神父奥斯特霍芬的乌尔瑞克（Ulric of Osterhofen）在 1379 年 11 月 15 日制作完成，他是一位名叫康拉德的皇家文书、缮写士的儿子。

的论文《罪恶与美德大全》（*Summa de Vitiis et Virtutibus*），这两位作者都是十三世纪多明我会的修士。十三世纪的《道德故事集》（*exempla*，指神父所使用的道德故事）中的一个故事讲述了一位普通女子一直把吉约姆·佩罗的《罪恶与美德大全》手抄本中不同的书帖部分借给不同的神父抄写（不同的书帖装订在一起构成一本手抄本），（据故事称）因此她为她所在地区的几个教区做的实际贡献比巴黎神学大师所做的还要多。当时特别有用的书籍包括盖·德·蒙托彻（Guy de Montrocher）为神父写的《堂区牧师手册》（*Manipulus Curatorum*）、格尔森（Gerson）为听告解神父写的指导《论训示、告解与死亡的认知》（*De Praeceptis, de Confessione et Scientia Mortis*）及之前提到的《神学真理概要》（*Compendium Theologice Veritatis*）。在最基础的层面上，中世纪晚期的神父对于《圣经》教学会受益于使用一些简单的教材，像《穷人圣经》（*Biblia Pauperum*），其中包含许多《圣经》故事并带有插图和先知的引文。还有稍微晚一些的《人类救赎之鉴》（*Speculum Humanae Salvationis*），书中有将近五千行的拉丁文打油诗，解释了《旧约》如何是基督的预表。现这部作品的手抄本有两百多本得以幸存，其中大约有一半都有生动而引人注目的图片（图206），这些手抄本就像教堂中描绘最后审判日的画作一样，用于教授基督的生平故事和教导最后的审判的必然性。

细心的读者会注意到，本章到目前为止还没有提到如今在每一座堂区圣堂都可以找到的书籍——《圣经》。《圣经》选读是基督教礼拜仪式的重要组成部分，也一直在中世纪礼拜仪式中使用，但这些经书选读遵循一个固定的规划，即每次阅读的段落都已经被确定。通常，对于神父来说，从《圣经选读集》、弥撒书或日课经中阅读这些选读段落比在一本完整的《圣经》中选取

207 右图

英国，牛津，博德利图书馆

Oxford, Bodleian Library, MS. Rawl. G.161, fol. 426r

在十四世纪晚期，诵经台式的大型《圣经》开始重新流行起来，例如这本来自奥地利的《圣经》手抄本由缮写士韦纳（Vena）在1399年4月30日完成。图中这页展示了《路加福音》的开头及正文前的两个序言。

要方便得多，因为当时《圣经》中的经节还没有被划分。那时，十三世纪的小型便携式《圣经》仍在流通，但书中微小的字体不适宜在读经台上朗读。

在十四世纪晚期或十五世纪早期的某个时间，诵经台式的大型《圣经》（可以放在诵经台上的《圣经》）开始重新流行起来（图 207）。这个转变在多大程度上与《圣经》在教堂中的使用、在修道院修士用餐时的阅读或自己独立的学习（或与这三个因素都）有关联，是很难知晓的，但这个转变似乎是发生在低地国家的一个现象，后来又出现在莱茵兰地区。从十四世纪开始，荷兰语的《押韵圣经》（*Rhyming Bible*）非常受欢迎，就像法国的《历史圣经》（*Bible Historiale*）一样。十五世纪，荷兰语《圣经》故事巨作在荷兰手抄本中实属最精美的手抄本，其现存数量近四十本，已知的两位手抄本的最初所有者都是神父：赫尔曼·范·罗霍斯特（Herman van Lochorst，卒于 1438 年，他是乌特勒支大教堂助祭）可能是英国大英图书馆收藏的手抄本（B. L., Add. MSS. 10043 和 38122）的所有者；埃瓦特·范·索登巴赫（Evart van Soudenbalch，1445—1503 年为乌特勒支的咏礼司铎）拥有的手抄本收藏在维也纳（Vienna, Österreichische Nationalbibliothek, Cod. 2771–2；奥地利国家图书馆）。同样，在十五世纪前半叶，体积庞大的拉丁文《圣经》手抄本也在低地国家被制作，其中一个很好的例子是一套 1402—1403 年在乌特勒支由亨利科斯·范·阿纳姆（Henricus van Arnhem）制作的四卷《圣经》（Brussels, Bibliothèque Royale, mss. 106—107 和 204—205；布鲁塞尔比利时皇家图书馆）。亨利科斯可能是一位专业的缮写士，因为他也为名为新光的加尔都西会隐修院（Carthusian Abbey of Nieuwlicht）和乌特勒支大教堂工作过。有一套 1420 年左右的三卷《圣经》现收藏于英国剑桥（Fitzwilliam Museum, MS. 289；菲茨威廉博物馆），书中乌特勒支的罗霍斯特（Lochorst）家族盾徽采用泥金装饰。一套 1430 年左右精美的五卷《圣经》来自列日，现在收藏于英国大英图书馆（图 209）。在乌特勒支的国立大学图书馆中，有一套豪华的诵经台式的六卷《圣经》（Bibliotheek der Rijksuniversiteit，MS. 31；荷兰乌特勒支国立大学图书馆），它由在 1458—1476 年间担任乌特勒支圣玛利亚座堂主任牧师的赫尔曼·德罗姆（Herman Droem）出资 500 金弗罗林于 1464—1476 年制作于兹沃勒（Zwolle）。他还委托制作了另一套更豪华的十七大卷诵经台式《圣经》，现在收藏于意大利罗马的卡萨纳塔图书馆（Biblioteca Casanatense）（图 183），在 1476 年赫尔曼去世时这部巨作可能仍未完成。这些都是非常庞大又壮观的手抄本，但它们却并非仅是特殊的个案。很有可能，被称为"现代虔敬"（*Devotio Moderna*）和"共同生活弟兄会"（Brothers of the Common Life）的这两个运动与诵经台式《圣经》的复兴有关。杰勒德·革若特（Gerard Groote，1340—1384 年）在低地国家创立了"共同生活弟兄会"，他倡导回归《圣经》的基本教义并发起灵修生活的复兴运动，其特点包括平信徒参加礼拜仪式及

208 左图

奥地利，维也纳，奥地利国家图书馆，细节图

Vienna, Österreichische Nationalbibliothek, Cod. 1576, fol. 9r, detail

托马斯·厄·肯培是一位缮写士兼作家。在 1481 年之后不久，这本写着其著作《效法基督》的手抄本在布鲁日为博杜恩·德·兰诺伊（Baudouin de Lannoy）所制作。手抄本开头的细密画描绘了托马斯·厄·肯培在阿格尼腾堡修道院他自己的房间中书写手抄本，另外两名咏礼司铎拿走了一本已经完成的手抄本。

209 对页图

英国，伦敦，大英图书馆

London, British Library, Add. MS. 15254, fol. 13r

这幅《创世纪》的首页来自一套庞大的五卷拉丁文《圣经》，这套书籍在 1430 年左右进行泥金装饰，它属于列日的圣雅克隐修院。

ohis II Iude

accepimus a pře. Et nūc rogo te dñā
non tanq̄ mādatū nouū scribēs tibi:
sed qđ habuimꝰ ab initio: ut diliga-
mus alterutrū. Et hec ē caritas: ut am-
bulemꝰ scđm mādata eiꝰ. Hoc enim ē
mandatū: ut quemadmodū audistis
ab inicio in eo ambuletis: qm̄ multi se-
ductores exierūt ī mūdū q̄ nō cōfitent
ihesū cristū venisse in carnē. Hic ē sedu-
ctor ⁊ anticristus. Videte vosmetipos
ne perdatis q̄ operati estis: sed ut mer-
cedem plenā accipiatis. Omīs q̄ rece-
dit et nō pmanet ī doctrina cristi: deū
nō habet. Qui pmanet ī doctrina: hic
patrē et filiū habet. Si q̄s venit ad vos
et hāc doctrinā nō affert: nolite recipe-
re eū ī domū: nec aue ei dixeritis. Qui
enī dicit illi aue: cōmunicat operib⁊ eiꝰ
malignis. Plura habēs vobis scribe-
re: nolui p cartā et attramentū. Spero
enī me futurū apud vos: et os ad os
loqui: ut gaudiū vr̄m plenū sit. Sa-
lutāt te filie sororis tue electe. Explicit
epla secunda iohis apli. Incipit ar-
gumentū in epistolam terciam.
Gaiū pietatis causa extol-
lit atq; ut in ipsa pietate
maneat exhortatur: diotre-
pem impietatis et supbie
causa obiurgat: demetrio aūt bonū
testimoniū phibet cum fratribus uni-
uersis. Explicit argumētū. Incipit
epistola iohis tercia. capitl' primū.
Senior: gaio carissi-
mo: quē ego diligo
in veritate. Carissi-
me: de oīb⁊ orati-
onem facio prospe-
re te ingredi et vale-
re: sicut prospere agit aīa tua. Gavisꝰ
sum valde venientib⁊ fratribus ⁊ testi-
moniū phibentibus veritati tue: sicut
tu in veritate ambulas. Maiorē horū
nō habeo graciā: q̄ ut audiam filios
meos in veritate ambulātes. Carissi-
me: fideliter facis quicqđ operaris in
fratres: ⁊ hoc ī peregrinos: q̄ testimoni-
um reddiderūt caritati tue in conspectu
ecclesie: quos benefaciens deducis di-
gne deo. Pro nomine enim eiꝰ pfecti
sunt: nichil accipiētes a gētilib⁊. Nos
ergo debemus suscipere huiusmodi:
ut cooperatores simus veritatis. Scri-
psissem forsitan ecclesie: sed is q̄ amat
pmatum gerere in eis diotrepes: non
recipit nos. Propt̄ hoc si venero com-
monebo eius opera que facit: verbis ma-
lignis garriēs in nos. Et quasi nō ei
ista sufficiant: neq; ipe suscipit fr̄es: ⁊
eos qui suscipiūt phibet: ⁊ de ecclesia
eicit. Carissime noli imitari malum:
sed qđ bonū est. Qui benefacit ex deo
est: qui malefacit nō videt deū. Deme-
trio testimoniū redditur ab oīb⁊ ⁊ ab
ipa veritate: sed ⁊ nos testimoniū per-
hibemus: ⁊ nosti qm̄ testimoniū nr̄m
verū ē. Multa habui tibi scribere: sed no-
lui p attramētū et calamū scribere tibi.
Spero aūt protinus te videre: ⁊ os ad
os loquemur. Pax tibi. Salutant te
amici. Saluta amicos per nomē. Ex-
plicit epla tercia iohis apli. Incipit
argumētū ī eplam beati iude apli.
Iudas apostolus fratres de corrupto-
rib⁊ vie veritatis ita informat: ut illici-
tum esse discernat de subiugo semel eru-
tos servitutis: denuo operā suā officiis
nouare seruilibus. Explicit argumē-
tum. Incipit epla beati iude apli.
Iudas ihesu cristi seruus frater autē
iacobi: hiis qui sunt in deo patre dile-
ctis: ⁊ cristo ihesu conseruatis et voca-
tis. Misericordia vobis et pax et cari-
tas adimpleatur. Carissimi omnem

对基督教基础书籍进行实际的学习。《效法基督》（*Imitation of Christ*）的作者托马斯·厄·肯培（Thomas à Kempis，1380—1471年）在1427年至1438年间抄写了一套五卷的诵经台式《圣经》（Darmstadt, Hessische Landes-und Hochschulbibliothek, MS. 324；德国达姆施塔特工业大学与州立图书馆）。兹沃勒附近的阿格尼腾堡修道院（monastery of Agnietenberg）的史事记录者记载了托马斯·厄·肯培“也抄写了我们完整的《圣经》与许多其他书籍，这些工作既包括我们这个修道院所委托的，也有其他地方委托的”（图208）。同样地，在代芬特尔（Deventer）的“共同生活弟兄会”成员也职业性地制作手抄本，这个弟兄会的规定中有一个关于抄写书籍的段落：指导缮写士把他们所写的样本展示给潜在的客户看、在开始工作之前制定明确的合同以及为所做的业务获取报酬。

如果我们能知道十五世纪诵经台式手抄本的传播与这些手抄本最重要的装备——诵经台之间是否有关联，那将会非常有意思。这些诵经台也由低地国家和德国传播到欧洲各地，十五世纪前制作的摆放在堂区圣堂中的诵经台幸存数量极少，但中世纪晚期在莱茵兰和荷兰南部的诵经台较为常见，例如一座1483年在图尔奈的诵经台与另一座1484年在阿特（Ath）附近谢夫尔（Chievres）的诵经台。布鲁塞尔的雷乃·范·蒂宁（Renier van Thienen of Brussels，活跃于1464—1494年）因制作黄铜诵经台和教堂其他装备而闻名。在迪南（Dinant）和布拉班特（Brabant）制作的十五世纪和十六世纪初的诵经台远在爱丁堡、威尼斯和西西里岛都有使用。

考虑到诵经台式《圣经》在十五世纪欧洲西北部的显著成功，我们可以简要地了解一下最初的印刷书籍。印刷术这项发明在欧洲的流传与荷兰有关联，但实际上却是由约翰内斯·古腾堡（Johannes Gutenberg）与他的同伴在十五世纪中期莱茵兰的美因茨利用活字印刷术所实施。手写书籍与印刷书籍之间除了技术上明显的区别之外，最根本的区别在于手抄本的出版商会先接受委托制作的请求，之后再制作书籍，但一位印刷商会先花费一些资金同时印刷几百本同一版本的书籍，之后再在市场上进行营销出售。因此，印刷商会选择有一定市场的书籍进行制作。印刷商所选择出版的书籍对我们来讲很重要，因为这能使我们深入了解十五世纪中期最稳定的书籍市场。在对不同作品进行短暂的印刷实验后，古腾堡的第一个主要项目就是印刷拉丁文《圣经》，这就是著名的《古腾堡圣经》，亦称《四十二行圣经》（制作时间在约1450—1455年），它是典型的诵经台式的两卷册《圣经》。这些印刷的《圣经》在北欧各地都有销售，有些《古腾堡圣经》中最初的绘画装饰作品可以归功于来自美因茨、莱比锡（Leipzig）、梅尔克（Melk）、奥格斯堡（Augsburg）、埃尔福特（Erfurt）、巴塞尔（Basel）、布鲁日（有三套《圣经》作品）和伦敦的泥金装饰艺术家。这些印刷品通常看上去和手抄本一模一样，在H. J. 托德（H. J. Todd）1812年所写的藏品目录中，英国兰贝斯宫（Lambeth Palace）收藏的那套《古腾堡圣经》就被错误地描述为一本手抄《圣经》（图210）。显而易见，最早的印刷商机智地利用了一个具有广泛前景的诵经台式手抄本市场。

在美因茨最早印刷的其他书籍包括第二套诵经台式《圣经》、1457年制作的礼拜仪式所用的诗篇集（这本不是在修道院使用，而是在教堂使用）、1459年制作的杜朗德斯（Durandus）的《圣礼论》（*Rationale Divinorum Officiorum*，介绍堂区圣堂礼拜仪式的基础手册）、1460年及之后制作的《天主教义》［其中有一本在英国伦敦的圣玛格丽特堂区圣堂（St. Margaret's parish church）］以及十五世纪六十年代早期制作的圣奥古斯丁所著的关于讲道的技巧书籍。

回到本章开头，在十五世纪走进一座堂区圣堂，我们很可能会看到很少的书摆在教堂里，但在精明的印刷商眼中，神父和教堂所使用的书籍无疑是最多的。

210 对页图

英国，伦敦，兰贝斯宫图书馆

London, Lambeth Palace Library, MS. 15, fol. 119v

《古腾堡圣经》，亦称《四十二行圣经》，是在欧洲印刷的第一本意义非凡的书籍，1454—1455年左右在美因茨完成。它与手抄本很相似，页面也留有空白部分供手绘泥金装饰。显然，这本《圣经》的印刷版被送到欧洲各地进行销售，到达目的地后再进行彩绘装饰。图中的这本被送到了英格兰，它很有可能是在伦敦添加泥金装饰。它与那个时期的诵经台式《圣经》手抄本是如此相似，以至于在十九世纪以前，它一直被误认为是一本手抄本。

第八章

收藏家与手抄本

书籍收藏家们一直都热衷于拥有历史上著名藏家收藏过的书籍。北美最文雅的爱书者协会取名为格罗列俱乐部（Grolier Club），是为了纪念鉴赏家让·格罗列（Jean Grolier，约 1489—1565 年）。如今拥有一本格罗列个人书房的藏书是一种殊荣，而格罗列自己则拥有一本甚至更为高贵的书籍：苏维托尼乌斯作品的手抄本。这本手抄本来自法国国王路易十二（Louis XII of France）与米兰维斯孔蒂家族的图书馆。在此之前，这本书由（意大利人文主义者）弗兰切斯科·彼特拉克（Francesco Petrarch，1304—1374 年）收藏。现此书藏于英国牛津大学埃克塞特学院（图 212）。彼特拉克热爱并研究古希腊、古罗马文学，对于一本古典文学手抄本来讲，能与藏书家拥有如此完美的联系，恐怕绝无仅有。

人文主义收藏家贝尔纳多·本波（Bernardo Bembo，1433—1519 年）对拥有两本他误以为是彼特拉克真迹的手抄本（Biblioteca Apostolica Vaticana, MSS. Vat. Lat. 3357 和 3354；梵蒂冈图书馆）引以为豪，但他拥有一本可以被认为是有史以来收藏记录最出色的书籍——但丁《神曲》的手抄本。这本手抄本是在 1351 年左右，由薄伽丘（1313—1375 年）赠送给彼特拉克。

弗兰切斯科·彼特拉克在意大利人文主义的创始人之中以及在书籍收藏方面可以称为一位伟人（图 213）。现在可以论证的是，他并不是第一位因为对古希腊、古罗马文学的热爱而受到启迪的学者，他在遵循由洛瓦托·洛瓦蒂（Lovato Lovati，1241—1309 年）等人引领的帕多瓦传统（Paduan tradition）。尽管如此，彼特拉克仍然超越了他们，被称为最伟大的作家、诗人、古典文学家和收藏家之一。彼特拉克在父亲从佛罗伦萨被放逐时出生于阿雷佐（Arezzo），并在托斯卡纳与阿维尼翁（Avignon）长大，在他年幼时，父亲曾送给他一本十二世纪的伊西多作品手抄本，这本手抄本幸存了下来（Paris, B. N., ms. Lat. 7595；法国国家图书馆）。这其中还有一个故事，讲述了彼特拉克的父亲认为他的儿子花太多时间在古典诗歌上，就把孩子的书籍扔进了火里，但随后就后悔了，把已经烧得冒烟的维吉尔和西塞罗作品手抄本拿了出来。当彼特拉克大概 21 岁时，他在父亲的帮助下委托制作了一本杰出的手抄本，文字内容包括维吉尔的作品和塞尔维乌斯对维吉尔作品的评述以及其他文章，这本手抄本在 1326 年 11 月不幸被盗。当彼特拉克在十二年后终于找到它的时候，他委托杰出的艺术家西蒙·马丁尼（Simone Martini，1283—1344 年，图 214）为这部手抄本制作了一幅华丽的卷首插画。彼特拉克在二十岁出头时，就已经开始尽可能完整地收集李维的作品，其中一本李维作品的样本来自沙特尔大教堂（Chartres Cathedral），这本样本是从五世纪的一本李维作品手抄本抄写下来的。我们之前在第二章曾提到过这本五世纪的手抄本，其拥有者为奥托三世。当彼特拉克仍在阿维尼翁时，他在古老的图书馆搜寻他没有看过的古典文学作品，找到了塞内卡的《悲剧》（*Tragedies*）、普罗佩提乌斯（Propertius）的作品和西塞罗的《为阿基阿斯声辩》（*Pro Archia*）。之后，他又从意大利的彭波萨修道院（Pomposa Abbey）和蒙特卡西诺（Montecassino）收购了书籍。1345 年，他在维罗纳的老圣堂图书馆发现了西塞罗的《给阿提库斯的书信》（*Letters to Atticus*），这令他万分高兴。彼特拉克系统性地建立了一套完整的古代作家的幸存作品集。他写诗、爬山、旅行、与人交谈、写作、进行学术研究以及与一位名为劳拉的女子坠入爱河。对后世来讲，他是一位全能的人文主义学者与古物研究家的典范，他的图书馆馆藏无疑是有史以来最伟大的私人收藏之一。1362 年，他提出要把他的书籍捐赠给威尼斯，条件是这座城市将收藏这些书，并且在他有生之年让他居住在那里。威尼斯共和国同意了这个提议，彼特拉克也搬进了为他准备的宫殿。几年后，他再次离开了威尼斯，貌似认为这桩交易是无效的。在一栋离帕多瓦不远的小房子中，彼特拉克继续生活，直到 1374 年 7 月 18 日去世。他的一部分书籍被分散在他不同的亲属那里，另一部分

LAVDES BELLICAE
ILIACAS ALII
FLAMMAS THE
BANAQVE FRA
TRVM ARMA:
ET IASONIIS
INSIGNEM HEROIBVS ARGO
Astrorum cursus: & ditis inania regna,
Fictaq; pierio referant miracula cantu:
Nos propriis spectanda oculis: nos inclyta dextrae
Facta tuae canimus: quibus aurea sydera viuus
Tangis: & aetherias fama petis arduus arces:
Sed sine te nunq tenues ad carmina tanto
Subsistant uires oneri: tu numine toto
Dexter ades: da maeoniam tua facta canenti
Matthia coruine chelyn: si delphica parent
Templa tibi: sentitq; frequens tua nomina cyrrha
Si musae si phoebus amant: hoc tempore solus
Carminibus si digna facis: quae nulla uetustas

被他最后的赞助人弗兰切斯科·诺维洛·达·卡拉拉（Francesco Novello da Carrara）所收藏，之后进入了维斯孔蒂-索佛萨图书馆（Visconti-Sforza library）。约44本幸存下来的来自彼特拉克图书馆的手抄本已经被辨识出来，其中任何一本都是珍贵遗产，值得被在他去世后活跃的人文主义学家所瞻仰。

彼特拉克与文艺复兴时期的人文主义书籍爱好者之间最直接的关联就是他们都有共同的爱好，对这种爱好的热情在许多人之间相互传递，诗人乔万尼·薄伽丘在他的晚年生活中热情地投身于以彼特拉克为中心的诗人和收藏家圈子。从十四世纪五十年代起，薄伽丘和彼特拉克就成为亲密的好友，并且经常到彼此的家中相互探望（图216）。薄伽丘也收藏了许多精美绝伦的书籍，并捐赠给佛罗伦萨的奥斯定修会圣灵修道院（Augustinian convent of Santo Spirito），其中包括一本现收藏于柏林（Staatsbibliothek Preussischer Kulturbesitz, MS. Hamilton 90）有他亲笔签名的《十日谈》。薄伽丘认识并鼓励过克鲁乔·萨卢塔蒂（Coluccio Salutati，1331—1406年），克鲁乔·萨卢塔蒂从1375年直至去世时都是佛罗伦萨的执政官，他宠爱的人包括莱昂纳多·布伦尼（Leonardo Bruni，1369—1444年）、尼科洛·尼科利（Niccolò Niccoli，约1364—1437年）和波吉奥·布拉乔里尼（Poggio Bracciolini，1380—1459年）。这些人在本章中都非常重要，他们对书籍的热爱启迪了科西莫·德·美第奇（Cosimo de' Medici，1389—1464年）。由此我们进入了文艺复兴时期高贵的书籍收藏的时代，其基础是古希腊、古罗马文学研究与艺术的复兴。

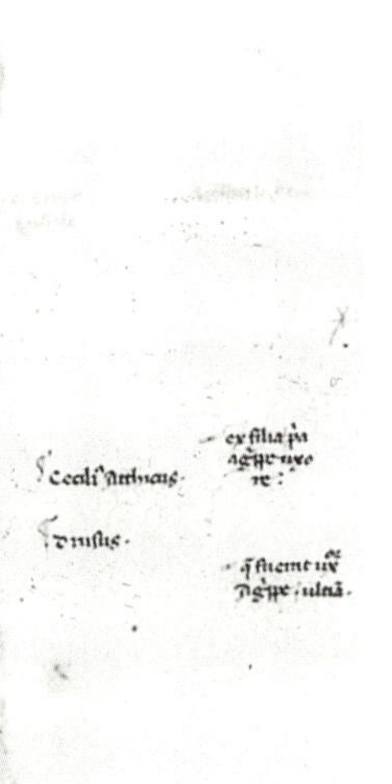

211 前页图

德国，沃尔芬比特尔，奥古斯特公爵图书馆

Wolfenbüttel, Herzog August Bibliothek, Cod. 85, 1.1, Aug. 2°,fol.3r

这本手抄本中写有亚历山德罗·柯特西（Alessandro Cortesi）所创作的诗。它是在1485—1490年左右为皇家书籍收藏者匈牙利国王马提亚斯·科维努斯所准备，由缮写士巴尔托洛梅奥·桑维托在罗马书写。本图以错视画（*trompe l'oeil*）技巧绘制，就像老旧手抄本的一页被钉在一座古希腊、古罗马古迹上一样。

212 上左图

英国，牛津，埃克塞特学院，细节图

Oxford, Exeter College, MS. 186, fol. 24r, detail

二世纪历史学家苏维托尼乌斯所著的《诸恺撒生平》（*Lives of the Caesars*）是古罗马早期帝国历史记录的主要来源。这本手抄本由彼特拉克在1345年至1351年间收购。页面边缘的笔记是彼特拉克亲笔所写。后来，这本手抄本由米兰公爵维斯孔蒂家族与伟大的法国文艺复兴时期的藏书爱好者让·格罗列所收藏。

213 上右图

德国，达姆施塔特，工业大学与州立图书馆

Darmstadt, Hessische Landes- und Hochschulbibliothek, MS. 101, fol. 1v

弗兰切斯科·彼特拉克通常被认为是意大利人文主义的创始人。在这幅十四世纪晚期的画作中，彼特拉克被描绘成一位学者，坐在配备最理想的书房里，翻阅着手中的手抄本，书桌上散落着书籍和写作材料。在这个小房间，书架上、柜子里、抽屉中和地板上都堆满了手抄本。还有一只猫睡在图中右下角。

214 对页图

意大利，米兰，安布罗西安图书馆

Milan, Biblioteca Ambrosiana, S.P. Arm. 10, scaf. 27(A 49 inf), fol. 1v

大约在1325年，彼特拉克委托制作了一本维吉尔作品的手抄本，里面还包括四世纪文法学家塞尔维乌斯·诺拉图斯（Servius Honoratus）对其作品的评述。这本手抄本在1326年被盗，但1338年彼特拉克又找到了它，那时，他已经住在阿维尼翁。在1340年左右，他欣喜地委托艺术家西蒙·马丁尼为这本手抄本绘制了一幅华丽的卷首细密画。

Ytala pclaros tellus alis alma poetas
Sz tibi grecor dedit hic attingere metas.
Servius altiloquii retegens archana maronis.
Ut pateant ducib; pastorib; atq; colonis.

观察这些早期佛罗伦萨古典文学爱好者的职业生涯，有时很难把他们对拉丁文文学研究纯粹的热爱与对书籍收藏的喜悦进行区分。一直以来，尽管讽刺作家可以取笑藏书爱好者或收集任何物品的收藏家［正如一位作家在 1988 年 1 月的《今日历史》（*History Today*）杂志中，评论此书英文第一版所做的一样。但除此之外，这还是一篇比较友善的评论］，但对书籍收藏的爱好与热情还是在克鲁乔、尼科利、波吉奥等这样的古籍善本收藏者中蔓延开来。与中世纪时期以实用性为目的来拥有书籍的观念相左，对书籍收藏的热情本身就代表了向人文主义和文艺复兴迈进的重要一步。成为一位人文主义收藏家并不代表这是一个职业的选择，而是出自对书籍的喜爱，这是一种非常现代的观念。像许多现代伟大的收藏家一样，克鲁乔从很小的时候就开始收藏书籍，在他二十多岁时他已经购买拉丁文手抄本了，比如他收藏的一本普里西安（Priscian）的作品手抄本现收藏于意大利佛罗伦萨（Biblioteca Medicea-Laurenziana, MS. Fiesole 176；美第奇劳伦佐图书馆）。克鲁乔一定在拿自己与他心中的古罗马英雄西塞罗做比较。西塞罗作为一位任职多年、身兼重职的政治家，他拥有一群温文尔雅、德才兼备的朋友，西塞罗正是这些人脉关系所组成的智慧网的中心人物。克鲁乔著名的图书馆收藏了西塞罗遗失已久的《致友人》（*Letters to his Friends*），这部作品在韦尔切利的大教堂图书馆被重新发现。他的图书馆还有提布鲁斯最古老完整的作品集与三本最古老的卡图卢斯（Catullus）作品手抄本之一。所有的古典书籍爱好者当时都被鼓励去参观他在佛罗伦萨的图书馆，他的图书馆至今大约有 120 本手抄本幸存了下来，例如一本有克鲁

215 右上图

私人收藏，细节图

Private collection, s.n., fol. 1r, detail

大约有 120 本来自克鲁乔·萨卢塔蒂私人图书馆的手抄本幸存下来。他收购这些书籍时，其中有许多已经是古籍了。他所收藏的书籍有时可以通过书中第一页上面的数字记号来辨别，在这个例子中，数字 4 后面跟着单词“Carte”和用罗马数字所写的这本书所用的纸张数量。这个例子来自加里奥邦图斯（Gariopontus）的《疾病与治疗手册》（*Liber Passionarii*），这是一本由 94 张纸组成的十二世纪医学手抄本。克鲁乔可能在十四世纪七十年代获得了此书。

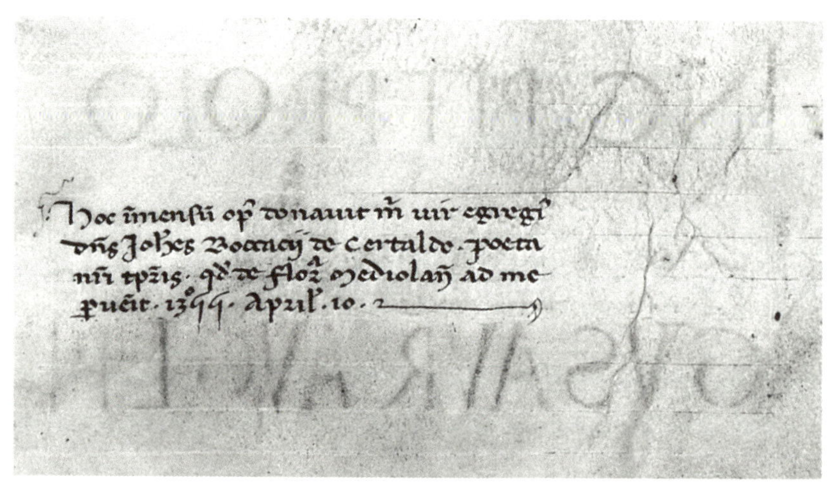

216 右下图

法国，巴黎，法国国家图书馆，细节图

Paris, Bibliothèque Nationale, ms. lat. 1989, vol. 1, fol. 1r, detail

彼特拉克与薄伽丘是朋友。这本十一世纪写有圣奥古斯丁著作的手抄本的第一页上，彼特拉克亲手写的笔记可以被翻译为“我们这个时代伟大的诗人，来自切塔尔多（Certaldo）的乔万尼·薄伽丘，他从佛罗伦萨来米兰拜访我的时候，给了我这部伟大的作品，1355 年 4 月 10 日”。

乔亲笔字迹的塞内卡作品手抄本（B.L., Add. MS. 11987；英国伦敦大英图书馆）。克鲁乔的笔迹有时可以利用他加在书中的一个独特特征辨认出来：像许多现代的收藏家一样，他会数每本手抄本的页数，并在每本手抄本第一页的顶部亲笔记录这个数字（图 215）。

尼科洛·尼科利比克鲁乔年轻三十岁左右，他活到了 1437 年，这时早已进入了真正的文艺复兴时期。他并非家财万贯（他父亲做布料生意），但仍足够富裕，并把一生奉献给了收藏。他曾经为了购买手抄本而卖掉了几个农场。在他去世时，他拥有一流的图书馆藏书，却在美第奇银行中有大量的债务。他是一位严肃并令人敬重的评论家。当他的朋友在欧洲各地寻找手抄本时，尼科利留在了佛罗伦萨并鼓励他的朋友远征，当他们带回宝物时，会交给尼科利让他鉴定及评价。我们不由自主地将他与碧雅翠丝·波特（Beatrix Potter）所写的一个现代故事——《松鼠胡来的故事》（*Tale of Squirrel Nutkin*）中的猫头鹰布朗老先生做对比。故事中，小松鼠们必须在猫头鹰布朗老先生的门前献礼物，这样才能得到他的批准，在他的岛上采集坚果。尼科利对生活非常讲究，穿着也很时髦，他会穿一件一直垂到地上的红色长袍。据维斯帕西亚诺·达·比斯蒂奇（Vespasiano da Bisticci，1422—1498 年，我们稍后也会介绍他）记载，尼科利从未结过婚，但“他有一位女管家可以满足他的所需”［我们从别处得知，她的名字是本弗努塔（Benvenuta）］。他收藏的手抄本都非常杰出，以至于他的图书馆成了学者和藏书爱好者的雅集之处。新藏书爱好者会因一位执着而权威的藏书家极大的感染力而受到启发。并且（据藏书效果来判断），在尼科利家漫长的夜晚聚会中，讨论并比较购买的书

217 右图

意大利，罗马，梵蒂冈图书馆

Rome, Biblioteca Apostolica Vaticana, MS. Urb. lat. 224, fol. 2r

波吉奥·布拉乔里尼凭借毕生的精力、打动人心的魅力及永不止息的热情将书籍收藏带入了佛罗伦萨的文艺复兴时期。这幅他的肖像画由佛罗伦萨泥金装饰艺术家弗兰切斯科·德·安东尼奥·德尔·奇里欧在1470年左右绘制。图中，年长的波吉奥手中拿着一本打开的书——他的个人著作《论命运的变化》（*De Varietate Fortunae*）。

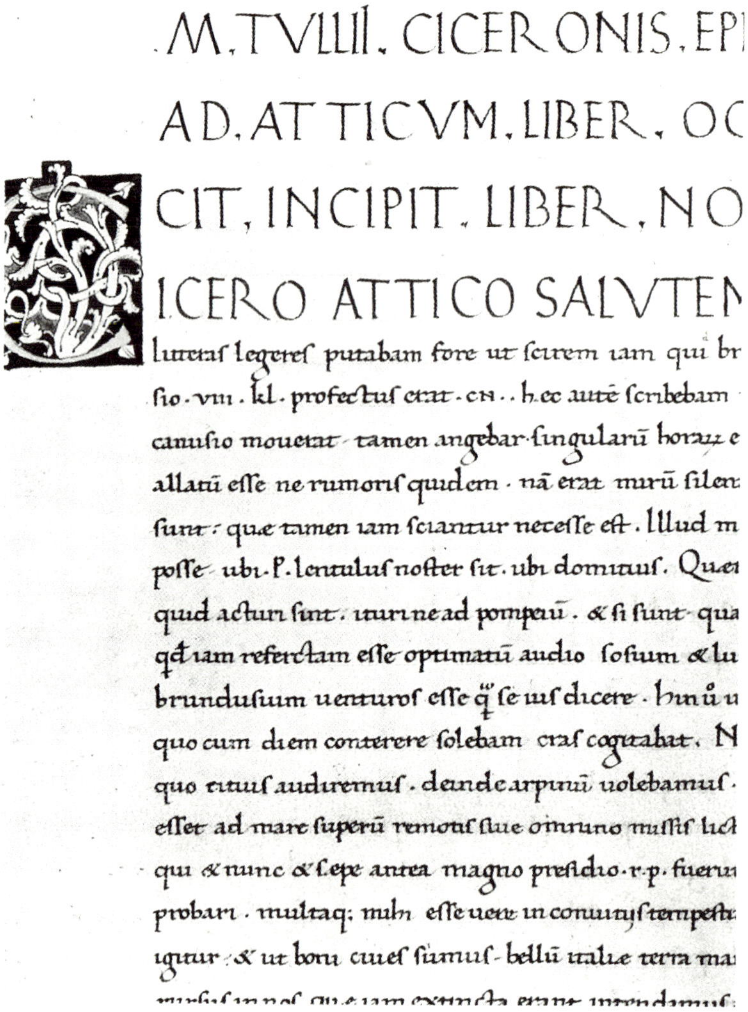

籍是令人兴奋并充满极大乐趣的事情，以至于令整整一代的收藏家们沉迷于书籍的搜寻中。这种现象可以用史学概念来解释，人文主义被定义为因为热爱学习而学习（在这里确实是正确的），并把重新发现古典拉丁文书籍当作一个学术科目来对待，这其中需要书籍作为研究工具。但对一位收藏家来说，收藏本身便蕴含着一种更基本和直接的快乐。

这种乐趣当然也体现在波吉奥·布拉乔里尼的生活中，波吉奥是第三位伟大的佛罗伦萨古典文学研究者，他把对古籍收藏的热爱带到了文艺复兴时期（图 217）。在十四世纪九十年代末，不到 20 岁的波吉奥放弃在博洛尼亚法学院的学习来到佛罗伦萨。在他身无分文寻找工作之际，克鲁乔和尼科利成了他的朋友，他们一起设计了一种新的手抄本抄写方法（我们稍后会讲到）。1403 年末，波吉奥找到了一份在罗马教皇法庭做文书的工作。他收藏书籍真正的机遇是在 1414 年 10 月，那时他作为教皇的缮写士来到德国参加康斯坦茨会议（Council of Constance），这个会议持续了四年，一位当地的史事记录者自豪地记录了参加这次会议的有 72460 人的惊人数字。在这场盛大的聚会中，必然有空闲时间，而波吉奥充分地利用了这些时间。他去了康斯坦茨湖周围及更远地方的不同图书馆，找到了大量以前未被发现的古典文学作品，并（在许可的地方）摘录了这些作品，这令他在佛罗伦萨的书籍爱好者朋友们钦佩不已。1415 年年初，他在克吕尼隐修院（Cluny Abbey）发现了西塞罗的演讲手抄本，并把它寄给了尼科利。1416 年夏天，他来到了圣加尔旧修道院图书馆，找到的书籍包括当时还不为人所知的瓦勒里乌斯·弗拉库斯（Valerius Flaccus）的部分作品，并首次找到了昆提利安（Quintilian）完整的作品集。那里的修道士不让他带走昆提利安的作品手抄本（幸运的是，这本手抄本仍在瑞士，Zurich, Zentralbibliothek, MS. C.74a；苏黎世中央图书馆），但他借来了这本手抄本，根据不同的记录记载，他花了 32 天或 54 天把这本手抄本全部抄了下来。无论如何，这是一本很厚的书，波吉奥一定希望修道士可以把手抄本给他。第二年，他与一些参加会议的朋友一起去了德国和瑞士的其他修道院，并在夏天的时候到达了法国。他们找到了卢克莱修（Lucretius）、西利乌斯·伊塔利库斯（Silius Italicus）、科隆梅拉（Columella）、维特鲁威（Vitruvius）以及在那时还尚未被发现的更多西塞罗的作品。数百年前当意大利以北地区的国王们效仿古罗马帝国建造皇室图书馆的时候，很多手抄本就已经来到了这些地方，现在这些书籍又逐渐回到了意大利。波吉奥把这些书籍的所在之处称为“监狱”，他觉得把它们从“监狱”中取出并不总是一件容易的事，并形容书籍的所有者为“粗鲁与可疑的”（barbari et suspiciosi）。当这位善于表达的意大利年轻人与修道院的图书馆馆员会面并决心说服他们放弃手抄本时，我们很难不同情这些图书馆馆员。

会议结束后，波吉奥去了英格兰（他说那里的晚宴无聊得令人难以置信），最后又回到了意大利。在这里，他新发现的作品被纳入古典文学典范作品集。越来越多的书籍收藏家对古罗马文化充

218 上图

德国，柏林，国立博物馆，细节图

Berlin, Staatsbibliothek Preussischer Kulturbesitz, MS. Hamilton 166, fol. 96r, detail

这本西塞罗的《致阿提库斯》手抄本由波吉奥在 1408 年的佛罗伦萨亲自抄写。这本手抄本的风格是波吉奥与他的古籍收藏家朋友们所创立的非常早期的风格范例：整页以单栏排版形式、用一种新的圆润清晰的字体所书写，首字母以盘绕的白藤蔓装饰。这本手抄本后来可能被科西莫·德·美第奇所拥有。

219—220 对页图

英国伦敦与挪威奥斯陆，史柯源收藏，细节图；德国柏林，国立博物馆，细节图

London and Oslo, The Schøyen Collection, MS. 668, detai; Berlin, Staatsbibliothek Preussischer Kulturbesitz, MS. Hamilton 125, fol. 136v, detail

这种新的以白藤蔓装饰的人文主义风格首字母来源于十二世纪的范例。对比这两张图：第一张图来自一本十二世纪上半叶可能在托斯卡纳制作的《圣经》手抄本中的首字母“V”，第二张图来自一本可能在 1408 年之前，由波吉奥在佛罗伦萨抄写的恺撒著作手抄本中的首字母“B”，显然绘制两个首字母所用的颜色很相似。

满热情，这种热情启发他们整理、编纂一套尽可能完整的拉丁文古典文学作品集。如果不能收藏古罗马手抄本原件（这也是一个不可能的愿望），他们就使用抄写的手抄本副本。这种抄写手抄本的风格由克鲁乔、尼科利和波吉奥在1400年左右在佛罗伦萨设计出来。简单地说，他们推出了人文主义字体（humanist script），但很难确定这个字体究竟是何时以及如何被设计出来的，通常认为年轻的波吉奥在这之中是一位关键人物。古老的十四世纪哥特式字体读起来并不容易，文章中的词语有许多用字母缩写代替。我们知道，在1392年和1396年，年老的克鲁乔抱怨过普通的哥特式字体对他来讲太小了。这些收藏家们收获了许多来自卡洛林王朝时期非常古老的手抄本（实际上，克鲁乔图书馆幸存下来的三分之一的手抄本都是1200年以前制作的）。在他们所找到的制作时间最早的古典文学手抄本中，他们一定很欣赏这种整页以单栏版式书写的、出现于哥特式字体之前的优雅小写字体。我们不知道他们辨别古书字体的能力到底有多好，但他们因这些古老的手抄本而欣喜。他们是否真的认为这些手抄本是古罗马时期制作的呢？不管怎样，他们开始用类似这种古老而圆润整洁的字体来抄写手抄本。他们关心整本书的收藏性，也注意到动物皮纸的质量、页面的排版设计以及书写的内容与页面的比例。这种字体风格最早的样本之一被认为是一卷克鲁乔自己的作品，其中也有他自己的修改（因此，我们可以把这本手抄本的制作时间定在他1406年去世之前）。几乎可以肯定的是，波吉奥在1402—1403年在罗马开始他的第一份工作之前抄写了这部作品（Florence, Biblioteca Medicea-Laurenziana, MS. Strozzi 36；意大利佛罗伦萨美第奇劳伦佐图书馆）。另一部波吉奥在1408年用这种字体抄写的西塞罗作品收藏在德国柏林（图218；Berlin, Staatsbibliothek Preussischer Kulturbesitz, MS. Hamilton 166；柏林国立博物馆）。1418年，这种字体已经被称为“古典字体”（*lettera antica*），这是一种有意复兴古老字体的尝试，他们是古籍研究者而非发明家，对这种字体的欣赏也仅仅因为它很古老。他们还采用了一种新的装饰首字母的方式。在波吉奥1402—1403年抄写的克鲁乔手抄本和1408年抄写的西塞罗手抄本中，都有一些首字母，其装饰充满着盘绕延伸的白色藤蔓，与首字母的彩色背景形成对比。这些首字母在十五世纪成为佛罗伦萨手抄本的典型特征，但这种风格在克鲁乔、尼科利和波吉奥的时代，其实是比较新的。这些首字母是由“白藤蔓”（意大利文为“bianchi girari”）所组成的，看起来像是人文主义者所知晓的古罗马大理石柱上的叶形装饰图案，实则源自许多十二世纪中期意大利中部制作的手抄本中首字母的藤蔓设计（图219—220）。他们又一次以为，自己在复兴一个古老的传统。

这种新风格的书籍极大地吸引了十五世纪早期佛罗伦萨的古典文学收藏家们。学者们开始自发并邀请他们的朋友去练习这种字体，这种风格用于抄写波吉奥与其他人在古老修道院中找到的手抄本。乔万尼·阿雷蒂诺（Giovanni Aretino）可以用这种“古典字体”写出很精美的作品，例如，他抄写了以下作者的作品手抄本：西塞罗（1410年）、李维（1412年）、西塞罗（1414和1416年）、弗兰切斯科·巴巴罗（Francesco Barbaro，1416 年）、查士丁（Justinus，1417 年）等等。阿雷蒂诺还抄写了一本出色的昆提利安作品手抄本，这本手抄本就是按照波吉奥大约一年前在圣加尔找到的手抄本抄写的（Florence, Biblioteca Medicea-Laurenziana, MS. 46. 13；意大利佛罗伦萨美第奇劳伦佐图书馆）。当波吉奥回到意大利时，他似乎教过缮写士用他的人文主义小写字体写字。1425 年 6 月，他写信给尼科利，说他在尝试培养一位新的那不勒斯缮写士。两个月后，他说这位缮写士不可靠，变幻无常并且对人轻蔑，但之前他培养的一位法国缮写士更糟糕。波吉奥在 1427 年 12 月 6 日还写过一封信，表达他极其绝望的心情。信中提到他用了四个月试着教导一个被他称为土包子的缮写士，近 50 岁的波吉奥说："我一直在大喊、怒喝、斥责、训骂，但他的耳朵还是被堵住了，这块朽木、这个傻子、这头驴……"

佛罗伦萨古书爱好者与任何时期的收藏家都面临一个共同的难题：他们没有充足的资金。当科西莫·德·美第奇加入他们时，他们一定充满喜悦，就像盖蒂家族（Getty）的一位成员加入了一个手头拮据的地方艺术协会一样，突然间，出现了一位几乎拥有无限财富的收藏家能及时支付账单。老科西莫（Cosimo the Elder，1389—1464 年）不但是一位才华横溢的银行家，也是一位精明、成功的政治家，他的爱好就是收藏书籍。尼科利也培养了他对书籍的热爱，他为科西莫在巴勒斯坦计划了一场度假旅行，目的是寻找希腊语手抄本。他让科西莫以 100 金弗罗林的高价购买一本在吕贝克（Lübeck）找到的十二世纪普林尼（Pliny）的作品手抄本，因此，这部作品的完整手抄本第一次来到了佛罗伦萨。波吉奥带着他来到格鲁塔佛力塔（Grottaferrata）、奥斯提亚（Ostia）和阿尔巴诺丘陵（Alban Hills）寻找古罗马铭文。安东尼奥·马里奥（Antonio Mario）和乔万尼·阿雷蒂诺为他制作手抄本（图 222）。人文主义者那种令人欣喜的文雅世界令科西莫着迷。尼科洛·尼科利去世后，科西莫在 1441 年与他的遗嘱执行人达成协议，为他偿还债务，并以此获得他图书馆的藏书。科西莫将这些藏书赠给圣马可修道院，并支付了安置和保管书籍的费用。科西莫自己的图书馆馆藏也变大了。毫无疑问，他那些乐于助人的缮写士和朋友们不会因为为他提供收费服务而感到羞愧。对于古籍的热衷何时从书籍爱好者日益增长的私有兴趣变为能够支撑专业图书贸易的庞大业务，想要尝试寻找这个问题的答案是很难的（但也是很吸引人的）。这个转变可能发生在 1440 年左右的佛罗伦萨，这其中最受益的是代理人维斯帕西亚诺·达·比斯蒂奇。

维斯帕西亚诺是一位书商，也是帮助他人收藏人文主义书籍并建立图书馆的代理人（图 223）。在有需求的时候，他给收藏家提供建议，雇佣缮写士和泥金装饰艺术家，并充当科西莫·德·美第奇等富人的书目经纪人。我们知道，他住在奥特拉诺区（Oltr'Arno）的巴尔迪街上（via dei Bardi）。在一本维斯帕西亚诺参与制作的手抄本中，有一幅佛罗伦萨地图，图中不仅画了维斯帕西亚诺的房子，而且还画了属于他的花园（图 221）。维斯帕西亚诺晚年时写了一本名为《名人传》（*Vite di uomini illustri*）的回忆录，这本书包含了与作者同时代的一些著名人物的短篇传记。言下之意（通常也确实是这样的），维斯帕西亚诺认识这些人物，并帮助他们创建了自己的图书馆。例如，他告诉我们，科西莫·德·美第奇承担了修建佛罗伦萨巴迪亚修道院（the Badia）的费用。维斯帕西亚诺说："有一天，当我和他（科西莫）在一起时，他问我对于修道院中图书馆的建造有什么提议。"维斯帕西亚诺回复道："如果要购买书籍是不可能的，因为买不到。"然后他继续问我："告诉我，你会怎么处理这件事。"维斯帕西亚诺说需要把手抄本抄写下来，科西莫则问他是否愿意接下这项任务，维斯帕西亚诺说他愿意。他继续写道，在他安排好通过美第奇银行进行付款之后，他声称雇用了 45 位缮写士，在 22 个月

221 对页图

法国，巴黎，法国国家图书馆

Paris, Bibliothèque Nationale, ms. lat. 4802, fol. 132v

这本托勒密的《地理学》（*Geography*）手抄本在 1470 年左右的佛罗伦萨为卡拉布里亚的阿方索（Alfonso of Calabria）所制作，书中包含一幅佛罗伦萨地图。在各式各样的佛罗伦萨建筑群中有一座带砖瓦片并有三个窗户的房子，它在亚诺河（Arno）以北，在图中央的维奇欧桥（Ponte Vecchio）的左端，这就是"Domus Vespasiani"（维斯帕西亚诺的房屋）。在图中左上角，圣米尼亚托（San Miniato）的南边城墙下就是分配给维斯帕西亚诺的花园（Orti Vespasiani）。

F L O R E N T I A

内抄写完成了 200 本手抄本。这显然是一项很大的工程。这些数字（如果是真实的）表明，每位缮写士完成一本书平均需要 5 个月的时间。毫无疑问，每一本书都使用了人文主义小写字体抄写，并用白藤蔓装饰点缀首字母。

这时，我们第一次在中世纪图书史上开始对缮写士有了一些了解。许多缮写士在书卷中署名并注明了日期，其他缮写士的身份也可以从档案资料中辨别出来。中世纪早期这类资料十分稀少，但令人难以置信的是，通过伦敦国王学院的古籍与古字体教授 A. C. 德·拉·马尔（A. C. de la Mare）的执着和谨慎的研究，在不同手抄本中已有一百多位缮写士被辨别出来。在 1417—1456 年间，著名的十五世纪佛罗伦萨缮写士安东尼奥·马里奥（可能于 1461 年去世）在大约 45 本幸存手抄本中署名，他还书写了其他未署名的手抄本，他的其中一幅作品见图 226。显然，他的特色是抄写历史文献，有些篇幅还很长。安东尼奥通常会在他所写的手抄本最后添加令人欣喜的信息，如“读者，再见”（Valeas qui legis）；或他的客户的姓名，如 1420 年贝内德托·斯特罗齐（Benedetto Strozzi）或 1427 年科西莫·德·美第奇；或当时大事件的记录，如 1425 年与米兰公爵的斗争、1437 年在托斯卡纳的瘟疫、1440 年的佛罗伦萨大公会议或 1448 年佛罗伦萨共和国为阿拉贡国王而担忧。大约有 40 本手抄本由盖拉多·迪·乔万尼·德尔·西里亚哥（Gherardo di Giovanni del Ciriago，卒于 1472 年）署名，这些手稿的制作时间从 1447 年起直到他去世。他是一位佛罗伦萨丝绸染工的儿子，许多西里亚哥的手抄本都是为科西莫·德·美第奇所制作。在其中一本手抄本中，他写道，这是他作为佛罗伦萨市政长官的文书和缮写士时抄写的，之后在 1457 年卖给了科西莫（Florence, Biblioteca Medicea-Laurenziana, MS. plut. 37. 16；意大利佛罗伦萨美第奇劳伦佐图书馆）。西里亚哥晚期有两本手抄本是为费德里科·达·蒙特费尔特罗（Federigo da Montefeltro）和卡拉布里亚公爵阿方索（Alfonso, Duke of Calabria）所写，并“通过佛罗伦萨的书商巨头——菲利波的儿子维斯帕西亚诺作为代理商”制作（这句话被西里亚哥写在这两本书中，证明他非常清楚支付他薪水的一方）。这两本手抄本分别收藏于梵蒂冈（Biblioteca Apostolica Vaticana, MS. Urb. Lat. 1314；梵蒂冈图书馆）和瓦伦西亚（Valencia, Biblioteca Universitaria, MS. 765；西班牙瓦伦西亚大学图书馆）。在维斯帕西亚诺的创新中，尤其值得一提的是他可能是第一位储存大量新书供顾客浏览与购买的书商，许多缮写士一定都依赖他的生意而生存。

显然，抄写手抄本是可以赚钱的。许多优秀的缮写士似乎都不是全职人员，他们通常都是文书，像安东尼奥·马里奥和盖拉多·德尔·西里亚哥，或像来自圣吉米尼亚诺（San Gimignano）的尼科洛·迪·贝托·迪·马丁诺·德·真蒂诺兹（Niccolò di Berto di Martino de' Gentiluzzi，约 1389—1468 年），这位尼科洛

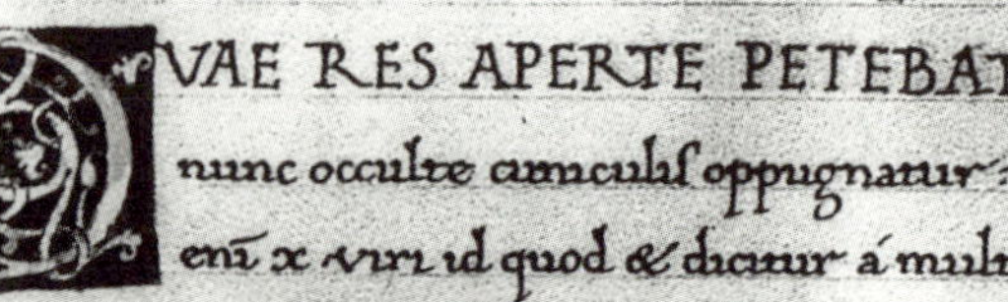

quid uos tempora r. p. de armatis hominibus: quid il
lius confessio de ui: quid nostra decisio de aequitate: qd
ratio interdicti de iure admoneant ut iudicetis.

M. TVLLII CICERONIS DE AGRARIA LEGE I
CONTRA RVLLVM . TR. PL. INCIPIT . L. I.
F E L I C I T E R.
QVAE RES APERTE PETEBATVR EA
nunc occulte cuniculis oppugnatur: dicent
enī x viri id quod & dicitur a multis & saepe
dictum est. Post eosdem consules regis alexandri testam
to regnū illud p. r. esse factum. Dabitis igitur alexan
driā clam petentibus iis: quibus apertissime pugnantibus
restitistis. haec p deos ĩmortales utrum esse uobis consi

222 左图

英国，牛津，博德利图书馆，细节图

Oxford, Bodleian Library, MS. D'Orville 78, fol. 26r, detail

1417 年，波吉奥在法国发现了一本写着西塞罗不同演讲词的手抄本，其中包括《为卡辛纳声辩》（*Pro Caecina*）和《论土地法案》（*Pro Lege Agraria*）。图中的这本手抄本可能是在 1418 年由缮写士乔万尼·阿雷蒂诺照着这本新找到的样本所抄写。这本手抄本是为科西莫·德·美第奇而制作，图中这一页的中间还可以看到他的名字被抹去了一部分。

223 对页图

英国，伦敦，大英图书馆，细节图

London, British Library, Royal MS. 15.c.xv, fol. iv, detail

“佛罗伦萨的书商维斯帕西亚诺在佛罗伦萨安排抄写了这部作品”，这本尤利乌斯·恺撒的《恺撒战记》（*Commentaries of Julius Caesar*）手抄本扉页的记录证明了维斯帕西亚诺·达·比斯蒂奇参与了手抄本制作工作。十五世纪四十年代后期，罗伯特·弗莱明（Robert Flemmyng，约 1417—1483 年）在意大利购买手抄本，这本通过代理人维斯帕西亚诺委托制作的手抄本，可能在 1465 年由弗莱明带到了牛津大学埃克塞特学院。

靠自身能力成为一位较重要的学者兼翻译家（图 225）。其他的缮写士也有教会的成员，像皮耶罗·斯特罗齐（Piero Strozzi），他从 1447 年到 1491 年是佛罗伦萨的神父。（正如维斯帕西亚诺在他的《名人传》中所记载）这位神父通过抄写手抄本来增加收入，这样他就不用完全依赖别人的慈善捐款（图 224、图 235）。斯特罗齐出身富足，作为一位缮写士并非一件不体面的事情，因为从事缮写士工作能使他们迅速赚到钱。有趣的是，大量的手抄本都是在名为 le stinche 的佛罗伦萨债务人监狱中书写完成，这座监狱也被画在图 221 中的佛罗伦萨地图上，它与维斯帕西亚诺的房子隔江相望。1427 年，加布里埃尔·达·帕尔玛（Gabriele da Parma）在这座监狱写了一本彼特拉克作品的手抄本（1972 年 11 月 21 日于苏富比拍卖行拍卖，拍品编号为 555）。1442 年，阿戈斯蒂诺·迪·巴托罗（Agostino di Bartolo）在监狱里写了一本手抄本（B. L. , Add. MS. 8784；英国伦敦大英图书馆），如果另一本手抄本（Biblioteca Apostolica Vaticana, MS. Pal. lat. 1607；梵蒂冈图书馆）也是他写的，那么他在 1444 年则又进了这个监狱。安德烈亚斯·德·美第奇（Andreas de' Medici）在 1468 年至 1472 年之间署名了六本手抄本，其中两本 1468 年的手抄本是“在 stinche 监狱中”书写的。在可以偿还债务的同时，这可能也是一种相当愉快的打发监狱时光的方式了。

缮写士以他的工作量得到报酬，他自然会希望尽快完成工作。精美圆润的人文主义小写字体需要缮写士谨慎且精确地书写，以至于笔必须经常要抬起，这样每个字母都会由整齐的笔触所组成。在一些缮写士的作品中，字体开始变得倾斜，字母开始连接在一起，变成了快速书写的草书形式。这种人文主义缮写士所写的连体字被二十世纪的书法家复兴，并以这种意大利文艺复兴时期的字体作为样本，这种字体即著名的“意大利斜体字”（italic）。一位在帕尔玛（Parma）的名叫乔万尼·马可·齐尼克（Giovanni Marco Cinico）的缮写士在佛罗伦萨学艺，他在 1458 年至 1498 年间在那不勒斯工作，有时会把自己署名为“velox”（敏捷的），并在手抄本中自夸，说他能分别用 52 或 53 个小时写完两本手抄本（Florence, Biblioteca Medicea-Laurenziana, MS. Strozzi 109，意大利佛罗伦萨美第奇劳伦佐图书馆；与以前编号为 Dyson Perrins MS. 79 的手抄本）。相比之下，他在英国大英图书馆收藏的一本手抄本（B.L., Add. MS. 24895）中提到，他十分“平和”（tranquille）地书写这本书，毫无疑问，这意味着他以一种更悠闲的节奏在工作。一本恺撒的著作手抄本（B.L., Add. MS. 16982；英国伦敦大英图书馆）由名为斯蒂芬（Stephen）的缮写士在 1462 年用了 38 天书写完成，平均每天写 11 页，这肯定是当时比较普遍的速度。如果一位客户委托维斯帕西亚诺制作一本手抄本，他必须给出足够的书写并完成泥金装饰的时间。

来自牛津大学贝利奥尔学院（Balliol College）的威廉·格雷

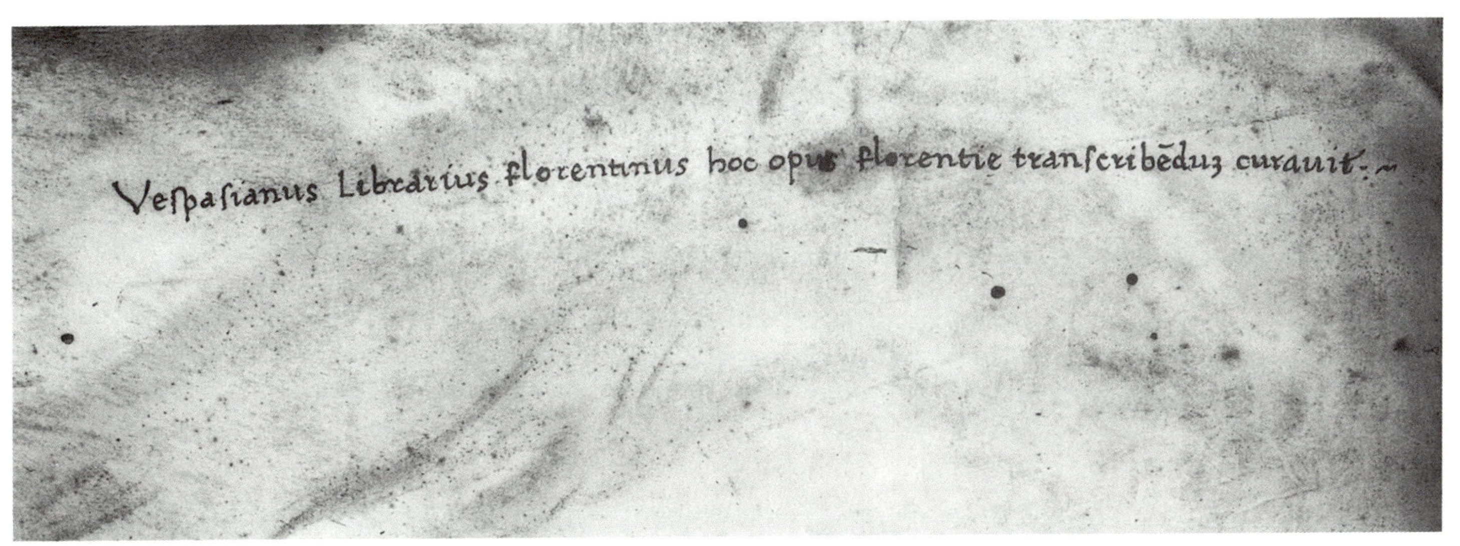

（William Gray，约 1413—1478 年）就是一个很好的例子。这位图书收藏家抓住了在佛罗伦萨逗留几天的机会，委托维斯帕西亚诺制作手抄本，但这个订单花了几年时间才完成。格雷是一位著名的英格兰学者，大约在 1440 年担任牛津大学的校长，在 1442 年年底，他开始了欧洲之旅。他先去了科隆（他在那里收获了许多手抄本，比如塞内卡作品的手抄本，现在收藏于英国牛津贝利奥尔学院，手抄本编号为 Oxford, Balliol College MS. 130）。1444 年年底或 1445 年年初，他来到了意大利，在帕多瓦、费拉拉和罗马逗留。在意大利，他首先去了佛罗伦萨。维斯帕西亚诺把威廉·格雷也写在了他的《名人传》里，并描述他非常富有（我们可以想象维斯帕西亚诺流露出赞许的目光），以至于格雷从科隆去其他地方的时候，不得不乔装，以避免在旅途中被抢劫。维斯帕西亚诺写道：“当他来到佛罗伦萨时，他派人来找我，并给我讲述他这次的旅行。他订制了许多特意为他抄写的书籍，然后去了帕多瓦。”当维斯帕西亚诺提到这些抄写的书籍时，他的意思是说它们都是为客人专门制作，而不是二手书或库存。1448 年 12 月时，这些书籍还在制作中，那时维斯帕西亚诺写信给在罗马的格雷，说一本写着德尔图良（Tertullian）作品的手抄本已经寄出，并且他正在等待格雷提供普鲁塔克（Plutarch）作品手抄本和其他书籍的制作要求。这些手抄本的制作所雇佣的缮写士包括皮耶罗·斯特罗齐和安东尼奥·马里奥。其中一部分手抄本得以幸存，大部分仍保存在贝利奥尔学院，因为格雷在多年后把它们赠给了这座学院。其中包括一套五卷的西塞罗（其中一卷的制作时间为 1445 年 11 月，另一卷为 1447 年 9 月）、萨卢斯特、昆提利安、维吉尔和普林尼的作品手抄本。其中还有两本含有宗教内容的手抄本，是约翰·克里索斯托（St. John Chrysostom）和约翰·克利马科斯（John Climacus）的作品（图 226）。1447 年 8 月和 1448 年 6 月，缮写士安东尼奥·马里奥在书中写下了非常亲切的署名：

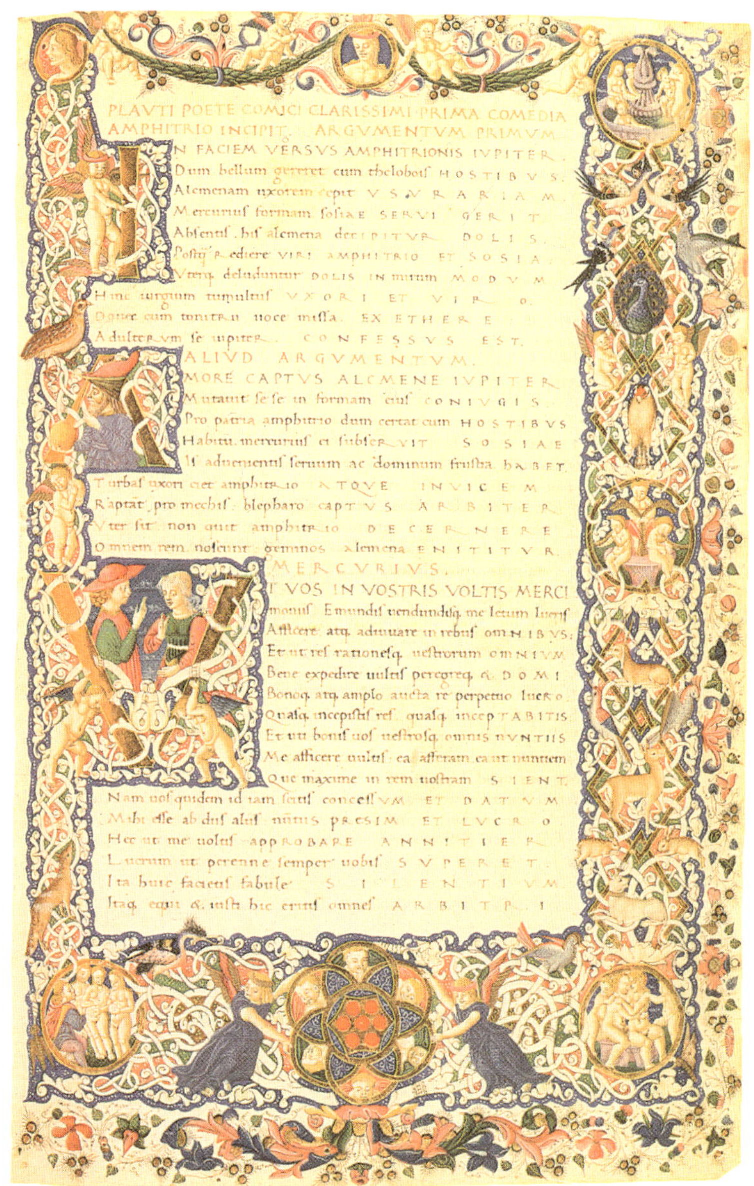

224 左图

意大利，佛罗伦萨，美第奇劳伦佐图书馆

Florence, Biblioteca Medicea-Laurenziana, MS. plut. 36. 41, fol. 1r

这本写着普劳图斯（Plautus）喜剧作品的手抄本是由老科西莫的儿子皮耶罗·德·美第奇在 1450 年左右委托制作的。这本手抄本的缮写士皮耶罗·斯特罗齐神父通过为维斯帕西亚诺抄写手抄本来增加收入，它的泥金装饰艺术家是里恰尔多·迪·南尼。

225 对页图

西班牙，马德里，国家图书馆

Madrid, Biblioteca Nacional, Cod. vit. 22-11, fol. 1r

这本意大利语的圣奥古斯丁作品手抄本由来自圣吉米尼亚诺的文书兼翻译家尼科洛·迪·贝托·迪·马丁诺·德·真蒂诺兹抄写。这本书为维斯帕西亚诺的一位西班牙客户——诗人及意大利语手抄本收藏家桑地亚纳侯爵（Marquis of Santillana, 1398—1458 年）所制作。

Comincia elprologo disancto agustino nel
primo libro delle sue confessioni.

Redici libri delle mie confessioni laudano
idio giusto et buono et deme mali et de
mie beni. et commuoveno inlui lointelle
to humano et laffecto. Intratanto quello
che ame apartiene quello inme adoperoro
no quando sisscriveuano et quel medesimo fanno quando sileg
geno: quello che gialtri ne sentano, essi seluegghino. nientemo
no io so che questi mie libri molto son piaciuti et piaceno a
molti frategli. Dalprimo libro insino aldecimo sono scripti
dime, neghaltri tre delle scripture sancte cominciando daquello
che e scripto: nelprincipio fece idio ilcielo et laterra insino alla
requie delsabbato. Nelquarto libro, quando della morte dello ami
co mio io confessavo lamiseria dellanimo mio, dicendo che la
nima nostra p altun modo era facta una dvue: et pcio dissi che
io temevo forse dimorire acio che colui non morisse tutto lo
quale io molto aueuo amato laquale declamatione ame qua
si leggieri, quanto grieue confession pare: benche inqualche
modo sia temperata, p quello che inquesto nonben decto aggiun
to ue forse. Et quello che e scripto neltredecimo libro ove io
dissi chelfermamento e facto intralacque spiritali superiori
et trale corporali inferiori, non e decto assai consideratamente
ma quella cosa e molto inoscuro. Questa opera comincia co
si Magno se signore et molto laldabile.

Comincia elprimo libro delle confessioni disancto agustino.

Agno tu se signore et molto lal
dabile. et grande e latua uirtu
et alla tua sapientia non e nu
mero. Et uuole luomo laldarti t
ilquale e alcuna parte della tua
creatura. luomo dico, loquale i
porta dintorno ase lamortalita
sua intestimonio delsuo peccato
et testimonio, percio che tu fai
resistentia asuperbi Et niente
meno luomo tiuuol laldare il
quale e alcuna parte della tua
creatura. Tu commuovi elnostro cuore acio che si dilecti dilodar
ti. pcio che tu ai facti noi ate. et non e ilnostro cuor quieto

BIBLIOTECA NACIONAL

226 上图

英国，牛津，贝利奥尔学院，细节图

Oxford, Balliol College, MS. 78B, fol. 108v, detail

这本手抄本中包括约翰·克利马科斯的作品《神圣攀登的天梯》（*Spiritualis Gradatio*）和其他宗教题材作品［图中显示的是叙利亚人耶福列木（Effrem the Syrian）所著的作品］，由游历的英格兰人威廉·格雷在佛罗伦萨从维斯帕西亚诺那里委托制作。手抄本由缮写士安东尼奥·马里奥在1448年书写。马里奥还在结尾处署名，并希望威廉读得愉快。

227 对页图

法国，巴黎，法国国家图书馆

Paris, Bibliothèque Nationale, ms. lat. 6309, fol. 1r

这是由乔万尼·阿伊罗普洛斯（Giovanni Argyropoulos）翻译为拉丁文的亚里士多德作品——《尼各马可伦理学》（*Nicomachean Ethics*）。在1480年左右，这本手抄本由卡拉布里亚的阿方索（1448—1495年）在佛罗伦萨委托制作。阿方索是那不勒斯国王费兰特一世的儿子，也是维斯帕西亚诺的客户。这本手抄本可能是由弗兰切斯科·罗塞利（Francesco Roselli）完成泥金装饰。

“Lege feliciter, mi suavissime Ghuiglelme”（读得愉快，我最亲爱的威廉）。显然，书商、缮写士与客户之间建立着非常友好的关系，就好像佛罗伦萨书籍爱好者协会暂时接纳了威廉·格雷为会员一样。当格雷在1453年终于离开意大利时，他的存款少了很多，但收获了许多精心制作的手抄本。像维斯帕西亚诺这样亲切友好，拥有良好的私人关系和共同爱好的书商令所有的收藏家欣慰。

优秀的书商因他们的职业而进入高贵的交游圈。早在十五世纪六十年代中期，史事记录者皮斯托亚的索佐墨诺（Sozomeno of Pistoia）宣称东西方教会的领袖、国王、贵族和学者都与维斯帕西亚诺的书店有联系。现代古籍书商和古董商的自传（确实有许多这样的书籍）中似乎总会有他们拜访国王、公爵和百万富翁的记录，因为与最富有的人建立关系是非常值得的。值得注意的是，在维斯帕西亚诺写的关于他的客户的回忆录中，有着完全相同的主题。他的书分为四个部分：教皇、国王和红衣主教；大主教和主教；王爵；政治官员和学者。维斯帕西亚诺对人最佳的赞美（书商这一点从未改变）就是“他的图书馆中有着杰出的收藏，而且他并不在乎花销”。佛罗伦萨共和国的人崇拜高贵的皇室。维斯帕西亚诺竭尽全力地赞扬那不勒斯的国王，阿拉贡的阿方索（Alfonso of Aragon，1401—1458年）的文化底蕴，但事实上他对这位国王的学识最好的赞美其实是安东尼奥·潘诺米塔（Antonio Panormita，意大利诗人）曾经为他朗诵李维的作品。尽管如此，维斯帕西亚诺还是非常乐意向阿拉贡皇家图书馆提供手抄本（图227）。在他为法国国王路易十一世所制作的修昔底德（Thucydides）作品手抄本中，他在书中第一页的对页上署了自己的名字，皇室的读者一定会注意到（图230）。1488年，佛罗伦萨的缮写士安东尼奥·西尼巴尔迪（Antonio Sinibaldi）在为匈牙利国王马提亚斯·科维努斯（Matthias Corvinus，1458—1490年在位）抄写一本手抄本时，他忍不住把自己署名为“西西里国王费迪南德（Ferdinand）的前缮写士和书籍代理人”（Paris, B. N., ms. lat. 16839；法国国家图书馆。他为那不勒斯皇家图书馆制作的一本手抄本见图238）。其他为马提亚斯国王制作手抄本的缮写士通常也在书中署名（图229）。缮写士、泥金装饰艺术家耶苛尼斯·德·吉甘特波斯（Joachinus de Gigantibus，活跃时期为1448—1485年）出生在德国，但主要在罗马工作，有时也会到锡耶纳和那不勒斯出差。他喜欢称自己为“皇家书商和牛皮纸细密画艺术家”（例如英国大英图书馆收藏的一本手抄本B. L., Add. MS. 15272）。有时耶苛尼斯在手抄本中提到，他也对手抄本做了彩绘装饰。例如，在法国国家图书馆收藏的一本手抄本（图228）中，他自称为那不勒斯国王费兰特（Ferrante，也称Ferdinand，1458—1494年在位）的书籍供应商和细密画艺术家；或在收藏于罗马的一本1481年为教皇西斯克特四世（Pope Sixtus IV）制作的祈祷书（Rome, Biblioteca Vittorio Emanuele, MS. 1430；意大利罗马维托里奥·埃马努埃莱图书馆）中，他用紫色的大写字体记录自己亲手书写并彩绘装饰了这本书。

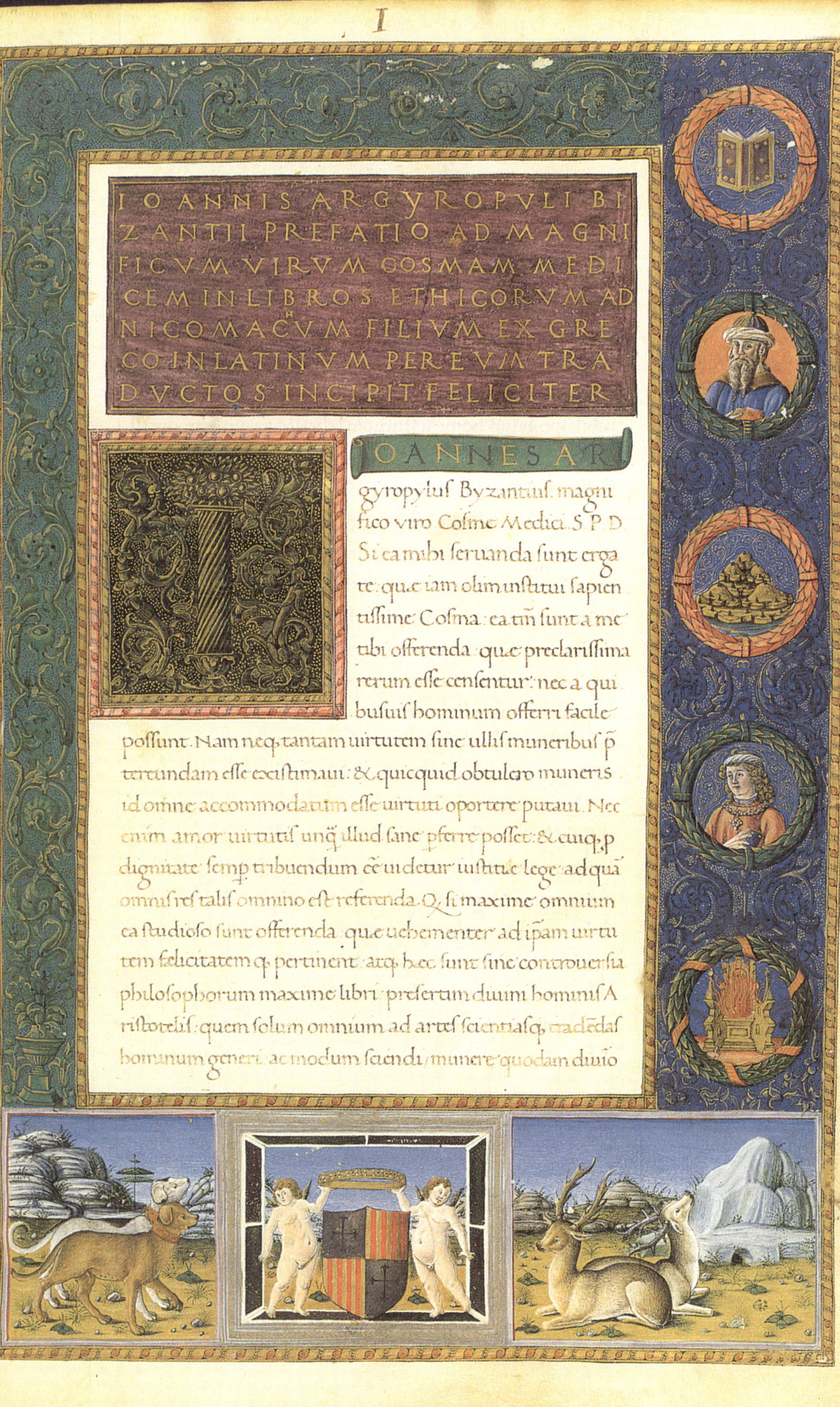
I

IOANNIS ARGYROPVLI BIZANTII PREFATIO AD MAGNIFICVM VIRVM COSMAM MEDICEM IN LIBROS ETHICORVM AD NICOMACVM FILIVM EX GRECO IN LATINVM PER EVM TRADVCTOS INCIPIT FELICITER

IOANNES ARgyropylus Byzantius magnifico viro Cosme Medici S P D

Si ea mihi servanda sunt erga te: que iam olim institui sapientissime Cosma: ea tn̄ sunt a me tibi offerenda que preclarissima rerum esse censentur: nec a quibusuis hominum offerri facile possunt. Nam neq tantam uirtutem sine ullis muneribus p̄tereundam esse existimaui: & quicquid obtulero muneris id omne accommodatum esse uirtuti oportere putaui. Nec enim amor uirtutis unq̄ illud sane pferre posset: & cuiq p dignitate semp tribuendum ee uidetur iustitie lege ad quā omnis res talis omnino est referenda. Q si maxime omnium ea studioso sunt offerenda que uehementer ad ipsam uirtutem felicitatemq pertinent: atq hec sunt sine controuersia philosophorum maxime libri: presertim diuini hominis Aristotelis: quem solum omnium ad artes scientiasq tradedas hominum generi ac modum sciendi munere quodam diuino

IOACHIM
DE GIGANTIBVS
GERMANICVS·ROTEN
BVRGA·ORIVNDVS·FERDI
NANDI·REGIS·LIBRARIVS
ET·MINIATOR·TRAN
QVILLE·TRANS CRI
PSIT·ET·MINIAVIT
M·CCCCLXXVI

一个人如果想引起教皇和国王的注意，那他就没有谦虚的必要。来自皇室和王爵大量的手抄本需求一定受到了人文主义缮写士和书商的欢迎。

这就是文艺复兴时期，君主们建造华丽图书馆馆藏的时代。在十五世纪下半叶，并非所有的统治者都在佛罗伦萨购书，缮写士和泥金装饰艺术家也会到皇家宫殿制作书籍。充满古典文学作品和其他书籍的杰出人文主义图书馆由下述名人建立：维斯孔蒂家族与米兰索佛萨公爵（图 233）、费拉拉的埃斯特（Este）宫廷与曼图亚的贡扎加（Gonzaga）王朝、乌尔比诺的费德里科·达·蒙特费尔特罗（图 232）、罗马的教皇们与那不勒斯的阿拉贡国王们（图 231）。手抄本制作的花费一定是巨额的，维斯帕西亚诺记录道，费德里科·达·蒙特费尔特罗在手抄本上花费了 30000 达克特（ducat），这还没有包括书籍装订的费用。1468 年，红衣主教贝萨里翁（Bessarion）把他图书馆的藏书捐给了威尼斯，共 900 本手抄本，价值 15000 达克特。1481 年，那不勒斯国王费兰特一世用 266 本手抄本作为抵押，借了 38000 达克特。这些都

228 上图

法国，巴黎，法国国家图书馆，细节图

Paris, Bibliothèque Nationale, ms. lat. 12946, fol. 432r, detail

这幅圆形的书尾题署来自红衣主教贝萨里翁所著的一本书。缮写士耶苛尼斯·德·吉甘特波斯在题署中描述自己是出生于罗滕堡（Rothenburg）的德国人，并且是那不勒斯国王费兰特一世的书商和泥金装饰艺术家。他自称在闲暇时书写了这本书并在 1476 年对其进行绘画装饰。据文献记录表明，耶苛尼斯至少从 1471 年 3 月至 1480 年 11 月在那不勒斯的皇家图书馆工作。

229 右图

奥地利，维也纳，奥地利国家图书馆

Vienna Österreichische National-bibliothek, Cod. 22, fol. 1r

匈牙利国王马提亚斯·科维努斯为了建立一座人文主义图书馆而派人来到意大利，许多非常精美的手抄本都是为他制作的。这本李维的罗马历史手抄本就是 1470 年左右在佛罗伦萨为马提亚斯国王而制作，由来自圣吉米尼亚诺的缮写士乔万弗兰切斯科·马齐（Giovanfrancesco Marzi）署名。

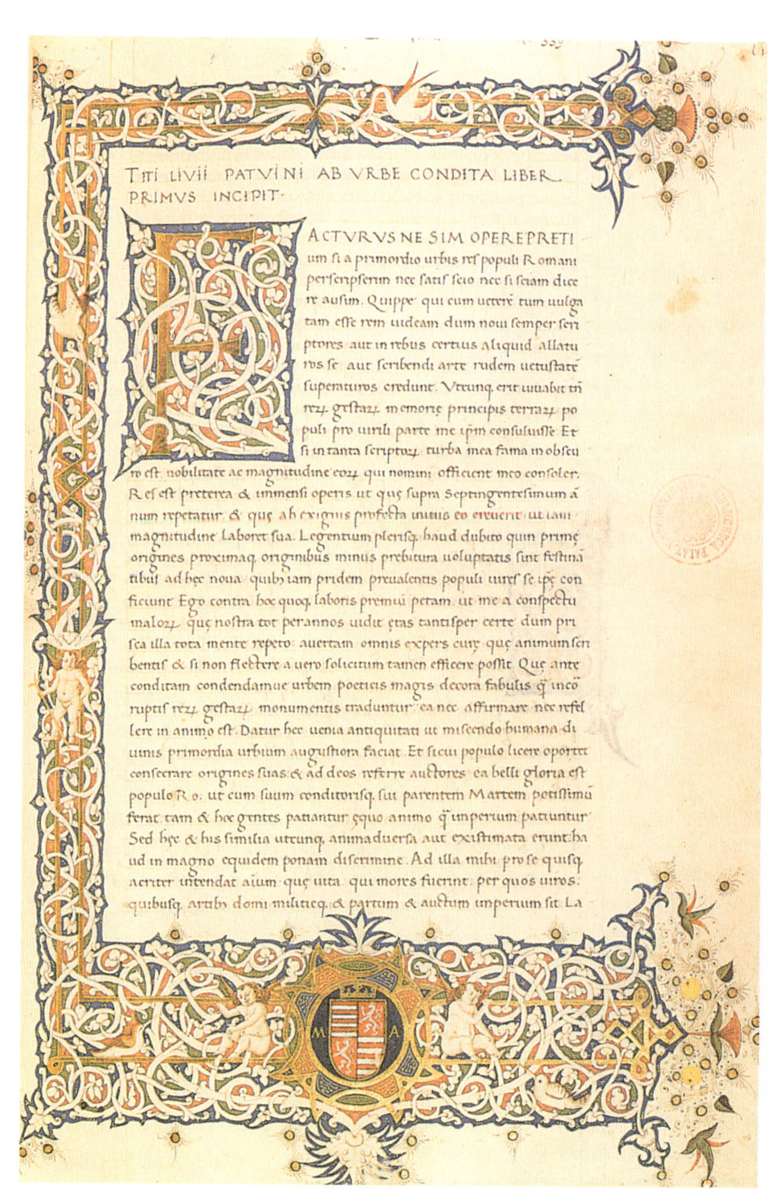

是非常可观的数目。艺术是由资金赞助推动的，这其中当然也有许多华丽而昂贵的书籍被制作出来。意大利文艺复兴时期的手抄本是奢华的艺术品：乳白色的动物皮纸、十分悦目的页面、以精确比例设计的页面边框内书写着精致的人文主义字体、优雅的白藤蔓首字母延伸到页面边缘，并以可爱的像丘比特一样的儿童、昆虫与蝴蝶（尤其在佛罗伦萨手抄本中）或鹦鹉（尤其在那不勒斯手抄本中）点缀页面。在手抄本的前几页，泥金装饰艺术家很出色地在整幅页面上描绘充满白藤蔓的边框，边框中刻画了不同的装饰插图、小鸟与花冠中的盾徽。这些作品都来自伟大的艺术家，如费利波·迪·马特奥·托雷利（Filippo di Matteo Torelli，1409—1468 年，他的朋友称他为皮波 Pippo）、里恰尔多·迪·南尼（Ricciardo di Nanni）与弗兰切斯科·德·安东尼奥·德尔·奇里欧（Francesco d'Antonio del Chierico）。这些书籍都用光滑的羊皮作为书皮装订，上面印着阿拉伯式花纹，有时也用黄金装饰，或画有书籍所有者的盾徽（图 234），并且书籍的边缘涂上了金色。这些都是最高雅的皇室藏家陈列室中的珍藏。

关于这些华丽的藏品是如何保存的，我们有一些记录。马拉泰斯塔·诺维洛（Malatesta Novello）为切塞纳（Cesena）的方济各会修道院所建立的图书馆得以幸存下来，就在修道院餐厅楼上的一个特别的房间里，中央长廊两侧的 29 张长凳和书桌上都摆放着手抄本。皮耶罗·德·美第奇（Piero de'Medici，1416—1469 年）的手抄本是根据它们在图书馆中陈列的方式而特别装订的：神学书籍用蓝色书皮装订、语法书用黄色、诗词书用紫色、历史书用红色、文艺书用绿色、哲学书用白色，这看起来一定很奇妙。李奥纳罗·德·埃斯特（Leonello d'Este，1407—1450 年）把手抄本保存在一个以缪斯女神的画像装饰的房间中。他则作为书中人物出现在德琴布里奥（Decembrio）的对话体作品《论优雅博学》（*De Politia Litteraria*）中，他说，书籍如果放到柜子里，就不会有很多灰尘。教皇尼古拉五世（Nicholas V，人文主义者，本名为托马索·巴伦图切利，Tommaso Parentucelli）的图书馆，在 1449 年由弗拉·安杰利科（Fra Angelico）画上了基督教和非基督教作家画像。费德里科·达·蒙特费尔特罗在乌尔比诺（Urbino）的

230 右图

法国，巴黎，法国国家图书馆

Paris, Bibliothèque Nationale, ms. lat. 5713, fol. 1r

1461—1473 年在任的红衣主教让·朱弗莱（Jean Jouffray）委托维斯帕西亚诺为 1461—1483 年在位的法国国王路易十一世制作手抄本。这本由洛伦佐·瓦拉（Lorenzo Valla）翻译的修昔底德作品手抄本中画有国王与朱弗莱的盾徽。在书的扉页上，国王一定会看到的醒目之处，维斯帕西亚诺忍不住用红色大写字体写道："书商维斯帕西亚诺在佛罗伦萨安排制作了此书。"（VESPASIANUS LIBRARIUS FECIT FIERI FLORENTIE）

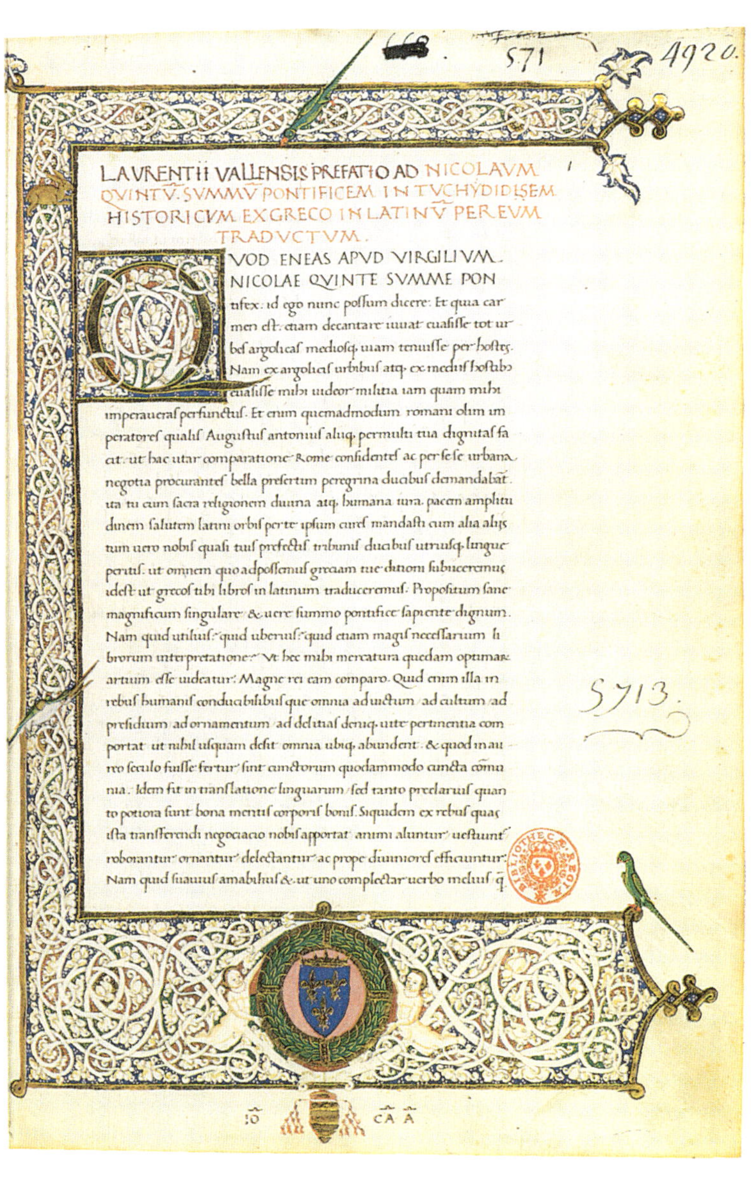

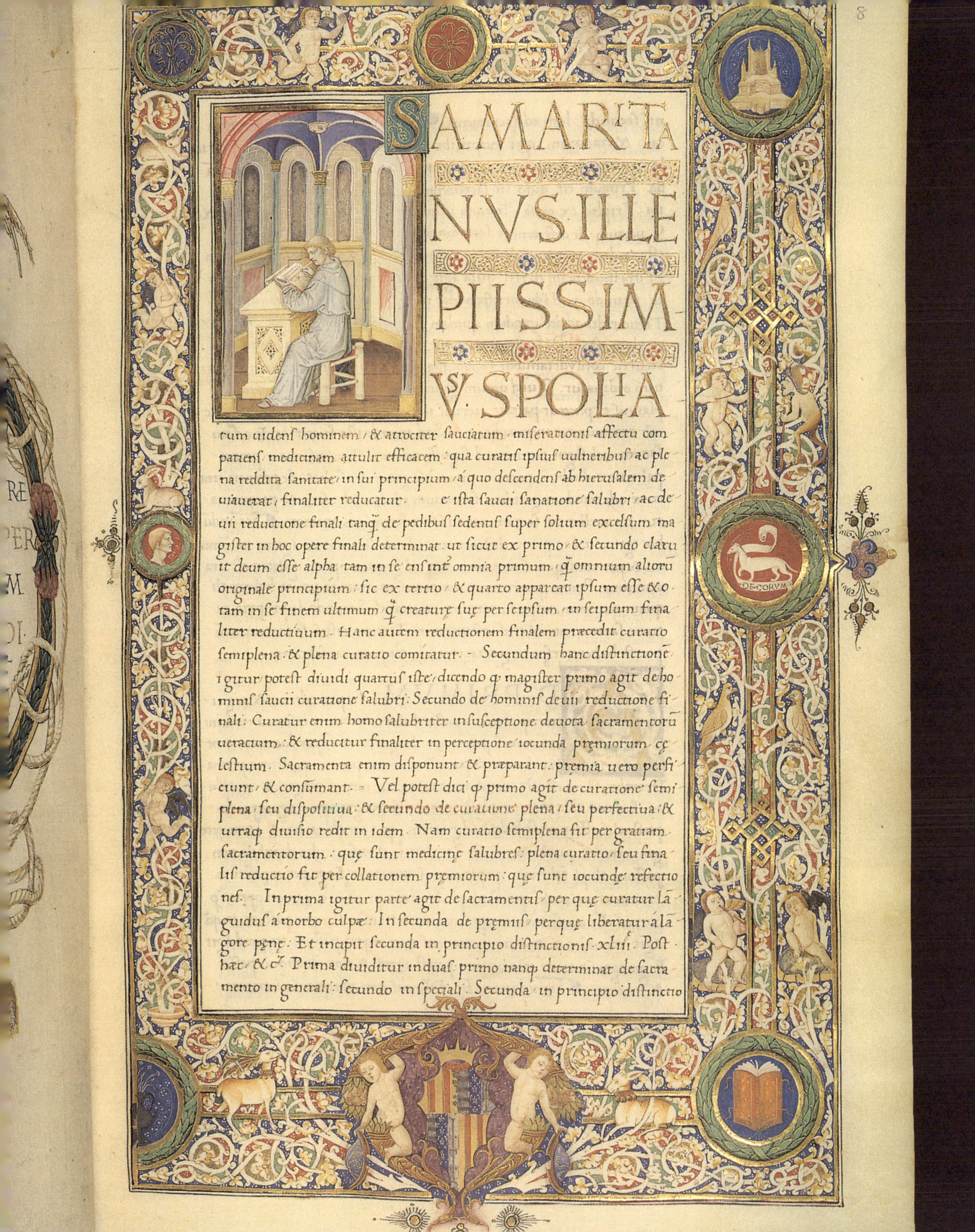

SAMARITA
NVS ILLE
PIISSIM
VS SPOLIA

tum uidens hominem, & atrociter sauciatum, miserationis affectu com
patiens medicinam attulit efficacem: qua curatis ipsius uulneribus ac ple
na reddita sanitate, in sui principium a quo descendens ab hierusalem de
uiauerat, finaliter reducatur. [.]c ista saucii sanatione salubri, ac de
uii reductione finali tanq̄ de pedibus sedentis super solium excelsum ma
gister in hoc opere finali determinat. ut sicut ex primo & secundo claru
it deum esse alpha tam in se ens int̃ omnia primum, q̄ omnium alioru
originale principium: sic ex tertio & quarto appareat ipsum esse & o
tam in se finem ultimum q̄ creaturę suę per seipsum, in seipsum fina
liter reductiuum. Hanc autem reductionem finalem præcedit curatio
semiplena. & plena curatio comitatur. – Secundum hanc distinctionē
igitur potest diuidi quartus iste, dicendo q̄ magister primo agit de ho
minis saucii curatione salubri: Secundo de hominis deuii reductione fi
nali: Curatur enim homo salubriter in susceptione deuota sacramentorū
ueracium: & reducitur finaliter in perceptione iocunda pręmiorum cę
lestium. Sacramenta enim disponunt & præparant: pręmia uero perfi
ciunt & consumant. – Vel potest dici q̄ primo agit de curatione semi
plena seu dispositiua: & secundo de curatione plena, seu perfectiua: &
utraq̄ diuisio redit in idem. Nam curatio semiplena fit per gratiam
sacramentorum: quę sunt medicinę salubres: plena curatio, seu fina
lis reductio fit per collationem pręmiorum: quę sunt iocundę refectio
nes. – In prima igitur parte agit de sacramentis per quę curatur lā
guidus a morbo culpæ: In secunda de pręmiis per quę liberatur a lā
gore pęnę. Et incipit secunda in principio distinctionis xliii. Post
hæc, & cᵉ. Prima diuiditur in duas. primo nanq̄ determinat de sacra
mento in generali: secundo in speciali. Secunda in principio distinctio

231 对页图

英国，伦敦，大英图书馆

London, British Library, Add. MS. 15273, fol. 8r

那不勒斯国王费兰特一世和他的两个儿子卡拉布里亚的阿方索与红衣主教阿拉贡的乔万尼（Cardinal Giovanni of Aragon，1456—1485年）都是著名的书籍收藏家。他们从佛罗伦萨维斯帕西亚诺那里定制书籍，也在那不勒斯雇佣自己的缮写士和泥金装饰艺术家。这部邓斯·司各脱的作品手抄本在那不勒斯由皇家缮写士皮埃特罗·希波吕托·达·卢纳（Pietro Hippolyto da Luna）为国王制作。细密画描绘了一位缮写士正在书写。

232 左图

意大利，罗马，梵蒂冈图书馆，封面内页，细节图

Rome, Biblioteca Vaticana Apostolica, MS. Urb. lat. 508, inside front cover, detail

乌尔比诺的领主，1474年成为公爵的费德里科·达·蒙特费尔特罗（1422—1482年）建立了一座十五世纪非常奢华的宫殿和图书馆，维斯帕西亚诺称蒙特费尔特罗不允许收藏有任何印刷书籍。本图来自一本手抄本，这幅图在1475年左右由弗兰切斯科·德·安东尼奥·德尔·奇里欧在佛罗伦萨绘制，它是一幅献书细密画，描绘了在窗口的蒙特费尔特罗从满怀自信的捐赠者克里斯托弗罗·兰蒂诺（Cristoforo Landino）那里接过此手抄本。

233 上图

私人收藏，细节图

Private collection, s.n. fol. 26r, detail

在米兰公爵吉安-加莱亚佐·索佛萨（Gian-Galeazzo Sforza，1476—1481年在位）的叔叔卢多维科·伊尔·莫罗（Ludovico il Moro）1481年掌权之前，这本手抄本为当时才10岁左右的吉安-加莱亚佐制作。这是一本为公爵准备的教科书，内容是维吉尔的作品及塞尔维乌斯·诺拉图斯对其作品的评述，这也许是从彼特拉克那本手抄本（图214）中直接抄写的。图中，小公爵的肖像被画在页面底部的边缘中，肖像底下有宫廷泥金装饰艺术家安布洛乔·达·马里阿诺（Ambrogio da Marliano）的署名。

234 上图

法国，巴黎，法国国家图书馆，手抄本封面

Paris, Bibliothèque Nationale, ms. lat. 3063, upper cover

这部为费兰特一世制作的邓斯·司各脱作品手抄本在1481—1482年的那不勒斯由皮埃特罗·希波吕托·达·卢纳书写。这本在那不勒斯装订的手抄本与图231中所展示的手抄本是同一套。书籍装订的烫金压印技术在十五世纪下半叶从东方传入意大利。这本手抄本的封面设计深受伊斯兰风格样本的影响。

书房的书柜表面以立体感很强的错视画（*trompe-l'oeil*）镶嵌技术描绘，展示着大量珍贵的手抄本。这些房间也是晚宴聚会的地方。1463年，一位瞻仰过加诺斯·维特斯（Janos Vitéz，卒于1472年，匈牙利国王马提亚斯·科维努斯的大臣，图235）藏品的人写道："在你瓦劳德（Vàrad）的家中，我们经常与许多学者一起坐在你宏伟的图书馆里，徜徉于无数杰出人物的著作中，度过舒适、愉快的时光。"

现在我们必须暂停下来探讨一个基本的问题：这些书籍的所有者都是真正的藏书爱好者吗？十四世纪晚期，对遗失已久的古典文学作品的一小群爱好者，是如何在八十年内将这种热情转变为一种商业活动，并开始帮助王爵建立富有文化底蕴的收藏的呢？这让我们想去探索任何一位收藏家的心思。从根本上来说，人类渴望寻求可以收归己有的稀缺品，对于一些人来说这是一种本能，而对于另外一些人（小时候没有收集过任何东西的人）来说，拥有藏品的渴望如此匮乏，以至于不知收藏为何物。对于真正的收藏家来说，尽管收集藏品有许多合理的原因，但真正的动机是因为收藏的乐趣。如果我们只缺少一件重要的藏品就可以集齐一套完整的收藏，那么很久之后当我们成功找到那件梦寐以求的作品时，会是多么兴奋。这正是克鲁乔·萨卢塔蒂、尼科洛·尼科利、波吉奥等人所做的，他们"迫切渴望得到之物"（*desiderata*）就是拉丁语作家的全部作品。他们用所有收藏家心中都有的疯狂热情去寻找这些作品，并把自己的姓名留在这些书籍之中。像所有的书籍爱好者一样，他们交换、筛选并更新他们的收藏。在十五世纪二十年代，波吉奥开始用动物皮纸手抄本来取代纸质手抄本，这不仅仅只是一位读者的简单收藏。一本十五世纪中期精心制作的佛罗伦萨手抄本是一件非常令人向往的艺术品，书中的字体与装饰设计从审美角度来讲是非常令人赏心悦目的，甚至连一本整洁的人文主义手抄本的味道闻起来也是非常吸引人的。维斯帕西亚诺夸大地宣称，费德里科·达·蒙特费尔特罗永远不会允许在自己家中有任何一本印刷的书籍。但有些泥金装饰手抄本的内容其实是从印刷书籍抄写而来（图238）。书籍所有者通常会在前几页的页面边框中画满盾徽和其他标志，其设计比其他任何时期制作的手抄本都要丰富，证明他们对书籍的拥有权深感自豪。当高贵的王爵收藏家们的需求被像维斯帕西亚诺这样的人满足时，毫无疑问，他们收获这些美丽书籍的时候的反应跟我们看到它们时是一样的。而且，他们收购艺术品的本能一旦被激发出来，就与1400年左右的人文主义学者或任何时代的私人收藏家没有什么差别了。任自己认真地放纵这种本能的欲望是非常现代或带有人文主义色彩的。

现代书籍收藏者面临的一个问题就是书籍的数量几乎是不计其数的，而一位新的收藏家可以从一份已分类的书籍目录中获益，来寻找所需的图书。这就是邮票和硬币那么受欢迎，以及艺术代理人通常出版或推广艺术品目录的原因。一位名为A. S. W. 罗森巴赫博士（Dr. A. S. W. Rosenbach）的二十世纪伟大书商，曾专门为他的客户起草书籍名单，例如，文学、科学或美国历史方面一百本最佳书籍名单。这是一种可以明晰个人收藏天性的杰出方

235 上图

德国，慕尼黑，巴伐利亚国家图书馆

Munich, Bayerische Staatsbibliothek, Clm. 15722, fol. 2

加诺斯·维特斯是匈牙利国王马提亚斯·科维努斯的大臣，他建立了一个大型的私人图书馆，这本李维作品的手抄本是在佛罗伦萨为他制作的。像图224中的普劳图斯作品手抄本一样，这本手抄本也是由皮耶罗·斯特罗齐书写，由里恰尔多·迪·南尼进行泥金装饰。

法。因此，值得一提的是，托马索·巴伦图切利在1439—1440年为科西莫·德·美第奇绘制的手抄本目录中就包含美第奇在圣马可的图书馆应当收藏的书籍，并且马拉泰斯塔·诺维洛（Malatesta Novello）1450年左右在切塞纳建立图书馆时也使用了相同的书籍目录。维斯帕西亚诺记载了费德里科·达·蒙特费尔特罗是如何完善他的图书馆的。维斯帕西亚诺写道："他采取了最佳的方法来建造一个精美的图书馆馆藏。"即一份具有优先顺序的书籍清单：最先是拉丁语的诗人作品与评述著作；然后是演说家与语法学家的作品，历史学家的作品（拉丁语作家与翻译为拉丁文的希腊历史学家的作品），哲学家、神学家、文艺学家与医学作家的作品以及希腊语书籍；最后是希伯来语书籍。如此苦心经营的收藏，当这些书籍的包装被一件件拆开放进在乌尔比诺的图书馆时，无疑是一件无比愉悦之事。

概括地说，佛罗伦萨人文主义者的艺术风格与品味通过个人对书籍收藏的热情和对收藏家细心的栽培而得以推广。人文主义手抄本与首字母的白藤蔓装饰风格从佛罗伦萨传播到罗马和那不勒斯以及传播到费拉拉和米兰的图书馆中，甚至传到意大利以外的收藏中，包括遥远的威廉·格雷在牛津和加诺斯·维特斯在匈牙利瓦劳德的收藏。

我们现在介绍另一项进展，它会将我们已知的东西变得复杂。意大利东北部出现了一种新的人文主义手抄本风格，它的发展时间较晚，但在十五世纪末期，这两种风格在意大利中部交汇了。维罗纳、帕多瓦和威尼斯有一代十五世纪中期的古文物收藏家，他们对古罗马文化的热爱不亚于克鲁乔、尼科利和波吉奥。然而到了十五世纪五十年代，被重新发现的古籍越来越少。或许他们也意识到即使是幸存于那个时代的最古老的古典文学作品，也比它们的原作者晚了数个世纪。因此，他们开始研究石头上的古罗马铭文，虽然不便于携带，但古迹上的铭文毕竟是真实的古老拉丁语文字，并且这是可以找到的与最初的古罗马手抄本最接近的内容。他们开始收集这些铭文。来自安科纳（Ancona）自学成才的商人西里亚哥（Ciriago，1391—1452年，他30岁时才开始学拉丁文）在他做生意时广泛地游历，抓住一切机会找到铭文并用彩色墨水把它们抄写得很美观。他有一位来自维罗纳的异乎寻常的年轻朋友，名为菲利斯·费利西亚诺（Felice Feliciano，约1432—1480年）。已故的詹姆斯·沃德罗普（James Wardrop）在《人文主义者的书写字体》（*The Script of Humanism*，1963年由牛津大学出版社出版）一书中把费利西亚诺描述为一位疯狂的缮写士、古文物研究者、打油诗诗人、画家、炼金术士及非道德主义者。费利西亚诺的兄弟称他为流浪汉，因为他有时会隐没在阿尔卑斯山的山麓小丘中，然后几天后像没刮胡子的流浪汉一样突然出现。他是一位机智、风趣但并不循规蹈矩的古怪之人，沃德罗普评论道："菲利斯·费利西亚诺似乎确实有点不太正常。"

尽管如此，费利西亚诺和他的朋友们对古迹的热情依然产生了深远的影响，他曾经与画家安德烈亚·曼特尼亚（Andrea Mantegna）和一批古文物研究者一起旅行，并抄写铭文。像曼特尼亚和马尔科·佐波（Marco Zoppo）这样的艺术家开始把罗马古迹中的艺术特征添加到绘画和手抄本创作中。泥金装饰艺术家开始对与古老的字体毫无关联的、以白藤蔓装饰的首字母进行重新考量。他们开始把古迹上的大写文字画到手抄本中去：带有阴影的细笔触首字母，看起来就像刻在石头上的铭文一样。他们采用从罗马墓碑上复制下来的像小常青藤叶一样的标点符号，并放弃了佛罗伦萨风格的白藤蔓装饰边框。他们尽可能写实地描绘并将罗马雕刻、军事所需物品、长矛、盾牌、丰饶角、骨灰瓶、钱币、公羊头、海豚、大枝形烛台等物品作为装饰（图 236）。他们甚至开始把手抄本的前几页画为彩色，这样手抄本中的内容看起来就像古罗马的铭文或卷轴上的文字。从 1465 年左右开始，这成为意大利东北部手抄本独具匠心的新风格特征。

有一位来自帕多瓦，可能也是一位泥金装饰艺术家的伟大缮写士，以古典建筑风格作为基础，以他精湛的书写技巧和带错视效果的边框绘画超越了所有人。他就是巴尔托洛梅奥·桑维托（Bartolomeo Sanvito，1435—1511 年或 1512 年）。他的字堪称最为优美、流畅的斜体字，其优雅的彩色大写字母设计更是精妙绝伦。桑维托和文艺复兴时期其他杰出的缮写士们一样，不仅是一位专业的抄写员，也是帕多瓦人文主义学者圈中的一位古董爱好者和博学的收藏家。他为他的朋友贝尔纳多·本波制作手抄本（图 237），本波甚至以巴尔托洛梅奥的名字命名他的私生子。据罗马教廷记载，桑维托因高超技艺在 1469 年至 1501 年间被罗马教廷所录用（图 211、图 239）。通过他和其他意大利东北部的泥金装饰艺术家，如加斯帕罗·帕多瓦诺（Gasparo Padovano），这种以仿效古迹铭文为刻画风格的手抄本传入了罗马，并到达那不勒斯。

实际上，这一章应该在 1464 年的最后几个月或 1465 年春天收尾。当时，康拉德·斯威因海姆（Conrad Sweynheym）和阿诺德·潘那兹（Arnold Pannartz）这两位德国人，带着他们的运货车沿着同一条路向南驶往罗马，最早把印刷设备带到了意大利。1450 年左右，西方活字印刷术在德国美因茨被发明出来，出版商与书商很快就意识到它所具有的巨大优势。意大利第一批印刷书籍的制作者不详，但这些书籍在罗马附近的苏比亚科修道院（monastery of Subiaco）被印刷出来，它们可能包括多纳图斯的文法学书籍、西塞罗的《论演说家》（*De Oratore*，可能印刷于 1465 年 9 月以前）、一本拉克坦修斯（Lactantius）的著作（1465 年 10 月 29 日）及一本圣奥古斯丁的著作（1467 年 6 月 12 日）。有一本现藏于法国国家图书馆的圣奥古斯丁著作记载着这本书在 1467 年 11 月被马萨（Massa）的主教莱昂纳多·达蒂（Leonardo Dati，卒于 1471 年）购买。维斯帕西亚诺在回忆录中简短地提到了莱昂纳多·达蒂，形容他是一位有点荒唐、戴眼镜的教皇秘书。这个购买记录写道："马萨的主教莱昂纳多·达蒂与他的侄子乔治（Giorgio）用达蒂自己的钱，从两位住在罗马的德国人（他们习惯印刷，并非手写大量书籍）手中，为他自己购买了这本《上帝之城》，花了 8 个达克特金币和 2 个格罗斯银币。"那年冬天，斯威因海姆和潘那兹把印刷设备移到了罗马（图 240），相同的书籍可以印刷出庞大的数量，这使达蒂和许多其他人在第一次了解到印刷术时赞叹不已。在 1472 年印刷的一本书中，斯威因海姆和潘那兹

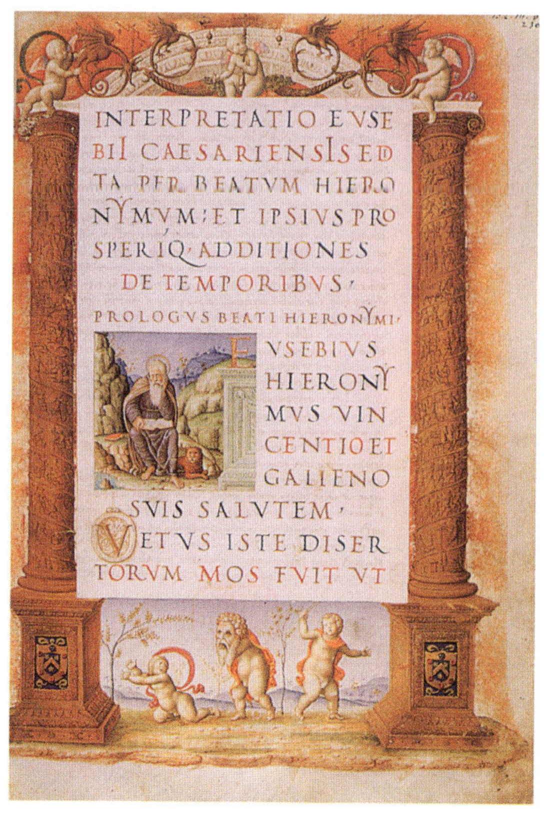

236 对页左图

英国，伦敦，大英图书馆

London, British Library, Add. MS. 14787, fol. 6v

新兴的意大利东北部手抄本泥金装饰风格把来源于古典建筑的立体效果呈现在页面上。这幅非常早期的细密画展示了贝尔纳多·本波向1462年刚当选威尼斯总督不久的克里斯托弗罗·莫罗(Cristoforo Mauro)发表的祝贺词。

237 对页右图

英国，伦敦，大英图书馆

London, British Library, Royal MS. 14.C.3, fol. 2r

贝尔纳多·本波与伟大的缮写士巴尔托洛梅奥·桑维托是非常好的朋友。这本恺撒利亚的尤西比乌斯(Eusebius of Caesarea)所著的《编年史》手抄本由桑维托在十五世纪八十年代为本波抄写，本波的盾徽画在图中两端的古典圆柱底座上。这幅画由梵蒂冈荷马画师(Master of the Vatican Homer)进行泥金装饰。

238 右图

法国，巴黎，法国国家图书馆

Paris, Bibliothèque Nationale, ms.lat. 8016, fol. 1r

这本奥维德(Ovid)的《变形记》(*Metamorphoses*)几乎可以肯定是为红衣主教阿拉贡的乔万尼而准备，并连同他的其他手抄本一起收藏在那不勒斯皇家图书馆。它由佛罗伦萨缮写士安东尼奥·西尼巴尔迪在1483年左右所书写，手抄本很有可能是按照红衣主教已经拥有的此书的1474年威尼斯印刷版所抄写。

239 上图

英国，伦敦，大英图书馆

London, British Library, Kings MS. 24, fol. 23v

这本维吉尔的《埃涅阿斯纪》由巴尔托洛梅奥·桑维托在罗马书写，可能是为 1497—1499 年在任科森扎（Cosenza）主教的罗多维科·阿格内利（Lodovico Agneli）制作。细密画描绘了特洛伊木马与埃涅阿斯（Aeneas）背着他的父亲安喀塞斯（Anchises）流放的场景，这极可能是桑维托画的。

240 对页图

英国，牛津，博德利图书馆

Oxford, Bodleian Library, Auct. L.2.2, fol. 6r

这是一本由康拉德·斯威因海姆与阿诺德·潘那兹于 1469 年在罗马印刷的奥卢斯·革利乌斯（Aulus Gellius）的著作《阿提卡之夜》（*Noctes Atticae*）。书中的泥金彩绘装饰是斯威因海姆与潘那兹经常雇佣的一位艺术家手绘的，顾客的盾徽可以添加到图中底部花冠的空白处。

记录了他们所印刷的每一版书籍的数量：通常的印刷量是 275 册，有时是 300 册。维斯帕西亚诺雇佣四十五位缮写士，用了近两年的时间，制作的书籍数量还是比印刷的要少。低廉的价格也使莱昂纳多·达蒂对印刷书籍产生兴趣。史事记录者哈特曼·舍德尔（Hartmann Schedel）碰巧记载了斯威因海姆和潘那兹在 1470 年关于印刷书籍的出售价格：1468 年版的圣奥古斯丁著作已经降到了 5 达克特；1469 年版的西塞罗《论演说家》只卖 19 格罗斯银币（1 达克特合 24 个格罗斯银币）；1469 年版的西塞罗《论义务》（*De Officiis*）的售价为 1 达克特；1469 年版恺撒的《恺撒战记》（*Commentarii*）售价为 2½ 达克特；1470 年版普林尼的巨作《博物志》（*Historia Naturalis*）售价为 8 达克特，这本“书厚如砖”的著作由 378 张纸组成，其 8 达克特的售价也是最昂贵的。我们来比较一下维斯帕西亚诺在 1457 年左右，在那不勒斯出售同样的书籍时的价格：西塞罗的《论演说家》卖 9 达克特；西塞罗的《论义务》卖 5 达克特；恺撒的《恺撒战记》卖 18 达克特；在 1463 年，那不勒斯国王的秘书准备向维斯帕西亚诺支付高达 60 达克特的价格购买一本普林尼的《博物志》手抄本。即使是一本朴素的瓦莱里乌斯·马克西穆斯（Valerius Maximus）作品手抄本（B. L., Add. MS. 14095；英国伦敦大英图书馆）在 1440 年时也被它的缮写士以 10 达克特出售。印刷商能以手抄本五分之一到十分之一的价格制作出更精确、廉价的书籍，这种情况下价格和准确性比字体和泥金装饰效果更重要，并且直到现在，书籍的印刷也从未停止。

当然，这并没有终止为人文主义藏书爱好者制作书籍的工作，一些泥金装饰艺术家把印刷的书籍装饰得像手抄本一样。在斯威因海姆和潘那兹所印刷的许多书籍中，发现由同样的一位艺术家以精致的白藤蔓来装饰首字母，如果我们依据这来判断的话，那么显然他们是雇用了自己的泥金装饰艺术家。特别是在威尼斯，从事手抄本制作的艺术家们将他们的技术运用到装饰印刷书籍上，有时，作品质量是超乎想象的。在佛罗伦萨，缮写士继续为特殊场合抄写书籍。著名的缮写士安东尼奥·西尼巴尔迪在他 1480 年的纳税申报单中声称，由于印刷术的发明，他的工作减少了。但实际上，大约 30 本他署名的手抄本中，大部分都是 1480 年后制作的，可见生意终究还是不错的。直至今日，当我们不需要一份材料的许多副本时，手写仍更为经济实惠，例如，作者签名的赠送本、纪念仪式演讲稿、特殊场合的祈祷词、请愿书、威尼斯总督委托制作的作品、大学学历证书、字迹难以辨认的诗、贵族授予的权利书、婚礼礼物、地图，还有最重要的是，一些收藏家只喜欢以手抄本形式制作的书籍。书籍收藏不受逻辑的支配，对一本书有单纯的喜爱就足够了，不用解释原因，这种自然的反应使文艺复兴时期的收藏家有别于之前的几代人。直到现在，手抄本仍然是非常精美的收藏品。

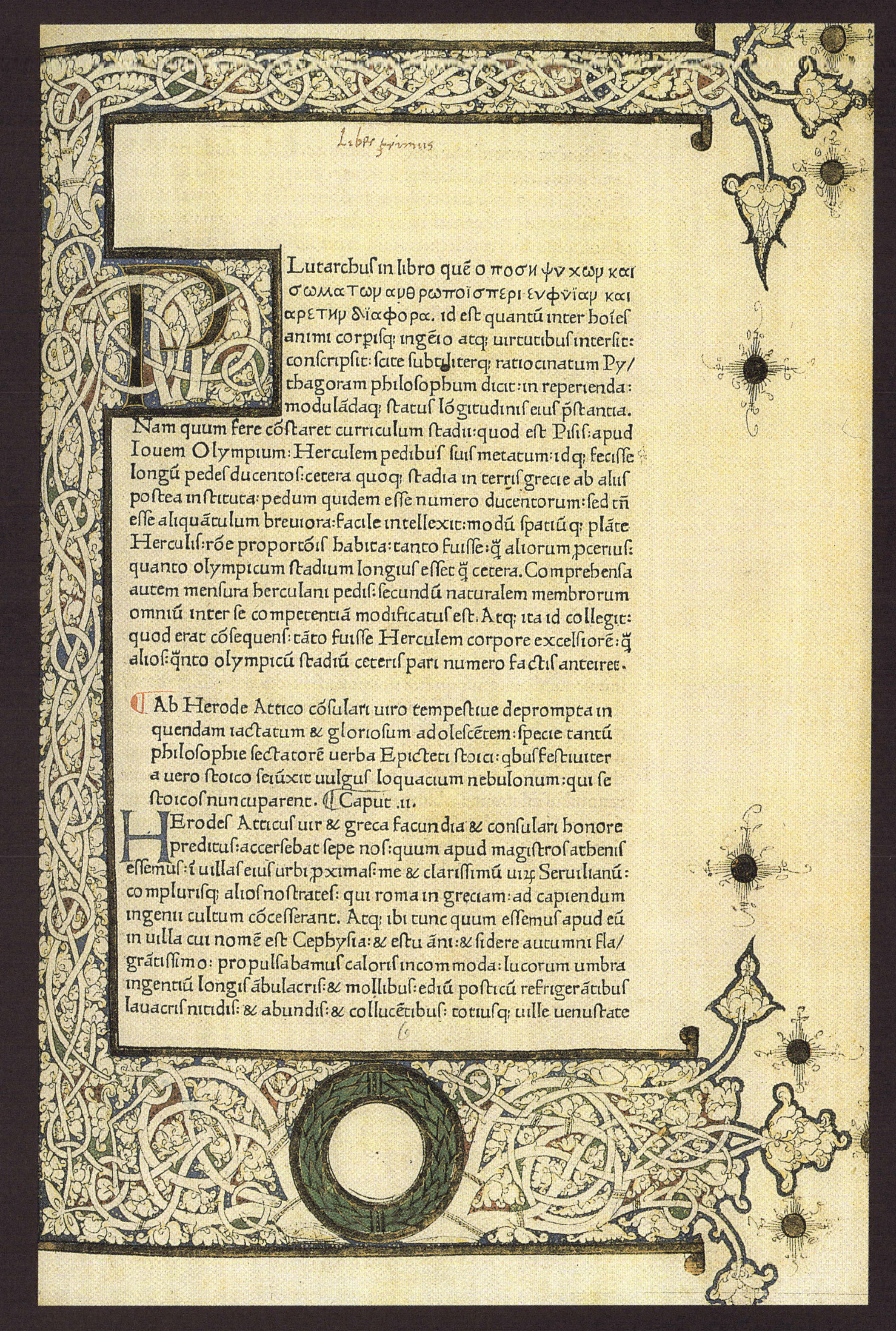

Liber primus

PLutarchus in libro quē ὁ ποση ψυχων και σωματων ανθρωποις περι ευφυιαν και αρετην διαφορα. id est quantū inter hoīes animi corpisq; ingēio atq; uirtutibus intersit: conscripsit: scite subtiliterq; ratiocinatum Py/thagoram philosophum dicit: in reperienda: moduládaq; status lōgitudinis eius pstantia. Nam quum fere cōstaret curriculum stadii: quod est Pisis: apud Iouem Olympium: Herculem pedibus suis metatum: idq; fecisse longū pedes ducentos: cetera quoq; stadia in terris grecie ab aliis postea instituta: pedum quidem esse numero ducentorum: sed tñ esse aliquātulum breuiora: facile intellexit: modū spatiūq; plāte Herculis: rōe proportōis habita: tanto fuisse: q̄ aliorum pcerius: quanto olympicum stadium longius esset q̄ cetera. Comprehensa autem mensura herculani pedis: secundū naturalem membrorum omniū inter se competentiā modificatus est. Atq; ita id collegit: quod erat cōsequens: tāto fuisse Herculem corpore excelsiorē: q̄ alios: q̄nto olympicū stadiū ceteris pari numero factis anteiret.

¶ Ab Herode Attico cōsulari uiro tempestiue deprompta in quendam iactatum & gloriosum adolescētem: specie tantū philosophie sectatorē uerba Epicteti stoici: qbus festiuiter a uero stoico seiūxit uulgus loquacium nebulonum: qui se stoicos nuncuparent. ¶ Caput .ii.

HErodes Atticus uir & greca facundia & consulari honore preditus: accersebat sepe nos: quum apud magistros athenis essemus: i uillas eius urbi pximas: me & clarissimū uirū Seruilianū: complurisq; alios nostrates: qui roma in greciam: ad capiendum ingenii cultum cōcesserant. Atq; ibi tunc quum essemus apud eū in uilla cui nomē est Cephysia: & estu āni: & sidere autumni fla/grātissimo: propulsabamus caloris incommoda: lucorum umbra ingentiū longis ābulacris: & mollibus: ediū posticū refrigerātibus lauacris nitidis: & abundis: & collucētibus: totiusq; uille uenustate

参考书目

前言

这是为《泥金手抄本的历史》编写的第三版参考书目。第一版是为1986年版本所编写，仍非常实用，但需要及时更新内容。第二版就是为更新目的精心编纂，但却在1994年5月3日，从苏富比的电脑系统被意外删除。现在你正在阅读的是第三版参考书目。诚然，学术界中有许多关于中世纪手抄本的书籍，但这些书籍经常绝版，有时甚至比一本便宜的中世纪手抄本还要昂贵，因此如何向读者介绍中世纪手抄本和有泥金装饰的书籍并非易事。我非常感激伦敦大学图书馆古字体室（Paleography Room），该室有可供读者开架阅览的极其全面的中世纪手抄本参考书目。此外，有一部非常实用、重点讲述文字的字体而并非泥金装饰的参考书目是博伊尔（L.E. Boyle）所著的《中世纪拉丁文古字体学书目介绍》（*Medieval Latin Palaeography, A Bibliographical Introduction*；多伦多，1984）。对于手抄本中的艺术装饰，请参考多纳蒂（L. Donati）所著的两卷版《细密画参考书目，意大利书目图书馆，第69卷》（*Bibliografia della Miniatura*，*Biblioteca di Bibliografia Italiana, vol. LXIX*；佛罗伦萨，1972）。每年在布鲁塞尔发表两次的手抄本学术研究期刊《缮写室》（*Scriptorium*）中的“手抄本学部分”（*Bulletin Codicologique*）介绍了最新出版的书籍与文献的概要。我自己也整理过此类书目，特别是来自英格兰的文学作品，在戴维森（P. Davison）编辑的《包罗万象的书籍，十二世纪书目的研究》（*The Book Encompassed, Studies in Twentieth-Century Bibliography*；剑桥，1992），第37—45页。

我想我最早阅读的关于中世纪手抄本的书籍是手抄本艺术品图录，有些图录介绍了公共馆藏，有些介绍了即将要出售的手抄本（事实上我阅读的用于手抄本出售的图录比较多，虽然当时我也无力购买那些手抄本），如今我仍然喜爱重新阅读这些以前的艺术品图录，并乐于给我的书架上增添新的图录。最理想的情况是能够在翻阅与学习一本手抄本的同时将它与其艺术品介绍相比较。我记得，我非常喜欢翻阅以下手抄本的现代复制本：贝里公爵的《豪华时祷书》《美丽时祷书》《罗翰时祷书》和纽约大都会艺术博物馆修道院分馆收藏的《启示录》手抄本。这些手抄本的现代复制本通常包含对这些手抄本的介绍。我认为，约翰·普卢默（John Plummer）为《克里维斯的凯瑟琳的时祷书》所写的作品（*The Hours of Catherine of Cleves*，纽约，1966）非常实用，随后亚历山大（J. J.G. Alexander）的《勃艮第的玛丽画师，拿索的英格柏时祷书》（*The Master of Mary of Burgundy, A Book of Hours for Engelbert of Nassau*）也在1970年出版。这种手抄本的现代复制本应该不难获取，而且也能给读者带来许多乐趣和享受。展品图录、艺术品销售图录甚至明信片都可以为古字体学研究提供一些相对廉价的资料。

我认为马丹（F. Madan）的《手抄本书籍》（*Books in Manuscript*，伦敦，1893）仍然是中世纪手抄本纵览书籍中可读性最强的书，然而，迪林格（D. Diringer）的《泥金装饰书籍》（*The Illuminated Book*，第二版，伦敦，1967）是最难阅读的书籍——它以全面性讲解该领域为目的，但重要的概念并未在书中体现出来。对于中世纪手抄本艺术装饰的纵览书籍包括赫伯特（J.A. Herbert）所著的《泥金装饰手抄本》（*Illuminated Manuscripts*，伦敦，1911，1972年重印）、罗柏（D.M. Robb）的《泥金装饰手抄本艺术》（*The Art of the Illuminated Manuscript*，克兰伯里，新泽西州，1973）和由格莱尼松（J. Glenisson）编辑的《中世纪时期的书籍》（*Le Livre au Moyen Age*，巴黎，1988）中的众多文章。对于手抄本种类及其插图装饰，请参考以下两本实用的指南：卡尔金斯（R.G. Calkins）的《中世纪的泥金装饰书籍》（*Illuminated Books of the Middle Ages*，纽约与伦敦，1983）和帕希特（O. Pächt）的《中世纪的书籍泥金绘画》（*Buchmalerei des Mittelalters*，慕尼黑，1984，其英语译本名为*Book Illumination in the Middle Ages*，伦敦与牛津，1989）。我也非常推荐由帕希特以前的学生亚历山大（J. J. G. Alexander）所著的《中世纪泥金装饰艺术家和他们的工作方式与技巧》（*Medieval Illuminators and their Methods of Work*，纽黑文与伦敦，1992），它使我受益良多，特别是我在撰写本书图130（第162页）描绘的一男一女在制作一本《玫瑰传奇》手抄本的插图和吉约姆·德·查穆瓦与让·罗林二世泥金装饰手抄本的合同（本书第198与220页）的内容时，都有对其进行参考。

对于字体发展的历史，莫恩德·汤普森（E. Maunde Thompson）所著的《希腊与拉丁文古字体介绍》（*An Introduction to Greek and Latin Palaeography*，牛津，1912，1975年重印）是最著名的教科书，以及米歇尔·布朗（Michelle P. Brown）的《从古代到1600年的西方古字体指南》（*A Guide to Western Historical Scripts from Antiquity to 1600*，伦敦，1990），这本书取代了汤姆森（S.H. Thomson）所著的《中世纪晚期1100—1500年的拉丁文古字体》（*Latin Bookhands of the Later Middle Ages, 1100—1500*；剑桥，1969）。伟大的已故学者伯恩哈德·比肖夫（Bernhard Bischoff）所著的《拉丁文古字体，从古代到中世纪》（*Latin Palaeography, Antiquity and the Middle Ages*；剑桥，1990），据说德语原作的内容与英文译本相比更为经典，虽然我不能自信地对其做出评论，但这本书对于我修订本书的第二章特别有帮助。关于字体是如何书写的，请参考德罗金（M. Drogin）所著的妙趣横生的书籍《中世纪书法，历史与书写技巧》（*Medieval Calligraphy, its History and Technique*；蒙特克莱尔，新泽西州，1980），对于中世纪手抄本的伪造者，这是一本必读的书。现在许多图书馆参与了一个名叫“Manuscrits Datés”（“注有制作时间标记的手抄本”）的庞大国际出版项目，这些图书馆制作带有中世纪手抄本插图的书籍，被选中的中世纪手抄本都有其缮写士记录的准确制作时间或书中有证据几乎可以证明其确切的制作日期。在英格兰，沃森（A. G. Watson）为大英图书馆（伦敦，1979）与牛津（牛津，1984）的手抄本所写的著作已经出版，罗宾逊（P. R. Robinson）为剑桥（伍德布里奇，1988）的手抄本所写的著作也已出版，并且他已在整理伦敦地区大英图书馆以外的手抄本。这些带有准确制作时间的手抄本对于研究书籍的历史学家来讲是至关重要的，因为他们必须为其他数量庞大、没有明确制作时间或地点的手抄本在时间轴上找到它们的位置。另一本重要的宏伟作品是庞大的六卷本《十六世纪西方手抄本的末页记录》（*Colophons des Manuscrits Occidentaux des Origines au XVIe Siècle*，弗里堡，1965—1982），由布夫雷的本笃会修士（Benedictins de Bouveret）编写，其内容是手抄本中的缮写士题词和签名选集。我在开始写本书之前，把它从头至尾读了一遍，本书的每个章节都受益于此。

第一章 传教士与手抄本

对于本章的内容，有两本书籍可供参考，其中一本是由罗尔（E.A. Lowe）编辑的重要的十二卷本系列书籍《更古老的拉丁文手抄本：九世纪以前的拉丁文手抄本的古字体学指南》（*Codices Latini Antiquiores: A Palaeographical Guide to Latin Manuscripts prior to the Ninth Century*； 牛津，1934—1972），同时，比肖夫（B. Bischoff）与布朗（V. Brown）在《中世纪研究》（*Medieval Studies*）第 47 卷中的作品也可作为辅助阅读。罗尔（E.A. Lowe）的作品汇集了已知的制作于 800 年以前的拉丁文手抄本和残页，并配有图解，书中的手抄本按照其现在的收藏国家排序。与本章最相关的内容是介绍了大不列颠和爱尔兰手抄本的第二卷（1935，第二版 1972），但第 8—9 卷（1959）介绍了许多由传教士和其他人带到德国的英伦群岛手抄本。本书第 40 页提到的曾缠绕着一个圣物的牛皮纸图片在布鲁克纳（A. Bruckner）和马里沙尔（R. Marichal）编辑的《更古老的拉丁文文献》（*Chartae Latinae Antiquiores*，奥尔滕与洛桑，1954）第一卷的补充文献中，no.36。第二本至关重要、内容包含泥金装饰手抄本的参考书籍是《在英伦群岛进行泥金装饰的手抄本介绍》（*A Survey of Manuscripts Illuminated in the British Isles*）系列书籍中的第一卷《英伦群岛手抄本，第 6—9 世纪》（*Insular Manuscripts, 6th to 9th Century*；伦敦，1978），由亚历山大（J.J.G. Alexander）所著。该书附图并简要地介绍了来自传教士时期的 78 本带装饰的英格兰与爱尔兰手抄本。本章提到的几乎所有手抄本都在这两本书中介绍过，并且这两本书也提供了非常全面的参考书目。

这一时期编写的杰出的同时期材料是比德于 731 年完成的《教会史》（*Ecclesiastical History*）。本章中《教会史》的引文来自其企鹅经典版（哈蒙兹沃思，1990），由利奥·谢利-普赖斯（Leo Sherley-Price）编辑、法默（D.H. Farmer）修订。对于这个时期的历史背景知识，可以参考斯坦顿（F.M. Stenton）所著的《盎格鲁-撒克逊的英格兰》（*Anglo-Saxon England*，牛津，1947，第二版 1971）。对于威尔茅斯与雅罗的书籍制作叙述，我参考了由布朗（T.J. Brown）与布鲁斯-米特福德（R.L.S. Bruce-Mitford）所写的论文，这些论文在肯德里克（T.D. Kendrick）编辑的两卷著作《林迪斯法恩福音书》（*Evangeliorum Quattuor Codex Lindisfarnensis*，奥尔滕与洛桑，1960）中，另外，我也参考了帕克斯（M.B. Parkes）关于雅罗的演讲内容，其出版物命名为《威尔茅斯与雅罗的缮写室》（*The Scriptorium of Wearmouth-Jarrow*，1982）。本书第 41 页第二栏中的引文就来自这本参考书籍。我在 1972—1973 年参加了帕克斯教授关于英伦群岛手抄本的课程，这一章中的一些论点来自我对那些杰出课程的记忆。本书第 27 页提到的达勒姆大教堂收藏的《玛加伯记》牛皮纸残片在迈纳斯（R.A.B. Mynors）所著的《十二世纪末之前的达勒姆大教堂手抄本》（*Durham Cathedral Manuscripts to the End of the Twelfth Century*，牛津，1939）中第 14 页与第一幅图中提到，并且也由罗尔（E.A. Lowe）在比勒尔（L. Bieler）编辑的《古字体学论文，1907—1965》（*Palaeographical Papers, 1907—1965*）中第二卷的第 475—476 页中提到。专门介绍单本手抄本的参考书目包括沃莫尔德（F. Wormald）的《圣奥古斯丁福音书细密画，*Corpus Christi College, MS. 286*》（*The Miniatures in the Gospels of St Augustine, Corpus Christi College, MS. 286*；剑桥，1954），本书在作者的《作品集》（*Collected Writings*）（伦敦与牛津，1984）第一卷中第 13—35 页重新出版；布朗（T. J. Brown）的《斯托尼赫斯特圣约翰福音书》（*The Stonyhurst Gospel of St. John*，牛津，1969）；对于《林迪斯法恩福音书》，可以参考上面提到的《林迪斯法恩福音书》（*Evangeliorum Quattuor Codex Lindisfarnensis*）巨作以及更便于阅读的珍妮特·贝克豪斯（Janet Backhouse）所著的《林迪斯法恩福音书》（*The Lindisfarne Gospels*，牛津，1981）；赖特（D.H. Wright）与坎贝尔（A. Campbell）的《维斯帕先诗篇集（早期英格兰手抄本现代复制本，第 14 卷）》（*The Vespasian Psalter, Early English Manuscripts in Facsimile, vol. XIV*；哥本哈根与巴尔的摩，1967）；对于《凯尔经》，读者可以参考三卷版的奥尔顿（E.H. Alton）与梅耶（P. Meyer）的《凯尔经》（*Evangeliorum Quattuor Codex Cenannensis*，伯尔尼，1950—1951），这是《凯尔经》的完整现代复制本，但读者可能会发现以下两本书更容易找到：亨利（F. Henry）的《凯尔经》（*The Book of Kells*，伦敦）与布朗（P. Brown）的《凯尔经》（*The Book of Kells*，伦敦，1980）。以上提到的这些参考书籍，每本中都有对其手抄本的介绍并提供了许多手抄本图片，我在写本书时参考了这些资料。在大卫·甘兹（David Ganz）的推荐下，我阅读了邦德尼（M.O. Budny）的博士论文《大英图书馆手抄本 Royal 1.E. VI，盎格鲁-撒克逊圣经手抄本残页的分析》（*British Library Manuscript Royal 1.E. VI, The Anatomy of an Anglo-Saxon Bible Fragment*，伦敦大学，1984）。史上最便宜的专著作品之一出版在《皮特金画册及纪念册》（*Pitkin Pictorial Guides and Souvenir Books*）系列书籍中，它是由布朗（D. Brown）所著、以温迪·斯坦（Wendy Stein）的研究作为基础的杰出著作《利奇菲尔德福音书》（*The Lichfield Gospels*）。

第二章 帝王与手抄本

多德韦尔（C.R. Dodwell）的《欧洲绘画，800—1200 年》（*Painting in Europe, 800—1200*，哈蒙兹沃思，1971）所涉及的时间范围很广，而大多数介绍帝国手抄本的书籍一般只关注卡洛林或奥托时期。对于卡洛林时期，经典的作品包括布瓦内（A. Boinet）的《卡洛林细密画》（*La Miniature Carolingienne*，巴黎，1913）、戈尔德施米特（A. Goldschmidt）的《德国泥金绘画》（*German Illumination*）中的第一卷《卡洛林时期》（*The Carolingian Period*，佛罗伦萨与巴黎，1928）、辛克斯（R. Hinks）的《卡洛林艺术》（*Carolingian Art*，伦敦，1935）及科勒（W. Köhler）的四卷作品《卡洛林泥金绘画》（*Die Karolingischen Miniaturen*，柏林，1930—1971）。有一本比较简短但杰出的著作为木特瑞里希（F. Mütherich）与盖得（J.E. Gaehde）的《卡洛林书籍泥金绘画》[*Karolingische Buchmalerei*，慕尼黑，1976，同年其英语版著作《卡洛林绘画》（*Carolingian Painting*）也得以出版]。期待已久的木特瑞里希教授关于卡洛林手抄本艺术的巨作《卡洛林手抄本泥金绘画研究》（*Studies in Carolingian Manuscript Illumination*，伦敦，2004）也已经出版了。德国艺术史的发展在很大程度上归功于大量展览目录的出版。四卷巨作《查理曼大帝，毕生的成就及其文化遗产的长存》（*Karl der Grosse, Lebenswerk und Nachleben*；杜塞尔多夫，1965—1967）是卡洛林时代手抄本研究的一部综合性书籍，特别是比肖夫编辑的第二卷《精神生活》（*Das Geistige Leben*，这卷中包括比肖夫所著的关于查理曼大帝的宫廷图书馆的文章，第 42—62 页）以及布朗费尔斯（W. Braunfels）与施尼茨勒（H. Schnitzler）编辑的第三卷《卡洛林艺术》（*Karolingische Kunst*）。本书所提到的查理曼大帝的图书馆书籍和他的大象的相关内容，我参考了上述这些目录资料。对于卡洛林字体，早期的卡洛林小写体在罗尔（Lowe）的《更古老的拉丁文手抄本》（*Codices Latini Antiquiores*）中进行了介绍，在比肖夫教授 1991 年去世时，他已经在很大程度上完成了这部巨作附录部分关于九世纪手抄本字体的内容。我们迫切希望，关于他文学遗产的问题不会阻碍这些作品的出版。我参考了罗莎蒙德·麦基特里克（Rosamund

McKitterick）的杰出著作《卡洛林时期与其书写文字》（*The Carolingians and the Written Word*，剑桥，1987），例如本书第60页提到的利用手抄本被盗的记录来判断它们的价值就来自这本杰作。更早期的研究包括兰德（E.K. Rand）的《图尔手抄本纵览》（*A Survey of the Manuscripts of Tours*，剑桥，美国马萨诸塞州，1929），在本书第60页上也有这本书的引文。另外，在独特的莱尔讲座系列（Lyell lectures）书籍中，由莫里森（S. Morison）所著、巴克尔（N. Barker）编辑的《政治与字体，希腊—拉丁文字体发展过程中的权威与自由》（*Politics and Script, Aspects of Authority and Freedom in the Development of Graeco-Latin Script*；牛津，1972）中选取《摩拉图纳斯圣经》为第一本伟大的帝国手抄本。

关于奥托时期的书籍，我一直记得迈尔-浩亭（H. Mayr-Harting）在他的《奥托时期书籍泥金绘画：一份历史研究》（*Ottonian Book Illumination, An Historical Study*；伦敦，1991，第一卷，第216页，脚注92）中提到了本书英语原版第一版的内容（他说我对于班贝格的描述"似乎建立在许多困惑之上"），在参考他优秀的作品后我希望在这版中已经将其改进。我也参考了由格罗代基（L. Grodecki）、木特瑞里希（F. Mütherich）、塔拉朗（J. Taralon）和沃莫尔德（F. Wormald）编辑的《公元1000年与十一世纪》（*Le Siècle de l'An Mil*，巴黎，1973）中木特瑞里希（Florentine Mütherich）所著的长篇文章（第87—188页），以及戈尔德施米特（A. Goldschmidt）的《德国泥金绘画》（*German Illumination*）第二卷《奥托时期》（*The Ottonian Period*，佛罗伦萨与巴黎，1928）、霍布森（A.R.A. Hobson）的《伟大的图书馆》（*Great Libraries*，伦敦，1970）（特别是第36—43页讲述班贝格图书馆的内容）、卡尔金斯（Calkins）的《泥金装饰书籍》（*Illuminated Books*，特别是第119—160页的内容）。一些非常杰出的帝国手抄本也有豪华的现代复制本，包括霍尔特（K. Holter）编辑的《达格尔夫诗篇集》（*Dagulf Psalter*，格拉茨，1980）；布朗费尔斯（W. Braunfels）编辑的《洛尔施福音书》（*Lorsch Gospels*，慕尼黑，1967）；雷汀戈尔（G. Leidinger）编辑的《圣埃梅拉姆金典》（*Codex Aureus of St. Emmeram*，慕尼黑，1921—1931）；德雷斯勒（F. Dressier）、木特瑞里希（F. Mütherich）与博伊曼（H. Beumann）编辑的《奥托三世福音书》（*the Gospels of Otto III*，法兰克福，1978）；《亨利二世福音书选读》（*Gospel Pericopes of Henry II*，慕尼黑，1914）；两版《亨利三世福音书》（*Gospel Books of Henry III*），其中在不来梅的那一版由克诺尔（G. Knoll）与其他人所编辑（威斯巴登，1980），在埃斯科里亚尔修道院的那一版由伯克勒（A. Boeckler）所编辑（柏林，1933）。对于《狮子亨利福音书》（*Gospels of Henry the Lion*），我们现在可以参考乔丹（K. Jordan）、克斯顿（D. Kötzsche）和克诺甫（W. Knopp）所著的《狮子亨利福音书》（*Das Evangeliar Heinrichs des Löwen*，汉诺威，1984）；斯泰格沃德（F.N. Steigerwald）的《狮子亨利福音书》（*Das Evangeliar Heinrichs des Löwen*，奥芬巴赫，1985）及1988年冬出版的完整版现代复制本。

第三章　修道士与手抄本

克尔（N. R. Ker）所著的《大不列颠中世纪图书馆》［*Medieval Libraries of Great Britain*，第二版，伦敦，1964；增补版由沃森（A. G. Watson）编辑，伦敦，1987］对我撰写这一章非常有帮助。这本书包含了中世纪时期曾属于任何大不列颠修道院的现存手抄本名单。这本引人入胜的书籍使读者爱不释手，在翻开这本书的20分钟后，读者仍会沉浸在此书的不同内容中。雷丁隐修院的图书馆书籍目录在克尔著作中的第154—158页。本书图63中展示的雷丁隐修院图书馆书籍目录由巴菲尔德（S. Barfield）发表在《英国历史评论》（*English Historical Review*）的《芬戈尔勋爵的雷丁契据集》（*'Lord Fingall's Cartulary of Reading Abbey*）文章中（1888年第3卷，第117—123页），之后它被理查德·夏普（Richard Sharpe）重新编辑并发表在《不列颠中世纪图书馆目录大全》（*Corpus of British Medieval Library Catalogues*）第四卷。本书第86页讲到的收藏在芝加哥的雷丁手抄本由桑格尔（P. Saenger）在他的《纽伯利图书馆中制作于1500年前的西方手抄本目录》（*A Catalogue of the Pre-1500 Western Manuscript Books at the Newberry Library*，芝加哥与伦敦，1989）著作第22—28页加以描述。本书第88页提到的杜艾隐修院的礼拜仪式书籍残页在克尔（N.R. Ker）的《不列颠图书馆的中世纪手抄本》（*Medieval Manuscripts in British Libraries*，牛津，1977）第二卷第418—419页上有描述。另外，读者可以参考由里德尔（J. R. Liddell）所著的发表于《博德利图书馆季度记录》（*Bodleian Quarterly Record*）中第8卷（1935年，第47—54页）的短篇论文《关于雷丁隐修院图书馆的一些说明》（*Some Notes on the Library of Reading Abbey*）。

对英格兰修道院图书馆的热衷研究在很大程度上应归功于詹姆斯（M. R. James，他也是志怪故事作家）与克尔（N.R. Ker），他们都是这个学术领域的领军者。关于十二世纪英格兰的字体和书写习惯，读者可以参考以下这部影响深远的巨著——克尔的《诺曼征服英格兰后，一个世纪内制作的英格兰手抄本》（*English Manuscripts in the Century after the Norman Conquest*，莱尔讲座系列，Lyell lectures，牛津，1952—1953；牛津，1960），每次阅读这本内容简明扼要的书籍，读者都会有新的发现，但此书已经绝版，且二手书极其昂贵。同时，读者也可以通过阅读考夫曼（C. M. Kauffmann）的《罗马式时期手抄本，1066—1190》（*Romanesque Manuscripts, 1066—1190*）［《英伦群岛的泥金装饰手抄本纵览》（*A Survey of Manuscripts Illuminated in the British Isles*）系列书籍中的第三卷，伦敦，1975］更准确地了解英格兰罗马式时期的书籍制作。在艺术理事会（The Arts Council）的展览目录《英格兰罗马式艺术，1066—1200》（*English Romanesque Art, 1066–1200*；伦敦，1984）第82—133页，考夫曼（C. M. Kauffmann）和亚历山大（J. J. G. Alexander）也介绍了许多手抄本。

对某些英格兰罗马式时期书籍生产中心的研究比对其他中心的研究更详细，其中著名的参考读物包括多德韦尔（C. R. Dodwell）的《坎特伯雷的泥金绘画，1066—1200》（*The Canterbury School of Illumination, 1066—1200*；剑桥，1954），此书主要讲解手抄本的装饰艺术与图像志；汤姆森（R. M. Thomson）的两卷作品《圣奥尔本斯隐修院手抄本，1066—1235》（*Manuscripts from St. Albans Abbey, 1066—1235*；霍巴特，1982），这本书讲述了英格兰最伟大（但不一定是最典型）的隐修院之一——圣奥尔本斯隐修院图书馆馆藏的发展及其缮写士的工作。特蕾莎·韦伯（Teresa Webber）的《索尔兹伯里大教堂的缮写士与学者，约1075—约1125》（*Scribes and Scholars at Salisbury Cathedral, c.1075–c.1125*；牛津，1992年）中有很大一部分内容讲述了索尔兹伯里的咏礼司铎对他们图书馆馆藏书目的选择，但我购买此书时已经太迟了，因此在我修订第三章时没能用到此书。同时，迈克尔·古力克（Michael Gullick）先生逐渐成为英格兰罗马式书籍研究领域的佼佼者，但他如之前谨慎的学者［例如亚历山大·奈坎姆（Alexander Nequam）］一样并没有发表很多研究。如果他关于赛伦塞斯特隐修院的研究作品得以发表，这绝对可以帮助我改进本书第100页和图77、78的内容。对于本书第97页关于缮写士诺曼与英格兰教堂的内容，我大量参考了古力克所著的论文《〈加莱圣经〉的缮写士：一些关于十一世纪晚期达勒姆大教堂手抄本的新研究》（*The Scribe of the Carilef Bible: A New Look at some Late-Eleventh-Century Durham Cathedral Manuscripts*)。这篇论文出自布朗里格（L. L. Brownrigg）编辑的《中世纪书籍制作，对其证据的评估》（*Medieval Book Production, Assessing the Evidence*），这是1500年前书籍历史的研讨会论文集（Proceedings of the Second Conference of The Seminar in the History of the Book to 1500），牛津，1988年7月；洛斯阿多斯山，1990，第61—83页。本书第92页提到的西奥菲利乌斯（Theophilus）所著的《论多种技艺》（*De Diversis Artibus*），由多德韦尔（C. R. Dodwell）编辑与翻译出版，书名为《西奥菲利乌斯，论多种技艺》（*Theophilus, The Various Arts*；伦敦与爱丁堡，1961）。对于手抄本制作，我自己也写了一本书，作为大英博物馆《中世纪手艺人》系列中的一本，名为《缮写士与泥金装饰艺术家》（*Scribes and Illuminators*，伦敦，1992）。很少有单独的手抄本像沃尔特·奥克肖特（Walter Oakeshott）学习《温彻斯特圣经》（*Winchester Bible*）一样被非常全面、长时间地研究。他的作品《温彻斯特圣经的艺术家》（*The Artists of the Winchester Bible*，伦敦，1945）第一次将此手抄本中不同泥金装饰艺术家的绘画风格区分开来，并把像被命名为“跳跃的人物”（Master of the Leaping Figures）的艺术家介绍到英格兰艺术家的行列中。奥克肖特的《锡赫纳，西班牙的罗马式时期绘画与温彻斯特圣经艺术家》（*Sigena, Romanesque Paintings in Spain and the Winchester Bible Artists*；伦敦，1972）将这些艺术家与西班牙的壁画残片联系在一起。他的巨作《两本温彻斯特圣经》（*The Two Winchester Bibles*，牛津，1981）研究了《温彻斯特圣经》与其复制手抄本（这本复制手抄本的编号为牛津图书馆，Bodleian MS. Auct. E.inf.2）的关系，这本复制手抄本是由温彻斯特的修道士在同一时间制作的。附有非常美丽的图片的克莱尔·多诺万（Claire Donovan）的著作《温彻斯特圣经》（*The Winchester Bible*，伦敦与温彻斯特，1993）不但总结了奥克肖特的作品，还对其进行了更深入的研究。这一时期关于英格兰书籍制作的论文包括克尔（N. R. Ker）对索尔兹伯里的研究，收录于由亚历山大（J. J.G. Alexander）与吉布森（M. T. Gibson）编辑的《中世纪教育与文学，献给R.W.亨特的论文集》（*Medieval Learning and Literature, Essays presented to R.W. Hunt*；牛津，1976，第23—49页）；汤姆森（R. M. Thomson）关于伯里圣埃德蒙兹（Bury St. Edmunds）的论文，刊载于《镜子》（*Speculum*，1972年第47卷，第617—645页）；亚历山大（J. J. G. Alexander）关于“阿拉伯式花纹”首字母（painted ‘arabesque’ initials）的论文，收录于由帕克斯（M. B. Parkes）与沃森（A. G. Watson）编辑的《中世纪缮写士、手抄本与图书馆，献给N. R.克尔的论文集》（*Medieval Scribes, Manuscripts and Libraries, Essays presented to N. R. Ker*；伦敦，1978，第87—116页）；波拉德（G. Pollard）关于书籍装订的介绍，例如本书图90和91中的例子，刊载于《图书馆》（*The Library*，系列五，第17卷，1962，第1—22页）。

第四章　学生与手抄本

对于第四章的开头部分，包括彼得·伦巴都的《圣经》注评以及其他作品的很多资料都来源于我撰写的《带注评的圣经与巴黎书籍贸易的起源》（*Glossed Books of the Bible and the Origins of the Paris Booktrade*，伍德布里奇，1984）。对于十三世纪早期的巴黎泥金装饰，我非常感谢艾薇尔（F. Avril）的文章《巴黎最早的非神职泥金装饰艺术家工作坊可以追溯到何时？》（*À. Quand Remontent les Premiers Ateliers d'Enlumineurs Laïcs à Paris?*），它出自《考古学档案》［*Les Dossiers de l'Archéologie*，第16卷（1976），第36—44页］。另外一本具有开创性的参考书籍为本书第133页提到的布兰纳（R. Branner）所著的《圣路易统治时期的巴黎手抄本绘画及其风格的研究》（*Manuscript Painting in Paris during the Reign of St Louis, A Study of Styles*；伯克利和洛杉矶，1977年）。像所有具有开创性的作品一样，随着研究的进展，它需要大量的修订，而且它是在作者早逝后出版的，这意味着在校对过程中有些遗漏的地方，但无论如何这仍是一部杰作。本书第114页阿多弗雷多讲述的故事来自布兰纳的著作，而且这一章中的一些图片也来自这位学者。本书第124—129页讲述的单卷《圣经》的出版历史非常重要，但令人惊讶的是，还没有专门讲述这个主题历史发展的参考书籍问世，不过，读者可以阅读的其他参考书目包括洛伊（R. Loewe）的《拉丁文〈圣经〉的中世纪历史》（*The Medieval History of the Latin Vulgate*），出自由兰帕（G.W.H. Lampe）编辑的《剑桥圣经史》（*The Cambridge History of the Bible*，第二卷，剑桥，1969，第102—154页）；斯莫利（B. Smalley）的《中世纪时期圣经研究》（*The Study of the Bible in the Middle Ages*，牛津，1952，1970年重印）。对于十三世纪巴黎大学及其课程内容，我参考了拉斯达尔（H. Rashdall）所著、波威克（F. M. Powicke）与埃姆登（A. B. Emden）编辑的《中世纪的欧洲大学》（*The Universities of Europe in the Middle Ages*，第一卷，牛津，1936）；格洛里厄（P. Glorieux）所著的《十三世纪巴黎神学画师介绍》（*Répertoire des Maîtres en Théologie de Paris au XIIIe Siècle*，巴黎，1936）；索邦大学的展览图录《十三世纪的巴黎大学生活》（*La Vie Universitaire Parisienne au XIIIe Siècle*，巴黎，1974）。德利勒（L. Delisle）的《手抄本储藏柜》（*Le Cabinet des Manuscrits*，四卷，巴黎，1868—1881，1969年重印）介绍了所有时期的法国手抄本信息，这也包括早期巴黎书籍贸易的信息，我也从中受益匪浅。

1992年夏天，我在牛津大学参加了劳斯夫妇（R. H. 与 M. A. Rouse）的莱尔讲座“巴黎的书籍制作者与书籍制作，1200—1500”（*Book Producers and Book Production in Paris, 1200–1500*），并做了笔记。我知道这些讲座内容会出版成册，我的笔记不一定那么完善，但他们的研究使我受益匪浅，因此我必须向他们的作品致敬。他们欣然地将他们的研究给我阅读，使我重新撰写了本书第129—130页关于尼古拉·伦巴都的内容。对于本书第136—143页介绍的分册抄写系统，我们仍然需要一位勇敢的历史学家对其进行全面、权威的研究。这一主题最经典的参考书目包括德斯特雷兹（J. Destrez）的《十三与十四世纪大学手抄本中的分册抄写系统》（*La Pecia dans les Manuscrits Universitaires du XIIIe et du XIVe Siècle*，巴黎，1935），此外，德斯特雷兹的学生芬克-埃雷拉（G. Fink-Errera）也对他的研究进行了归纳整理，发表在期刊《缮写室》（*Scriptorium*，第11卷，1957，第264—280页）。德斯特雷兹与舍尼（M.D. Chenu）在《缮写室》（*Scriptorium*，第7卷，1953，第68—80页，提供了存世的使用分册抄写系统的大学教材样本手抄本的清单。格雷厄姆·波拉德（Graham Pollard，我曾多次与他讨论早期图书贸易的内容）的演讲内容“中世纪大学的分册抄写系统”（The *Pecia* System in the Medieval Universities）在他去世后发表在之前提到的《中世纪缮写士、手抄本与图书馆，献给N.R.克尔的论文集》（*Medieval Scribes, Manuscripts and Libraries, Essays presented to N. R. Ker*），第145—161页。本书第142页提到的P.-M. J.吉尔斯（P.-M. J. Gils）所写的论文《对MS. Pamplona, Catedral 51手抄本的研究》（*Pour une Étude du MS. Pamplona, Catedral 51*）发表在《缮写室》（*Scriptorium*，第32卷，1978，第221—230页）。我要再次感谢劳斯夫妇给予我的建议以及让我参考他们的论文《巴黎大学的书籍贸易，约1250—约1350》（*The Book Trade at the University of Paris, c.1250–c.1350*），使我可以更准确地讲述分册抄写系统以及辨认出巴黎的圣雅克街的书店名称。这篇文章发表于由巴泰永（L. J. Bataillon）、居约（B. G. Guyot）和劳斯（R. H. Rouse）编辑的《中世纪大学书籍的制作：手抄本样本与分册抄写系统》（*La Production du Livre Universitaire au Moyen Age: Exemplar et Pecia*；巴黎，1988，第 41—123 页）。本书第 144 页提到的税务清单来自弗朗索瓦斯·巴龙（Françoise Baron）的《税收单中的十三与十四世纪巴黎泥金装饰艺术家、画家及雕塑家》（*Enlumineurs, Peintres et Sculpteurs Parisiens des XIIIe et XIVe Siècles d'après les Rôles de la Taille*），这篇文章来自《历史与科学工作委员会考古学报》（*Bulletin Archéologique du Comité des Travaux Historiques et Scientifiques*，第 4 卷，1968，第 37—121 页）。

这一章主要探讨了巴黎的书籍贸易历史。对于博洛尼亚的手抄本泥金装饰，请参考凯西（E. Cassee）的《红衣主教伯特兰·德·德尔的弥撒书，十四世纪博洛尼亚手抄本细密画研究》（*The Missal of Cardinal Bertrand de Deux, A Study in Fourteenth-Century Bolognese Miniature Painting*；佛罗伦萨，1980）；康迪（A. Conti）的《博洛尼亚手抄本细密画，学院与工作坊，1270—1340》（*La Miniatura Bolognese, Scuole et Botteghe, 1270—1340*；博洛尼亚，1981）；德·温特（P.M. de Winter）的《克利夫兰博物馆的博洛尼亚手抄本细密画》（*Bolognese Miniatures at the Cleveland Museum*），刊载于《克利夫兰艺术博物馆学报》（*Bulletin of the Cleveland Museum of Art*，第 70 卷，1983，第 314—351 页）。此外，我们期待罗伯特·吉布斯（Robert Gibbs）的研究能够出版。对于牛津中世纪书籍贸易的创新研究，我们可以参考波拉德（G. Pollard）的作品，例如《威廉·德·布莱利斯》这篇文章（*William de Brailes*），收录于《博德利图书馆记录》（*Bodleian Library Record*，第 5 卷，第 202—209 页）。本书第 146 页对雷金纳德的描述来自 1974 年波拉德给我借鉴的他的研究内容。

第五章　贵族与手抄本

人文学科中可能很少有科目比文学评论这个领域产生出更多的学术作品。对许多读者来说，中世纪手抄本的价值主要在于它是文学作品的载体。本章笼统地介绍了中世纪地方语言文学，我意识到根据幸存手抄本的数量来衡量一本文学作品在中世纪时期的广泛性与重要性是非常危险的，例如《贝奥武夫》（*Beowulf*）与马洛里（Malory）的《亚瑟王之死》（*Morte D'Arthur*）都只有一本手抄本流传至今，但没有人会否认它们比彼得·里加（Petrus Riga）拥有上百本幸存手抄本的文学作品《曙光》（*Aurora*）更重要。在撰写这一章时，我查阅了文学史方面的书籍，并且考虑什么类型的手抄本能在图书馆或博物馆中找到。我阅读了布里佛特（R.S. Briffault）的《游唱诗人》（*The Troubadours*，印第安纳，1965）；罗斯（E. Rose）的《德国文学史》（*A History of German Literature*，纽约，1960）；惠特菲尔德（J.H. Whitfield）的《意大利文学简史》（*A Short History of Italian Literature*，伦敦，1960）；由威尔金斯（E.H. Wilkins）著、伯金（T.G. Bergin）修订的《意大利文学史》（*A History of Italian Literature*，剑桥，马萨诸塞州，1974）。沃德（H.D. Ward）的《大英博物馆手抄本部门的传奇故事手抄本目录》（*Catalogue of Romances in the Department of Manuscripts in the British Museum*，3 卷册，伦敦，1883—1910，1961 年重印）是一本非常有价值的中世纪文学手抄本参考手册。对于研究法国手抄本的历史学家，可以参考博索阿（R. Bossuat）所著的《中世纪法国文学参考书目手册》（*Manuel Bibliographique de la Littérature Française au Moyen Age*，默伦，1951，1955、1961 年版有增补内容）。另外一本非常有用且内容全面的书籍是勒琼（R. Lejeune）与斯蒂农（J. Stiennon）所著的《中世纪艺术中的罗兰传奇》（*La Legende de Roland dans l'Art du Moyen Age*，两卷册，布鲁塞尔，1966）。

关于本书第 154—155 页讲述的阿方索十世制作的颂歌集，读者可以参考以下两本书籍：洛维罗（J. G. Lovillo）所著的《阿方索十世颂歌集，其手抄本细密画的考古学研究》（*Las Cántigas, Estudio Arqueológico de sus Miniaturas*；马德里，1949）；多明格斯-博多纳（J. Domínguez-Bordona）所著的《西班牙泥金绘画》（*Spanish Illumination*，第二卷，佛罗伦萨与巴黎，1930，第 38—42 页）。对于本书第 155—156 页关于兰斯洛特传奇故事手抄本的内容，可以参考艾莉森·斯通斯（Alison Stones）所著的《法国世俗文学手抄本的泥金装饰》（*Secular Manuscript Illumination in France*），它收录于由克莱因兹（C. Kleinhenz）编辑的《中世纪手抄本与文本学研究》（*Medieval Manuscripts and Textual Studies*，教堂山，1976，第 83—102 页）；艾莉森·斯通斯所著的《最早的配图本〈兰斯洛特〉散文手抄本？》（*The Earliest Illustrated Prose Lancelot Manuscript？*）收录于《雷丁大学中世纪研究系年度论文集》（*Annual Proceedings of the Graduate Centre for Medieval Studies in the University of Reading*，第 III 卷，1977 年，第 3—44 页）；由埃尔斯佩思·肯尼迪（Elspeth Kennedy）所著的《湖上的兰斯洛特骑士，非循环版的古法语散文传奇》（*Lancelot du Lac, The Non-Cyclic Old French Prose Romance*；两卷册，牛津，1980）这套书籍的第二卷第 1—9 页提到了 44 本兰斯洛特手抄本。

关于《玫瑰传奇》手抄本的调查研究，目前需要很大程度的修订，但读者可以参考朗格卢瓦（E. Langlois）的《玫瑰传奇手抄本，介绍与分类》（*Les Manuscrits du Roman de la Rose, Description et Classement*；里尔与巴黎，1910）。对于英语版的《玫瑰传奇》（*Romance of the Rose*），读者可以参考达尔伯格（C. Dahlberg）翻译的版本（普林斯顿，1961）。目前，许多学者正在研究《玫瑰传奇》手抄本细密画中复杂的图像志，这一领域最早的参考书目包括柯尼希（E. König）的《贝特霍德·达池的玫瑰传奇手抄本，Codex Urbinatus Latinus 376》（*Der Rosenroman des Berthaud d'Achy, Codex Urbinatus Latinus 376*；苏黎世，1987）。本书图 130 描绘的一男一女制作手抄本的迷人插画最近在不同的学术作品中出现，但最先在印刷书籍中确认这两位艺术家身份的作品是卡米尔（M. Camille）所著的《页边的图画，中世纪页边插图》（*Image on the Edge, The Margin of Medieval Art*；伦敦，1992，第 147 页，图 80）。许多但丁作品的手抄本都没有泥金装饰，但对于带有泥金装饰的但丁作品手抄本的研究，读者可以参考布里格（P. Brieger）、迈斯（M. Meiss）和辛格尔顿（C. S. Singleton）所著的《神曲的泥金装饰手抄本》（*Illuminated Manuscripts of the Divine Comedy*，纽约，1969）。关于本书图 133 所展示的大英图书馆收藏的《神曲》手抄本（编号为 Yates Thompson MS. 36）的研究，读者可以参考蒲柏 - 轩尼诗（J. Pope-Hennessy）的《天堂：由乔万尼·迪·保罗进行泥金装饰的但丁神曲》（*Paradiso：The Illuminations to Dante's Divine Comedy by Giovanni di Paolo*；伦敦，1993）。乔叟的《坎特伯雷故事集》手抄本的参考书目数量非常庞大，像本书第 166 页提到的遗嘱来自曼利（J. M. Manly）与里克特（E. Rickert）所著的《坎特伯雷故事集的文本内容，以所有已知的坎特伯雷故事集手抄本作为基础的学术研究》（*The Text of the Canterbury Tales, Studied on the Basis of all known Manuscripts*）的第一卷《这些手抄本的介绍》（*Description of the Manuscripts*，芝加哥，1940）。对于图 138 提到的收藏在格拉斯哥的乔叟手抄本，读者可以参考索普（N. Thorp）的《书页的光辉——格拉斯哥大学图书馆的中世纪与文艺复兴时期的泥金手抄本》（*The Glory of the Page, Medieval and Renaissance Illuminated Manuscripts from Glasgow University Library*；格拉斯哥，1987，第 89 页，第 36 号）。另外，在克里斯蒂安森（C. P. Christianson）

所著的《伦敦书商与书籍制作艺术家名录，1300—1500》（*A Directory of London Stationers and Book Artisans, 1300—1500*；纽约，1990）中，读者可以找到大量引人入胜的关于英格兰缮写士、泥金装饰艺术家及书商的信息，这本书中关于幸存的中世纪手抄本的书商信息之多，很少有其他著作可与之相比。

关于十四世纪传奇故事手抄本的制作与泥金装饰，读者可以参考以下书籍：迈斯（M. Meiss）的《让·德·贝里时代的法国绘画，十四世纪晚期与公爵的赞助》（*French Painting in the Time of Jean de Berry, The Late Fourteenth Century and the Patronage of the Duke*；两卷册，伦敦，1967）；艾薇尔（F. Avril）的《十四世纪法国宫廷手抄本绘画（1310—1380）》（*Manuscript Painting at the Court of France, The Fourteenth Century 1310—1380*；伦敦，1978）；艾薇尔（Avril）的《哥特时代的辉煌，查理五世的世纪》（*Les Fastes du Gothique, Le Siècle de Charles V*，巴黎大皇宫展览，巴黎，1981—1982）。关于《历史圣经》手抄本的资料，可以参考伯杰（S. Berger）的《中世纪法语圣经》（*La Bible Française au Moyen Age*，巴黎，1894，第157—220页）。关于亚历山大大帝的传奇故事与《古代史》（*Histoire Ancienne*）的资料，可以参考罗斯（D. J. A. Ross）的《用图画描绘的亚历山大故事，配图的中世纪亚历山大文学手抄本指南》（*Alexander Historiatus, A Guide to Medieval Illustrated Alexander Literature*；伦敦，1963）。安妮·海德曼（Anne D. Hedeman）研究了所有《法兰西大编年史》的手抄本（毕业论文，约翰·霍普金斯大学，1984）。关于博韦的文森的资料，读者可以参考古兹曼（G. Guzman）在《缮写室》（*Scriptorium*，第29卷，1975，第122—125页）中的文章。对于翻译家让·德·维奈的资料，读者可以参考诺尔斯（C. Knowles）在《罗马尼亚》（*Romania*，第75卷，1954年，第353—377页）发表的内容。

第六章　公众与手抄本

尽管近来出版的研究成果颇为可喜，但至今仍没有关于时祷书历史的标准教材。也许最出色的参考书是沃尔特斯艺术博物馆的一个精彩展览的展览图录：威克（R. S. Wieck）所著的《神圣的时刻，中世纪艺术与生活中的时祷书》（*Time Sanctified, The Book of Hours in Medieval Art and Life*；巴尔的摩与伦敦，1988）。另外一本关于时祷书的经典展览图录是勒罗奎斯（V. Leroquais）的《法国国家图书馆的时祷书手抄本》（*Les Livres d' Heures Manuscrits de la Bibliothèque Nationale*，三卷册，巴黎，1927，1943年版增补了内容），书中包含了85页的前言，对时祷书这种手抄本类型进行了定义与介绍。第一位潜心研究时祷书的现代历史学家是德莱赛（L. M. J. Delaissé），但他在1972年突然离世，其研究尚未完成。关于他去世后出版的研究成果，读者可以参考《中世纪书籍历史中时祷书的重要性》（*The Importance of Books of Hours for the History of the Medieval Book*），收录于兰德尔（L. Randall）编辑的《为纪念多萝西·迈纳所整理的学术研究》（*Gatherings in Honor of Dorothy Miner*，巴尔的摩，1974，第203—225页）与沃德斯登庄园（Waddesdon Manor）的巨作《泥金装饰手抄本》（*Illuminated Manuscripts*）展览图录（伦敦与弗里堡，1977）。对于时祷书的描述，读者可以参考以下易得的书籍：哈森（J. Harthan）的《时祷书及其拥有者》（*Books of Hours and their Owners*，伦敦，1977），这一定是迄今为止最成功的关于手抄本的书籍了；上面提到过的卡尔金斯（Calkins）的《中世纪的泥金装饰书籍》（*Illuminated Books of the Middle Ages*，第243—281页）；珍妮特·贝克豪斯（Janet Backhouse）的《时祷书》（*Books of Hours*，伦敦，1985）。本书第186页给出的确定一本时祷书"地方习惯礼仪用法"的方法主要来自马丹（F. Madan）的文章《圣母玛利亚的时祷书（确定地方习惯礼仪用法的检验方法）》[*Hours of the Virgin Mary* (*Tests for Localization*)]，它出自《博德利图书馆季度记录》(*Bodleian Quarterly Record*，第三卷，1920—1922，第40—44页），这篇文章中的表格提供了更广泛的确定"地方习惯礼仪用法"的方法。同时，读者也可以参考上面提到的威克（R. S.Wieck）的《神圣的时刻，中世纪艺术与生活中的时祷书》书中第149—152页由约翰·普卢默（John Plummer）所著的名为《"确定地方习惯礼仪用法"通常的方法与另外的新方法》（"Use" and "Beyond Use"）的论文。因为时祷书一直都很受欢迎，所以出版商常常选择这类手抄本来制作其现代复制本。以下这些参考书籍包括非常有用的前言介绍内容：普卢默（J. Plummer）的《克里维斯的凯瑟琳的时祷书》（*The Hours of Catherine of Cleves*，纽约，1966）；隆南（J. Longnon）、卡泽尔（R. Cazelles）和迈斯（M. Meiss）的《贝里公爵的豪华时祷书》（*Les Très Riches Heures du Duc de Berry*，伦敦，1969）；迈斯（M. Meiss）与基尔希（E. W. Kirsch）的《维斯孔蒂时祷书》（*The Visconti Hours*，伦敦，1972）；玛格丽特·马尼恩（Margaret Manion）的《华恩克里夫时祷书》（*The Wharncliffe Hours*，伦敦，1981）；特纳（D.H. Turner）的《黑斯廷斯时祷书》（*The Hastings Hours*，伦敦，1983）；沃森（R. Watson）的《普莱费尔时祷书》（*The Playfair Hours*，伦敦，1984）。相对来讲，最后这本手抄本几乎并不值得制作现代复制本，但书中的前言介绍是极为出色的，而且我认为书中介绍的早期印刷版与手抄本版时祷书的数据统计对比，以及书中给出的鲁昂书商的名字（本书第204页也提到了这一点）都是非常有用的。

大多数介绍中世纪晚期手抄本绘画的书籍都会谈到许多本时祷书。1390—1410年左右的巴黎泥金装饰绘画拥有大量的文献记录，但有些研究也颇有争议。读者可以参考配有大量插图的由迈斯（M. Meiss）所著的系列作品《让·德·贝里时期的法国绘画》（*French Painting in the Time of Jean de Berry*，伦敦与纽约，1967—1974），我参考了这系列中关于布西科画师的那一卷内容（1968年），特别是本书第197—198页提到的关于幸存的布西科画师的细密画及其他内容。关于巴黎的书籍贸易信息，读者可以参考温特（P. M. de Winter）的文章《十四世纪末的缮写士、出版商及泥金装饰艺术家：巴黎手抄本与细密画的制作》（*Copistes, Editeurs et Enlumineurs de la Fin du XIVe Siècle: La Production à Paris de Manuscrits à Miniatures*），收录于《第100届全国学者协会会议论文集》[*Actes du 100e Congrès National des Sociétés Savantes*，1975（巴黎，1978）第173—198页]。普卢默（J. Plummer）的皮尔庞特·摩根图书馆展览图录《最后的绽放，美国收藏中的法国手抄本绘画，1420—1530》（*The Last Flowering, French Painting in Manuscripts, 1420—1530, from American Collections*；纽约，1982）中包含在法国城镇的范围内确定时祷书地方习惯礼仪用法的检验方法，可以说是这方面最佳的参考书籍。此外，读者也可以参考柯尼希（E. König）的《1450年左右的法国书籍泥金绘画，朱维内尔画家、珍峰尔·薄伽丘画家、让·富盖的初期》（*Französische Buchmalerei um 1450, Der Jouvenel-Maler, Der Maler des Genfer Boccaccio, und die Anfänge Jean Fouquets*；柏林，1982）作为补充阅读，本书中包含卢瓦尔河谷与布列塔尼手抄本的信息。另外，法国国家图书馆历史性展览的庞大展览图录《法国手抄本绘画，1440—1520》（*Les Manuscrits à Peintures en France, 1440—1520*；巴黎，1993）是非常精彩的杰作，由艾薇尔（F. Avril）与雷诺（N. Reynaud）所著，我在修改本章与下一章时都有参考此书。

在一本更早期的展览图录《佛兰德斯细密画，好人菲利普的赞助》（*La Miniature Flamande, Le Mécénat de Philippe le Bon*；布鲁塞尔，1959）中，德莱赛（L.M.J. Delaissé）将

十五世纪佛兰德斯省级的泥金装饰艺术家进行分类。关于1500年左右，根特及布鲁日辉煌艺术介绍的参考书仍是温克勒（F. Winkler）的《十五与十六世纪的佛兰德斯泥金绘画》（*Die Flämische Buchmalerei des XV und XVI Jahrhunderts*，莱比锡，1925）。道齐尔（G. Dogaer）的《十五与十六世纪的佛兰德斯细密画绘画》（*Flemish Miniature Painting in the 15th and 16th Centuries*，阿姆斯特丹，1987）增添了很多新的学术研究成果。博多·布林克曼（Bodo Brinkmann）是近年来最适合对这个学术领域的研究进行重新编辑整理的学者。另外，读者也可以参考凯伦（T. Kren）所著的《佛兰德斯手抄本泥金装饰绘画，1475—1550》（*Flemish Manuscript Illumination, 1475-1550*），读者可以从这篇文章中了解这一领域新近研究的总结，这篇文章收录于凯伦所编辑的展览图录《手抄本中的文艺复兴绘画，大英图书馆的珍品》（*Renaissance Painting in Manuscripts, Treasures from the British Library*；纽约与伦敦，1983，第3—85页）。关于荷兰泥金手抄本的信息，读者可以参考百凡克（A.W. Byvanck）与霍亨维尔夫（G.J. Hoogenwerff）的《荷兰手抄本细密画》（*La Miniature Hollandaise*，海牙，1922—1926）。这个领域全面性的研究现由詹姆斯·马罗（James Marrow）所进行。此外，现在我们可以参考由迪福（H.L.M. Defoer）、柯特维格（A.S. Korteweg）与乌斯特费尔德（W.-C.M.Wüstefeld）所著的《荷兰手抄本泥金装饰绘画的黄金时代》（*The Golden Age of Dutch Manuscript Illumination*，斯图加特，1989），书中包含马罗所写的前言介绍。如果马罗教授的研究与斯科特（K. Scott）关于十五世纪英格兰泥金装饰绘画的内容得以出版，那么我们对于法国以外的“地方习惯礼仪用法”的了解将变得更加清晰。关于复制时祷书中图案设计的方法，特别是使用图案样式将其进行复制的方法，读者可以参考法夸尔（J.D. Farquhar）所著的《创作与复制，一位十五世纪手抄本泥金装饰艺术家的作品》（*Creation and Imitation, The Work of a Fifteenth-Century Manuscript Illuminator*；劳德代尔堡，1976），特别是书中第二章（第41—74页）的内容与之前提到的亚历山大（J. J. G. Alexander）所著的《中世纪泥金装饰艺术家和他们的工作方式与技巧》对于这一主题的研究。

第七章　神父与手抄本

关于礼拜仪式手抄本最全面的研究内容，读者可以参考休斯（A. Hughes）的《中世纪弥撒与日课手抄本，它们的结构内容与术语介绍指南》（*Medieval Manuscripts for Mass and Office, A Guide to their Organization and Terminology*；多伦多，1982）。另外，读者也可以参考一本易读但涉及范围较小的由华兹华斯（C. Wordsworth）与里图海尔斯（H. Littlehales）所著的《英格兰教会古老的礼拜仪式用书》（*The Old Service-Books of the English Church*，伦敦，1904），本书第224、230和232页提到的关于英格兰文献记录的内容，我参考了此书。约翰·普卢默（John Plummer）所著的皮尔庞特·摩根图书馆与博物馆的展览图录《弥撒与日课使用的礼拜仪式手抄本》（*Liturgical Manuscripts for the Mass and Divine Office*，纽约，1966）清晰地介绍了不同种类的书籍。由于罗马天主教的礼拜仪式一直都没有很大的变化，基本的拉丁文版本的弥撒书与日课经应该可以在二手书店中找到。由索莱姆的本笃会修士（Benedictines of Solesmes）编辑的《常用歌咏集》（*Liber Usualis*）是一本唱诗班的歌手们所使用的格列高利圣咏手册，书中的内容由日课交替合唱诗与其他圣歌的起始词作为索引排列，因此它对于研究中世纪的学者来讲非常有价值。

勒罗奎斯（V. Leroquais）所著的关于法国礼拜仪式手抄本的杰出图录使我了解到许多关于十五世纪缮写士与手抄本赞助的知识。这些图录名为：四卷册的《法国公共图书馆中的圣事手册与弥撒书手抄本》（*Les Sacramentaires et les Missels Manuscrits des Bibliothèques Publiques de France*，巴黎，1924）；六卷册的《日课经》（*Les Bréviaires*，巴黎，1934）；三卷册的《主教礼仪书》（*Les Pontificaux*，巴黎，1937）；两卷册的《诗篇集》（*Les Psautiers*，马孔，1940—1941）。本书第221页与图194提到的查尔斯·德·纽法查特尔的日课经制作于诺曼底而并非贝桑松，我参考了上面提到的艾薇尔（F. Avril）的展览图录《法国手抄本绘画，1440—1520》（*Les Manuscrits à Peintures en France, 1440—1520*）第172页。我在本书中提到了查尔斯·德·纽法查特尔，因为他现收藏于奥克兰的弥撒书是我最早翻阅并仔细研究过的礼拜仪式手抄本之一。关于图195中介绍的《卡斯蒂利亚的伊莎贝拉的日课经》的研究，读者可以参考贝克豪斯（J. Backhouse）所著的《伊莎贝拉日课经》（*The Isabella Breviary*，伦敦，1993）。本书中第234与237页介绍的关于低地国家《圣经》的内容，其中一部分资料我参考了德莱赛（L.M.J. Delaissé）的《一个世纪的荷兰手抄本泥金装饰绘画》（*A Century of Dutch Manuscript Illumination*，伯克利和洛杉矶，1968）。另一部分资料我参考了欣德曼（S. Hindman）的《十五世纪荷兰圣经中的文本与图像》（*Text and Image in Fifteenth-Century Dutch Bibles*，莱顿，1977）。此外，我还特别参考了上面提到的《荷兰手抄本泥金装饰绘画的黄金时代》（*The Golden Age of Dutch Manuscript Illumination*）。关于《古腾堡圣经》的研究，我参考了柯尼希（E. König）的《古腾堡圣经的泥金装饰绘画》（*Die Illuminierung der Gutenbergbibel*）以及《古腾堡圣经》的现代复制本《约翰内斯·古腾堡的四十二行圣经》（*Johannes Gutenbergs 42-zeiliger Bibel*，慕尼黑，1979，第71—125页）。另外，我也参考了柯尼希的文章《印刷术的发明对德国泥金装饰绘画发展的影响》（*The Influence of the Invention of Printing on the Development of German Illumination*），它来自由特拉普（J.B. Trapp）编辑的《印刷术发明后的五十年间手抄本的发展，1982年3月12—13日在瓦尔堡研究所座谈会演讲的论文集》（*Manuscripts in the Fifty Years after the Invention of Printing, Some Papers read at a Colloquium at the Warburg Institute on 12-13 March 1982*，伦敦，1983，第85—94页）。

第八章　收藏家与手抄本

对意大利文艺复兴时期的字体与书籍制作的研究还是较新的学术领域。20世纪初，当辛迪妮·科克雷尔（Sydney Cockerell）和工艺艺术鉴赏家们开始收集和欣赏人文主义手抄本时，他们的品位一定被视为具有异乎寻常的英格兰风格。在英格兰，目录学家开始认真研究“十五世纪文艺复兴早期”（*quattrocento*）的字体并模仿使用这种“意大利斜体字”。现在，对人文主义书籍的大量研究来自英格兰和美国。牛津博德利图书馆出版的由费尔班克（A.J. Fairbank）与亨特（R. W. Hunt）所著的《十五与十六世纪的人文主义字体》（*Humanistic Script of the Fifteenth and Sixteenth Centuries*，牛津，1960）是一本具有前瞻性的著作。乌尔曼（B.L. Ullman）所著的《人文主义字体的起源与发展》（*The Origin and Development of Humanistic Script*，罗马，1960）介绍了许多早期的佛罗伦萨缮写士。此外，沃德罗普（J. Wardrop）在《人文主义的书写字体，对人文主义字体的一些研究，1460—1540年》（*The Script of Humanism, Some Aspects of Humanistic Script, 1460-1540*；牛津，1963）中描述了一些关于中世纪手艺人最具人性的奇闻逸事，本书第259页引用的关于费利西亚诺的评论来自沃德罗普的这本著作。沃德罗普一定给很多读者带来了许多欢乐，而且，也正是他第一次提出巴尔托洛梅奥·桑维托在历史上的重要性，现在，桑维托被视为最伟大的意大利缮写士。

对桑维托及其他数百名意大利缮写士的研究，现在是伦敦国王学院 A. C. 德·拉·马尔教授（A.C. de la Mare）的研究领域。本章开头的部分，我参考了她的巨作《意大利人文主义者的手写字体》（*Handwriting of the Italian Humanists*，牛津，1973）的第一卷。她在《佛罗伦萨人文主义缮写士的新研究》（*New Research on Humanistic Scribes in Florence*）一文中提供了新的内容，这篇文章收录于加尔泽利（A. Garzelli）编辑的《文艺复兴的佛罗伦萨细密画，1440—1525，第一份调查总结》(*Miniatura Fiorentina del Rinascimento, 1440–1525, Un Primo Censimento*；佛罗伦萨，1985，第 395—600 页）。此外，我也参考了雷诺兹（L.D. Reynolds）编辑的《文本与传播，古典拉丁文文学纵览》（*Texts and Transmission, A Survey of the Latin Classics*；牛津，1983）。本书第 238 页对本波的介绍来自克拉夫（C.H. Clough）的文章《贝尔纳多·本波与彼特罗·本波的图书馆》（*The Library of Bernardo and of Pietro Bembo*），这篇文章收录于《藏书者》（*The Book Collector*，第 33 卷，1984，第 305—331 页），但是我更应该参考吉安内托（N. Giannetto）的《贝尔纳多·本波，人文主义者与威尼斯政治家》（*Bernardo Bembo, Umanista e Politico Veneziano*；佛罗伦萨，1985）。本书第 243 页将尼科利与猫头鹰布朗老先生进行比较，首先是由尼古拉·巴克尔（Nicolas Barker）在介绍约翰·斯派洛（John Sparrow）时所提出的（《藏书者》，*The Book Collector*，第 27 卷，1978，第 383 页），而约翰·斯派洛也是引导我爱上书籍收藏的人。本书第 246 和 248 页维斯帕西亚诺的引语由 W.G. 沃特斯与 E. 沃特斯（W.G.Waters 与 E. Waters）所翻译，来自他们的著作《维斯帕西亚诺回忆录，书商维斯帕西亚诺·达·比斯蒂奇所著的十五世纪名人传》（*The Vespasiano Memoirs, Lives of Illustrious Men of the XVth Century by Vespasiano da Bisticci, Bookseller*；伦敦，1926）。在佛罗伦萨地图上，维斯帕西亚诺的房子是德·拉·马尔教授（A. C. de la Mare）发现的，这一发现出版在名为《一位古文字学家的奇幻旅程》（*A Palaeographer's Odyssey*）的文章中，它来自由奥尼恩斯（J. Onians）编辑的《视觉与洞察力，献给 85 岁的 E.H. 贡布里希的论文集》（*Sight and Insight, Essays presented to E.H. Gombrich at 85*；伦敦，1994，第 88、94 页）。对于美第奇图书馆的信息，读者可以参考霍布森（A.R.A. Hobson）的《伟大的图书馆》（*Great Libraries*，伦敦，1970，第 85—91 页）、乌尔曼（B.L. Ullmann）与斯塔德（P.A. Stadter）的《文艺复兴时期佛罗伦萨的公共图书馆》（*The Public Library of Renaissance Florence*，帕多瓦，1972）和埃梅斯-路易斯（F. Ames-Lewis）的《皮耶罗·迪·科西莫·德·美第奇的图书馆与手抄本》（*The Library and Manuscripts of Piero di Cosimo de' Medici*，伦敦，1984）。威廉·格雷购买书籍的记录在迈诺斯（R.A.B. Mynors）所著的《牛津贝利奥尔学院的手抄本目录》（*Catalogue of the Manuscripts of Balliol College, Oxford*；牛津，1963）中进行了介绍，读者可以特别参考第 24—45 页的内容。同时，读者也可以参考亨特（R. W. Hunt）与德·拉·马尔（A.C. de la Mare）所著的《十五世纪汉弗莱公爵与英格兰人文主义》（*Duke Humfrey and English Humanism in the Fifteenth Century*，牛津，1970），特别是书中第 24—31 页的内容。对于阿拉贡国王图书馆的介绍，读者可以参考德·马里尼斯（T. De Marinis）的四卷著作《阿拉贡国王的那不勒斯图书馆》（*La Biblioteca Napoletana dei Re d'Aragona*，米兰，1947—1952，1969 年版有增补内容）。关于马提亚斯·科维努斯的介绍，读者可以参考乔波迪（C. Csapodi）与乔波迪-加尔多尼（K. Csapodi-Gárdonyi）所著的《科尔文纳图书馆》（*Bibliotheca Corviniana*，香农，1969）。关于红衣主教贝萨里翁的介绍，读者可以参考拉博斯基（L. Labowsky）的《贝萨里翁的图书馆与马尔西安那图书馆》（*Bessarion's Library and the Biblioteca Marciana*，罗马，1979）。对于德·拉·马尔确认的其他佛罗伦萨缮写士，读者可以参考她的文章《梅塞尔·皮耶罗·斯特罗齐，一位佛罗伦萨牧师与缮写士》（*Messer Piero Strozzi, a Florentine Priest and Scribe*），这篇文章收录于由奥斯利（A.S. Osley）编辑的《书法与古字体学研究，献给阿尔弗雷德·费尔班克的论文集》（*Calligraphy and Palaeography, Essays presented to Alfred Fairbank*；伦敦，1965，第 55—68 页）；德·拉·马尔与亚历山大（J.J.G. Alexander）所著的《J.R. 阿比少校图书馆的意大利手抄本》（*The Italian Manuscripts in the Library of Major J.R. Abbey*，伦敦，1969）；德·拉·马尔的《红衣主教阿拉贡的乔万尼的佛罗伦萨缮写士》（*The Florentine Scribes of Cardinal Giovanni of Aragon*），这篇文章收录于奎斯塔（C. Questa）与拉法埃利（R. Raffaelli）编辑的《书籍与文本，国际学术研讨会论文集，乌尔比诺，1982 年 9 月 20—23 日》(*Il Libro e il Testo, Atti del Convegno Internazionale, Urbino, 20—23 settembre 1982*；乌尔比诺，1984，第 245—293 页）。

关于人文主义手抄本中泥金装饰绘画的研究，读者可以参考帕希特（O. Pächt）的《1400 年至 1550 年的意大利泥金装饰手抄本，牛津博德利图书馆的展览图录》（*Italian Illuminated Manuscripts from 1400 to 1550, Catalogue of an Exhibition held in the Bodleian Library*；牛津，1948）。此外，读者也可以阅读前面提到的亚历山大（J. J. G. Alexander）的《J. R. 阿比少校图书馆的意大利手抄本》第 33 — 40 页、亚历山大的《意大利文艺复兴泥金装饰绘画》（*Italian Renaissance Illuminations*，纽约，1977）和亚历山大为英国皇家艺术研究院所著的展览图录《画出的书页：意大利文艺复兴书籍泥金装饰绘画，1450—1550》（*The Painted page: Italian Renaissance Book Illumination, 1450–1550*；慕尼黑与纽约，1994）。同时，读者也可以参考法国国家图书馆的展览图录：由艾薇尔（F. Avril）所著的《十个世纪（六世纪至十六世纪）的意大利泥金装饰绘画》（*10 Siècles d' Enluminure Italienne, VIe–XVIe Siècles*；巴黎，1984，第 109 —179 页）。对于本书图 219 的使用，我要感谢马丁·史柯源（Martin Schøyen）与理查德·林那索（Richard Linenthal）。对于意大利文艺复兴的书籍装订信息，最权威的现存手抄本图录是德·马里尼斯（T. De Marinis）的三卷册书籍《十五与十六世纪意大利书籍装订艺术风格，信息与目录》（*La Legatura Artistica in Italia nei Secoli XV e XVI, Notizie ed Elenchi*；佛罗伦萨，1960）。关于印刷术技术来到苏比亚科与罗马的研究，读者可以参考一本展现了其作者霍尔（E. Hall）细致观察与研究的杰作《斯威因海姆与潘那兹，印刷术在意大利的起源，文艺复兴时期罗马的德国印刷技术与意大利人文主义》（*Sweynheym & Pannartz and the Origins of Printing in Italy, German Technology and Italian Humanism in Renaissance Rome*；麦克明维尔，俄勒冈州，1991）。

手抄本索引

PAMPLONA 潘普洛纳

PARIS 巴黎

PRIVATE COLLECTIONS 私人收藏

全书索引

图片版权声明

Aachen: © Domkapitel Aachen (photo Münchow) 35; Berlin: Staatsbibliothek Preussischer Kulturbesitz, Handscriftenabteilung 124, 218; Cambridge: The Master and Fellows of Corpus Christi College 6, 62, 65, 110, 137; The Master and Fellows of Trinity College, Cambridge 61, 66, 68, 123; The Master and Fellows of Trinity Hall 5; Dublin: The Board of Trinity College Dublin 13, 15, 17, 18; Durham: The Dean and Chapter of Durham 74, 93; Florence: photo Donato Pineider 224; photo Maurizio Schioppetto 161; Glasgow: The Librarian, Glasgow University Library 138; London: by courtesy of The Dean and Chapter of Westminster 192; His Grace the Archbishop of Canterbury and the Trustees of Lambeth Palace Library 31, 210; Sotheby's 3, 60, 70, 91, 95, 98, 102, 103, 106, 109, 150, 152, 153, 154, 155, 156, 158, 159, 163, 165, 173, 185, 186, 190, 198, 199, 204, 215, 219, 233; Madrid: © Patrimonio Nacional 127; Manchester: reproduced by courtesy of the Director and University Librarian, The John Rylands University Library of Manchester 168; New York: Metropolitan Museum of Art, The Cloisters Collection, 1954 (54.1.2) 162, Robert Lehman Collection, 1975 (1975.1.2487) 164; Oxford: reproduced by kind permission of the Principal, Fellows and Scholars of Jesus College 77, 78, 90; The Warden and Fellows of Merton College 111; by permission of the Warden and Fellows, New College 118; Paris: photo Jean-Loup Charmet 140; Giraudon 47, 136, 151; Wiesbaden: © Dr Ludwig Reichert Verlag 53, 59; Winchester: The Dean and Chapter of Winchester 80, 81, 88.

泥金手抄本的微观世界

如果说，书籍是了解世界、控制世界最有效的工具之一，那么，书籍材料则是制作这个工具的物质基础。公元前170年左右，为了解决埃及托勒密王朝禁运莎草纸带来的书写危机，小亚细亚的帕加马人发明了羊皮纸。一场由两位君主发起的图书馆之争，最终使得以羊皮纸为书写材料的手抄本成为保存西方文化记忆的新载体，中世纪欧洲跨越一千年的书籍历史和书籍文化也基于此而产生。

里尔克在诗集《时祷书》中，曾经这样描述中世纪修士缮写手抄本的场景：

我曾厕身于老迈的修士、画师和神话传播者中间，
他们安详地编修历史、刻画赞美的如尼文字。
…………
我要将你讲述，我要将你察看与书写，
不用朱砂不用黄金，只用来自苹果树皮的墨汁；
即使用珍珠，我也无法将你装订在书页，
我感官创作出的最为战栗的图画，
你简朴的存在也会极度令它黯然。

离群索居的缮写修士，描绘宗教故事的画师，用黄金书写的文字，繁复华丽的首字母装饰，五彩斑斓的细密画，优美流畅的安色尔字体，这些耀眼的元素构成了泥金手抄本最易辨识的符号体系，它也因此被用作欧洲中世纪手抄本的统称。事实上，许多手抄本只是“简朴的存在”，几乎没有任何装饰。泥金手抄本是艺术品、是历史文物、是欧洲文明的隐秘之星，超过百万份的中世纪书籍流传至今，正是由于人们的阅读与珍藏。

然而，目前对中世纪手抄本的研究却主要集中在艺术史领域。而在书籍史领域，对手抄本的研究也明显落后于印刷书，一些书籍通史性著作尽管也论及泥金手抄本的制作工艺、生产组织和分期变化等生产技术环节，但对“人”的研究往往被淡化，尤其是人们对手抄本有什么个性需求，制作者如何满足这种需求，阅读者或使用者包括哪些人群，他们如何推动手抄本的变化等内容往往缺乏系统性的阐述。《泥金手抄本的历史》试图要解答的，就是这些问题。

作为一名苏富比伦敦拍卖公司泥金手抄本鉴定专家、剑桥大学基督圣体学院院士和该学院马修·帕克图书馆的馆长，克里斯托弗·德·哈梅尔既没有沿袭西方历史学家的传统写法，将手抄本分为“修道院阶段”和“世俗阶段”来讲述，也没有采用他另一部著作《非凡抄本寻访录》为单本书籍作传的路径，而是通过走访欧美各国博物馆、图书馆及私人收藏家，广泛搜集手抄本藏品资料，以人与书的关系作为线索，用抄本鉴定和历史考证的方法，呈现出中世纪书籍的原生态，进而观察书籍发展对整体社会的影响。这是一本严谨而有趣的书籍史著作。

在书籍生产和传播过程中，中世纪欧洲还没有形成作者、书商和读者的清晰关系，各类人在书籍的链条上扮演着多重角色。教会的僧侣们既是书籍的制作者，也是阅读者和使用者，还有可能是作者（评注经书、摘选诗篇等）。文人和学者尚需依附于赞助人，无法以作者的身份独立谋生，而一旦作品获得认可，他们也可能会收到订单，由此而聘请缮写士抄制复本，转身成为自己的出版商。作为赞助人的国王和贵族同时也是重要的书籍委托制作人、使用者与收藏者。书商的崛起与12世纪末大学出现和发展催生出一批新的读者——学生密切相关，他们中有的人亲自抄写制作书籍，大多数手工作坊则雇用缮写士、泥金装饰艺术家一同完成客户的订单，普通读者的逐渐增多使得手抄本制作和销售蓬勃发展。不同人群对书籍制作的介入和参与，赋予了泥金手抄本最具人性化的特质。

德·哈梅尔认为，以手抄本所有者对书籍的需求作为出发点研究7世纪至16世纪欧洲书籍发展史，可以跨越不同时期与风格，通过分析馆藏的手抄本，概括出每一个时间段手抄本的主题类别和特色。这个研究视角可谓别开生面。从书中你可以得知，定制者的意愿和书的用途决定了书籍的呈现方式，包括材质、尺寸、颜色、版式、彩绘装饰以及装订等。即使两本手抄本的内容相同或相似，它们也完全可以拥有自己的个性，甚至是量体裁衣式的唯一性。每一本书都是独立的个体，都拥有自己的历史故事。从宗教传播、列国战争，到消闲娱乐、庭院生活，你都能在书籍流转的记录中，在羊皮纸的文字图画，在页边注脚里，找到历史遗

留下的痕迹。

毫无疑问，泥金手抄本最重要的主题类别是基督教教会神职人员的用书。从西罗马帝国灭亡到12世纪的700年间，以修道院为主体的宗教机构几乎垄断了书籍生产和书籍文化，《圣经》及其衍生的宗教读物占据了中世纪手抄本的主流。书籍既是神父主持各种礼拜仪式的日常手册，也是至关重要的传教工具。传教用的手抄本大多绘有色彩艳丽、人物逼真的叙事性插图，传教士诵读经文之前高举书本，向人们展示书中的图像，吸引他们的目光。对于不识字的普通大众，读图和聆听是接受信息传播最直接和有效的方式，书籍由此成为传教的独特工具。597年，罗马教皇派出的传教团到达英格兰，一同带去的还有传教士使用的书籍。此后，英格兰的传教士不断前往罗马，购买和搜罗“难以计数的各类书册”，其中还包括古罗马时期的拉丁文作品和早期基督教的文学作品。以这些手抄本作为范本，他们开始抄制自己的书籍，由此，被视为“地球最远端”的英伦群岛却成为泥金手抄本新的制作中心。在7世纪至9世纪间，这里不仅诞生了《林迪斯法恩福音书》和《凯尔经》这样精美的艺术作品，伴随着英国向低地国家及德国的传教，许多手抄本还输出到了欧洲大陆北部，甚至流向它的发源地。

当今世界已知最古老的完整版拉丁文《圣经》——《阿米提奴抄本》就是在英格兰的威尔茅斯与雅罗修道院制作的。这本庞大的《圣经》手抄本有2000多页，使用了1030张羊皮纸，重新装订后的书脊厚度近30厘米，裸书的重量是75.5磅，相当于34.25公斤。抄本从字体到细密画均严格按照意大利传来的原作进行抄录和仿制，一共制作了三本，七八名修士抄写了16年，两本留在修道院，一本准备作为礼物献给教皇。716年6月，72岁高龄的修道院院长西奥弗里思携带着这份厚重的礼物向罗马出发。可惜，他在9月抵达法国中部的朗格勒后去世，这本手抄本从此下落不明。直到1887年，它在意大利托斯卡纳南部的圣萨尔瓦托雷修道院被重新发现。它为何在失踪了1200年后出现在这里，而非最初的目的地罗马？德·哈梅尔猜测，当年，一部分同行的修士并没有因西奥弗里思离世而中止朝圣之旅，他们继续前行，穿越蛮荒地带，最终不知因何种原因留驻在这座修道院——它正位于一条通往罗马的朝圣古道旁，这本巨型抄本也随之被封存在这里。《阿米提奴抄本》如今被收藏在佛罗伦萨的洛伦佐·美第奇图书馆，它传奇般的旅行故事见证了英格兰是如何皈依基督教并融入罗马文化，以及传教士与罗马教廷的往来交流。留下来的另外两本抄本反而没有这样的幸运，它们在战乱中被拆解，流散的皮纸残页后来陆续在英国被发现、辨识和收藏。一本书的命运竟是如此难料。

若论泥金手抄本最奢华的主题类别，则非加洛林王朝的皇室手抄本莫属。紫色的羊皮纸，黄金绘写的文字，古希腊、古罗马风格的图案和插画，封面镶嵌着宝石珍珠，豪华得令人目眩神迷。这一时期的一部抄本，由萨克森与巴伐利亚公爵狮子亨利出资制作的《狮子亨利的福音书》1983年在伦敦拍卖，成为当时最昂贵的拍卖品，这一纪录直到四年后才被凡·高的《向日葵》打破，其奢华程度可见一斑。法兰克国王查理曼大帝在宫廷雇用缮写士和艺术家为他制作书籍，他的继任者们则委托皇家修道院去完成定制的作品，豪华手抄本的制作方法从宫廷缮写室传到修道院，法国的图尔和兰斯因此相继成为9世纪著名的书籍制作中心。

如果仅仅将制作皇室手抄本视为帝王们展示财富的行为，显然低估了书籍的作用。在王权与教权结盟的蜜月期，国王为了争取修道院为他祈祷，修道院为了得到国王的赞助和保护，拥有巨大财富价值的手抄本被作为珍贵礼品相互馈赠，书籍成为利益交换的等价物。查理曼大帝继位不久，即委托科尔比隐修院院长摩拉图纳斯为他制作一部六卷本《圣经》，这套《摩拉图纳斯圣经》只抄录了《旧约》，因为《旧约》中包含有符合他政治谋略的主题，比如以战争维护权威；由宗主教指定国王，为其抹膏油并授予其王权的正统性等。查理曼大帝制作这本《圣经》的目的是他亟需为王权稳固和军事扩张寻求宗教原典的支持。此外，这位君主有意识地效仿古罗马帝国的制度和文化，建立宫廷学院，培养辅助王权的教士，恢复古典时期的“自由七艺”。在手抄本制作上，他主张完全复制古罗马皇室手抄本的风格，在紫色羊皮纸上用黄金书写福音书，同时规范拉丁语书写，将新的“加洛林小写体”用作标准字体，国王的形象被描绘在跨页插图的正中央，他正在接受四方臣民的礼敬和神的加冕，代表法兰克王国文化形象的标准手抄本样式就这样形成并推广至各地。德·哈梅尔敏锐地指出，皇室手抄本是王权的象征，是帝国统治的象征之一，“这一点在书籍发展史上至关重要”。

当时间来到13世纪，泥金手抄本迎来了“革命性的转变”。基督教会对知识的垄断被打破，精神生活的中心从修道院转移至大学，非基督教的著作和知识体系通过翻译被引入西欧，逐步形成神学、人文、法学和医学四大学术领域，来自欧洲各地的学者、教师和大学生对书籍开始产生持续的需求。如果你穿越到1271年，成为一名医科学生，大学会列出你所需的医学读物：康斯坦丁所著的《医学论》，以及他译自阿拉伯文的《旅行者的供应品》；犹太人艾萨克的《论饮食》；一本12世纪的药学教科书《解毒药方》；两卷医学《理论》和《实践》等。但昂贵的制作费用不是普通人家能够承受的，即便你的家庭非常富有，按照此前的手抄本制作方式，也很难在短时间内备齐这些教科书。于是，围绕大学所需的手抄本，出现了新的书籍生产、管理和交易体系。

在这个体系中，大学书商（stationnaires）利用分册抄写系统（*pecia* 系统，*pecia* 指任意一册配页）组织缮写士或学生抄写，大大缩短了复制时间和制作成本。同时，学生们还可以用低廉的价格租借二手书籍，以此降低学习费用。为了确保文本内容的正确性，大学则由教师组成委员会，定期检查校对书商的手抄本样书，制定书帖租赁规章制度，监督皮纸的销售，巴黎教科书市场在大学的管理之下开始变得高效而有序。书籍制作中心从与世隔绝的修道院转移到大学城市之后，巴黎和博洛尼亚开始成为欧洲两大手抄本制作中心，并分别以出版神学和法学著作而享誉世界。手抄本从修道院自产自用的非卖品变成了商品，从而完成了从神性到人性的转变。

令人欣喜的是，女性的身影也出现在泥金手抄本上。在乔叟的《特洛伊罗斯与克瑞西达》手抄本卷首的细密画里，九位女性围簇在讲坛旁，聆听着乔叟朗读他的诗歌。德·哈梅尔发现，中世纪欧洲女性的阅读和使用使两类书籍得以流行，一类是世俗传奇故事，一类是时祷书。有学者指出，早期的希腊小说很可能只为女性而写。爱情和冒险是最受女性青睐的题材。14 世纪，法国最著名的浪漫传奇故事《玫瑰传奇》风靡整个欧洲，连两位法国王后都向书商定制过这本书籍，这部用法语创作的文学作品有超过 200 本不同版本的手抄本存世。因为女性的日常语言是方言而非拉丁语，她们的阅读行为对于推动地方语言写作起到了非常重要的作用。贵族妇女是许多著名手抄本的赞助人，她们的支持“巩固了昂贵的泥金装饰书籍制作的传统”。随着手抄本制作的商业化，普通女性也可以同男性一样充当缮写士或泥金装饰艺术家，有的还在书中画上自己的画像和工作场景，或是在手抄本结尾处写下心愿——请求读者为她祷告，给自己的职业生涯留下印记。女性的参与，给中世纪书籍涂上了一抹亮色，这些细节，有助于改变我们对中世纪女性的认知局限。

对于当时绝大多数欧洲人而言，他们接触的第一本书一定是时祷书。它既是平信徒的日课手册，也是家庭教育的启蒙读物，母亲和保姆会利用它教导儿童学习阅读。它们也许是女主人的嫁妆，日常摆放在她的枕边或梳妆台上，贵族和富有家庭则将它作为婚姻的传统礼物。一位中产者的妻子如果没有一本制作精美、页面排版整齐，并用金扣钩扣合的时祷书，她的人生必备物品就是不完整的。13 世纪的英格兰、法国、佛兰德斯开始出现时祷书制作，每个家庭则根据自己的需求和喜好定制内容、开本大小和插画图样，每位家庭成员的生日、忌日、受洗日等都特别标记在首页的日历上，有时也会增加特殊的祈祷词，比如分娩时祈求圣玛格丽特保佑，牙疼时祈求圣阿波罗尼亚保佑等。小小的手抄本，陪伴女性度过生命中每一个愉悦和煎熬的时刻。作为畅销书的时祷书像一座桥梁，它连接起不同性别、不同身份、不同阶级、不同的时代，甚至是宗教和世俗。

如何通过书籍走进欧洲中世纪，《泥金手抄本的历史》给出了答案。虽然这是一部通史性的著作，但作者放弃了单线的宏大叙事，代之以书籍史、文物考古和艺术史相结合的混合叙事，以散点透视的方法，在暗含的时间脉络下，让欧洲的修道士、神父、国王、学生、贵族、公众、收藏家、缮写士和泥金装饰家以使用者和制作者的身份依次登场，从个人与手抄本的“小历史”，拉开了一幅中世纪书籍变迁的长卷。书中每一幅图片都配以详细的解读说明并标注抄本馆藏信息，生动有力的视觉材料与文字分析相互印证，为读者提供了沉浸式的阅读体验。阅读这本书，你仿佛置身于一座富丽堂皇的博物馆，在泥金手抄本的微观世界里，探索发现一个如此不为人知且富有趣味的领域。不过，这本书也并非尽善尽美，它完全按照不同群体进行分类叙述的文本结构，容易使读者产生割裂感，作者如果能更多地关注书籍个案与整体历史的关系，增加不同群体之间的穿插互动，如此叙事，也许能为泥金手抄本的历史诠释营造更为丰满的空间。

无论如何，德·哈梅尔的这本书都值得细细品读，他向我们展示了一幅真实的图景：在人类思想与权力的博弈中，书籍是一面魔镜，翻开它，能重现历史，也可以洞见未来。无论书籍以什么样的形式存在，书籍的功能、价值和使命都不会随着历史的迁化而湮灭。

郑州大学历史学院教授　周蓓

2022 年 7 月